中国企业人力资源发展报告

(2019)

主编／余兴安
副主编／范巍　佟亚丽

REPORT ON THE DEVELOPMENT OF CHINESE ENTERPRISES' HUMAN RESOURCES (2019)

社会科学文献出版社
SOCIAL SCIENCES ACADEMIC PRESS (CHINA)

编委会

主要编撰者简介

余兴安　全国政协委员，中国人事科学研究院院长，研究员。历任中国人事科学研究院研究室主任、人事部人才流动开发司副司长、人力资源和社会保障部人力资源市场司副司长、山东省日照市副市长。兼任国际行政科学学会副主席、中国人才研究会常务副会长、中国行政管理学会副会长等。主要从事行政管理体制改革、人事制度改革与人才资源开发等研究。

范　巍　中国人事科学研究院企业人事管理研究室、职业标准实验室负责人，心理学博士、研究员，国家职业分类大典修订工作专家委员会委员；目前主要从事人力资源管理开发、职称和职业资格制度改革、人才评价和政策评估研究工作；相关著作有《专业技术人才队伍职业资格制度和职业标准》《留学人员回国创业环境报告》《中国博士发展状况》《基于多层次匹配评价的人事选拔决策过程研究》等。

佟亚丽　中国人事科学研究院企业人事管理研究室副研究员，研究方向为人力资源开发与管理。近几年相关的研究成果有《国有企业人事制度改革综述》《国企人事制度改革进一步深化》《国有企业人事制度改革40年》《国有企业人事制度改革状况分析》《国企人事制度改革的历程和主要成就》等。

中国人事科学研究院简介

中国人事科学研究院（简称“人科院”）隶属于中华人民共和国人力资源和社会保障部，是我国干部人事改革、人才资源开发、人力资源管理和公共行政学研究的唯一国家级专业研究机构，是中央人才工作协调小组办公室命名的“人才理论研究基地”。

人科院肇端于1982年6月国家劳动人事部成立的人才资源研究所、1984年11月成立的行政管理科学研究所及1988年9月国家人事部成立的国家公务员研究所，在经多次机构改革与职能调整后，于1994年7月正式成立。历经三十余年的发展，人科院积累了丰富的科研资源，培养了一支素质优良的科研队伍，形成了较完备的学术研究体系，产生了一大批具有较大影响力的科研成果，发挥了应有的参谋智囊作用，同时也成为全国人事与人才科学研究的合作交流中心。王通讯、吴江等知名学者曾先后担任院长之职，现任院长为全国政协委员余兴安研究员。

多年来，人科院围绕大局、服务中心，研究领域涉及行政管理体制改革、人才队伍建设、公务员制度、事业单位人事制度改革、企业人力资源管理、收入分配制度改革、就业与创业、人才流动与人力资源服务业发展等多方面。曾参与《公务员法》《事业单位人事管理条例》《国家中长期人才发展规划纲要》等重大政策法规的调研与起草，推动了相关领域诸多重大、关键性改革事业的发展。人科院每年承担中央单位和各省市下达或委托的数十项课题研究任务，出版十余部著作，发表百余篇学术论文，并编辑出版《中国人事科学》（月刊）、《国际行政科学评论》（季刊）、《中国人力资源发展报告》（年度出版）、《中国事业单位发展报告》（年度出版）、《中国人力资源市场分析报告》（年度出版）、《中国企业人力资源发展报告》（年度出版）、《中国人事科学研究报告》（年度出版）等学术期刊和年度报告。

人科院是我国在国际行政科学学术交流与科研合作领域的重要组织与牵头

单位，是国际行政科学学会（IIAS）、东部地区行政组织（EROPA）及亚洲公共行政网络（AGPA）的中国秘书处所在地。通过多年努力，人科院在国际行政科学研究领域的作用与地位不断提升，2016 年承办了国际行政科学学会（IIAS）联合大会，余兴安院长当选为国际行政科学学会副主席。

人科院注重与国家部委、地方政府、高等院校和科研院所的交流与合作，积极搭建学术交流平台，成立了“全国人事与人才科研合作网”，建立了十余家科研基地，每年举办多场有一定规模的学术研讨会，组织科研协作攻关。还与中国人民大学、首都经济贸易大学等院校联合招收硕士、博士研究生，设有公共管理学科博士后工作站。

摘 要

本书系统回溯了改革开放以来我国企业人力资源发展的历史沿革，以各类企业人力资源管理实践活动和数据为基础，对反映我国企业人力资源开发与管理的宏观政策和生态环境、管理制度和体系建设、管理技术与方法以及管理实践与创新等方面的内容进行分类梳理和总结分析。

全书由五部分组成。总报告系统梳理了改革开放以来我国各类企业人力资源管理发展实践，从国有企业人事制度改革、外商投资企业人力资源管理理念、民营企业人力资源管理实践探索视角分析总结了我国企业人力资源发展历史沿革、发展现状、实践和探索情况，最后对新时代我国企业人力资源开发与管理的发展趋势进行了预测。接下来三部分分别侧重企业人力资源变革、企业人力资源开发和企业人力资源实践，汇集了包括中国石化集团有限公司、中国第一汽车集团有限公司、中国化工集团有限公司等央企；华北制药、河钢集团、开滦（集团）有限公司、厦门航空有限公司、广投集团、浙江交工集团股份有限公司、江西建工集团有限责任公司等地方国企；浙江吉利控股集团有限公司、神舟数码集团有限公司等知名民营企业和郑州日产汽车有限公司等外资企业在人力资源开发和人事制度改革创新等方面的管理实践和经验，为中国企业今后的人力资源管理工作开展提供借鉴；一些人力资源管理理论和实践工作者从各自的视角，对企业人力资源管理现状以及问题所阐释的观点和认识，为国家、政府相关部门人力资源开发与管理方针、政策的制定提供了参考。最后为附录。

人力资源是企业赢得竞争优势的关键，是创新活动的主体和源动力。在快速发展变化的时代，如何全面了解各类型企业人力资源发展现状，及时跟踪企业人力资源开发与管理的最新理论与技术方法，进一步优化企业人力资源开发的政策环境，完善企业人力资源管理制度和提升人力资源开发与管理水平，共同探讨中国企业人力资源管理的重大关切问题，成为摆在各个企业实践者、行业从业者、政府管理者和科学研究者面前的共同课题。

我国企业人力资源开发管理实践和理论工作者，对中国各类企业人力资源改革发展有诸多管理经验和研究成果，对推动我国企业人力资源管理从无到有，从照搬、借鉴到摸索、创新，走出一条具有中国特色的企业人力资源管理之路起到了重要作用。

本书的出版发行将为中国企业人力资源开发与管理相关各方提供广泛参与的平台、咨询交流的园区、实践创新的高地。

关键词： 企业人力资源变革　企业人力资源开发　企业人力资源实践

目　录

Ⅰ　总报告

ℝ.1　中国企业人力资源发展报告（2019）……… 中国人事科学研究院 / 001

Ⅱ　人力资源变革篇

ℝ.2　新时代国有企业三项制度改革的探索与实践
…………………………………………………… 中国石化集团有限公司 / 038

ℝ.3　突出高精尖缺导向，推动技能人才队伍转型
……………………………………………… 中国第一汽车集团有限公司 / 049

ℝ.4　调整变革中的国企人力资源优化实践
…………………………………………………… 中国化工集团有限公司 / 054

ℝ.5　推进人才体制机制改革，提供企业人才智力支撑
………………………………………………………… 河钢集团有限公司 / 063

ℝ.6　着力实施人才强企战略，为企业改革发展提供坚强保障
……………………………………………… 开滦（集团）有限责任公司 / 074

ℝ.7　以国有资本投资公司改革试点为契机的人力资源改革实践与探索
…………………………………………………… 广西投资集团有限公司 / 083

R.8　拓宽人才开发渠道，助力企业高质量发展

……………………………………… 吉林东北袜业纺织工业园 / 094

R.9　建筑类企业人力资源管理现状及特点

…………………………………… 江西省建工集团有限责任公司 / 104

R.10　建筑企业快速发展期的人力资源管理实践

…………………………………… 浙江交工集团股份有限公司 / 117

R.11　“共创　共享　共赢”人力资源管理的主基调

——华晨集团劳动用工改革的管理与实践 ………… 华晨集团 / 127

R.12　国企人力资源深化改革优化实施研究

…………………………………… 启明信息技术股份有限公司 / 133

Ⅲ　人力资源开发篇

R.13　育大国工匠，筑国家名片

——技能人才管理实践报告

………………………………… 中车长春轨道客车股份有限公司 / 154

R.14　关于人才发展通道建设的探索与实践

…………………………………… 华北制药集团有限责任公司 / 163

R.15　大型汽车集团“国际化人才生态链建设”的创新与实践

………………………………………… 北京汽车集团有限公司 / 177

R.16　发挥企业主体作用，深化校企合作、产教融合的人才培养模式

………………………………………… 唐山三友集团有限公司 / 190

R.17　国际化发展战略下的人才管理实践 …… 中信戴卡股份有限公司 / 201

R.18　区域产业集群模式下的人力资源结构特征

…………………………………………… 恒润集团有限公司 / 206

R.19　战略人力资源管理的思考与实践 ……… 神州数码集团有限公司 / 216

R.20 以全面人才评价体系为基石，管理人才梯队建设
实践经验 …………………………………… 厦门航空有限公司 / 231

R.21 预见人才，用能力推进组织目标实现
——一汽奔腾事业本部业务主任能力模型构建
………………………………………………………… 一汽奔腾事业本部 / 243

Ⅳ 人力资源实践篇

R.22 OKR在企业人力资源管理中运用的思考 ………………………………
……………………………………………………… 郑州日产汽车有限公司 / 260

R.23 电气企业人力资源发展实践 …… 石家庄科林电气股份有限公司 / 271

R.24 战略新兴产业的绩效管理
——以北汽新能源为例 ……………………………… 北汽新能源 / 282

R.25 近者悦，远者来
——天俱时特色人力资源管理报告 …… 天俱时工程科技集团 / 289

R.26 结构转型背景下的银行绩效管理 ……………………… 廊坊银行 / 302

R.27 微学习的常见误区、典型场景和应用策略
…………………………………… 江苏云学堂网络科技有限公司 / 314

R.28 银行业校招的动向与人才评价 ………………… 诺姆四达研究院 / 323

R.29 破解国企绩效考核之难的几点思考
……………………………………… 上海浦东开发（集团）公司 / 336

R.30 基于大师工作室的高技能人才转型培养体系建设研究
——G集团高技能人才转型技术人才的探索与实践
……………………………………… 浙江吉利控股集团有限公司 / 342

R.31 高技能人才培养体系
——以北京奔驰汽车有限公司为例 …… 北京奔驰汽车有限公司 / 354

ℝ.32 传统精密铸造企业用工效率提升方法探索与实践
——基于东风精密铸造有限公司的探索与实践
…………………………………………… 东风精密铸造有限公司 / 367

ℝ.33 智能制造创新破局，人员转型主动应变
——上汽通用汽车有限公司东岳南厂车身车间人员技能转型案例
…………………………………………… 上汽通用汽车有限公司 / 383

Ⅴ 附录

ℝ.34 企业人力资源大事记（1978 ~2019年）…………………………… / 392

总　报　告

R.1
中国企业人力资源发展报告（2019）

中国人事科学研究院*

摘　要： 本报告在分析我国企业人力资源开发与管理时代背景的基础上，从国有企业人事制度改革、外商投资企业人力资源管理理念、民营企业人力资源管理实践探索三个不同的视角，系统梳理了改革开放以来我国各类企业人力资源发展历史沿革、现状、实践和探索的变化与发展，并对新时代我国企业人力资源开发与管理的发展趋势进行了预测。

关键词： 人力资源管理　企业人力资源　国企人事制度

---

* 执笔人：余兴安，全国政协委员，中国人事科学研究院院长、研究员；范巍，中国人事科学研究院企业人事管理研究室主任、研究员；佟亚丽，中国人事科学研究院企业人事管理研究室副研究员。

一　企业人力资源开发与管理的时代背景

（一）社会主义市场经济体制的建立和完善带来了人力资源开发与管理观念的变革

随着社会主义市场经济体制的确立与发展，劳动者打破了城乡之间、地区之间、行业之间以及所有制之间的界限，可以根据自己的意愿和所具备的知识、技能等条件，自主选择在公有制或非公有制企业就业，在国有企业或私营企业、股份制企业、外资企业就业，也可以从事个体经营；自由选择在东部地区与中西部地区、在大城市与中小城市、在城镇与乡村之间、在各类用人单位之间流动。用人单位和劳动者在劳动力市场中具有同样的主体地位，在统一、公开、平等、规范的条件下，通过劳动力市场进行双向选择已经成为企业获取劳动力资源和劳动者自主择业的最主要方式。随着劳动力市场的发展和劳动者就业观念的转变，传统的、以固定的工作单位为核心的雇佣关系被打破，以工作任务为导向、不受工作时间和地点限制的兼职就业、自由职业、网络平台就业适应企业灵活用工和劳动者灵活就业的需要，提高了人力资源的配置效率。

（二）加入WTO后，中国经济在全球经济格局中扮演着越来越重要的角色，中国企业也正在以新的方式“走出去”，融入全球市场，打造全球化产业链，对人力资源管理与开发提出了更高的需求

加入WTO后，中国企业的规模不断扩大，竞争实力不断增强，在国际市场上已经产生了重要的影响。中国已经有华为、联想、海尔等一批新兴的跨国公司在全球舞台上崛起，成为欧美传统跨国公司不可小视的竞争力量。由于身处赶超的位势，这些新兴跨国公司的国际化成长路径和成长模式，与全球对手相比，迥然不同。①

2015年3月，中国发布“一带一路”建设愿景与行动文件——《推动共

① 房煜等：《中国企业国际化指数排行榜》，《中国企业家》，2011年9月20日。

建丝绸之路经济带和21世纪海上丝绸之路的愿景与行动》。该文件指出，积极利用现有双多边合作机制，推动“一带一路”建设。同时中国将充分发挥国内各地区比较优势，实行更加积极主动的开放战略，加强东中西互动合作，全面提升开放型经济水平。

中国企业500强上榜企业的国际化经营稳步推进，跨国指数从2017年中国企业500强的9.28%提高到2018年中国企业500强的10.93%，海外资产、海外收入与海外人员占比都有不同程度的提高，海外资产占比提高最为显著。①

中国企业要实现“走出去”的发展战略，就必须具有一支高素质的人才队伍，并将“以人为本”的企业文化理念贯穿于人力资源的招聘、选拔、培养、使用、考核、评价、激励等各个环节中，才能在竞争激烈的国际环境中求得生存和发展。

（三）“建设创新型国家”“加快建设人才强国”导引着人力资源开发与管理的目标和方向

21世纪以来，我国确立了“科技兴国”的发展战略。习近平总书记关于创新驱动发展的系列重要论述，对于企业深化改革、打造充满活力的现代企业，具有极强的理论和现实指导意义。面向未来的充满活力的现代企业，一定是科技驱动、创新赋能与人力资源协同发展的企业。

党的十九大提出“建设实体经济、科技创新、现代金融、人力资源协同发展的产业体系”，要“培育具有全球竞争力的世界一流企业”。世界一流企业，不仅是在国际资源配置中占有主导地位，在全球行业发展中具有引领作用，在全球产业发展中具有话语权和影响力；除了科学技术、品牌影响力和市场渗透力之外，还需要在公司治理水平、财务绩效水平，特别是在人力资源素质和社会责任担当等方面成为具有全球竞争力的企业。

习近平总书记在十九大报告中明确提出“加快建设人才强国”。李克强总理在2018年政府工作报告中强调“我国拥有世界上规模最大的人力人才资源，

① 2018年9月2日，中国企业联合会、中国企业家协会连续第17次向社会发布“中国企业500强”排行榜，同时发布《2018中国企业500强分析报告》。

这是创新发展的最大‘富矿’”。人力资源强国[①]作为实现中国梦的重要基础和保障，是促进经济持续发展、保障国家和平发展的根本途径。

（四）不断完善的劳动人事和社会保障法律、法规体系，为企业人力资源开发与管理提供了政策保障

随着劳动、人事、分配“三项制度”改革的逐渐深化，1994 年我国颁布实施了《中华人民共和国劳动法》，这是一部调整劳动关系的基本法，明确了劳动关系各个主体的法律地位。按照《劳动法》的规定，企业用工的基本形式就是劳动合同制，职工都是合同制职工。单位和职工的权利义务关系通过劳动合同确定，固定用人制度已变为契约化的用人制度，进一步与市场经济接轨。在规范企业劳动用工、确保经济转型期劳动者权益维护方面，国家又陆续出台了《就业促进法》《劳动合同法》《劳动争议调解仲裁法》《职工带薪年休假条例》《集体合同规定》《最低工资规定》等十几部法律法规，劳动人事制度改革进入劳动关系规范化、法制化管理阶段。

与此同时，按照党的十四届三中全会《关于建立社会主义市场经济体制若干问题的决定》的精神，国家加强了对养老保险、医疗保险、失业保险和工伤保险等社会保障制度体系的建设。国务院陆续下达了有关建立企业职工基本养老保险制度、失业保险、下岗职工基本生活保障、城市居民最低生活保障等决定、条例和通知；相继出台了《关于建立城镇职工基本医疗保险制度的决定》、《失业保险条例》和《城市居民最低生活保障条例》，初步建立了社会保障制度的基本框架，逐步形成了包括城镇下岗职工生活保障、失业保险金和居民最低生活费保障等的社会保障系统。

（五）快速发展的人力资源市场化服务为企业人力资源开发与管理提供有力支持

改革开放以来，我国人力资源市场蓬勃发展，为劳动者和企业提供专业化服务的人力资源服务产业逐渐兴起，已从最初的人力资源招聘服务，向劳务派

① 人力资源强国是指人力资源总量丰富、开发充分、结构合理、效能发挥达到世界先进水平的国家，包含人力资源数量、质量、结构、开发能力及利用效率等重要因素。

遣、服务外包、中高端猎头以及人力资源管理整体解决方案的咨询与实施等多业态并存的新格局迈进，各类社会和个人依法成立的市场化人力资源服务机构成为联系劳动者与用人单位的纽带与桥梁。2007 年《国务院关于加快发展服务业的若干意见》中首次提出“人才服务业”的概念。此后，相应政策陆续出台，如《劳动合同法》《劳务派遣暂行规定》等。近年来，我国人力资源服务行业发展迅速，行业从业人员不断增加。2016 年我国人力资源服务行业从业人员达到 55.3 万人，同比增长 22.6%。人力资源服务已从最初的用工介绍，向劳务派遣、招聘外包、猎头服务等多业态并存的新格局迈进。2017 年底，全行业共有人力资源服务机构 3.02 万家，2017 年共为 3190 万家次用人单位提供了人力资源服务，帮助 2.03 亿劳动者实现了求职择业和流动。① 专业化的人力资源服务，促进了劳动者的就业与职业发展，促进了企业人力资源的管理与开发。

二　企业人力资源开发与管理的变化与发展

我国多种所有制经济的共同发展，为企业人力资源开发与管理的理论发展与实践探索提供了广阔的空间。

（一）国有企业人事制度改革不断深入

国有企业在改革中不断调整其自身定位，作为国民经济的主导力量，在关系国家安全、国计民生的关键行业和领域中不断发挥其优势和作用。

党的十一届三中全会以来，随着我国经济体制改革的逐步深入，企业逐渐改革成为自主经营、自负盈亏、自我发展、自我约束的独立的商品生产经营者。

党的十四届三中全会《中共中央关于建立社会主义市场经济体制若干问题的决定》提出建立适应市场经济要求的现代企业制度，并明确了一系列推进政企分开、转变政府职能的有效措施，着力破除体制机制障碍，建立符合市场经济规律和企业发展规律的经营管理机制。

中共中央、国务院 2015 年 9 月中旬印发了《关于深化国有企业改革的指导意见》，从改革的总体要求到分类推进国有企业改革、完善现代企业制度和

① 《2017 年度人力资源和社会保障事业发展统计公报》，《中国经济信息报》2018 年 9 月 13 日。

国有资产管理体制、发展混合所有制经济、强化监督防止国有资产流失、加强和改进党对国有企业的领导、为国有企业改革创造良好环境条件等方面，全面提出了新时期国有企业改革的目标任务和重大举措。

习近平新时代中国特色社会主义思想为中国国有企业改革发展指明了方向，提供了根本遵循。随着国有经济布局和结构调整力度的不断加大，国有企业改革有序推进，国有企业管理体制和经营机制发生深刻变化，国有企业人事制度改革也随之不断深入。

1. 党的十一届三中全会后，国有企业人事制度进入改革的初始阶段

改革开放以后，我国政府的工作重心开始转移到为经济建设服务上来，国有企业进入改革的初始阶段，国有企业的人事管理制度改革在此背景下开始起步。

1984 年党的十二届三中全会通过的《中共中央关于经济体制改革的决定》，提出要探索在所有权与经营权适当分离条件下，搞好国有企业的多种经营方式，明确实行所有权和经营权适当分离的“厂长（经理）负责制”。1987 年 8 月国家经委等三部委召开全面推行厂长负责制工作会议，标志着我国国有企业领导体制改革已经从试点进入全面实施阶段。

1992 年根据劳动部《关于进行岗位技能工资制试点工作的通知》，国有企业普遍实行了岗位技能工资制，同时进行以岗位技能工资制为主要内容的内部分配改革。1992 年开始，国有企业进行以“破三铁”为标志的企业劳动、人事、分配“三项制度改革”。通过“破三铁”初步达到了提高企业生产效率的目的，国有企业呈现空前的生机和活力。

2. 1993年开始，国有企业改革进入建立现代企业制度时期

1993 年党的十四届三中全会通过了《中共中央关于建立社会主义市场经济体制若干问题的决定》，明确指出，我国国有企业的改革方向是建立“适应市场经济和社会化大生产要求的、产权清晰、权责明确、政企分开和管理科学”的现代企业制度，要求通过建立现代企业制度，使企业成为自主经营、自负盈亏、自我发展、自我约束的法人实体和市场竞争主体。1994 年《公司法》正式颁布，国有企业的领导体制开始按照公司制企业的治理结构来规范，形成由股东（大）会、董事会、经理层、监事会组成的决策机构、辅助决策机构、执行机构和监督机构相互独立、逐级授权、权责分明、各司其职、相互制约的纵向授权模式。

1995 年 1 月，《劳动法》正式施行后，劳动合同制度的实施范围扩大到各种所有制企业及其全体职工，国有企业劳动关系的确立由行政手段向契约手段转变，劳动关系的管理逐步纳入法制化轨道。

1996 年，中央大型企业工委与中央国家机关党工委纪委中负责监督管理中央企业的有关部门合并，成立中央企业工委、负责中央企业党政领导人员的管理工作。1998 年，成立国务院国有资产管理委员会，全面负责企业党政领导人员的管理监督工作。

党的十五届四中全会通过的《中共中央关于国有企业改革和发展若干重大问题的决定》，明确要求国有企业加快建立现代企业制度。深化企业内部人事制度改革，积极探索适应现代企业制度要求的选人用人新机制，建立和健全国有企业经营管理者的激励和约束机制，逐步建立符合现代企业特点的现代企业人事管理制度。

2000 年 3 月原国家经贸委、原人事部、原劳动部联合发布《关于深化国有企业内部人事、劳动、分配制度改革的意见》，指出深化企业三项制度改革是当前国有企业改革和发展的紧迫任务，深化企业三项制度改革的目标是把深化企业三项制度的改革作为规范建立现代企业制度的必备条件之一，建立与社会主义市场经济体制和现代企业制度相适应、能够充分调动各类职工积极性的企业用人和分配制度。要建立管理人员竞聘上岗、能上能下的人事制度；建立职工择优录用、能进能出的用工制度；建立收入能增能减、有效激励的分配制度等。

3. 2003年国资管理体制改革，国企人事管理制度改革进一步深化

2003 年 4 月国务院国资委和地方各级国资委相继挂牌成立，确立了在国有资产国家统一所有的前提下，作为出资人代表的中央政府和地方政府分别代表国家履行出资人职责，享有所有者权益，管资产和管人、管事相结合，权利、义务和责任相统一的国有资产管理体制，国家对国有资产的监管进入新时期。

国务院国资委自 2003 年开始面向全球公开招聘企业经营管理人员，受到社会各界的广泛关注。之后又七次面向全球公开招聘中央企业高管，共为 100 余家企业招聘了 138 名高级经营管理者和高层次科研管理人才。2005 年央企第三次开展公开招聘“一把手”，首次打破“行政任命”，标志着国有企业领

导体制改革实现“历史性突破”。同年，国资委在中央企业推行工效挂钩、工资总额控制等政策措施，在少数企业试行经理（厂长）年薪制、持有股权等分配方式。

国资委按照党的十六届三中全会精神，制定了《中央企业负责人薪酬管理暂行办法》，确立了中央企业负责人薪酬整体框架。企业负责人薪酬由基薪、绩效薪金和中长期激励单元三个部分构成。2007 年，国资委颁布实施《中央企业负责人经营业绩考核暂行办法》，并后续出台了一些关于国有企业业绩经营考核办法的补充规定，进一步完善了对国有企业经营管理者的考核激励机制，加强了对国有企业负责人的监督和控制。

2009 年 9 月 16 日经国务院同意，人力资源和社会保障部会同中央组织部、监察部、财政部、审计署、国资委等单位联合下发了《关于进一步规范中央企业负责人薪酬管理的指导意见》。10 月 16 日，国资委发布《关于进一步加强中央企业全员业绩考核工作的指导意见》。意见规定了全员业绩考核工作的要求：建立健全业绩考核组织体系，真正实现考核的全方位覆盖，努力完善全员业绩考核办法，健全激励约束机制，加强指导和监督，不断创新全员业绩考核方法。12 月，国资委发布《国有企业干部管理办法》，从制度上对国有企业干部管理业务进行细致梳理，也提出一系列要求。同时，中共中央办公厅、国务院印发《中央企业领导人员管理暂行规定》。为深入贯彻落实此规定，中共中央组织部、国务院国资委党委联合下发了《中央企业领导班子和领导人员综合考核评价办法（试行）》。在国有企业逐步实施企业负责人经营业绩考核制度，国有资产保值增值责任得到层层落实，国有资产监管得到加强。为实现国有企业领导人员廉洁从业行为，促进国有企业科学发展，依据国家有关法律法规和党内法规，制定了《国有企业领导人员廉洁从业若干规定》。

4. 2012年以来，逐步建立中国特色的现代企业人事管理制度

2012 年党的十八大报告指出，要深化国有企业改革，完善各类国有资产管理体制。2013 年党的十八届三中全会通过的《中共中央关于全面深化改革若干重大问题的决定》，对全面深化国有资产和国有企业改革进行了总体部署，明确了新时期深化国有企业改革的重大任务，包括国有企业功能定位和国有经济战略性重组、推进混合所有制改革、建立以管资本为主的国有资本管理

体制以及进一步完善现代企业制度等方面的内容。

2014 年，国有企业改革领导小组成立。规范董事会建设是深化国有企业改革、完善现代企业制度的核心工作，国资委成立以来大力推进外部董事占多数，在中央企业范围内开展了落实董事会职权试点工作。通过试点有效调动董事会积极性，促进董事会作用的发挥。

2015 年 8 月 24 日，中共中央、国务院印发《关于深化国有企业改革的指导意见》，要求深化企业内部用人制度改革。建立健全企业各类管理人员公开招聘、竞争上岗等制度，建立健全以合同管理为核心、以岗位管理为基础的市场化用工制度。还明确企业内部的薪酬分配权是企业的法定权利，由企业依法依规自主决定，完善既有激励又有约束、既讲效率又讲公平、既符合企业一般规律又体现国有企业特点，与劳动力市场基本适应、与企业经济效益和劳动生产率挂钩的工资决定和正常增长机制。此后，陆续出台有关加强国有企业党的建设、国有企业分类改革、发展混合所有制经济、完善国资监管体制、防止国有资产流失、完善法人治理结构等的多个配套文件。

2016 年，是新一轮国企改革从政策转向落地的关键时期。根据国务院国企改革领导小组的具体部署和安排，国企改革主要是围绕完善文件体系、重点领域试点、面上普遍推开三方面展开。为落实党中央、国务院颁布实施的《关于深化国有企业改革的指导意见》，先后出台了 7 个专项配套文件，国务院国资委还会同有关部门出台 36 个配套文件。“1 + N” 文件体系及相关细则共同形成了国企改革的设计图、施工图，已形成深化国企改革框架体系。各地结合实际出台了 696 个落地文件。[①] 同年国资委、国家发改委、人社部联合召开发布会对外披露，经国务院国有企业改革领导小组研究决定开展国企改革十项试点。

国企“十项改革试点”于 2017 年全面推开，较之以往，范围更广泛，内容更明确，其中有超过一半的改革内容与人事制度改革有关，再次凸显人事制度改革在国企改革中的重要程度。国企改革从“顶层设计”加速向“深化施工”迈进，已经进入爬坡过坎的关键阶段，要在重点领域和关键环节尽快取得新的进展和突破，必须以更大的力度深化人事制度改革。

---

① 《季晓南：今年国企改革将有实质性突破　步伐大于 2016 年》，《中国证券报》2017 年 1 月 3 日。

（二）外商投资企业带来人力资源管理的不同理念

党的十一届三中全会把对外开放确立为基本国策，吸引外商投资成为中国对外开放政策的重要组成部分。

1979 年 4 月，邓小平首次提出要开办“出口特区”。7 月国务院同意在深圳、珠海、汕头和厦门 4 个地方试办出口特区，通过减免企业所得税和进口关税，吸引外商以“三来一补”、合资办厂、独资办厂等方式进行投资，并在特区内对外商投资实行特殊优惠政策。7 月第五届全国人民代表大会第二次会议通过了《中华人民共和国中外合资经营企业法》。它是我国第一部关于外商投资的法律，从此为外商在中国的投资确立了法律依据。

1980 年 3 月，“出口特区”改名为“经济特区”，并在深圳加以实施。5 月主营航空配餐业务的北京航空食品公司，成为第一家中外合资企业。9 月 10 日，第五届全国人大三次会议通过《中华人民共和国中外合资经营企业所得税法》《中华人民共和国个人所得税法》。12 月 26 日，中共中央、国务院批转《广东、福建两省会议纪要》，正式将“出口特区”改称为“经济特区”。此后，中国香港、中国台湾及东南亚等地的资金开始逐步进入中国大陆市场。随后又陆续开放了上海、天津、大连等 14 个沿海港口城市，并建设沿海经济开发区。这些措施有力地改善了我国的投资环境，增强了各地利用外资的积极性，吸引外资的步伐开始加快。

1984 年中共中央、国务院决定进一步开放天津、上海、大连、秦皇岛、烟台、青岛、连云港、南通、宁波、温州、福州、广州、湛江和北海等 14 个沿海港口城市，并提出逐步兴办经济技术开发区。1985 年中共中央、国务院决定在长江三角洲、珠江三角洲和厦漳泉三角地区开辟沿海经济开放区。至 1985 年底，共批准中外合资、合作经营、外商独资经营企业 6319 个，总计协议外资金额 163 亿美元，约有 5400 个企业登记注册，大多数企业经营良好。①

1986 年 10 月 1 日，国务院发布《关于鼓励外商投资的规定》及 22 个实施细则，对税费缴纳、补贴、出口便利化、保障外商投资企业自主权等方面做了细致规定，鼓励外商投资者在中国境内举办中外合资经营企业、中外合作经

① 周毅：《1978 年 7 月外资入华》，《中国经济周刊》2018 年第 38 期。

营企业和外资企业。此后投资环境得到改善，外商投资更加法制化、便利化。

1987 年，党的十三大报告指出，中外合资企业、合作经营企业和外商独资企业，也是我国社会主义经济的必然和有益补充，应当切实保护外商投资者的合法利益，进一步改善投资环境。

1988 年，国务院决定将杭州、南京、沈阳 3 个省会城市以及 140 个市、县划入沿海开放区。此后，国务院又相继决定开放了一批沿江、沿边、内陆和省会城市，形成了多层次、多渠道、全方位开放格局。

1995 年，国家计委颁布了《外商产业投资指导目录》，并将其作为指导外商投资经营范围的依据。目录将外商投资项目分为鼓励、允许、限制和禁止四类，对 13 个大类做了限制性规定，此后根据经济社会发展适时修订，从而使对外商投资的指导走向常规化。

自 2001 年中国加入世贸组织，中国正式成为世界贸易组织成员。一方面中国履行开放市场的承诺，按照 WTO 的“最惠国待遇”和“国民待遇”原则，完善一系列政策，继续扩大对外开放，放宽限制条件，为外资企业进入中国市场营造更宽松和便利的投资环境；另一方面，在中国的企业，尤其是外商投资企业，因面临更加有利的国际环境，也不断开拓国际市场，做强做大自己。从此，中国利用的外资又开始新一轮快速增长，中国对外开放进入新的阶段。在华投资的跨国公司纷纷通过人才属地化、技术属地化、市场属地化和拓展研究发展机构等经营措施，力求取得在华发展的主动地位。6 月，根据《中华人民共和国民法通则》的有关规定，国务院颁布《中华人民共和国企业法人登记管理条例》。这是为建立企业法人登记管理制度，确认企业法人资格，保障企业合法权益，取缔非法经营，维护社会经济秩序而制定的。该条例规定：除全民所有制、集体所有制外，“在中华人民共和国境内设立的中外合资企业、中外合作经营企业和外资企业；私营企业；经企业法人登记主管机关审核，准予登记注册的，领取《企业法人营业执照》，取得法人资格，其合法利益受到国家保护”。1988 年，第七届全国人大一次会议通过宪法修正案、《中华人民共和国中外合作经营企业法》等；决定设立海南省、建立海南经济特区。

2016 年，第十二届全国人大常委会会议通过《关于修改〈中华人民共和国外资企业法〉等 4 部法律的决定》，探索对外商投资实行准入前国民待遇加负面清单的管理模式，使外资管理体制实现重大变革。该决定还提出对不涉及国家规定准入特别管理措施的外商投资企业，其设立及变更的事项由逐案审批制改为备案制管理。

2017 年 6 月 10 日，国务院发出《关于积极有效利用外资推动经济高质量发展若干措施的通知》。6 月 28 日，《外商投资产业指导目录（2017 年修订）》经党中央、国务院同意，予以发布，自 2017 年 7 月 28 日起施行。此版目录将限制性措施由 2015 年版的 93 条减少到 63 条。围绕探索实行准入前国民待遇加负面清单管理制度，外商投资管理体制实现重大变革。

2018 年 6 月 28 日，国家发改委、商务部发布《外商投资准入特别管理措施（负面清单）》提出，应大幅放宽市场准入，负面清单长度由 63 条减至 48 条，共在 22 个领域推出开放措施。按照该清单，外资进入银行、证券、汽车制造、电网建设、铁路干线路网建设等限制将被取消，以深入推进更高水平、更宽领域的对外开放。

外资企业是外商独资企业的简称，是指依照中国法律在中国境内设立的、全部资本由外国投资者投资的企业。外资企业的外国投资者可以是外国的企业、其他经济组织和个人。外资企业依中国法律在中国境内设立。因此，不同于外国企业和其他经济组织在中国境内的分支机构，外资企业是一个独立的经济实体，独立经营，独立核算，独立承担法律责任。

外商投资企业的蜂拥而至带来了新的管理思想，人力资源开发与管理理念也是其中之一。外商投资企业由于其投资国与我国在历史发展、社会文化、政治经济状况、思想传统等方面的差异，及其境外母公司在企业规模、管理传统、战略思想上的特点，在外商投资企业人力资源管理上，体现出不同的要求和影响。

在国际范围的市场竞争中，无论是大公司还是小公司，国内企业还是跨国企业，要想获得并维持竞争优势，核心的资源就是人力资源。20 世纪 90 年代以来，将人力资源管理与公司的总体经营战略联系在一起，是许多外资企业赖以赢得竞争优势的重要方式。

外资企业的人力资源管理旨在获得竞争优势，总体而言，其规章制度比较完善、健全，对个人素质和技术要求、工作职责、权力、报酬、福利以及突发性问题处理等都有章可循；同时非常注重以人为本，其人力资源管理理论提出，人力资源管理要有明确的战略导向，并围绕战略统一规划，使人力资源管理的各个环节相互衔接，不仅如此，基于素质的人力资源管理也是外资企业人力资源管理的进一步深化与延伸，人力资源管理部门的主要职责在于制订人力资源发展规划、出台人力资源管理政策，侧重于员工的潜能开发和能力提升，最重要的是培训其他职能或业务部门经理或管理者，提高其管理水平和素质，并认为人力资源管理涉及企业每一层级的管理者，他们既可是某个部门的业务经理，也可是这个部门的人力资源经理。

许多外资企业的人力资源管理非常重视人力资源配置在企业发展中的作用。如美国微软公司，自成立之初就对招聘非常重视，公司招聘的宗旨是招聘不是针对某个职位或群体，而是着眼于整个企业，即确保招聘从长远来看适合企业、适合整个组织的人选，而不是考虑让其担负某个具体的职位。北京数字100市场研究公司2009年的一项调查显示，在外资企业，人力资源规划是站在整个企业的高度帮助企业规划合理的人力资源配置并做适时的调整。外资企业的人力资源管理薪酬管理系统，形成了比较灵活有效的分配机制，是整个企业激励机制的核心，是企业积极吸引和保留人才的关键。

（三）民营企业人力资源开发与管理在实践中不断探索

改革开放以来，我国民营企业蓬勃发展，已经成为推动我国劳动生产效率提升的主力军，在经济增长、吸纳就业、贡献税收等方面发挥着重要作用，是市场经济最具潜力的力量，在整个经济体系中具有重要地位。数据显示，截至2017年底，我国民营企业数量超过2700万家，个体工商户超过6500万户，注册资本超过165万亿元。[①] 民营经济对国家税收贡献率超过了50%，国内生产总值、固定资产投资占比超过60%，技术创新和新产品占比超过70%，提供80%以上的城镇就业岗位，吸纳了70%以上的农村转移劳动力，企业数量占比和新增就业贡献率超过90%。中国民营企业从无到有、从小到大、从弱到强、从国内到国际，正在成为我国市场经济中最富活力的主体，在稳定增长、促进创新、增加就业、改善民生等方面发挥了重要作用，已经成为推动我国发展不可或缺的力量。

---

① 《习近平：在民营企业座谈会上的讲话》，新华网，2018年11月1日。

中国企业500强中的民营企业数量持续增加，2018年中国企业500强中民营企业增至237家，与国有企业各占半壁江山的格局趋于成形。在世界500强企业中，我国民营企业由2010年的1家增加到2018年的28家。全国工商联主席高云龙指出，民营企业500强是中国民营经济蓬勃发展的集大成者，我国民营企业已在质量品牌提升、要素效率提升上实现重大进展，在民营企业转型升级中发挥了引领带动和释放作用，已经成为世界观察中国经济发展的重要风向标。

改革开放以来，中国经历了四次创业潮，即20世纪80年代中期改革开放创业潮、20世纪90年代初期下海创业潮、21世纪初期互联网创业潮、2014年以来创新创业潮，每次创业潮均催生了大量民营企业。阿里巴巴、腾讯、华为、小米、福耀集团等大中型民营企业，不仅创造就业、贡献税收，还成为我国经济的重要支撑，并且能够“走出去”，让世界见证中国品牌的崛起。①

1. 改革开放政策的大幕拉开，为民营企业生根发芽提供了土壤（1978～1991年）

1978年，党的十一届三中全会召开。邓小平明确地提出了让一部分人和一部分地区先富起来的先富论。改革开放之初，在城市地区，全国有1000余万名“知青”陆续返城，加之每年几百万名毕业生不能充分就业，而且政府机关、国有企事业单位岗位有限，就业安置成为首要社会问题。迫于生计，返城“知青”只能依靠摆地摊解决温饱问题。经营者以小商小贩、小修小补为主，主要集中在商业、饮食、服务等行业。在农村地区，1978年后家庭联产承包责任制在全国广泛推广，大大激发了农民的生产积极性，农业产量大幅提升，农民收入和储蓄开始增加。农村富余劳动力从农业中分离出来，个体户开始出现，并催生了大量乡镇企业的崛起。

1979年，中共中央、国务院转批了第一个关于发展个体经济的报告，允许“各地可根据市场需要，在取得有关业务主管部门同意后，批准一些有正式城镇户口的闲散劳动力从事修理、服务和手工业者个体劳动”，② 城市地区的个体工商户应运而生。1980年前后，允许各地批准一些有正式户口的闲散劳动力从事修理、服务和手工业个体劳动。

---

① 陈黎：《论中国民营企业融资和金融支持》，大众投资指南，2019年1月15日。

② 刘潇：《四十载，中国企业走过的峥嵘岁月》，《中国中小企业》2019年1月1日。

1981 年 7 月，国家首次承认个体创业者存在的合法性，第一批个体工商户获得合法营业执照。在民营企业（个体工商户）兴起之时，我国社会各界均对其数量规模产生较大争议。10 月，中共中央、国务院做出《关于广开门路，搞活经济，解决城镇就业问题的若干决定》，指出在社会主义公有制经济占优势的根本前提下，实行多种经济形式和多种经营方式长期并存，是我党的一项战略决策。

随着个体经济的发展，其雇工不断突破国家规定的雇工人数限额，超过 7 个人的个体工商大户即私营企业也日渐增多，部分国营企业中的“能人”开始通过承包国营企业积累资产，逐渐成为私营企业。起初，民营企业的雇工人数一直是个颇具争议的严肃问题。在《资本论》中，马克思认为“雇工到了八个人就不是普通的个体经济，而是资本主义经济，是剥削”，并被教条的马克思主义者将其作为金科玉律。在中国当时的历史环境下，雇工是否超过 7 个人是判断一个企业是否具有剥削性质的重要标准。

1982 年，党的十二大提出“坚持国有经济为主导和发展多种经济形式”，鼓励和支持劳动者个体经济，作为公有制经济的必要的、有力的补充。同年 12 月，全国人大五次会议通过《中华人民共和国宪法》，这是改革开放后我国的第一次宪法修改，《宪法》第十一条明确提出“在法律规定范围内的城乡劳动者个体经济，是社会主义公有制经济的补充。国家保护个体经济的合法的权利和利益。国家通过行政管理，指导、帮助和监督个体经济”。由此，个体经济开始迅速发展。

1983 年 1 月 2 日，党中央在印发的《当前农村经济政策的若干问题》指出：农村个体工商户和种养业的能手，请帮手、带徒弟，可参照《国务院关于城镇非农业个体经济若干政策性规定》执行。同年 1 月邓小平在谈话中说：“有个别雇工超过了国务院的规定，这冲击不了社会主义。只要方向正确，头脑清醒，这个问题容易解决，十年、八年以后解决也来得及，没什么危险。”这一态度为民营企业，即当时的私营企业发展留下了一线生机，从而推动了民营企业的历史性发展。

1984 年 1 月 1 日，中共中央发布《关于 1984 年农村工作的通知》。该文件指出，对当前雇请工人超过法定人数的企业，可以不按照资本主义的雇工经营看待。这实质是对雇工经营的肯定，同时是为私营企业扩大规模创造了政策环境。

1986 年以后，生产型行业发展较快，工业、手工业、建筑业和交通运输业在个体工商户的经营中所占比重逐步扩大。1987 年中央五号文件发布，去掉了对雇工数量的限制，该文件将 1983 年提出的对待私营企业的“三不”原则调整为十六字方针，即：允许存在，加强管理，兴利抑弊，逐步引导，并明确指出：“在社会主义初级阶段，在商品经济发展中，在一个较长时期内，个体经济和少量私人企业的存在是不可避免的。”

1987 年 10 月，党的十三大召开，会议首次公开明确提出个体私营经济存在和发展的必要性，提出要在公有制为主体的前提下，继续发展多种所有制经济，强调私营经济是公有制经济必要的、有益的补充。这是十一届三中全会以来，党在代表大会上，首次承认允许私营经济发展，为私营经济的发展正式亮起绿灯。①

截至 1988 年 2 月，全国共有 1 万多家民办科技企业，8 万多名科技从业人员；3 月，国家成立了中国民办科技专业职务资格评审领导小组，为民办科技人员评定专业职务。②

1988 年 4 月，全国人大七届一次会议通过宪法修正案，《宪法》第十一条增加规定，“国家允许私营经济在法律规定的范围内存在和发展。私营经济是社会主义公有制经济的补充。国家保护私营经济的合法的权利和利益，对私营经济实行引导、监督和管理”，从法律上确立了民营企业的地位。同年 6 月国务院颁布了《私营企业暂行条例》。条例规定“私营企业是指企业资产属于私人所有，雇工在 8 人以上的营利性的经济组织”，不仅明确了私营企业的性质，还对私营企业的种类、开办和关闭、权利和义务、劳动管理、财务税收、监督与处罚等做了规定。

1988 年 6 月，国务院同时颁布了《中华人民共和国私营企业所得税暂行条例》《国务院关于征收私营企业投资个人收入调节税的规定》，私营企业所得税依照 35% 的比例税率计算征收。此条例和规定的出台，对鼓励私营企业

① 《非公有制经济发展研究报告》，载《2005～2006 中国生产力发展研究报告（上）》2006 年，第 272～293 页。

② 张志勇：《民营企业四十年》，经济日报出版社，2019。

发展，加强私营企业管理有重要的作用，使个体私营经济的发展，在理论、法律和政策的大力支持下，进入第一次的发展高潮期。

在1988年之前，私营企业是混在个体工商户中的，工商局没有明确区分，1987年至1988年中国私营经济迅速发展，到了1988年底，才有了私营企业统计数据。到1988年底，全国已登记注册的私营企业有40638家。如果加上大量挂集体企业牌子和混杂于个体工商户、个体合伙及乡镇、街道企业中的私营企业在内，实际的私营企业有20余万家。①

2. 市场经济体制的确立，促进了民营企业的蓬勃发展（1992~2001年）

1992年，对中国民营经济发展来说，是重要的分水岭，由此开启了中国民营经济发展的新阶段。邓小平南方谈话针对全国大量出现的个体工商户、私营企业等民营企业姓“资”姓“社”问题的争论，明确提出“三个有利于”标准，即是否有利于发展社会主义的生产力，是否有利于增强社会主义国家的综合国力，是否有利于提高人民的生活水平。② 邓小平的南方谈话扭转了民营经济徘徊不前的局面，给民营经济发展带来了春天。

在改革开放和市场经济的浪潮下，全国上下创业激情高涨，迅速掀起第二次下海潮，大量机关干部、科研人员、国有企业员工、海归等跳出体制，纷纷辞职下海创办企业，形成我国改革开放后的新一轮创业潮，也催生了陈东升、郭凡生、冯仑、王功权、潘石屹等一代企业家。据国家人事部统计，1992年辞职下海者超过12万人，投身商海的人超过1000万人，同时还有数以万计的教师、学生和科技人员在经商。③ 许多体制内的人下海创业，许多大学生也把创业作为自己毕业后的梦想。创业成为20世纪90年代的鲜明烙印，大大推动了民营企业的蓬勃发展。涌现了联想集团、希望集团等一大批优秀企业，在管理上这些企业走出了家庭型、经验型管理的小圈子，开始重用人才、重视现代化管理。

党的十四大明确了我国经济社会改革的目标：“社会主义市场经济是经济体制改革的总体目标。社会主义市场经济体制是同社会主义基本制度结合在一

① 董辅礽主编《中华人民共和国经济史》经济科学出版社，1999。

② 刘潇：《四十载，中国企业走过的峥嵘岁月》，《中国中小企业》2019年第1期。

③ 《建国以来中国民营经济发展与政策演变的历史互动》，《学术论文联合比对库》2012年3月6日。

起的。在所有制结构上，以公有制包括全民所有制和集体所有制经济为主体，个体经济、私营经济、外资经济为补充，多种经济成分长期共同发展，不同经济成分，还可以自愿实行多种形式的联合经营。”党的十四大为个体经济、私营经济确立了重要地位，开辟了更加广阔的发展道路。

随着中国由传统的计划经济体制向社会主义市场经济体制过渡，原来由包括国有企业和集体企业在内的生产资料公有制一统天下的局面被彻底打破，各种非公有制企业从无到有，由小到大，由弱到强，蓬勃发展，形成了以公有制为主体，国有企业、集体企业、个体和私营企业、外商投资企业、股份制企业等多种经济成分并存，在市场竞争中共同发展的多元化所有制结构。

20 世纪 90 年代中后期，由于市场经济建设热情高涨和现代企业经营自主权扩大，全国掀起了投资扩产高潮，导致严重的产能过剩，国有企业出现大面积亏损，适逢 1997 年亚洲金融危机的冲击，国有企业发展举步维艰。

1997 年党的十五大对国有经济提出“抓大放小”“从战略上调整国有经济布局”的方针。第一次明确提出将“以公有制为主体，多种所有制经济成分共同发展”作为社会主义初级阶段的一项基本经济制度确立下来，明确提出“非公有制经济是我国社会主义市场经济的重要组成部分”，也是完善社会主义市场经济体制的必然要求，对满足人们多样化的需要，增加就业，促进国民经济的发展有重要作用。

国企改制“抓大放小”，积极推动国有企业改革和国有经济布局的结构调整，通过改组、兼并、出售、承包经营和股份合作制等，尤其是国有企业退出竞争性领域，催生大批民营企业。不仅如此，民营企业发展的政治环境变得更加宽松，政策环境、舆论环境等也开始更加积极有作为。民营企业抓住了这一良好发展窗口期，异军突起，快速发展。

1998 年，亚洲金融危机爆发，此时国有企业出现大量亏损，改革迫在眉睫。中央政府明确提出了“从战略上调整国有经济布局和改组国有企业”“有进有退”“抓大放小”等政策措施。国有企业从一般竞争性领域退出并集中在能源、电信、铁路等垄断行业。大量国有企业改制，产权开始流转，国有企业中的管理者、技术骨干力量开始接手企业运营，国退民进使私营企业迎来历史性发展大机遇。一方面，国有企业结构得到优化，另一方面，民营企业吸纳大量人才，促进了国企职工下岗再就业，以及自身扩容发展。但摆在民营企业面前的难题：国企经历改革后逐渐恢复元气，跨国公司大量进入，对羽翼未丰的民营企业两面夹击；亚洲金融危机的影响尚未消除、市场过度疲软、企业自身素质问题……迫使民营企业进入理性的第三次创业时代。1999 年 3 月，全国人大九届二次会议通过了宪法修正案，明确规定在法律规定范围内的个体经济、私营经济等非公有制经济是社会主义市场经济的重要组成部分。

据统计，在 1998～2000 年三年中，国有企业数目减少了 42%，下岗分流人数高达 3000 余万人，催生了大量民营企业。房地产、钢铁、水泥、化工、装饰材料等行业出现了众多民营企业的身影。2002 年《中国私营企业调查报告》显示，在过去的 4 年里，有 25.7% 的被调查私营企业是由国有和集体“改制”而来；前身是国有企业的占 25.3%，是乡镇集体企业的占 74.7%；有 60.6% 的企业主是原来企业的负责人。[①] 1991～2001 年，私营企业数量、注册资金、户均资本金年均增速分别达到 34.08%、64.81% 和 23.58%。私营企业的税收年均增长 80.33%，成为各种经济成分中最具活力、发展最快的部分。

1994～2000 年，中国掀起第一次互联网创业发展大潮，互联网经济快速走进经济社会的方方面面，并成为创业的热门领域。网易、搜狐、新浪、百度、阿里巴巴等一批民营企业诞生。[②] 经过近 20 年的发展，这些公司成长为引领中国甚至全球互联网经济发展的龙头，世界级独角兽民营企业产生，越来越多的人投入互联网创业之中。

3. 加入 WTO 以后，民营企业在全球化竞争中发展壮大

2000 年前后，随着互联网兴起，一批拥有高学历、高技术、年轻化的具有国际视野和创新精神的第三代民营企业家诞生，如马化腾、李彦宏、张朝阳、马云、周鸿祎、刘强东、丁磊等互联网企业大咖。2001 年，500 家进出口额最大的企业当中，民营企业只有 5 家，到 2010 年就增加到 44 家。全国工商联数据显示，2010 年，民营企业 500 强中累计有 137 家企业开展了海外投资，投资企业和项目 592 个，海外投资额达 61.77 亿美元，比 2009 年增长 174%，2010 年民营企业 500 强兼并收购海外企业的事件明显增多。这充分说明中国民营企业不仅在规模上不断增大，而且在竞争力上也不断增强。

---

① 王忠明：《人类史上居功至伟的民营经济世纪工程》，《管理观察》2019 年 1 月 10 日。

② 凡一、何延海、劉富國：《中国民企 40 年》，《金桥》2019 年第 4 期。

2001 年，加入 WTO 使中国更加快速地融入全球化进程，为中国民营企业参与全球化进程、参与国际竞争，在国际竞争中发展壮大提供了机会。中国加入 WTO 后，民营企业又面临新的危机——人才的危机。民营企业的发展在很大程度上因人才的缺乏而受到阻碍。

2002 年，党的十六大首次提出“毫不动摇地鼓励、支持和引导非公有制经济发展”，进一步巩固了民营企业的地位，民营企业家党代表首次亮相十六大，民营企业家的政治地位获得社会各界认可。

党的十六大以后，中国企业“走出去”的进程加快，与此同时，民营企业经济实力大大增强，大型民营企业、企业集团数量大幅增加，在境内外上市的数量增多，并且开始注重利用国际国内“两个市场、两种资源”，从国内向国际发展，国际化程度大大提高。

党的十七大指出，平等保护人权，形成各种所有制经济平等竞争、相互促进新格局，革除体制障碍，促进科技私营经济发展。2004 年，全国人大十一届二中全会通过的《中华人民共和国宪法修正案》规定，国家保护私营经济等非公有制经济的合法权益和利益。国家鼓励、支持和引导非公有制经济的发展，并对非公有制经济依法实行监督和管理。

2004 年、2006 年、2009 年分别成立中小企业板、新三板、创业板，民营企业融资渠道进一步拓宽。这一系列重大政策和事件推动了民营企业的发展，并促使中国成为“世界工厂”。①

2005 年国务院印发《关于鼓励支持和引导个体私营等非公有制经济发展的若干意见》，从放宽非公有制经济市场准入、加大对非公有制经济的财税支持等方面提出 36 项政策措施。这是新中国成立以来第一个全面促进非公有制经济发展的政策性文件。

2007 年全国人大通过《中华人民共和国物权法》，提出平等保护国家、集体和私人的物权，让民营企业发展成果有了法律保障。党的十七大指出，“两个平等”——公平参与市场竞争，同等受到法律保护，我党对非公有制经济的有关理论问题基本都已经明确。

---

① 黄剑辉：《改革开放 40 年以来中国民营企业发展历程回顾与展望》，《扬州大学学报》（人文社会科学版）2019 年第 1 期。

2008 年，受金融危机的影响，外部出口需求锐减，国内需求萎靡，人民币汇率快速升值，受到金融危机冲击的民营企业，特别是外向型民营企业举步维艰，靠外贸加工发家的劳动密集型民营企业大量倒闭，民营企业家跑路事件频繁发生。根据国家发改委公布的信息，仅 2008 年上半年，中国有 6.7 万家中小企业倒闭，其中多数为劳动密集型出口加工企业。在社会质疑声中，民营企业开始寻求转型升级，通过增加研发投入，增强自主创新能力，从劳动密集型向技术密集型转变，提高市场竞争力。①

2009 年 9 月 22 日，国务院印发《关于进一步促进中小企业发展的若干意见》。中小企业是我国国民经济和社会发展的重要力量，促进中小企业发展，是保持国民经济平稳较快发展的重要基础，是关系民生和社会稳定的重大战略任务。此意见就进一步促进中小企业发展提出以下意见：进一步营造有利于中小企业发展的良好环境；切实缓解中小企业融资困难；加大对中小企业的财税扶持力度；加快推进中小企业信息化技术进步和结构调整；支持中小企业开拓市场；努力改进对中小企业的服务；提高中小企业经营管理水平，包括引导和支持中小企业加强管理，大力开展对中小企业各类人员的培训；加强对中小企业工作的领导。

2001 年，进出口额最大的 500 家企业当中，民营企业只有 5 家，到 2010 年就增加到 44 家。全国工商联数据显示，2010 年民营企业 500 强中累计有 137 家企业开展了海外投资，投资企业和项目达 592 个，海外投资额达 61.77 亿美元，比 2009 年增长 174%，② 2010 年民营企业 500 强兼并收购海外企业的事件明显增多。这充分说明中国民营企业不仅在规模上不断增大，且在竞争力上也不断增强。

继 2005 年发布《关于鼓励支持和引导个体私营等非公有制经济发展的若干意见》（简称“非公经济 36 条”或“旧 36 条”）之后，2010 年国务院又发布了《关于鼓励和引导民间投资健康发展的若干意见》（简称“民间投资 36 条”或“新 36 条”），阻碍民营企业发展的法律法规和政策得到清理和修订，

---

① 凡一、何延海、劉富國：《中国民企 40 年》，《金桥》2019 年第 4 期。

② 张卫平、张欣：《改革开放 40 年我国中小企业与非公经济发展面临的现状经验问题及建议方光华》，《经济界》2019 年第 1 期。

市场准入条件放宽，基础设施等 18 个行业向民营企业开放，公平竞争、平等进入的市场环境得到较大改善，民营企业投融资、税收、土地使用等政策陆续提出。①

2012 年 4 月 26 日，国务院印发《关于进一步支持小型微型企业健康发展的意见》，指出小型微型企业在增加就业、促进经济增长、科技创新与社会和谐稳定等方面具有不可替代的作用，对国民经济和社会发展具有重要的战略意义。为进一步支持小型微型企业健康发展，提出以下意见：充分认识进一步支持小型微型企业健康发展的重要意义；进一步加大对小型微型企业的财税支持力度；努力缓解小型微型企业融资困难；进一步推动小型微型企业创新发展和结构调整；加大支持小型微型企业开拓市场的力度；切实帮助小型微型企业提高经营管理水平，包括支持管理创新，提高质量管理水平，加强人力资源开发，制定和完善鼓励高校毕业生到小型微型企业就业的政策；促进小型微型企业集聚发展；加强对小型微型企业的公共服务。2012 年党的十八大提出“三个平等”——平等使用生产要素，公平参与市场竞争，同等受到法律保护。

4. 2013 ~2019年民营企业新一轮转型升级

中国民营企业大多集中在传统产业，处于产业链的中低端，受 2008 年国际金融危机和国内经济下行压力影响，民营企业，特别是民营中小企业普遍面临劳动力成本上升、原材料价格上涨、融资成本上升、盈利水平下降等问题，生存与发展的压力不断加大。2010 ~ 2016 年民营企业盈利能力持续下降，销售净利率、资产净利率、净资产收益率等均连续下滑。数据显示，2012 年民营企业 500 强的净利润增长率达到 -3. 39%。转型升级成为民营企业生存发展的必由之路。

2012 年党的十八大提出要“毫不动摇鼓励、支持、引导非公有制经济发展”。2013 年党的十八届三中全会审议通过的《中共中央关于全面深化改革若干重大问题的决定》指出，公有制为主体、多种所有制经济共同发展的基本制度是中国特色社会主义制度的重要支柱，也是社会主义市场经济体制的根基。公有制经济和非公有制经济都是社会主义市场经济的重要组成部分，都是

① 张卫平、张欣：《改革开放 40 年我国中小企业与非公经济发展面临的现状经验问题及建议方光华》，《经济界》2019 年第 1 期。

我国经济社会发展的重要基础。党的十八届三中全会还特别强调“公有制经济财产权不可侵犯，非公有制经济财产权同样不可侵犯”，并进一步指出保证各种所有制经济依法平等使用生产要素，公开、公平、公正地参与市场竞争，同等受到法律保护。

党的十八届三中全会拉开了全面深化改革的序幕，中国进入全方位改革时代，中央及地方政府在财税、投融资体制、市场准入、信贷政策、支持中小企业及小微企业、产权保护等方面出台政策，优化、改善营商环境，鼓励民营企业发展。

2014 年国务院提出“大众创业，万众创新”，推出“简政放权”“放管服”等行政审批制度改革；“证照分离”“三证合一”“五证合一”等商事制度改革。

2014 年中国开启商事制度改革，在全国全面推行注册资本登记制度改革，多证合一、一照一码改革、证照分离，企业注册全程电子化，企业登记门槛大幅降低，企业注册便利化程度大幅提高。

2015 年中国大力打造“大众创业，万众创新”为经济发展新引擎，在创新体制机制、优化财税政策、产权制度等领域出台了多项政策措施，民营企业得到快速发展。2015 年以来，国务院、中央深改组先后 8 次召开会议，讨论优化营商环境问题，面对国内外严峻复杂的经济形势，2015 年中央经济工作会议提出今后一段时间要以供给侧结构性改革为主线，民营企业通过加强技术创新、管理创新、产品创新、商业模式创新、品牌建设等提高全要素生产率，加快转型升级步伐，呈现从产业链中低端向高端迈进、从传统产业向新兴产业调整的趋势。

2016 年 3 月，习近平总书记提出要构建新型政商关系，即亲清政商关系；2016 年中共中央、国务院发布《关于深化投融资体制改革的意见》，在 2013 年和 2014 年连续两年修订《政府核准的投资项目目录》的基础上，国务院发布新版投资项目目录，放宽民营企业相关领域准入；放开民营资本进入金融领域的限制，先后审批成立 17 家民营银行，着力解决民营企业融资难融资贵问题；各地成立政策性担保公司，为民营企业提供担保；在中央及地方政府层面，设立专项基金支持民营企业发展；全面推行“营改增”，降低企业税费，提高小微企业应纳所得税额；实行统一的市场准入制度，消除隐性壁垒，打破

“玻璃门”“弹簧门”“旋转门”，制定市场准入负面清单；推进混合所有制改革，鼓励民营企业参股国有企业。

2017 年《中华人民共和国中小企业促进法》修订通过。众多的鼓励优惠政策伴随民营企业转型升级、自主创新能力逐渐提高，助力其在新一轮转型升级中涅槃重生。

2017 年 9 月 1 日，十二届全国人大常委会第二十九次会议通过修订后的《中华人民共和国中小企业促进法》。此次修改的法案规定了在财税支持、融资促进、创业扶持、创新支持、市场开拓、服务措施、权益保护、监督检查若干方面对中小企业的扶持政策。

党的十九大报告指出，中国特色社会主义进入新时代。报告重申“必须坚持和完善中国特色社会主义基本经济制度和分配制度，毫不动摇巩固和发展公有制经济，毫不动摇鼓励、支持、引导非公有制经济发展”。十九大报告中第一次提出“要支持民营企业发展，激发各类市场主体活力”，第一次提出要加强对中小企业的创新支持，提出经济体制改革，必须以完善产权制度和要素市场化配置为重点。这充分表明了党对待非公有制经济的态度不变，为民营经济持续健康发展指明了方向，坚定了民营企业发展信心，标志着中国民营经济进入新的历史阶段。

据国家工商总局统计，2014 年全国平均每天新登记企业 1.06 万户，2015 年全国平均每天新登记企业 1.20 万户，2016 年全国平均每天新登记企业 1.51 万户，2017 年这一数据达到 1.66 万户，民营企业数量每年以 20% 以上的速度增长，在新登记的企业中，96% 以上属于民营企业。2012 ~ 2017 年，节能环保产业、新材料新能源产业、新一代信息技术产业、高端装备制造业、生物产业、新能源汽车产业成为民营企业投资的重点领域，民营企业进入数量大幅增长。民营企业加大了在现代物流业、金融服务业、融资租赁、电子商务等新兴生产性服务业方面的布局。全国工商联调查数据显示，2016 年有 46.8% 的民营企业 500 强主动转型升级化解过剩产能；有 71.8% 的民营企业 500 强的库存规模保持合理水平；有 66.2% 的民营企业 500 强企业主动采取措施降低企业杠杆率或使杠杆率保持合理水平。金融租赁、新能源、通信设备制造等新兴经济领域的民营企业市场竞争力不断增强，已经成为最有活力的经济类型。

2018 年 10 月 24 日，中共中央统战部、全国工商联推荐发布一份《改革开放40年百名杰出民营企业家名单》。在这份名单中，既有年广久、鲁冠球、刘永好、宗庆后等早期的草根创业者，也有柳传志、马云、任正非等做大做强民营经济的知识分子，还有马化腾、张一鸣、雷军等“新世代”民企创业者。未来，在人工智能、新材料、新能源等新兴产业中，民营经济仍将会扮演开拓者、先锋者的角色。

2018年以来，支持民营经济发展的举措渐次落地，改革红利不断释放。广东省出台促进民营经济高质量发展的10项政策措施；江苏省推出28条政策措施，预计每年可为相关企业降本减负约600亿元；围绕解决制约民营经济发展的困难与问题，各地出台一系列强有力的政策。2018年先后4次降低存款准备金率，设立民营企业债券融资支持工具，批量设立民企纾困基金……金融领域的实招硬招，精确瞄准民营企业融资难融资贵问题。2018年全年为企业和个人减税降费约1.3万亿元，“证照分离”改革在全国推开……民营企业发展的法治环境、营商环境更趋完善。明确的信号，有力的行动，民营企业因此迸发更强大的生机和活力。

2018年11月习近平在主持召开民营企业座谈会时指出，我们强调把公有制经济巩固好、发展好，同鼓励、支持、引导非公有制经济发展不是对立的，而是有机统一的。公有制经济、非公有制经济应该相辅相成、相得益彰，而不是相互排斥、相互抵消。我国基本经济制度写入了宪法、党章，这是不会变的，也是不能变的。[①] 在我国经济发展进程中，要不断为民营经济营造更好发展环境。习近平还强调，40年来，我国民营经济从小到大，从弱到强，不断发展壮大，同时指出，我国民营经济只能壮大，不能弱化，不仅不能离场，而且要走向更加广阔的舞台。他还希望广大民营经济人士加强自我学习、自我教育、自我提升。民营企业家要珍视自身的社会形象，热爱祖国、热爱人民、热爱中国共产党，践行社会主义核心价值观，弘扬企业家精神，做爱国敬业、守法经营、创业创新、回报社会的典范。民营企业家要讲正气、走正道，做到聚精会神办企业、遵纪守法搞经营，在合法合规中提高企业竞争能力。守法经营，这是任何企业都必须遵守的原则，也是长远发展之道。要练好企业内功，特别是要提高经营能力、管理水平，完善法人治理结构，鼓励有条件的民营企

---

① 《习近平：支持民营企业发展并走向更加广阔舞台》新华网，2018年11月1日。

业建立现代企业制度。新一代民营企业家要继承和发扬老一辈人艰苦奋斗、敢闯敢干、聚焦实业、做精主业的精神，努力把企业做强做优。民营企业还要拓展国际视野，增强创新能力和核心竞争力，形成更多具有全球竞争力的世界一流企业。

5. 民营企业人力资源发展变化

遵循我国民营企业的发展轨迹可以看出，民营企业在人力资源发展方面有如下的变化。

（1）以人为中心的理念逐渐被大多数企业所有者和管理层所接受

民营企业从市场主体上划分，有独资企业、合伙制企业和公司制企业。独资企业的经营管理权一般集中在所有者自身，所有者和经营管理者往往集于一身；合伙制企业是由出资者各方根据出资份额、能力专长协商分配经营管理权，形成相互制衡的关系；公司制企业是按照所有权与经营管理权两权分离的原则，形成股东大会、董事会、监事会和经理班子的内部治理结构。因此，考察我国民营企业的人力资源管理发展状况比较复杂。民营企业从成立之日起在人力资源管理上就有极大的主动权，一般民营企业发展之初都是属于感觉经验型，主要靠老板的感觉和经验行事。

我国多数民营企业是在改革开放以后，从家族企业、个体经济发展而来。一般而言，这些民营企业组织机构的层次少，经营较为灵活，对市场洞察力高，反应灵敏，因此发展迅速。但是，民营企业发展之初缺乏本土的企业管理理论，在初创和成长初期，有限的资源更多地向生产和销售倾斜，中小型民营企业管理者对于人力资源认知不足，在用人方面存在任人唯亲的现象。而在市场竞争环境发生变化和企业步入稳定成长期后，人的因素和作用日益重要，以人为中心的理念逐渐被大多数企业所有者和管理层所接受。家族式民营企业在人力资源利用方面具有很大的局限性，存在裙带之风，绩效评价不公平，压抑了家族外员工的创新意识和工作积极性，不利于管理和技术人才的引进。民企虽然可以利用亲朋好友的可信度来降低企业内部“交易成本”，但是随着“关系”资源的枯竭，再增加这种资源的成本就会很高。民营企业中工人的利益往往被业主忽视，经常引起劳资纠纷，劳资双方缺乏沟通的渠道。

（2）构建适合企业发展的人力资源管理体系

民营企业发展的先天不足是在人力资源管理方面还没有形成一套适合中国

国情的、适合中国民企发展的科学合理的人力资源管理系统。无论是哪种类型的民营企业，其人力资源管理都存在这样或那样的问题。人力资源管理缺乏科学性，管理者过于重视短期回报和短期效益，在管理方式上无法实现科学管理。甚至有的企业没有独立的人力资源部门，仅仅依靠奖励和惩罚的传统手段，忽视了对员工的开发和培训，并没有真正地起到人力资源管理的作用。管理较随意化、缺乏科学性等弊端正成为制约企业成长的瓶颈。

随着经济的进一步发展，以及中小型企业主、企业管理层素质的不断提高，他们对企业人力资源也有了较全面的理解。越来越多的企业逐渐认识到人力资源管理对企业发展具有重要的战略意义，并着手制订本企业的人力资源规划，也取得了一些成绩。同时，为避免“头痛医头，脚痛医脚”的应付式管理，不少中小型民营企业管理者都请专业的咨询机构进行诊断并制订相应的企业战略规划以及人力资源规划。从这点来看，中小型企业对人力资源管理重要性的认同感正逐渐从意识上转到实际中去。企业在认识到人力资源管理的意义和重要性之后，就要设立专业的人力资源管理部门予以保证。人力资源管理是一项系统工程，包括选人、育人、用人、留人等工作，因此必须全方位开展，构建企业的人力资源管理体系。虽然很多企业根据市场发展的需要将原来的“人事部”改为“人力资源部”，但还兼任许多与人力资源管理关系不大的一些管理职能。即使有的企业专门设置了人力资源部，也尝试制定各种各样的人力资源管理制度，并努力加以贯彻执行。但从其内容来分析，大都是在员工考勤、奖励制度、工资分配、工作规则等方面对员工加以限制，而不是“以人为中心”，从如何充分调动员工的创造性和积极性出发来规范企业员工的行为，以求员工发展和组织目标的实现。

从制度的制定到实施、监督，要有一套完整而紧密的体系，其中可包括建立科学的管理制度和建立科学的激励机制，以满足员工的多样化需求，要本着“公平、公正、公开”的原则落实好新的制度，从基层员工到上层领导都要按规章和程序办事，特别是领导，要以身作则，丢弃家长式作风。规章制度要体现“人本管理”的思想，它是在考虑了人的需要和感受后建立起来的，它的实行有利于加强员工对企业的信任和忠诚度，促进企业人力资源管理体系的进一步完善。

总之，当前企业的发展对于人力资源管理提出了新的要求，在开放性的市场环境下，企业的人力资源管理更加具有开放性。企业必须要树立以人为本的管理观念，在人才招聘、员工培训、激励制度、文化建设等方面都要有所创新，构建适合企业发展的人力资源管理体系，让人力资源管理为企业的发展服务。从战略的高度制订企业人力资源规划，企业的决策者要解放思想、转变观念，从战略的高度认识到企业人力资源规划的重要性，制定符合本企业人力资源状况的、能有效支持企业发展的战略，从而把人的管理从简单的人事管理上升到现代真正的人力资源管理，为企业人力资源管理发展奠定一个良好的基础。

不断提高企业人力资源管理者的素质。严格来说，目前我国整个中小企业领域尚没有一支专业化的人力资源管理人才队伍。大多数企业没有配备专职人力资源管理人员，甚至有的企业还在沿袭一些传统做法，使人力资源管理部门在某种意义上成为一些特殊人员的“安置所”。在一些中小企业中，往往随便安排一位非技术人员，或者将不适合某一岗位的人暂且调到人力资源部来从事所谓“人力资源管理”。

（3）现代企业制度在民营企业逐步建立

随着民营企业的发展壮大，部分民营企业按照公司法的要求，建立起了相应的公司治理结构。据统计，大型民营企业中96%以上建立了现代企业制度，但中小民营企业仍未建立现代企业制度，公司治理结构不健全。突出表现在以下两方面。一是家族式治理模式较多。民营企业的典型组织架构是以企业创始人为集权核心的治理结构，家族成员在企业中担任主要管理者。企业的所有权、经营权、决策权、执行权、监督权均由家族内部成员控制，缺乏来自内外有效的监控、反馈和制约，导致民营企业战略决策的正确性和准确性大打折扣，甚至造成重大失误，使企业破产倒闭。家族式治理模式使企业的短期投机行为泛滥，独裁和集权化倾向问题严重。二是企业运行大多靠亲情。许多民营企业内部职能的运作很大程度上依靠家族成员之间形成的一系列非正式制度、行为，“人治”色彩浓厚，以人情代替制度，缺乏科学有效的治理机制，易造成经济损失，甚至家族成员间分配不公，从而使企业运行低效、内部交易成本上升。

（4）独具特色的企业文化，成为提升企业核心竞争力的关键因素

改革开放以来，我国许多民营企业家抓住中国经济改革过程中的机遇，凭

借其胆识、冒险精神和创新意识，采用非常规运作方式，使企业获得了超常的发展。

企业文化深刻影响着企业的转型与发展，优秀企业在成长过程中渐渐形成了独具特色的企业文化，而这些文化都很好地与企业发展结合，成为提升企业核心竞争力的关键因素。

长期以来，广大民营企业家以敢为人先的创新意识、锲而不舍的奋斗精神，组织带领千百万劳动者奋发努力、艰苦创业、不断创新，孕育了独具特色的企业文化。

苏宁集团董事长张近东很早就把“做百年苏宁，国家、企业、员工、利益共享”写进了苏宁的价值观。他曾说，“纵观民营企业的发展历程，以我个人的实践体验来看，原始积累的创业发展靠个人奋斗，形成规模化的发展靠机遇和管理，而实现可持续化的规模发展则靠企业文化”。

华为 CEO 任正非是非常有危机意识的掌舵人。在通信行业高速发展的 20 余年中，他在公司内部不断提醒华为的冬天要来了，要做好过冬的准备。华为的“狼性文化”，即“嗅觉敏锐，进攻时不屈不挠、奋不顾身，群体奋斗”就是在这种环境下形成的。

三　新时代企业人力资源开发与管理的发展趋势

（一）企业的核心优势取决于人力资本的独特性及其优势

进入 21 世纪，在激烈的市场竞争中，越来越多的企业意识到应该更为关注企业的核心竞争优势，也就是企业在技术、资本或管理的资源哪一个是最有竞争优势的因素。

人力资源开发与管理的起点是明确界定企业的核心竞争优势，也就是在企业的经营环境中，它的生存价值是什么，保持竞争优势的有哪些，借此才能真正找到保持竞争能力的核心人力资源。

核心人力资源是决定企业生存发展能力的关键因素，需要激励机制、教育培训、设计合适的职业生涯计划、不断的招聘，才能确保核心人力资源群体量的扩充、质的提高，并长期地驻留于企业。一个企业只有拥有第一流的人才，才能充分而有效地掌握和应用第一流现代化技术，创造出第一流的产品。不具备优秀的管理者和劳动者，企业的先进设备和技术只会付诸东流。

为此，企业需要重新评估并规划企业的人力资源，以便在保证企业核心竞争优势的条件下，达到满足外部经营环境变化导致的临时性人力需求的目标。具体而言，就是在评估现有人力资源存量和界定企业核心人力资源的基础上，制订企业人力资源发展规划。注重和加强对企业人力资源的开发和利用，是实现企业管理由传统管理向科学管理和现代管理转变不可缺少的一个环节。

（二）优秀的企业家是社会最稀缺的人力资本

改革开放以来，民营企业家成长经过以下四次浪潮。

第一次浪潮是在 20 世纪 80 年代，借着改革开放的春风，加上敏锐的眼光，鲁冠球、柳传志、张瑞敏、刘永好、吴仁宝、宗庆后、任正非、年广久等中国第一代企业家和创业者应运而生。以鲁冠球为代表，娃哈哈集团董事长宗庆后、新希望集团掌门人刘永好、家电大佬李东生、华为 CEO 任正非等，其后被外界誉为“84 派”的一大批创业者登上历史舞台。

第二次浪潮是在20 世纪90 年代，1992 年邓小平南方谈话改变了中国的政策环境，掀起了新一轮创业兴业、发展民营经济的热潮。当时，这些政府机构、科研院所的知识分子，纷纷主动下海创业，陈东升、毛振华、冯仑、潘石屹、王石、俞敏洪、李宁、史玉柱等第二代民营企业家，后被称为“92 派”企业家群体由此产生。就企业形态而言，中国真正的企业家产生于 1992 年。在陈东升看来，“92 派”企业家核心价值在于：一是现代形态的引进，二是填补了西方先进行业在中国的空白，通过模仿、学习世界上先进企业，形成标杆企业带动行业的发展。“92 派”企业家在进入商界之前，要么在政府机构，要么在研究机构，有超强的整合各种资源的能力，相比上一代多为乡镇企业出身的企业家而言，他们受过良好教育、对经济问题有广阔的视野，对当时中国的创业方向有良好的感知，他们是现代企业制度的试水者，也是最早具有清晰、明确的股东意识的企业家代表。①

---

① 《改革开放 40 年中国民企绽放背后：企业文化是核心竞争力》，《经济日报》2018 年 6 月 13 日。

第三次企业家成长浪潮是2000年前后，随着互联网的发展，出现了一批以海归为主的专家型企业家。

第四次浪潮是在2010年之后，一批新生代包括创二代，以“互联网+”为代表。

长期以来，广大民营企业家以敢为人先的创新意识、锲而不舍的奋斗精神，组织带领千百万劳动者奋发努力、艰苦创业、不断创新。万向集团创始人鲁冠球低调、务实，把一个小作坊式的乡镇企业做成全球领先的行业隐形冠军；中国企业家诸如华为的任正非、联想的柳传志、美的的何享健、苏宁的张近东、海尔的张瑞敏、万科的王石等，代表了中国第一代最优秀的企业家群体。

企业家的格局、眼界决定了企业的发展境界，企业家的学习能力关系着企业的发展与生死存亡。2018年9月，《中共中央国务院关于营造企业家健康成长环境弘扬优秀企业家精神更好发挥企业家作用的意见》正式公布，首次以中央文件的形式明确和肯定了企业家与企业家精神的地位与作用。激发与弘扬优秀企业家精神，发挥企业家作用，由企业家通过政治自觉、担当自觉、行为自觉与服务自觉来带领企业实现发展目标。

正是一批批民营企业家，通过商业模式的创新、技术的进步、产品的颠覆，驱动时代发展，引领行业及社会变革。也正是由于一批批民营企业家，才涌现了华为、小米、百度、腾讯、阿里巴巴、正威国际等在国内外有影响力的企业品牌，中国民营企业正成为中国经济增长和社会进步的前行驱动力。

（三）企业间竞争是人力资源开发管理模式的竞争

人力资源是企业的战略性资源，人才对于企业的发展有决定性影响。因此，企业必须要改变旧的人才管理观念，摒弃计划性的人才管理方法，树立以人为本的管理观念，必须从思想深处认识到人力资源管理的重要性，打破传统观念的束缚，将人力资源管理提升到战略层面，在人力资源开发与管理活动中，从战略目标出发，以战略为指导，确保人力资源政策的正确性与有效性。

现阶段的人力资源规划缺乏系统性和全面性，未来企业将拥有自己的人力资源管理信息平台，及时有效地补充所需各项人才，并对企业人力资源管理一系列的工作流程进行监督和管理，使人力资源管理更加全面。

人力资源规划的前提是企业发展与企业战略要明晰，而后才能分解到人力资源方面，随后才会有人员需求计划、招聘计划、薪资福利计划等与之相配套。如若企业缺乏较明确的发展战略，尤其在快速扩张阶段，往往涉足不同的业务领域，其中不乏许多新兴产业。而这些新兴产业在研发、营销、管理、服务等各个环节没有成熟的经验可以借鉴，就不免在发展中处于被动。

做好与企业发展相适应的人力资源开发与管理首先要明确企业发展的战略规划，而后制订人力资源规划，最后建立人力资源管理体系与具体的执行计划。企业的整体发展战略目标决定了人力资源规划的内容，而这些内容又为建立人力资源管理体系、制定具体的人员补充计划、人员使用计划、人员接替与晋升计划、教育培训计划、评估与激励计划、劳动关系计划、退休解聘计划等提供了方向指引和依据。针对企业发展制订合理的规划、完善健全人力资源管理制度，企业人力资源发展才有可能进入全方位发展阶段。

（四）中国的人力资源开发与管理将融入国际环境和全球竞争大舞台

张瑞敏曾把海尔的国际化形容为三个“走出去”：产品走出去、品牌走出去、人才走出去。TCL 李东生曾这样形容国际化的重要性“你不进行国际化，就会成为别人国际化的一部分”。刘积仁认为，强调全球化能力是因为全球市场的再竞争，从人力资本、品牌、资金、战略到商业模式等各个方面必然都对中国企业构成挑战。

埃森哲的一项调查表明，对于“什么是海外并购后应解决的首要问题”，“建立沟通与信任”（22%）、“留住被并购方人才”（20%）、“稳定生产和市场”（19%）是受访企业最关心的三个问题。

人才稀缺与日益增长的人才需求使人才面临多种流动诱因与流动机会，员工由追求终身就业饭碗转向追求终身就业能力，通过流动实现增值，人才流动有内在动力由单边流动转向多边流动。高科技、高智能人才从低报酬国家流入高报酬国家的单边流动转变为跨地区、跨国家的多边流动，为国际性的人力资本所有者带来新的工作方式和生活方式。

国际各经济实体之间的人才竞争，是人才生态环境的竞争。哪儿有适宜的人才生态环境，哪儿就能成为人才集聚与人才共舞的中心。中国未来能否成为全球人才中心，关键在于人才生态环境的改善与优化。

（五）人力资源部门不再是被动的战略执行者，在参与甚至主导企业战略决策中发挥越来越重大的作用

目前，在人力资源管理由行政权力型向服务支持型转变的过程中，人力资源管理包含三部分的职能，即在以往人力资源职能部门承担业务职能的同时，还包括作为直线管理企业的企业决策层和中、基层管理者所应承担的人力资源管理责任，以及员工在职业生涯过程中的自我开发与管理。

决策层负责人力资源战略规划，人力资源管理部门负责协助决策层统筹人力资源管理的具体业务和为一线经理提供人力资源管理的技术支持和事务性服务，一线经理负责人力资源工作的具体实施。人力资源职能部门的权力淡化，直线经理的人力资源管理责任增加，员工自主管理的责任增加。

随着国际上 HR 日益成为企业的战略伙伴，对 HR 胜任力指标的考察更加偏重于人力资源从业者参与企业战略决策的能力，帮助企业的各层级直线管理者和员工承担人力资源开发和管理的责任。

（六）通过价值链管理实现人力资本的价值与增值

企业人力资源管理的核心是如何通过价值链的管理，来实现人力资本价值的实现及其价值的增加，其关键环节是通过价值评价体系及评价机制的确定，使人才的贡献得到承认，使真正优秀的、为企业所需要的人才脱颖而出。在现代企业，企业家和高层次人才在企业价值创造中起主导作用，要注重形成企业的核心层、中坚层、骨干层员工队伍，同时实现企业人力资源的分层分类管理。在贡献评价方面，企业应注重能力和业绩的评价，要通过价值分配体系的建立，满足员工的需求，从而有效地激励员工，这就需要提供多元的价值分配形式，包括职权、机会、工资、奖金、福利、股权等的分配。

现阶段由于知识技术的爆炸式增长与迅速更新，人们已经进入终身学习的时代，职业半衰期越来越短，企业要谋得在竞争中创新发展，就必须对职工进

行终身教育和培养，以保证企业发展所需人才技能的更新。然而，一些企业在人才培养上或多或少都存在一些短期行为，没有形成与企业发展战略相匹配的系统性、持续性的培训机制，“只使用不培养”已成为普遍现象。为了能够实现员工与企业的共同发展，企业应加大对人力资源管理的资金投入，建立分层分类的人力资源开发体系。未来企业的核心任务是通过人力资源的有效开发与管理，提升人力资本价值。

（七）首席人才官在企业中位置超群，人力资源管理朝职业化、专业化发展

首席人才官（Chief Human Officer，CHO），又称首席人力资源官、首席人力官等，是公司高级管理岗位之一，负责制定集团化经营的公司人力资源的战略规划，并监督执行，负责建立畅通的沟通渠道和有效的激励机制，全面统筹公司人力资源部门的工作。CHO 不是人力资源总监（HR Director）。

CHO 是现代公司中最重要、最有价值的顶尖管理职位之一，是 CEO 的战略伙伴、核心决策层的重要成员。作为一名 CHO，必须从战略高度努力构建高效实用的人力资源管理系统，成功进行人才选拔，建立科学的考核与激励机制，最大限度地激发人才潜能，创建优秀团队，塑造卓越的企业文化，推动组织变革与创新，最终实现组织的持续发展。

随着“资本经济”和管理大变革时代的来临，CHO 的地位超群，已经比肩甚至超出 CFO。企业的管理最终要解决的是人的问题、人的管理。国际知名企业将 CHO 与 CEO、CFO 并列，对董事会和股东会负责。联想、智联招聘、阿里巴巴、深圳万科等都非常重视人力资源管理。许多公司的 CHO 和人力副总裁具有决策的一票否决制，足见 CHO 在公司的地位。

人力资源管理在全球正朝向更为职业化与专业化的方向发展。美国人力资源认证协会（HRCI）作为美国人力资源管理协会（SHRM）的附属机构，至今已认证了 60000 余名人力资源管理专业人员。

正如爱利特·弗里德森所说，“职业化是一个过程，通过这个过程，人力资源管理从业人员由于拥有独特专长、关注工作质量以及为社会带来利益，而获得从事某种特定的工作、控制职业培训和职业进入、确定与评价该职业工作方式的专有权力”。

（八）企业与员工的关系：共赢的心态模式

劳动契约是人力资源管理的基础，心理契约是人力资源管理的最高境界。建立新型的企业与员工关系模式，才能赢得员工的忠诚。

现代企业中，知识型员工由于其拥有知识资本，而在组织中有很强的独立性和自主性。基于能力和贡献差异，其内在需求模式是混合交替式的，需求要素及需求结构也有了新的变化。这些要素是传统的需求模型难以囊括的，如利润与信息分享需求、终身就业能力提高的需求、工作变换与流动增值的需求、个人成长与发展的需求等。

知识型员工的内在需求模式是混合交替式的，使其报酬设计更为复杂。从员工的角度而言，报酬不再是一种生理层面的需求，也是个人价值与社会身份和地位的象征。员工不仅需要获得劳动收入，而且要获得人力资本的资本收入，即需要分享企业价值创造的成果。不仅是解决温饱的需求，而且注重人生价值的实现，从某种意义上说，报酬成为一种成就欲望层次上的需求。没有满意的员工就没有满意的企业产品消费者，为此，企业价值要与员工成就意愿相协调。知识型员工具有很强的成就欲望与专业兴趣，注重新知识、新技术的汲取。如何确保员工的成就欲望、专业兴趣与企业所需目标一致，真正做到员工与企业共赢是一个新问题。

以劳动契约和心理契约为双重纽带的战略合作伙伴关系是企业与员工关系的新模式。一方面要依据市场法则确定员工与企业双方的权力义务关系、利益关系；另一方面又要求企业与员工一道建立共同愿景，在此基础上就核心价值观达成共识，培养员工的职业道德，实现员工的自我发展与管理。企业要关注员工对组织的心理期望与组织对员工的心理期望之间达成的“默契”，通过沟通—共识、信任—承诺、尊重—自主、服务—支持、创新—学习、合作—支援、授权—赋能，在企业和员工之间建立信任与承诺关系，使员工实现自主管理，个人与组织共同成长和发展。

（九）“互联网 +”促进自我学习

在当今知识经济时代，“知识焦虑”现象越来越普遍，知识更新、技能提升、职业成长的需求旺盛，由此引起的学习意愿也越来越强烈。

随着互联网技术的不断发展，网络已深入千家万户，我们的生活、工作和学习都与之有了密切的联系，发生了极大的变化。近些年来更是出现了“互联网＋”模式。“互联网＋教育”也渐渐进入大众的视野，如微课、慕课、手机课堂、公开课等。网络学习是一项新兴的学习方式，它打破了传统的面对面教学模式，突破传统教学的局限，可以方便快捷、随时随地汲取所需要的知识和信息，让大家能自由学习所感兴趣的内容。

通过网络学习，课程内容具有广泛性。通过互联网和移动终端，可以实现“课程任意选，老师任性挑”，同样网络学习存在一些问题，我们应该不断进行改进和完善，以发挥它的最大作用。

（十）人力资源决策借助外脑，人力资源管理逐渐外包

现代企业人力资源开发与管理是通过招聘、甄选、培训、报酬等方式对企业内外相关人力资源进行有效运用，满足组织当前及未来发展对人力资源需要，以保证企业目标实现与成员发展的最大化的一项企业经营活动。越来越多的企业意识到通过有效的人力资源管理获取和维持竞争优势是现代企业提升核心竞争力的重要途径之一。

人力资源开发与管理决策是企业在经营战略决策的基础上，根据企业经营环境特别是人力资源环境的状况及其变动趋势，制定人力资源管理方案。由于观念与环境的变化，为使新的人力资源政策、组织变革方案得到高层管理人员及员工的认同。企业人力资源的政策与决策愈来愈需要借助社会上的各种力量——外脑的帮助。

人力资源管理外包就是企业根据需要将某一项或几项人力资源管理工作或职能外包出去，交由其他企业或组织进行管理。人力资源管理外包可以帮助企业提高工作效率，降低人力成本。总体而言，人力资源管理外包将渗透到企业内部的所有人事业务，包括人力资源发展规划、人事管理政策和制度创新、管理流程的设计和整合、绩效考核结果应用、薪酬方案设计、员工培训、劳动关系、满意度调查、企业文化等方面。在未来市场经济发展中，企业人力资源管理将会外包化，将人力资源的管理工作委托给专业的管理机构管理。专业的管理机构具备专业的管理人员和科学高效的管理方式，相比企业自身管理有极大的管理优势。

（十一）利用信息技术和大数据实现科学化管理

随着网络信息技术的发展，即使远隔千山万水也可以通过视频、电话会议面对面地进行沟通交流，信息技术为实现虚拟化管理创造了条件，企业可以结合自身的发展需要，利用发达的信息技术，进行更有效的人力资源管理。

在人力资源管理中存在着员工信息、合同管理、考勤管理、休假管理、业绩评估、离职管理、薪资/福利管理以及员工的培训与发展方面的大量的数据信息，大数据最核心的价值在于对海量数据进行存储和分析，可大大降低人力资源部门手工统计操作以及例行性工作所占用的大量时间。因此，企业要建立系统化、规范化的数据管理系统，用数据支撑人力资源管理。

总之，信息技术和大数据在人力资源管理中的应用，可以体现在提供决策支持、提高工作效率、优化业务流程、改善服务质量等诸多方面。利用信息技术和大数据进行人力资源管理创新和变革是时代发展的趋势。

人力资源变革篇

R.2
新时代国有企业三项制度改革的探索与实践

中国石化集团有限公司*

摘　要： 本报告分析了新时代深化企业人事、劳动、分配三项制度改革的内涵定位和重要意义，介绍了中国石化集团有限公司近年来深化三项制度改革、建设“三能”机制的做法和成效，对新时代国有企业三项制度改革提出了路径建议。

关键词： 国有企业　人事劳动分配　制度改革

* 执笔人：董烨，中国石化集团有限公司人事部副主任；姚旭，中国石化集团有限公司人事部改革与研究处处长；杨应忠，中国石化集团有限公司人事部改革与研究处高级主管；宋子傲，中国石化集团有限公司人事部改革与研究处主办；米方，中国石化集团有限公司人事部改革与研究处主管。

深化国有企业人事、劳动、分配三项制度改革（以下简称“三项制度改革”）是党中央、国务院全面深化国有企业改革决策部署的重要内容，是培育具有全球竞争力的世界一流企业的重要措施。近年来，中国石化集团有限公司（以下简称“中国石化”）围绕健全完善管理人员能上能下、员工能进能出、收入能增能减的人力资源市场化机制（简称“三能”机制），突出提效率、增活力，加强顶层设计，强化改革评估，全面推进三项制度改革走深走实，有力支撑了主营业务全面可持续发展。

一　三项制度改革是新时代国有企业改革的中心环节

（一）三项制度改革是国有企业改革的重大历史命题

1. 历史沿革

国有企业三项制度改革不是新鲜事物，回顾改革开放以来国有企业改革的进程，三项制度改革一直是其重要组成部分。改革开放初期，国家打破干部“终身制”，下放干部人事管理权，20 世纪 80 年代中期，开始实行“工效挂钩”，试行劳动合同制，实行岗位结构工资制。1992 年起，全国掀起了一股以“砸三铁”为主要内容的企业劳动、工资、人事制度改革热潮；1998～2000 年国企改革三年攻坚战中，正式明确并开始全面改革国有企业三项制度。

2. 取得进展

经过改革开放特别是 21 世纪以来持续的努力，国有企业三项制度改革取得了积极进展，建立起了与市场初步接轨的人力资源管理制度和体系；但是管理人员能上能下、员工能进能出、收入能增能减的人力资源市场化机制建设远未到位，干与不干不一样、干多干少不一样、干好干坏不一样的机制还不够健全，这些问题客观上抑制了广大干部员工干事创业的激情和热情，影响了企业经营机制转换和竞争力的提升。

3. 最新情况

党的十八届三中全会再次强调要“深化企业内部管理人员能上能下、员工能进能出、收入能增能减的制度改革”，开启了新一轮国有企业三项制度改革。党的十九大明确提出要培育具有全球竞争力的世界一流企业，为新时代国有企业改革指明了方向。站在新时代的起点，必须充分认识深化三项制度改革的重要意义和历史使命。

（二）三项制度改革是市场化经营机制建设的重要内容

1. 综观全局

回顾国有企业改革历程，其中一条主线就是按照完善社会主义市场经济体制的要求，不断推进体制机制改革，持续调整生产关系、不断解放生产力，激发国有企业活力。而市场化经营机制建设的重要内容就是三项制度改革。

2. 石油行业

如今，国有企业业务经营已经与市场高度接轨，石油石化行业市场竞争日趋白热化，成品油呈现国资、民营、外资三分天下状态，化工业务已是完全竞争的市场。但是，国有企业人力资源市场化机制已跟不上业务发展的市场化要求。高油价时代，企业发展一片欣欣向荣，很多问题都被掩盖起来，随着低油价时代到来，问题逐步显现。分析直属单位的盈利状况，发现相同类型、相同规模的企业盈利能力差异很大，有的还成了亏损企业，全面可持续发展的基础不牢固、不扎实。企业盈利能力差异大、减亏压力依然很大，其中一个方面是人工成本高位刚性增长，企业不堪重负，另一方面人均劳效偏低、核心人才薪酬偏低，骨干人才积极性不高、人才竞争力不强。

3. 改革任务

三项制度改革就是通过健全市场化机制，引导高效配置人力资源。三项制度改革不到位，“三能”机制不建立，人力资源要素难以实现市场化配置，国有企业市场化经营机制就难以建立，国有企业各项改革举措也就难以取得实效。因此，无论在战略上还是战术上，三项制度改革都必须作为重要的改革任务来推动。

（三）三项制度改革是打造世界一流企业的迫切需要

党的十九大明确提出要“深化国有企业改革，发展混合所有制经济，培育具有全球竞争力的世界一流企业”。经过几十年发展，中国石化已站到了世界500强的前列，但相对埃克森美孚、壳牌、巴斯夫、陶氏等企业，还有不小差距。中国石化明确提出用“两个三年、两个十年”的时间，决胜全面可持续、迈上高质量发展、打造世界一流企业。第一个三年，劳动生产率要大幅度提升，第二个三年，全要素生产率要显著提升。要实现上述目标，必须打造一流人才、一流机制。企业竞争靠人才、人才竞争靠机制，中国石化部署推动人才强企工程和三项制度改革两项重点工作，三项制度改革核心就是解决机制问题。通过建立市场化的人事、劳动、分配机制，催化企业观念革命、效率革命，充分调动干部员工的积极性、主动性、创造性，传递内部压力，增强企业活力，确保劳动生产率大幅提升，最终实现全要素生产率显著提升，为世界一流公司建设打下坚实基础。

二　中国石化全面深化三项制度改革的做法和成效

（一）强化顶层设计，增强改革的系统性、整体性、协同性

1. 合理规划改革实施路径

坚持重点突破与系统实施相结合，自下而上与自上而下相结合，按照标杆引领、试点先行、全面推进的路径，稳步推进三项制度改革全面实施。2014年，中国石化销售板块排名中上游的江苏石油公司，以“有利于提高生产力、有利于提高效益、有利于提高员工收入”为原则，率先启动三项制度改革，利润上升为板块第一，用工总量减少 27.1%，人均成品油经营量提升了61.4%，利润增加 116.1%，员工收入提高 101.7%，实现了从“人员多、劳效低、效益差、收入低”的恶性循环向“人员少、劳效升、效益增、收入涨”的良性循环转变，成为改革样板。2016 年，中国石化按照国资委推进三项制度改革的要求，明确若干改革任务和重点改革项目，区分重点突破、持续深化、夯实基础，积极稳妥推进三项制度改革试点，推动企业在机制变革、压力传导、活力激发、动力提升方面取得了积极成效，发生了主动改革、支持改革、希望改革的有利变化，为全面深化三项制度改革奠定了环境、技术、舆论基础。2018 年，学习和借鉴中央全面深化改革的做法和经验，把深化三项制度改革作为集团公司重点工作进行部署，强化集团顶层设计，适应中央深化国有企业改革目标要求和中国石化打造世界一流公司的战略部署，安排六年时间，分阶段推进，确保一张蓝图干到底。

2. 科学编制顶层设计方案

按照“两个三年、两个十年”建设世界一流公司的战略安排，借鉴了中央全面深化改革的做法和经验，改变过去单兵突进的做法，注重增强改革的系统性、整体性、协同性，强化人力资源管理的体系化施工。系统性方面，对三项制度改革进行系统设计和谋划，明确目标和原则，改革任务按“基础类措施＋主体改革措施＋支撑保障类措施”明确改革总体进度和实施路径；整体性方面，总体按照“1个实施意见＋1个推进计划＋1个评估办法＋N个配套制度”的框架进行设计，明确了改革的设计图、施工图和进度表，以确保改革有序推进、有效落实；协同性方面，与集团公司总体改革、战略规划和行动方案、人才强企工程同步研究，增强协同效应，明确总部、事业部（专业公司）、企业的改革职责，汇聚改革合力。改革顶层设计的整体思路，可以归纳为6个“三”，即夯实“三定”基础（定组织、定岗位、定人员）、改革三项制度（人事、劳动、分配）、抓实三个支撑（绩效考核、能力体系、培养开发）、抓好三个保障（人员分流安置、信息化提升、改革宣传教育），前三年攻坚突破（2018～2020年）、后三年巩固提升（2021～2023年）。

3. 建立健全狠抓落实机制

三项制度改革不可能毕其功于一役，再好的方案设计只有抓好落实才具有现实意义。集团公司总体改革方案印发实施后，建立相关工作机制，组织各分子公司编报具体改革实施方案和行动计划，并围绕问题分析、重点项目、亮点措施、方案特点等要点，进行方案审核把关，多维度评估方案质量并做出科学客观评价，提高企业方案编制质量，确保改革向最后一公里延伸，改革目标任务措施落实落地。突出重点制度、重点项目、重点单位抓改革落实，重点制度包括职业经理人选聘、职业雇员制、工资总额管理等重点难点改革制度，重点项目包括职业经理人、契约化管理、末位淘汰、职业雇员制、差异化分配、人力资源价值增值等项目，重点单位坚持抓两头、带中间，关注利润标杆、困难亏损、新兴业务。

（二）强化重点攻关，突破“三能”机制建设关键环节

1. 对标先进严格“三定”，夯实三项制度改革基础

2017年以来，组织企业依据先进标准编制“三定”方案，立足于中长期

发展规划，着力解决企业“该用多少人”的问题，明确了三项制度改革的切入点和突破口。一是加强组织机构优化。精简优化中层机构和中层干部职数，推行大部制、项目制，推进“一个机构、多块牌子”设置，企业中层机构、中层职数相较核定总量均减少 14%。二是大力推进岗位优化。按照“因事设岗、以事定职、对标先进、最优结构和最少岗位”原则，推进“一专多能、一岗多责”的大岗位和弹性用工岗位设置，优化岗位数量 30% 以上。三是严格核定目标定员。根据“两个三年、两年十年”的战略目标，核定中国石化愿景目标总定员，分阶段分解核定企业愿景目标定员，明确落实目标路线图。

2. 聚焦高素质、专业化，深化干部人事制度改革

一是突出政治引领，加强党的领导。学习贯彻习近平总书记关于党的建设和组织工作的重要思想，推进干部工作五大体系建设；推进董事长（执行董事、分公司代表）和党委书记由一人担任，完善“双向进入、交叉任职”体制。二是突出科学精准，强化综合考评。推进直属单位领导班子全面考核，健全常态化考察机制，3 年完成一轮全面考核。推动领导人员绩效考核从班子向个人拓展，健全完善年度绩效考核办法，实行正副职差异化考核。三是突出竞争择优，推进市场化选聘。对 18 家直属单位总会计师实施内部公开招聘，在销售贸易、金融资本、电子商务等市场化程度高的单位和岗位探索职业经理人选聘。面向全系统公开招聘合资公司石化盈科的首席执行官，直属单位领导层面实现职业经理人选聘破题；新组建中国石化资本公司，面向全球公开招聘投资总监、财务总监、风控总监及各部门负责人等高级管理岗位，均按职业经理人管理，实施市场化选聘、契约化管理、差异化薪酬、制度化退出。四是突出刚性落实，推进能上能下。制定实施领导人员能上能下办法，明确了 14 条可衡量、可比较、可操作的“能下”标准。2017 ~ 2018 年，先后调整不适宜担任现职的分子公司领导人员 20 余人。各级管理人员总数比 2017 年下降了 3.4%，持续加大管理机关优化力度，企业两级管理机关人员比 2017 年下降了 4.3%。

3. 聚焦增活力、提效率，深化劳动用工制度改革

一是强化“三定”落实，持续严控用工总量。构建了以“愿景目标定员、用工总量规划目标、年度用工计划”为主线的用工总量目标管理体系，建立工效联动的增补用工核定机制，持续推进用工总量减少，劳动生产率实现持续

提升，人均营业收入提高 28.5%，人均利润提高 74.8%，人工成本利润率提高 24.2 个百分点。二是老人老办法，推进人力资源优化配置。针对显化富余人员，完善优化配置平台，实施优化配置激励政策，明确阶段性人事调动政策，鼓励单位开展人力资源优化配置。积极创造系统内部分流安置机会，稳妥推进市场化安置。2017 年以来，系统内外人力资源优化配置人数达 4.8 万人，既有效盘活存量人力资源，又促进了用工效益最大化。三是新人新办法，推进市场化能进能出。严把进口，全面实行毕业生公开招聘制度，实施名校尖子生计划。探索职业雇员制度，实施社会化招聘、契约化管理、市场化薪酬、精细化考核、制度化退出，推进建立能进能出的市场化用工机制。2018 年开展严肃劳动纪律、严格考勤制度“双严”专项治理，解除和终止劳动合同的 392 人，强化了契约意识。坚持用薪酬市场化撬动用工市场化，销售板块加油站员工实现市场化配置，保持人员合理流动。

4. 聚焦市场化、竞争力，深化收入分配制度改革

一是强化效益挂钩，完善工资总额决定机制。按照“一适应、两挂钩”的要求，完善工资总额管理办法，实现工资总额与经济效益部分挂钩到全额挂钩、从工资增幅与考核得分挂钩到与利润目标直接挂钩的转变，健全工资增长指导线，不同利润目标档位对应不同工资增长指导线，鼓励企业“跳一跳、摘果子”，人工成本利润率连续增长。二是实施差异化分配制度。推进薪酬制度由“大一统”向类别化、差异化转变，推进重点领域、新兴业务和科技创新企业薪酬制度改革，油田企业建立“经营绩效 + 风险管控责任”的绩效管理机制，将经营效益与员工绩效工资完全挂钩，完成目标保基本薪酬、多创效益挣绩效工资，取消“人均绩效”奖励核算办法，拉开内部分配差距。销售企业实施销量、利润等多联计酬，强化绩效考核与薪酬分配挂钩。三是探索中长期激励措施。在上市公司实施股权激励方案，推动科技成果转化、激励政策落地实施，重奖技术发明团队和技术发明人，在非上市科技型企业探索实施“岗位分红”激励机制，激发骨干人才创新创造活力。四是探索实施灵活的福利管理。对高层次和特殊贡献人才试点“菜单式”福利政策，提高了高层次人才对福利的感知度与体验值。

5. 夯实支撑保障体系，统筹推进改革落实落地

一是推进岗位管理体系建设。研究岗位设置方法论及工具箱、岗位价值评

估要素及操作手册，完善岗位说明书和岗位目录编制规范，开发形成了一整套具有中国石化特色的岗位管理办法、岗位评估技术，提升了人力资源管理专业水平，支撑了各项改革落实落地。二是完善绩效考核体系。强化工效联动考核，将包括利润、重点工作任务在内的各项考核指标完成情况与工资总额挂钩。构建适应不同功能定位、不同企业类型、不同发展阶段的考核分配模式，推进分类考核与差异化分配，变“大水漫灌”为“精准滴灌”，建立超越自我、争创一流、多做贡献的考核评价导向。三是探索人力资源管理新模式。按照项目管理、智能提升、业务外包、共享服务的理念，在新项目、新业务、新单位探索人力资源管理新模式，直接建立市场化人事劳动分配机制，推进建立专业化、市场化，高效能、高质量的人力资源管理体系。

（三）强化改革评估，确保三项制度改革落实落地

1. 构建评估基本模型

针对改革考核评估难以量化、企业改革牵引不够、改革动力不足、压力传导不畅、改革策略技术落后等问题，把强化改革评估作为推动改革的重要抓手。以平衡计分卡理论为基础，充分应用大数据，突出改革的系统性、整体性、协同性，理清了三项制度改革价值传导逻辑和成功驱动因素，统筹结果评估与过程评估，综合考虑三项制度改革工作推动情况、“三能”机制完善情况、企业活力和竞争力提升情况、效益改善情况，搭建了“四效”（改革效益、改革效力、改革效能、改革效率）基础评估模型，同时分解为 12 个评估项目，简称两率（全员劳动生产率、人工成本投入产出率）、四力（班子领导力、人才竞争力、员工凝聚力、组织创新力）、三能（能上能下、能进能出、能增能减）、三落实（担当落实、制度落实、创新落实）。

2. 构建改革评估体系

根据基本模型，进一步构建指标体系、标准体系、统计体系、运行体系。通过内外部调研、主成分分析、相关性分析、功能筛选、规范整合等方式，筛选出 43 项通用评估指标；结合应用需求，针对集团层面评估，进一步优选了 13 个核心评估指标，构成了灵活开放的指标体系。同时，根据指标属性和价值导向，设计量化评估计分规则和指标权重，提出了量化指标评估标准的开发思路，形成了组织评估、自我评估和专家评估的运行流程，明确了评估数据来

源渠道和统计口径。

3. 推广应用评估体系

结合三项制度改革所处阶段和进展情况，坚持统一评估维度、评估流程、评估目标、评估方法的基础上，区分业务特点，按油田、炼化、销售、其他等不同板块确定评估指标及权重，编制量化指标分档标准值、定性指标评估参考标准以及综合计分标准。坚持看行动、看数据、看民意相结合，采取企业自评、集中交流、重点调研、组织氛围调查、案例总结相结合的方式开展调研服务，推进三项制度改革走深走实。通过开展评估，围绕建标准、树标杆、促后进，通过纵横比、跟踪评，有效发挥评估体系四方面的作用，包括突出改革重点的导航仪、企业自我诊断的透视仪、改革最佳实践的放大器、优化提升管理的推进器，抓实三项制度改革过程管理，确保改革实施有指导、改革进展有监控、改革成效有评估，真正实现提效率、增活力，增强企业核心竞争力，推进建设具有全球竞争力的世界一流企业。

三　新时代深化国有企业三项制度改革路径思考

（一）坚持战略导向推进三项制度改革

三项制度改革是国有企业深化改革的中心环节，是增强国有企业活力、打造世界一流的战略措施，必须坚持支撑战略、服务发展，强化战略思维，加强改革顶层设计，科学制定任务措施。一是要围绕企业战略定位、发展阶段对人力资源管理的需求，制定改革目标和措施，确保做正确的事。二是要聚焦企业痛点，深入挖掘制约企业发展的问题矛盾，有针对性地制定改革措施，从问题根源上入手推动改革，保持人力资源管理与企业发展、生产经营、改革创新等工作有效衔接。三是要聚焦企业新的增长点，着眼未来和发展需要，以战略的视角谋划改革，重点在改革重点、优先顺序、主攻方向、工作机制、推进方式和时间计划等方面，体现改革战略部署和前瞻性。

（二）坚持市场导向推进三项制度改革

三项制度改革的本质是人力资源市场化改革，推进三项制度改革关键在于强化市场化观念、建立健全市场化机制。一是干部能上能下要作为市场化机制的先导，重点是推进中高层管理人员市场化选聘，探索实施职业经理人制度及末位淘汰、任期解聘等制度，确保干部带头，示范引领。二是收入能增能减要发挥市场化机制的杠杆作用，要结合推进建立“一适应两挂钩”的薪酬决定机制，开展薪酬市场化对标工作，同时加大考核分配力度，确保用薪酬的能增能减撬动员工能进能出。三是员工能进能出要分类实施、分步推进。对于存量，要按照岗位能上能下、企业间能进能出、市场化能进能出，实行“三步走”渐进式改革；对于增量，要加大职业经理人、职业雇员制探索，积极实行社会化招聘、契约化管理、市场化薪酬、制度化退出。

（三）坚持人本导向推进三项制度改革

三项制度改革的出发点和落脚点要以人力资源为根本，从管理体制机制上，为人力资源价值提升创造良好环境，充分调动干部员工的积极性、主动性和创造性。一是要激发人力资源活力，通过“三能”机制建设，建立干与不干不一样、干多干少不一样、干好干坏不一样的鲜明导向，形成能者上、庸者下、劣者汰的良好机制，不断激发优秀员工活力和创造力，提高员工队伍敬业度、满意度。二是要提升人力资源价值，重点是通过改革现有人力资源评价培养机制，量化和增强关键岗位员工胜任力，最终提升人均劳效水平和人工成本投入产出率，同时有针对性地开展人才培养和组织发展，提高员工队伍人岗匹配度，促进人岗相适、人事相宜、人尽其才，最终实现人企共赢、员工和企业共同成长。三是要形成具有竞争力的人才政策，健全和完善人才聚集、培养、激励、使用的全方位、系统化的制度和政策，提升企业的人才竞争力。

（四）坚持对标一流推进三项制度改革

围绕企业发展目标，合理建立对标追标机制，促进三项制度改革发现问题、改进提升。一是对标世界一流，健全完善人力资源管理体系。重点是围绕打造全球竞争力，全面审视人力资源管理工作，推进建设专业化、市场化，高效能、高质量的人力资源管理体系，以更好地支撑战略、服务发展。二是开展集团内部企业对标，重点是通过建设三项制度改革效能评估体系，增强改革评估机制牵引作用，建立定期发布、全面对标数据库和经验报送分享平台，推动企业之间主动开展比学赶帮超，帮助企业找到差距、分析原因、改进不足。三是开展系统外部先进企业对标，建立核心指标对标追标机制，加强经验转化，加大改革试点力度，提升人力资源管理市场敏锐度和竞争意识，不断提升企业竞争力。

（五）坚持专业提升推进三项制度改革

与过去运动式的三项制度改革不同，新时代三项制度主要是机制性改革，先进管理方法和工具的应用是落细落实改革措施、推动实现改革目标、提升人力资源管理专业水平的重要手段。一是要建设专业体系，把人力资源作为一门专业来建设，要把国有企业人力资源管理提升融入改革进程，构建人力资源管理制度、政策、工具体系。二是要打造专业能力，开发应用专业技术工具方法，重点弥补在“三能”机制落地过程中方法不足、力度不够的短板，借力专业工具和方法，夯实岗位、能力、业绩管理基础，打造人力资源专业高地。三是打造专业队伍，提升人力资源队伍的专业能力和推动工作的能力，赋能各级管理者的人力资源管理专业技能，统合人力资源部门和业务部门管理者力量，共同承担好深化三项制度改革的推动者功能，着力营造良好改革氛围。

ℝ.3

突出高精尖缺导向，推动技能人才队伍转型

中国第一汽车集团有限公司*

摘　要： 新技术革命推动汽车产业形态、产业结构、产业格局等发生重大变化，中国汽车产业正处在一个向新时代转折的关键时期，在这个转型升级的过程中机遇与挑战并存。为了将中国一汽打造成为“世界一流移动出行服务公司”，针对人力资源领域在支撑企业转型发展中面临的问题和挑战，通过构建技能导向，推动能力转型，打造数量充足、能力卓越的技能人才队伍，促进企业的转型发展和战略目标实现。

关键词： 技能人才队伍　技能导向　能力转型

一　前言

全球汽车产业正处在重大调整的关键时期，新技术革命推动汽车产业形态、产业结构、产业格局等发生重大变化。中国汽车产业正处于消费结构转型升级、新技术强烈驱动变革、产业政策将全面开放的“多重矛盾叠加”的转折时期。传统制造向数字化和智能制造转型也成为必然趋势，这将使汽车产业技术工人的结构发生重大调整，由现阶段体力型向技能型转型。中国一汽大力倡导工匠精神，通过畅通技术工人发展通道、开展技能人才培养、充分发挥技

* 执笔人：张英武，中国第一汽车集团有限公司人力资源部员工管理处处长；都业实，中国第一汽车集团有限公司人力资源部员工管理处劳动效率主管。

能人才作用、完善保障机制、营造技能提升的氛围等措施，致力于打造一支素质过硬、技能一流的能工巧匠队伍。

二　指导思想

坚持以习近平新时代中国特色社会主义思想为指导，深入贯彻落实党的十九大和十九届二中、三中全会精神，深入贯彻落实习近平总书记系列重要讲话精神，坚持弘扬精益求精的工匠精神，将技能人才队伍建设作为中国一汽向“智能制造”转型的重要支持。

三　主要措施

（一）建立健全高技能人才脱颖而出的职业发展通道

中国一汽始终遵循中央“出汽车、出人才”的要求，重视技能人才队伍建设。早在2000年前就开展非领导职务高层次人才评聘的绿区政策，变“独木桥”为“多通道”，在技术工人原有职业技能鉴定的基础上，坚持技能导向，纵向拓展在工人领域评聘专家、高级专家和首席专家。评聘技能领域专家人才224人，涌现出诸如中华技能大奖获得者、全国劳模李凯军，国家科技进步二等奖获得者齐嵩宇等先进技术工人代表。同时，横向打通技术工人从技能序列向专业技术管理系列拓展的通道，目前，已有多名高技能领军人才已走上高级管理岗位。

此外，2019年集团总部率先试点，建立6层级技术工人技能发展通道，所有员工通过提升技能，纵向可从技工级、中级技工级、高级技工级、技能师级、高级技能师级成长为大工匠，横向可聘任班长、工长职务，实现技术工人纵向可晋升、横向有发展。同时，熟练技术工种以技能广度为导向，复杂技术工种以技能深度为导向，明确各层级能力评价要素，实现技术工人晋升有标准、成长有方向。

（二）多层次、全方位开展技能人才培养

1. 探索校企合作新模式

通过与职业院校合作办学，实现需求、教学、就业一体化。紧密围绕紧缺

领域人才需求，开展订单式培养；结合学校理论教学和企业实习，开展“2 + 1”联合培养教学；累计录用联合培养院校毕业生 5860 名。此外，与吉林大学、长汽高专合作开展班组长学历教育，共举办 12 期，培训 1660 人。并在 2018 年 5 月 21 日，与长汽高专签订技能人才培训培养基地共建协议，促进存量人员转型培养和增量资源预开发培养。

2. 以职业技能鉴定拉动复杂技术工种技能提升

全面开展复杂技术工种的职业技能培训与鉴定，转变技能鉴定理念和考核形式，重视人才培养、突出实操技能。基于岗位作业内容细化考评标准，建立 72 个工种的鉴定共享题库，提升学习的针对性。实现以鉴定拉动培训，有效保障复杂技术工种职业技能水平提升。

3. 以赛促训、以赛促练，全面推进职工素质提升

完善“培训、竞赛、晋级”的竞赛机制，开展技能大赛、岗位练兵和技术比武等活动。成功举办七届百工种职工技能大赛，受训 25 万人次，选拔、推荐“明星”和“状元”参加国家、行业和省市技能大赛，多次荣获专业组、团体第一名的好成绩，并有 184 人荣获“中央企业技术能手”，2 人荣获“吉林工匠”、77 人荣获“长春工匠”等称号，培养了一大批高技能领军人才。

（三）充分发挥技能人才创新和改善作用

1. 以劳模（创新）工作室为载体，开展创新攻关和技能传承

截至 2017 年底，创建国家级工作室 2 个、省级工作室 2 个、市级工作室 11 个、集团级工作室 32 个。发挥攻关创新作用，组织劳模专家开展技术攻关、技术革新活动；同时，兼顾技能传承，开展面授、网授、实操、著书等技能传承活动。两年来，集团级工作室创新攻关项目 639 项，培训职工 1. 8 万人，节创价值 1. 16 亿元。其中，红旗工厂齐嵩宇承接的“电阻点焊工艺质量自动监控技术”项目，获得 2011 年度国家科学技术进步奖二等奖，实现国内外汽车制造业两项首创。

2. 深化职工创新创效活动

以生产经营为中心，深入开展“献一计”“QC 小组”等全员改善活动。五年来，征集合理化建议 230 万项，实施 190 万项，节创价值 17. 3 亿元，职工参与率达 89. 3%。搭建创新成果展示平台，组织推荐一线职工优秀创新项

目参加“中国机械工业科学技术奖”（工人组别）评选，其中 11 项创新成果荣获二等奖、25 项创新成果荣获三等奖。

（四）不断完善技术工人的待遇保障机制

1. 通过群团组织兼职、参与经营决策等提高技术工人政治待遇

推荐优秀高技能领军人才在群团组织中挂职、兼职，全国劳模李凯军兼任全国机冶建材工会全委委员，全国五一劳动奖章金涛兼任共青团吉林省委副书记；鼓励高技能人才参与企业经营决策，基层单位技术工人在职代会中占比 50% 以上。

2. 以业绩与效率为引领，不断提高技术工人的经济待遇

突出“高精尖缺”导向，薪酬分配向价值创造者倾斜，合理拉开收入差距；实行工资包管理，员工收入与企业效益和劳动效率双挂钩，实现技高者多得、多劳者多得；在有条件的单位试点运行岗位分红，将高技能领军人才纳入激励范围。同时，对评聘的专家、高级专家和首席专家，岗位工资可以拓展到中层管理者对应的岗级，并享受与管理干部和技术专家同等的车辆补贴和通讯补贴。

（五）营造尊重劳动、崇尚技能、鼓励创造的浓厚氛围

1. 科学选树先进人物和工匠典型

构建荣誉体系，确保荣誉覆盖全价值链，增强职工的荣誉感。加强先进典型培育，挖掘选树更多的劳动模范、五一劳动奖章、优秀工匠等先进典型，有效发挥荣誉体系的激励和引领作用，叫响做实“一汽工匠”。目前，共有 659 人荣获集团级、省市级、全国级劳动模范和五一劳动奖章。

2. 大力弘扬劳模精神和工匠精神

借助“报网台”传统媒体和“两微一端”新媒体，通过年度表彰大会、“五一”劳模座谈会，特别是“中国梦・劳动美”2018 年纪念“五一”国际劳动节“心连心”特别节目的成功录制，唱响“劳动光荣、技能宝贵、创造伟大的”的时代强音。通过拍摄制作《李凯军——在金属上雕刻的大国工匠》《生产一线的发明家——齐嵩宇》《国车卫士——吴殿维》等工匠专题片，讲好工匠故事、展示工匠形象、弘扬工匠精神。

3. 总结推广职工最佳创新实践

以发明者的名字命名先进操作法，有效促进员工提升技能、技术攻关的主动性和创造性，如总结推广“李连颖 MOP 检测操作方法”“王忠华拉延工序加工数据的缩比方法”等先进操作法 120 多条。将实践中创造的绝招绝技、先进的操作方法汇编成册，作为同工种技术工人技能操作指南。目前已出版《数控机床电气故障诊断与维修实例》《汽车模具调试与维修典型案例》等 8 册丛书，录编入全国总工会职工教育书库。

四 取得的效果

一是技能人才队伍结构不断优化，高技能人才数量不断增加。二是通过加大培养力度，探索技能人才培养新模式，在提升现有员工技能水平的同时，实现了人才储备。三是通过鼓励技能人才发挥作用、提供激励机制保障、加大宣传力度等措施，提升技能人才的获得感和荣誉感，员工主动提升技能的意愿不断增强。通过技能人才的转型和培养，提高了技能人才队伍整体水平，在产量增加的情况下，实现了人员不增，推动劳动效率的不断提升，目前中国一汽劳动效率已经由行业 50 分位提升至 75 分位。未来，中国一汽将继续弘扬精益求精的工匠精神，突出高精尖缺导向，持续推进各项措施，为实现技能人才队伍转型而不断努力。

ℝ.4

调整变革中的国企人力资源优化实践

中国化工集团有限公司*

摘　要： 面对国有企业产业升级和结构调整，如何快速优化人力资源结构，以适应新挑战、响应新需求，已成为国有企业普遍面临的新挑战。本报告全面介绍了中国化工的产业升级、结构调整给企业人力资源管理所带来的挑战，以及企业在人力资源结构优化方面所进行的管理实践、应对策略及管理成效等，为国有企业产业升级提供策略性参考。

关键词： 产业结构调整　人员优化　职业经理人　后备人才培养

一　引言

中国化工集团有限公司（简称中国化工，CHEMCHINA）是经国务院批准，在原化工部下属企业基础上重组设立的一家综合型化工集团，于2004年5月9日正式挂牌运营。15年来，中国化工在盘活改造传统国有化工企业的基础上，持续优化产业结构、积极推进企业国际化进程，一方面大力并购重组海外优质资产，在全球范围内整合产业链；另一方面坚持去产能、调结构，有序退出落后产能，积极稳妥处置“僵尸企业”。通过战略性的退出与进入、并购重组与整合提升，中国化工实现了从传统本土企业到跨国集团公司的转变，企业规模、产业格局、管理模式等在短时间内发生了巨大变化。

产业结构与管理模式的变化，必然对人力资源管理提出一系列新的问题和

---

* 执笔人：陈建东，中国化工集团有限公司党委委员，人事部主任，组织部部长；潘益中，中国化工集团有限公司人事部主任助理；宋雪芳，中国化工新材料有限公司人事部主任助理。

挑战。如何应对全球化管理中的国际化、职业化人才紧缺的挑战；如何科学运用人才成长规律助推后备干部成长，弥合人才断层；如何快速适应现代企业管理需要，实现干部职工知识结构更新；如何平衡企业高质量发展与国企社会责任，在化解过剩产能过程中妥善有序安置职工……这些都成为中国化工人力资源管理中必须研究和解决的新问题。

二　中国化工人力资源结构优化实践

为应对新挑战，系统性解决人力资源结构问题，中国化工聚焦于快速优化、高效迭代，坚持高标准引进、高效提升与稳妥退出为一体的“双高一稳”策略。积极稳妥推进人员优化、减员增效，实现富余人员有序退出；以职业经理人引进和“千人博士”计划为抓手推进高素质人才引进；中青年干部锻炼培养“压担子、提能力、给位子”，分层次、分条线实施专业化培训，实现人才队伍快速提升。企业人力资源结构不断优化升级，为企业高质量发展提供了有力支撑。

（一）国家政策与企业战略双驱动，稳妥退出过剩产能，有序推进人员优化

中国化工深入贯彻供给侧结构性改革精神，按照“三去一降一补”要求，积极开展瘦身健体专项攻坚，将处僵治困专项工作与“三供一业”分离移交、厂办大集体改革和企业内部产业升级等工作协同推进。从突出主业、提质增效的战略出发，深入落实“困难企业”扭亏解困，主动关停落后装置及产能，有序处置“僵尸企业”，大力化解过剩产能。坚持以国家政策和相关法律法规为依据，在总体原则指引下，采取一企一策，平稳有序推进人员安置分流工作，企业产业结构与人力资源结构均取得系统性、结构性的改善和提升。

2016 年至 2018 年，中国化工国内企业实现净减员 31695 人，减员 32.9%。其中僵尸、特困企业分流安置职工 25025 人，落实中央财政补助资金 13.44 亿元，集团公司及各级企业落实人员安置资金 33.43 亿元。该项工作的平稳有序开展为停产企业资产重组、土地盘活、闲置资产再利用等奠定了较好的基础，为中国化工的转型升级提供了良好开端。

1. 确立指导原则，加强组织领导和工作机制建设，确保责任落实

严守“安全环保健康、处僵治困维稳、政治底线”三条底线精神，确定“整体部署、分步实施、依法操作、实现双赢”的指导思想。建立起集团公司统一指挥部署、二级单位协领管控、僵尸特困企业贯彻落实的三级管理机制，抓住“一把手”等核心少数，“纵向上下联动”、快速响应。在具体操作过程中，以人事部为主要责任部门，制定、分解目标，研究确定工作突破口，制定工作指引和安置方案样板，相关业务部门确保资金保障、合法合规、信访维稳、审计监督等措施到位，各部门“横向有机互动”、高效协调；建立起安置进度通报制度、双周报制度等管理制度，通过专题会议讨论、专项工作布置、点对点沟通等多种措施，确保“压力传递不衰减、信息报送不失真”。各级企业及核心部门及时响应、攻克难题。

2. 一企一策深入研究，以法律法规为基础，充分考虑职工诉求，实现双赢

中国化工在推进职工安置过程中，始终坚持共性问题制度解决、历史问题延续政策、一企一策各个突破、补偿托底一步到位等基本要求，确定了以协议解除为主，内部转岗、内退、特殊工种提前退休等为辅的职工安置策略。在制定和实施各企业职工安置方案的过程中，深入研究国家及地方政策，综合分析企业历史遗留问题，充分考虑职工心理预期，精确测算人员结构及安置成本，确保安置方案的实操性和职工接受度。如一般情况下，经济补偿金以上年社平工资为基础，而不是法律规定的最低工资标准，超过社平工资 3 倍的以 3 倍 12 个月为准封顶，两年内退休的不参与协议解除等待退休；统筹人员安置政策执行连续性、严肃性，坚持底线不动摇，个别情况灵活处置，坚持制度无情，有情操作。

3. 加强工作协同，处僵治困与“三供一业”移交、分离企业办社会职能和厂办大集体改制等历史问题解决同步进行

中国化工坚持处僵治困工作历史遗留问题一揽子解决的原则，不断加强工作协同。如推进宣化化肥、下花园电石厂企业办幼儿园和医院移交时将 32 名员工移交政府管理；原平化工的 48 名志愿兵移交地方政府管理；原平劳动服务公司、宣化化肥劳动服务公司、下花园制桶分厂参照主体企业同步制定安置方案，整体安置 144 人。

4. 寻求与地方政府工作的契合点，积极争取政策支持

中国化工各级单位多次与地方政府沟通，寻求支持，在维稳、产业升级、人员安置中多方找寻契合点。针对部分企业社会职能负担较重、历史原因形成社保欠费等严重困扰人员安置的难题，积极寻求地方政府的政策支持，在提前退休、历史社保欠费等方面创造性工作。变上访为下访，密切关注动态，主动消解矛盾，做好群体性事件预案，防范恶意缠访，实现企业、职工、地方三方满意。

5. 勇担社会责任，维护职工根本利益，积极促进再就业

中国化工切实履行社会责任，积极探索拓展职工转岗就业渠道，坚持“不简单把职工推向社会”的原则，通过优先考虑内部转岗、建立战略合作伙伴关系、借助社会力量吸纳、鼓励员工创业和大力开展职业技能培训等多种措施，最大限度促进职工再就业。与物业管理行业的领先企业——绿城物业服务公司进行多次洽谈并建立战略合作伙伴关系，先后为中国化工系统提供近6000个可选择的优质就业岗位，促进四川、山东、贵州、湖南、东北等地企业的职工转岗安置。在山橡集团全面停产后，充分发挥干部职工的经验优势，分流安置职工到生产工艺升级后的山纳公司重新就业。积极通过地方“帮扶办”、人才中心等向工业园区、化工企业进行推荐，如湖南湘维为职工提供可选择就业岗位2900多个，帮助430余名员工实现再就业。

6. 充分发挥律师事务所等法律专业机构的作用

配合职工安置工作进展，从方案酝酿开始至安置工作结束，所有关键节点都有专业律师参与，确保程序、政策合法合规。如由专业律所拟定《问题解答》等宣传材料，解释政策，提供法律援助。对于职工的各项诉求听取律师的专业建议，合法合规答复职工。

（二）坚持高标准、市场化引才，快速构建职业化、专业化人才队伍

中国化工从组建之初便开始实施职业经理人引进工作，并不断扩大范围、加大引进力度，职业人才队伍不断壮大，先后引进职业人才200余人，快速构建起了较为职业化和专业化的团队。

到目前为止，中国化工的职业人才分布在各级企业、各层管理者和各专业

领域中，两级机关职业经理人均达到较高比例，部分单位职业经理人占比甚至达到了50%左右。专业领域涵盖职能管理、生产经营、安全环保、财务管理、内审监事、管理信息甚至办公室、党建等各个条线，成为中国化工人才结构中不可分割的有机部分。

1. 用人理念从聚焦“同行业顶尖”的战略引领型人才到“专业的人做专业的事”和认同企业精神内核

中国化工的职业经理人引进从下属的蓝星公司开始试点，第一批职业经理人的引进重点聚焦于同行业内顶尖的高端人才，尤其是海外同行业高管，希望其能起到冲击旧有管理理念、引领战略方向、加速管理变革及促进技术升级等多方面的作用。随着职业经理人引进工作体系越来越成熟，后期的人才引进更接地气、更重视文化和环境适应能力、更注重专业特长的发挥，“专业的人做专业的事”逐步成为广大干部职工普遍认同的用人理念。

2. 推行与绩效挂钩的市场化薪酬，吸引、激励优秀人才

中国化工坚持对市场化人才实行协议薪酬，职业经理人的薪酬方案在入职前通过双方协商确定，其中绩效奖金与年度绩效考核密切挂钩。市场化薪酬具有一定的灵活性，作为岗位绩效工资制度的有力补充，极大增强了企业在引进重要领域优秀人才时的竞争力，为吸引和挽留同行业内优秀人才，激励职业经理人干事创业等起到了极为重要的作用。

3. 择优委以重任，充分发挥人才效能

在职业发展和晋升方面，对职业经理人和系统内干部一视同仁，既可以按照管理序列逐步晋升至企业主要负责人，也可按照非管理序列成长为某业务领域内的专家。其中涌现不少职业经理人，因其能力卓越而被委以重任，与中国化工共同成长，并对企业的发展做出卓越贡献。第一批职业经理人可以说是推动中国化工走向现代化管理、国际化运营的催化剂，此后不断补充的职业经理人则与中国化工人一起，通过共同努力，促进中国化工不断推进管理变革，加速海外并购，实现国际化经营。

4. 以业绩为导向，构建能上能下、能进能出的良性用人机制

坚持将试用期考核、年度绩效考核和360度评价做实做到位，考核结果直接影响职业经理人的绩效薪酬、职位晋升，对绩效考核落后、360度评价中存在较为严重问题的职业经理及时终止劳动合同。通过科学、严格的考核管理机

制，确保将真正的人才用起来，将能力不足或适应性不足的人淘汰。职业人才的管理真正实现了能上能下、能进能出。

（三）着眼未来，启动“千人博士”计划，打造后备人才资源池

中国化工从2016年启动“千人博士”计划，大力引进优秀博士，旨在通过研发、管理、商务、营销、金融、信息等方面高端人才的储备和锻炼培养，打造一支业务精湛、熟悉企业生产运营、具备国际化经营管理能力的后备人才队伍。三年来，已累计引进博士200余人，其中超过85%的博士在一线企业的研发、生产运营等领域历练发展，初步形成整体素质优良的人才资源池。

1. 牢牢把握“院校一流、专业对口、外语过硬”、契合企业实际需要等总体标准

“千人博士”计划重点锚定国内外一流院校博士生，重点引进需求缺口较大的化工、材料、环境、机械、财经、法律等相关专业或与用人单位专业对口、其他急需的专业人才；要求引进人选应具有良好的英语读写及交流能力。着重选聘有理想、有抱负、认同中国化工企业文化、愿意扎根企业基层的优秀博士进入企业。

2. 两级机关政策及组织支持，各级企业根据需求大力引进

集团公司通过搭建统一招聘渠道、给予倾向性的福利保障、加大激励力度等方式引导企业加强博士引进。通过与留学生服务中心密切合作，与重点高校点对点对接，组织各企业人力资源团队参与海外留学人才专场招聘会、重点高校博士专场招聘、季节性巡回招聘等宣传及招聘活动，较好地塑造了中国化工雇主品牌形象，取得了良好的招聘效果。

3. 以事业平台、发展机会留人，多项配套措施构建引才留才基础

中国化工始终注重以事业留人，鼓励博士深入一线发挥专业特长，参与企业生产经营和科技研发工作，在企业工作的博士，原则上2~3年后即安排至企业中层副职岗位，实实在在地压担子、提能力；两级机关引进的博士均安排基层锻炼，锻炼结束后择机安排至企业，给以适当职务进行实职磨砺。集团公司及时跟进各单位博士的培养使用情况，优先为优秀博士提供培训、交流研讨、挂职锻炼、职务晋升、海外工作学习等方面的锻炼机会，以优秀人才树典型，真正为优秀博士的引育用留提供支撑。与此同时，各级企业始终关心博士

人才的个人需要，配套相应的户口、住房补贴、青年公寓等政策，为博士全心全意投入工作解决后顾之忧。

（四）精钢百炼，加速人才成长成熟

中国化工在人才培养中始终遵循“721”的人才培养规律，按照70%实践+20%人际辅导+10%培训的培养逻辑，注重优秀人才在基层企业和重大项目中的历练成长，逐步构建起以锻炼和历练为主，以培训和辅导为辅的人才成长机制，为优秀人才的成熟提供了顺畅的通道和成熟的机制保障，为解决企业人才断档问题，促进企业管理变革、国际化运营提供了较好的人才支撑。

1. 梳理人才发展路径，为青年人才快速发展打造畅通机制

廓清人才发展路径，成熟一批使用一批。借鉴全球最佳实践，聘请国际人力资源机构，开展职业生涯规划和职级体系建设，并在各专业公司全面落地实施，为人才发展、培养廓清路径。对于经过基层锻炼且逐渐成熟、成长起来的干部，履行严格的干部任免程序，经考核、测评、推荐等，可以任职重要岗位管理人员，真正为青年干部成长提供事业平台。

为优秀中青年干部建立“成长档案”。在开展领导班子年度考核时，将后备干部的推荐和考评作为重要内容，并根据后备干部推荐结果，按照中国化工职能部门、二三级企业正副职后备建立分级分类的后备人才资源池。为德才素质好、发展潜力大的优秀年轻干部，建立“成长档案”。

2. 尊重人才培养规律，建立下派上挂、实战历练机制，培养接地气的后备人才

穿透性基层锻炼，迅速实现角色转变。对机关单位的应届毕业生实行“五个半年”基层企业锻炼，从企业操作工起步，历经班组长、车间副主任、企业中层岗位直至企业总经理助理，深入不同企业、不同业务领域学习成长，五年完成一个周期的轮岗锻炼，迅速完成高校毕业生到企业经营管理人员的角色转换。对高潜质人才，加强与海外企业双向交流，外派内培相结合，提升优秀青年干部国际化经营管理能力。

重大项目和任职历练，全方位锤炼优秀人才。健全“下派上挂”机制，通过选拔优秀中青年干部到市场前沿开拓、困难企业经营、重大工程实施、重大管理变革推进的关键岗位担当重任，全方位促进人才能力提升，为青年干部成长提供事业平台，为企业培养具有市场开拓精神和管理创新能力的储备人

才。同时，根据实际需要抽调基层优秀人才参与上级单位的重点专项工作，互相借鉴学习，为基层企业的人才历练和培养提供平台。

3. 管理培训、业务培训、班组长培训三基一体，线下培训、线上学习双轨驱动，全方位提升干部职工职业技能

打造中青年干部培养主渠道。自 2008 年至今，委托中央党校干部教育学院开展全系统中青年领导干部培训，每年 2 期，每期 4 个月，从政治素养、战略思维、世界眼光和现代管理理念等方面对中青年干部进行全方位的塑造培养，为干部在干中学、边学边干边提升提供了全面的思想和理论基础。11 年来共举办 22 期党校班，培训学员达 1500 余人，参训学员充实到企业的各个岗位，对中国化工的管理变革、经营提升起到极大的助推作用。

开展职业化系列培训，培养内部职业经理人。为适应企业管理变革发展需要，中国化工充分发挥外部专业培训机构力量和作用，对企业主要业务条线核心骨干开展业务培训，系统更新从业人员知识结构。相继举办副 CHRO、纪检监察、副总信息师、团委书记、安全总监、财务总监等系列培训班，培训考核结果作为提任内部职业经理人的重要依据，倒逼业务管理人员不断提升专业能力，相继为主要业务条线培养内部职业经理人共计 412 名，其中超过 2/3 的学员已陆续走上各业务部门的领导岗位，初步形成覆盖全系统的内部职业经理人团队，有力促进了经营管理人才职业化、专业化。

积极开发内外资源，打造全方位自主学习体系。生产型企业最基础的管理单元在班组，班组长能力建设是企业运营管理成效的关键影响因素。为此，中国化工积极参与“中央企业班组长岗位管理能力资格认证项目”，每年统一组织班组长远程教育培训。目前累计选派 8100 余人参加了培训，实现了企业班组长队伍的全覆盖，为一线培养和输送大量基层管理骨干。与美国管理会计师协会（IMA）、英国特许管理会计师公会（CIMA）、美国项目管理协会（PMI）等专业机构签署长期服务协议，为系统内员工参加专业学习和资质认证提供更经济和优质的服务，为员工打通自主学习的通道。整合内部培训资源，借助系统内信息中心的力量，建成覆盖各主要业务条线的在线培训系统 E－learning 平台，为各类干部职工利用业余时间自主学习提供了充足的资源和便利。

三　总结

中国化工近年来以国家政策为基本遵循，以企业战略为引导，面对管理变革、国际化经营所带来的巨大挑战，以有序退出、高质引进和高效培养为抓手，企业人力资源结构得到快速、有效升级，企业人力资源管理质量不断提升，主要管理成效体现在：第一，有序平稳推进职工分流安置，为顺利退出过剩产能，有效推进转型升级提供了先决条件；第二，人力资源结构快速持续优化，干部职工队伍年龄、受教育水平趋于合理，打造出一支专业素质过硬、能够适应国际化经营的人才队伍；第三，职业经理人等专业化、职业化人才补充到企业的各主要业务条线，有效提升了基层企业管理的专业化和现代化水平；第四，形成较为成熟的中青年人才引、育、用、留机制，为人才队伍的持续优化提升提供了一套行之有效的体制机制保障。

中国化工的管理方式源自实践，适用于实际管理需要，可以为国企改革中普遍存在的人力资源转型问题提供丰富的素材和有益参考。当然，中国化工当前在人力资源管理中仍面临产业领军人物缺乏、干部职工能力发展不够平衡等诸多挑战，仍须在实践中探索尝试、提炼经验、持续提升。

ℝ.5

推进人才体制机制改革，提供企业人才智力支撑

河钢集团有限公司*

摘　要： 人才是企业生存发展的基础，在国家深入推进供给侧结构性改革过程中尤为重要。河钢集团有限公司始终重视人才发展工作，大力推进人才体制机制改革，为企业提供人才支撑和智力支持。本报告介绍了河钢集团深入推进人才发展体制机制改革的主要做法和成效，在推进人才发展及体制机制改革过程中遇到的问题与挑战，以及在深入推进供给侧结构性改革的过程中推进人才发展体制机制改革的收获和体会。

关键词： 人才　体制机制改革　供给侧

河钢集团有限公司（简称“河钢集团”或“河钢”）是2008年由原唐钢集团和邯钢集团联合组建的河北省省属国有钢铁企业，也是河北省最大的国有企业。组建10余年来，河钢集团始终重视人才发展工作，特别是在国家深化供给侧结构性改革过程中，坚持以习近平新时代中国特色社会主义思想和党的十八大、十九大精神为指引，适应新形势、新任务、新要求和集团发展战略需要，深入推进人才发展体制机制改革，取得了良好效果，形成了独特的人才发展培育优势，为河钢快速发展提供了人才支撑和智力保障。

---

* 执笔人：赵震，河钢集团有限公司员工发展经理。

一 主要做法和成效

近年来，河钢深刻洞察并敏锐把握经济发展新常态和行业调整新周期带来的新机遇，彻底颠覆钢铁工业在高增长期、高盈利期形成的思维模式和方法路径，以新理念、新战略、新模式为引领，坚定不移地贯彻落实中央和地方关于国企改革发展的决策部署，持续发力推进集团战略转型和创新发展，各个领域均取得了历史性突破，展示了河钢集团引领行业转型发展的新形象。

河钢集团在推进人才发展过程中，充分结合企业发展战略与生产经营实际，深入挖掘自身人力资源状况，在原有经营管理人才、专业技术人才、操作技能人才三支队伍上，进一步夯实和拓展了国际化人才、营销专业人才等人才队伍建设，同时着力破除原有体制机制对于人才引进、培养、使用过程中的束缚，极大地释放了人才脱颖而出的广阔空间。

（一）创新人才引进模式，多渠道、多形式进行市场化选聘

河钢研究制定了《高端和急需人才招聘管理暂行办法》，面向全球公开招聘适合集团战略发展需要的各类人才，先后拿出河钢集团首席专家、河钢集团营销专家、销售副总经理、国际投融资总监、国际期货部经理等岗位，吸引了一批高端紧缺人才加入河钢集团。对于引进的高端急需人才，河钢也予以市场化的薪酬待遇，引进人员薪酬在工资总额外实行单列，执行协议工资制，工资不受现有工资制度限制。几年来，河钢集团共引进各类高端急需人才 120 余人，其中行业有影响力的技术管理人才 5 名、国外有行业前沿技术管理经验的专家5 名、国际化人才 3 名，这些高端人才的引入，正在为河钢集团结构调整、产品升级、品牌影响力提升发挥着重要作用。比如，在河钢集团与国能汽车合作中，在没有客户所需产品、没有剪切配送能力的情况下，河钢集团引进的高端人才通过长期坚守在客户现场严密论证，针对客户需求，提出以热镀锌代替电镀锌，替代了进口，使客户原料成本大幅下降，出色的服务意识以及对客户负责的态度，赢得了客户信任，最终获得了国能汽车首批产品的全部订单，进一步提升了河钢产品的核心竞争力。

河钢集团目前正致力于打造“全球研发平台”，高度重视与高校和科研院

所的合作，在谋求高质量发展的过程中，河钢集团主动与高校对接，注重柔性引进人才智力支持，着力发挥创新主体全链条不同环节的优势，引入外部力量推动企业发展与人才培养。与东北大学联合共建的“河钢东大产业技术研究院”成立。聘请中国工程院院士王国栋出任院长，针对制约河钢及产业升级的关键问题，立足于做实和做好关键共性技术开发和技术服务，助力河钢向中高端转型升级；与世界排名前50名的澳大利亚昆士兰大学签署合作协议，共同建设河钢集团—昆士兰大学可持续钢铁创新中心，以项目为载体，实现双方在国际化人才交流培养、先进材料技术研究、节能环保新技术研发与应用等方面的深层次合作和双赢，共同为世界钢铁工业可持续健康发展贡献力量；与北京科技大学成立的“钢铁绿色制造协同创新中心”，以“面向全流程、面向绿色智能、面向新钢铁、面向国际化”为宗旨，依托“钢铁冶金新技术国家重点实验室”，以项目为载体，以国家和行业重大需求为重点，结合河钢产线特色，重点在资源绿色循环利用技术、大数据与智能制造技术、冶金工艺新技术、钢铁新材料制备、产品应用技术、在线检测技术、国际化人才培训等方面开展工作；与重庆大学合作建立“河钢集团—重庆大学西南研究院”，聘请中国工程院院士潘复生出任首任院长，定位于充分发挥自身优势，在人才培养、设立奖学（教）金、科研成果转化、重大项目及课题联合申报、科研平台共享共建等方面开展合作。

对柔性引进人才智力支持的高度重视，也使河钢集团的产品档次提升，研发能力、人才培养等成效大幅提升：河钢东大产业技术研究院第一批凝练的30余项关键共性技术课题已完成并结题24项，第二批课题已有9项结题，均完成了预期目标，累计创效4.5亿元。与昆士兰大学、伍伦贡大学、瑞典皇家冶金研究院，开展的新型高强汽车板深加工、低碳环保技术、大厚度海工钢、氧化物冶金以及板型控制等课题均取得阶段性成果，其中针对低碳环保技术开发的纳米催化剂和新型的 CO_2 捕集电解液，电流转换效率比现有技术提高1倍，达到国际先进水平。随着部分科研项目在河钢的落地，来自中国工程院院士的研究成果，也实现了产业化。如2017年6月，河钢集团与中国科学院共同研发的亚熔盐法清洁生产示范工程——世界首条亚熔盐法清洁提钒生产线，在河钢集团承钢公司投入运营。

目前，河钢集团形成了自上而下、多种渠道创新人才引进模式，形成了良好局面，合作项目硕果累累，人才培养提质增效。加强人才引进，已成为河钢快速发展的强大助力。

（二）加大人才培养力度，搭建多层次、多元化人才队伍建设体系

河钢集团在注重外部智力为我所用的同时，高度重视自有人才的培养，提出了“干部队伍年轻化、专业人才市场化、后备人才国际化”的“三化”人才队伍发展战略，着力加大人力资源对企业战略的服务支持。

在积极构建全球研发平台，与高校合作建立实体机构外，河钢集团还与其他高校加强合作，利用社会资源实现自有人才的精准化培养。依托高校合作平台，与东北大学、北京科技大学等高校合作，每年举办专技人员高级研修班及科技大讲堂，积极培养企业自身研发力量；连续两年与辽宁科技大学合作，分12批派出营销系统中层干部及优秀骨干开展营销系统培训项目，已实现全体中层干部培训了一遍，提高了营销队伍的专业化水平；与昆士兰大学商学院合作，分两批派出优秀年轻后备人才，赴澳大利亚进行为期半年的培训学习，着力培养具有世界眼光的高端管理和营销人才团队；着眼加快后备干部和优秀年轻干部的成长，提升适应集团发展新战略要求，与浙江大学合作举办青年干部研修班，择优抽调子分公司后备干部和优秀年轻干部参加培训，学习南方经济发达地区高等院校在理念、观念方面的优势，结合浙江发展模式及浙江实战案例，完善后备干部和优秀年轻干部的知识结构，培养具有全球视野、前瞻眼光、专业技能和先进管理理念的企业后备干部；适应集团围绕钢铁产业主线，大力发展产业链金融的需要，与复旦大学合作举办现代金融与发展专题培训班，选派了集团金融财务系统高管人员和业务骨干参加培训，利用上海作为中国经济中心的特殊地位以及复旦大学地处上海的地缘优势及学校综合实力，开拓财务金融专业人员的思维，培养其金融创效意识，并促进其掌握财务金融创效技巧，综合提升财务金融专业人员的理论素养和实操能力，为集团金融财务板块把握金融发展新趋势，不断为提高开展金融创新的专业能力以及促进全产业链创效的实现提供有益助力。

（三）强化业绩考核导向，突出实践标准，不断实现人才使用上的新突破

河钢集团每年都要结合干部年度考核工作，组织各子分公司领导班子成

员、中层干部和部分职工代表民主推荐领导班子后备干部，对民主推荐得票比较集中、排位靠前的干部，纳入后备干部库。目前，集团已经储备了100余名以“70后”为主的子分公司后备干部和90余名以“80后”为主的子分公司中长期培养对象。对进入集团后备干部和中长期培养对象人才库的人才，实行动态管理，每年对入库人才进行充实调整，并有计划、有针对性地采取措施，进行教育培训和实践锻炼。一方面通过教育培训工作来提升年轻后备人才的综合素质，另一方面则利用河钢集团搭建的各类平台锻炼年轻后备干部人才。近年来，河钢集团每年选派优秀年轻后备人才到河钢瑞士德高公司、河钢南非矿业公司等海外经营实体挂职锻炼或实战学习，目前已有50余名优秀年轻干部参加了学习和锻炼；通过“主动对接”国外企业、科研院所和国际性组织，充分利用各类国际化优质资源，实施了一系列培养锻炼措施，积极促进年轻人才成长。通过采取以上培训与实践结合的教育培养方式，把年轻干部送上了成长成才的快车道。与此同时，河钢集团所属各子分公司按照集团的统一要求，不断创新和加强年轻干部选任和培训、培养工作。例如，河钢唐钢研究建立“五星素质模型”培养选任年轻干部，河钢邯钢创新搭建青年骨干人才培育“绿色通道”，河钢承钢积极探索“以产线为核心的年轻干部选任机制”，河钢矿业创新推行“见习矿部长制”等做法，均取得了显著成效。在各级领导班子出现缺职，集团和各子分公司组织人事部门对拟提拔使用人选的酝酿、动议环节，对拟提拔对象的酝酿范围，重点考虑多年选拔培养的后备干部，同等条件下优先考虑使用后备干部。

近年来先后有一大批入库人选，通过干部选任程序，走上了各级领导岗位，对及时调整充实班子力量、优化班子结构、激发队伍生机和活力发挥了重要作用。

（四）贯彻国企改革部署，引入职业经理人制度，探索现代人力资源管理新机制

近年来，河钢集团认真贯彻党的十八大、十九大和全国国有企业党的建设工作会议精神，在深刻领会省委、省政府及省国资委关于深化国有企业改革部署要求的基础上，坚持将推行职业经理人制度作为全面深化国企改革的重要内容。按照上级有关要求，结合钢铁行业的现状和河钢实际，积极谋划、扎实推

进职业经理人制度工作。我们始终坚持依法合规运作、坚持聘期制和契约化管理相结合，并积极拓宽选人用人视野和渠道，注重通过市场寻聘、内部转聘等方式选聘职业经理人员，圆满完成了市场化选聘总经理、原总经理内部转聘为职业经理人、试点全面推行职业经理人等工作，初步建立了以市场化选聘、契约化管理为主要形式的干部选用新机制，为国企深度改革注入内在动力。比如：通过市场化选聘职业经理人的某河钢下属子公司，在产品结构、客户结构调整方面均取得了显著成绩，高售价、高附加值产品保持连续增长态势，高端产品比例接近 80%，产品售价与行业先进企业价差大大缩小。再比如，通过并购转聘，原公司高管成员转聘为职业经理人团队，实行契约化管理。

在职业经理人团队的运营和管理下，并购公司实现年利润 1 亿左右，与众多高端家电品牌保持了良好的战略合作关系。通过家电高端市场倒逼河钢产品提档升级，河钢集团实现家电产品系列用钢“全覆盖”，涉及家电外板、侧板、背板、内部结构件等 30 余种，使河钢成为国内第一大家电板供应商。

（五）大力弘扬“工匠精神”，着力培育高技能人才，打造支撑集团发展的“河钢工匠”

河钢集团以培养“工匠精神”为核心，以提升产线保证能力为根本，积极推动高技能人才队伍建设，引领和推动产线员工由“操作工”向“技能工”，进而由“技能工”向“大国工匠”的转型提升，为建设最具竞争力的钢铁企业提供强有力的人才保证和智力支持。与清华大学合作举办首个企业工匠班，从各子公司生产一线点名调训高技能人才，这是河钢打造满足集团高质量发展要求的高技能人才队伍的具体举措，以在国内最高等级学府的学习经历及收获激发操作技能人才立足本职、不断创新，提升操作技能人才综合素质，调动广大操作技能职工积极性，提升产线保障能力，营造出了集团高度重视操作技能人才的良好氛围。在良好的氛围下，河钢集团各子公司也结合企业自身实际，有针对性地开展各类技能人才培养工作，特别是对基层员工的培养，各子公司采取丰富的培训手段、利用网上练兵系统、微信学习平台等多种创新形式有效地提高了基层职工的专业技能水平。

通过网上练兵系统培养出来的河钢职工蝉联模拟炼钢挑战赛世界总决赛冠军，使河钢力量闪耀于世界顶级赛事，为河钢也为国家赢得了荣誉。

（六）加大科技创新激励，营造科技创新氛围，促进科研成果转化落地

河钢集团始终坚持创新驱动战略，将先进技术研发与产线生产紧密结合，针对钢铁行业存在的共性问题，开发出一批具有自主知识产权的关键技术并在集团产线推广应用，取得了显著的经济效益和社会效益。其中首创并产业化的“钢铁企业低压余热蒸汽发电和钢渣改性气淬处理技术及示范”被列入国家发改委、工信部节能减排重点推广技术并在全行业推广应用，年实现经济效益60亿元；以电渣重熔、微合金化、特厚板轧制及热处理为核心的特厚钢板生产技术，可实现700mm高端特厚钢板稳定生产；以高洁净度、高表面质量控制和高精度板型控制为核心的汽车板生产技术，实现了以O5板为代表的高成型性汽车用钢和以1500MPa超高强钢为代表的减量化汽车用钢的系列化生产。

在技术转产的同时，河钢加大科技成果转化激励力度，在原有科学技术奖的基础上，增设科技团队奖和个人奖，该奖项每两年奖励一次，奖励范围覆盖科技创新团队、技术领军人才、优秀科技人才、一线技能人才等，并着重向科技成果转化过程中取得突出成绩的团队和个人倾斜。同时，河钢不断扩大对原始创新奖励范围，制订了知识产权管理办法，对取得国家专利授权的发明人实行“一奖两酬”制，极大地激发了科技人员发明创造和申请专利的积极性。

五年来，河钢集团荣获国家科技进步奖1项，省部级科技奖励100余项，取得国家授权专利近3000项。仅2018年，集团对科技成果的激励投入达到800万元。

（七）把握人才政策导向，积极争取政策红利，助推人才发展取得新成效

河钢集团在积极主动贯彻落实中央和地方各级人才体制机制改革要求、推动人才发展的同时，也积极配合上级政策的落地，如参照上级党委联系专家意见制定了本企业的党委联系专家实施方案、积极参与京津冀一体化人才建设，每年参加河北省委组织部举办的北大、清华专场招聘会等。配合的同时也在享

受政策调整所带来的一系列红利。享受“英才入冀工程”所带来的引才效能，招聘毕业生的层次不断提高。职称评审下发政策实施后，河钢集团拥有了冶金专业高级以上专业技术职务任职资格评审权限，能够结合行业特点及自身发展状况，在保持原有评审条件不降低的情况下，有针对性地设定符合企业实际的评分标准，重点体现了重业绩的特色，有效调动广大专业技术人员立足本职做出贡献的积极性。

河钢集团设计的人才培养工程，两次被列入“人才强冀工程”重点项目资助，获得了省财政支持。

（八）融入全球发展格局，助力“一带一路”建设，在打造“一带一路”建设标志性工程中演绎中国精彩

2019 年 4 月 25 日，河钢塞钢管理团队被中宣部授予“时代楷模”称号，标志着河钢集团与塞尔维亚斯梅代雷沃钢厂的合作成为“一带一路”建设的标志性工程。河钢牢记总书记叮嘱，创造性提出用人本地化、利益本地化、文化本地化的海外经营策略，营造了中塞员工通力合作、共同奋斗的良好局面，促进了“中塞一家亲”。这当中也凝聚着河钢对海外员工发展所做的努力。

为了实现在欧洲的战略布局，积极契合我国“走出去”战略和“一带一路”倡议，河钢集团成功收购塞尔维亚唯一的国有大型支柱性钢铁企业——斯梅代雷沃钢厂（简称“河钢塞钢”）。2016 年 6 月 19 日，习近平总书记亲临河钢塞钢视察并发表重要讲话，对河钢集团寄予了殷切期望。河钢通过输入管理、技术，发挥整合配置全球资源的优势，短短半年时间，河钢塞钢即扭亏为盈。在中塞两国政府的高度关注下，河钢集团实施了援外培训工程，设计了针对河钢塞钢及塞尔维亚政府、高校等机构人员的培训。在培训交流中，塞方员工亲身体验了中华传统文化和悠久的历史，感受了中国的发展速度和成果，领悟了“一带一路”互利共赢的中国理念，使国外员工及其“朋友圈”更加深入地了解中国、亲近中国、敬佩中国，既进一步增进了中塞两国友谊，也有效提升了我国在塞尔维亚及中东欧的社会影响力。正如一名学员在结业仪式上的发言中所说“从此，塞尔维亚多了 20 名中国民间大使”。河钢用实际行动履行着对两国政府、对塞尔维亚人民的真诚诺言，得到了当地员工的真心拥护，演绎了属于河钢、属于中国的精彩。

二　问题与挑战

河钢集团在推进人才发展及体制机制改革过程中不断更新理念、拓宽思维，工作取得了一定成效，但也遇到了一些目前难以突破的问题，主要体现在以下几方面。

（一）职业经理人推进过程缺乏明确的政策支持和有力指导

国内职业经理人出现较晚，合乎“职业化、市场化、专业化、国际化”要求的职业经理人数量明显不足，真正意义上的职业经理人阶层尚未形成。市场化选人用人、职业经理人工作机制还不健全，比如在职业经理人的薪酬方面，上级还没有明确的政策支持。对市场化选聘人员，虽然制定了考核激励办法等，但还不能科学、准确地对其业绩进行评判和认定。大型钢铁行业市场化选聘氛围还没有形成，市场化引进人员的待遇与企业原有人员待遇出现平衡，对企业原有薪酬体制等造成冲击。

（二）引进的高端人才存在“鱼大池子小”现象

引进的高端人才，在某些领域具有独特的优势，但这种优势不一定是放诸四海而皆准的，受传统思维和体制机制影响，对于引进高端人才的使用上还不能做到人尽其才，没能形成充分、完全释放高端人才能力、活力的氛围。一旦无法发挥引进人才作用的现象发生，对于企业原有职工以及未来人才引进等方面均有较大的负面影响。

（三）人才培养的成效显现不充分

在不断加大人才培养力度的同时，人才培养效果反馈不明显，虽然人才培养是一个长期、系统性工程，需要一定时间的检验才能逐渐体现出来，但这种较为长期的效果反馈对人才培养工作来说，一定是具有消极作用的，如何更加科学地将培养效果比较快速直观地反映出来一直是无法逾越的难题。

三　收获和体会

（一）改革和创新

河钢集团提出“代表民族工业、担当国家角色”的企业使命，一切工作都是围绕大局展开的。特别是党的十九大以来，河钢集团在深入推进供给侧结构性改革的过程中，深刻认识到：供给侧结构性改革内涵很深刻，表面是产品的有效供给，深层次是围绕提供有效供给背后，对企业科技、管理、人才、商业模式等生产全要素的总动员和总释放。这也是对习近平新时代中国特色社会主义理论的诠释。河钢集团开展的各项工作均与国家发展同向同行，牢牢抓住钢铁行业由“量的积累”向“质的提升”转变的战略契机，着力破除行业高盈利期的思维定式，树立“客户群的高度决定产品的高度”“以产线为独立市场单元”等新理念，积极推行国际化战略，实施“纵向更深、横向更宽”的全球产业链垂直并购等一系列举措，在这些开创性的战略举措实施中，首要的也是必要的，人才战略要转型、人才工作要创新。要通过改革和创新，使人才发展的理念、结构和能力以及人才工作机制等各个方面适应集团转型发展新战略提出的新要求。

（二）“三化人才队伍培养”

在实施的一系列人才改革当中，河钢集团“三化人才队伍培养”实践被多次作为典型经验交流案例在行业内及省内外进行交流，特别是国际化人才培养为中国企业“走出去”战略提供了有益的尝试。由商务部主办、河钢集团协办的“塞尔维亚国际产能合作系列培训班”是国家首个面向企业开办的援外培训项目，在打造“一带一路”建设标志性工程中发挥了极其重要的宣传和推广作用。河钢集团与清华大学打造的“河钢工匠——清华大学研修班”是清华大学首个企业工匠班，在开班的第二天，人社部印发了《技能人才队伍建设实施方案（2018～2020年）》。这是党的十八大以来，国家相继出台高技能人才队伍建设中长期规划、高技能人才振兴计划、加强企业技能人才队伍建设的意见等政策措施后的又一重大举措，再次彰显了国家进一步加强技能人才队伍建设的决心和力度。这也证明了“河钢工匠——清华大学研修班”的举办与国家政策高度一致。

（三）重要意义

人才发展和人才体制机制改革，是充分调动职工积极性、增强企业市场竞争力的关键因素。特别是在进入经济发展新常态的背景下，企业如何能够不断焕发出新的增长动能，与整个职工队伍的效能存在重要联系。河钢集团作为推进供给侧结构性改革的坚定拥护者和实践者，充分认识到改革的重要意义，也在积极推动更加贴近市场的变革。未来，河钢将探索制定更加灵活的选人育人用人机制，希望能够在国有企业用工机制上进行再创新和突破。

ℝ.6
着力实施人才强企战略，为企业改革发展提供坚强保障

开滦（集团）有限责任公司*

摘　要： 当前，国家煤炭行业发展形势日益复杂，无论是压减过剩产能、推进减人提效，还是在加快转型发展、依靠科技进步提升企业核心竞争力和经济效益等方面，企业都离不开人力资源特别是人才工作的强力支持。本报告介绍了开滦集团实施人才强企战略，促进人才队伍结构优化和整体素质提高的主要做法。

关键词： 煤炭行业　人才体制改革　人才队伍结构优化

当前，国家煤炭行业发展形势日益复杂、去产能任务持续加大，行业和企业面临严峻的挑战。无论是压减过剩产能、推进减人提效，还是在加快转型发展、依靠科技进步提升企业核心竞争力和经济效益等方面，企业都离不开人力资源特别是人才工作的强力支持。一支高素质、有战斗力的人才队伍是企业扭亏脱困、攻坚克难的最基础、最可靠的保障力量。近年来，开滦（集团）有限责任公司（简称"开滦集团"）紧紧把握人才在企业转型发展中的核心作用，从战略高度重视人才队伍建设工作，按照"三柱一新"产业发展的远景定位，持续推动人才管理格局、体系、结构和环境的完善和提升工作，有效促进了人才队伍结构的优化和整体素质的提高，有力提升了传统煤炭产业集约、

---

* 执笔人：耿世有，开滦（集团）有限责任公司党委组织部人才管理科科长，高级政工师；李彦涛，开滦（集团）有限责任公司党委组织部人才管理科副科长，高级政工师。

安全、高效的发展水平。截至2018年底，开滦集团具有副高级及以上职称人员达2656人，高技能人才达10219人，其中拥有市级以上称号的专家人才有320余名，主要包括国务院特殊津贴专家15人、省管优秀专家5人、省政府特殊津贴专家11人、河北省“三三三人才工程”人选102人（二层次12人、三层次90人）、全国（省、市）会计领军（后备）人才34人、唐山市管优秀专家11人、集团公司优秀专家（优秀人才）62人等；有市级以上称号的高技能人才300余名，包括中华技能大奖获得者1人，全国技术能手12人，省突出贡献技师（燕赵技能大奖获得者、燕赵金牌技师）16人，行业技能大师33人，集团公司首席技师、技能大师25人等；培育培养高级职业经理人104名。柔性引进国家“千人计划”特聘专家1名。人才工作取得的荣誉和创新成果丰硕，开滦集团先后获评国家、河北省、唐山市技能人才培育突出贡献单位，省国资委人才工作先进集体，中国企业教育先进单位百强，河北省院士智力引进先进单位，唐山市优秀特邀院士工作站，全国优秀博士后工作站，煤炭工种、通用工种全国优秀职业技能鉴定站。人才工作经验被多次在省、行业、唐山市等交流推广。近年来，集团多项人才工作成果获省级管理创新成果奖（其中一等奖8项）。《关于国有企业推行职业经理人制度的研究与思考》《国有企业专业技术人才激励机制创新研究》分获河北省党建研究重点课题一、二等奖。河北省国资委承担，开滦公司具体实施的两个项目入选2018年度河北省委“人才强冀”工程重点人才项目，其中“我省国有企业高端领军人才引进培养提升项目”被评为“人才强冀”工程二等奖，获项目资助30万元，主要做法如下所述。

一　加强顶层设计，坚持高位推动

如果说人才是企业发展的重要引擎，那么人才管理体制改革就是必不可少的点火器。开滦集团认真学习、深入宣传中央、省深化人才发展体制机制改革意见精神，加强顶层设计，坚持高位推动，为深化企业人才发展体制机制改革创造良好的舆论氛围，保障政策落地生根。根据企业实际，制定并出台开滦集团公司《关于深化人才工作体制机制改革的实施意见》（开字〔2017〕34号）、《专家人才管理办法》（开字〔2017〕96号）等配套制度，就贯彻落实党管人才原则和人才强企战略，进一步为破解制约人才发展的思想观念和体制机制障碍做出安排部署，明确了未来一个时期企业人才工作的重点，进一步加强了人才队伍建设，构建了符合企业实际、具有企业特色的人才工作统筹格局。

（一）明确人才工作重点

树立“人人皆可成才”和“天下人才为我所用”的大人才观念，坚持“胜任本职是人才，超越自我是优秀人才”的企业人才理念。确立人才工作在集团公司整体工作和发展战略中的全局性、先导性地位。根据企业发展战略和产业布局需要，明确了党政领导人才、复合型管理人才、高端领军人才、创新型技术人才、高技能人才五支队伍为企业人才队伍建设重点，进一步提高人才工作与企业转型发展的匹配度，不断开创人才工作新局面。

（二）优化人才工作组织领导体系

进一步完善集团人才工作领导小组、员工培训工作委员会、人才交流服务中心、职称改革办公室等机构设置和职能职责，在党委组织部设立人才管理科，在技术管理部成立集团创新办公室，新设立转型发展部，形成党委统一领导，组织部门牵头，各职能部门分工协作、密切配合的人才工作组织领导体系。

（三）建立人才发展保障机制

集团公司设立每年500万元的人才专项资金，专门用于优秀人才的培养、激励。建立党委领导联系专家制度、职工健康保障体系、专家人才休养休假制度，实行重大决策专家咨询制度，实现人才表彰和宣传工作常态化，弘扬识才、爱才、敬才、用才之风，营造人人渴望成才、人人努力成才、人人皆可成才、人人尽展其才的良好氛围。

（四）落实二、三级单位人才主体责任

明确集团各二、三级单位既是生产组织中心，也是人才培养主战场，指导其完善人才工作体系，赋予其更多自主权。特别是支持集团公司技术中心、煤

化工研发中心、开滦总医院、河北能源学院、中滦科技公司等技术创新型、人才密集型单位，在人才引进、待遇、流动、科研等方面出台相应的政策，用活用好人才。

二　推进梯次管理，改进激励方法

对人才而言，最重要的不是金钱名利，而是一个充满活力、张力、竞争力的可持续的人才发展生态体系。近年来，开滦集团全力打造人才聚居高地，从“供给侧”入手寻求突破，全面兑现人才政策，用更大的产业发展舞台、更好的创新创业环境、更公平公正的科研创新制度、更激励人心的政策等保障人才、服务人才，尤其在人才管理构架建设、激励制度和方法的设计、评优推优的力度、创新项目管理和人才信息化建设等方面加力，为人才提供全方位贴心服务，打造了一流的人才发展生态体系，以优质、高效、便捷、贴心的服务赢得主动，使各类人才心无旁骛、义无反顾地投身到推动企业高质量发展中来。

（一）建立人才梯次管理结构

着眼于提高人才管理的层次性和针对性，开滦集团创新构建了三层次人才管理架构，明确了一批纳入集团公司统一管理的专家或优秀人才，不同层次的专家人才享受相应的待遇和优抚政策，让人才的价值得到进一步体现。三层次人才构架是在现有人才队伍中有重点地划分出三个层次进行目标管理，一层次人才，指获得市级及以上称号的各类专家人才，包括国务院特殊津贴专家，国家“百千万人才工程”技术拔尖人才，省、市管优秀专家、政府特殊津贴专家、“三三三”人才工程人选、领军人才、技术能手、金牌技师，行业技能大师等；二层次人才，包括集团公司首席专家、首席技师、技能大师、技术能手及经过严格筛选和评审后纳入集团公司统一管理的各领域管理、专业技术和技能拔尖人才；三层次人才，主要是指由各二、三级单位根据人才队伍实际，有重点地选拔出来的各领域管理、专业技术和技能人才，由二、三级单位进行重点管理。依托局域网分别建立不同层次的专家人才信息数据库，并出台具体的管理办法对三个层次人才进行明确界定和统一规范。三个层次人才队伍相互转化、梯次递进，形成了闭合的人才管理架构。同时，为提高人才工作效率，提升集团公司人才管理和服务水平，积极开发人才信息管理系统，该系统由专家人才基础信息数据库管理、专家人才专业化管理、星级专家评价、智能分析、专家选拔、选拔档案、准专家推荐、模型设置等八大功能模块构成。系统基于云计算分布处理技术，实现了集团专家人才信息的填报、检索、统计、分析、评价、选拔、预测及相关报表功能，为集团公司准确掌握人才底数、预测人才需求、精准发现和使用人才、科学进行人才工作决策提供依据；同时，创新和改进高层次人才评价、评审手段，有利于优秀人才的选拔推荐。

（二）创新人才激励机制和项目资助机制

给予优秀人才较高精神鼓励和经济待遇，薪酬分配、培训交流等向关键和高技术岗位倾斜，对引进的部分高层次人才实行协议工资，充分体现人才价值。集团优秀专家（首席技师）和优秀人才（技能大师）在管理期内每月分别享受3000元、1800元职务津贴，高级技师、技师、高级工每月分别享受800元、500元、200元津贴，集团公司劳动模范、技术状元、优秀班队长分别一次性奖励5万元、1万元和5000元。2018年，又启动了首批专家人才休养活动。对各类优秀人才，通过各种途径予以广泛宣传报道，并积极推荐参加上级先进评选。对综合素质较高的优秀技术人才，予以优先提拔任用。比如，集团公司中层副职领导人员任用时，一般要求正科满三年或科级满五年，但高级职称任职满三年的，可以突破此条件。在科级人员任用时，具备中、高级职称或硕士以上学历的，可突破任职年限要求。改革科研项目管理体制。着力推行科研项目负责人制度，赋予项目负责人技术管理决策权。2016年来组织开展559项科研项目，全部由项目负责人根据集团技术发展规划自主确定研究方向和技术路线，并最大限度根据项目负责人科研需要配备科研团队成员。对其中具备条件的396项，将项目直接费用中多数科目预算调剂权下放到项目承担单位或项目组。制定出台《优秀青年人才项目资助管理办法》，启动对优秀青年人才的项目资助工作。通过体制机制改革，进一步激发了人才创新活力，2016年来开滦集团获市级以上科技奖107项，其中，国家科技进步二等奖和省科技进步一等奖各1项；获省级以上管理创新项目200余项。此外，积极争取承担科技部、省委组织部、省科技厅、省人社厅等上级部门科研和管理课题，5 个项目获省高层次人才项目资助，2 个项目入选 2018 年度省“人才强冀”重点人才项目，其中《我省国有企业高端领军人才引进培养提升项目》获省“人才强冀”重点人才优秀项目二等奖。

（三）加大评优推优力度

常态化组织集团公司级优秀专家（优秀专业人才）、首席技师（技能大师）评选工作，分别给予 3000 元/月和 1800 元/月的奖励津贴，先后评选表彰 95 人次，进一步拓宽了人才职业发展通道，激发了人才工作积极性。加大向上级推荐人才力度，每年推荐 100 人次以上参加上级人才评选。目前，开滦集团获得市级以上专家人才称号的 320 余人，市级以上高技能人才称号的 300 余人，进一步加强了高层次人才队伍建设。同时，在薪酬、奖金分配上，开滦集团积极向重要、关键岗位和优秀人才倾斜，即使是在煤炭市场下行，企业经营困难，大幅削减各种奖励项目的情况下，对取得成果、为企业创造效益的优秀人才，仍然坚持奖励项目不减，奖励标准不降，激发了人才学技成才的热情。

三　加强人才培养，优化人才结构

人才如良种，遇沃土则枝繁叶茂。开滦集团牢固树立强烈的人才意识，突出人才的战略资源地位，紧盯问题、破除壁垒，把人才培训培养作为发展之基，加强营造良好成长成才环境，加快形成有利于人才成长的培养机制，培植好人才成长的沃土，让人才根系在企业更加发达。

（一）创新人才培训模式

坚持内部培训与走出去、引进来相结合，实施精准培训，促进企业管理升级和技术进步。构建“互联网 +”教育培训平台。启动员工培训工作信息化系统建设项目，研究设计了员工培训网和培训管理信息化软件，对企业内外部网络培训资源进行了整合，构建了员工培训工作信息化管控系统。每年参加网络学习的人数达到了 1.3 万人次。推进培训模式创新。积极推广“订单式”培训、现代学徒制、“一对一”等培训模式，采取以考促学、以赛促训等措施，有效提高了学员的积极性，显著提升了培训效果。实施“青年人才系统化培养工程”，采取项目化、标准化、模块化的培养手段和措施，对青年管技人员进行了有计划、有目标的系统化培训和锻炼。2016 年以来，实施煤炭主体专业、煤化工专业、物流金融专业等系统化培训项目 70 个，培训青年人才 3452 人，进一步缩短了青年管技人员培养周期，加快了其成长、成熟、成才的步伐。积极借助外部智力，2016 年以来共聘请外部专家开展培训项目 60 余个，累计受训人数达到了 7000 余人次。“借用外脑”高端培训的开展使专业技术人才队伍的战略思维、发展视野和管理理念都发生了深刻变化，知识结构、专业结构得到了明显改善，决策能力和技术水平得到了很大提升。

（二）加强思想政治和道德建设

牢固树立党管人才的基本原则，坚持不懈做好专家人才的政治学习和思想教育培训工作，通过开办专题培训班、座谈研讨、形势任务通报等形式，不断增强人才队伍政治素养，凝聚人才队伍的思想认同。一方面，利用各种教育阵地。在人才队伍中，着力开展党性观念教育，通过参加各种类型的政治学习，提高党员人才的政治觉悟和党性观念；在其他各类人才中通过企业文化教育、爱岗敬业教育以及道德讲堂、企业文化体育活动等文化教育阵地，用各种喜闻乐见的形式，寓教于乐，增强企业的吸引力和凝聚力。另一方面，选树典型，营造氛围。英雄模范的榜样作用是无穷的，广泛宣传各条战线的英模人物的先进事迹，大力开展“弘扬爱国奋斗精神，建功立业新时代”主题教育活动，营造学先进、长本领、当专家、做模范的氛围，影响和带动各类人才立足岗位、敬业奉献。

（三）推进各类人才开发培育

1. 强化领军人才和团队建设

建设以河北省首批“巨人计划”创新创业领军团队和国家“千人计划”特聘专家为首的多个技术创新团队，引领集团科技进步。每年推荐 100 人次以上参加上级人才评选，2016 年以来，50 余名人才（团队）获评国务院特殊津贴专家、省“三三三人才工程”人选、唐山市市长特别奖等市级以上人才称号。2018 年，组织首批集团公司优秀专家、优秀人才评选，对 62 名优秀技术人才进行命名表彰。集团公司市级以上专家人才达到 320 余人，领军人才队伍不断壮大。

2. 壮大企业高技能人才队伍

贯彻落实河北省“百万燕赵工匠培养支持计划”，把高技能人才培养工作纳入集团公司人才总体规划的范围内，列入人才管理的重要内容。在进一步深化企业首席技师评选工作的同时，新增集团公司级“技能大师”荣誉称号的评选命名工作，填补高技能人才序列的缺项。加强技能人才实训基地和技能大师工作室建设，建成国家级技能人才培训基地 1 个、省级技能人才培训基地 3 个，建成集团公司技能大师工作室 29 个，其中国家级 2 个、省级 2 个、行业级 23 个。集团公司获得市级以上称号的优秀高技能人才达到 300 余人。

3. 系统化培养财会人员

财会人才队伍在企业发展中具有重要作用。几年来，集团公司瞄准建立一支高素质财会人员队伍，先后出台《财会队伍建设规划》《会计领军人才培养使用方案》等一系列专项人才制度，深入开展调研攻关活动，完成调研课题 79 项，连续四年召开会计领军人才座谈交流会，开班领军人才讲堂，持续内培外送提升财会人才综合素质，财会队伍建设成效显著。开滦集团财会人员中，高级职称以上的达到 219 人，本科学历以上的达到 83%，先后有 8 人入选全国会计领军人才培养工程；30 人入选河北省会计领军人才培养工程；10 人入选市级会计领军人才培养工程，在河北省企业财会队伍建设中走在前列。对财会队伍建设取得的经验，正在其他专业领域进行推广，进一步加强各类专业人才培养。

四　加强选才引才工作，建立合理内部流动机制

（一）推动市场化人才流动

建立面向企业内部市场化的人才有偿中短期流动机制，鼓励专业技术人员在不影响本单位、本岗位工作的前提下，在企业内部跨单位进行专业技术服务、联合科研、培训带徒等。

（二）支持人才创新创业

组织职工发明创意大赛，设立职工创新成果转化基地，组织工程技术、会

计人员业务竞赛，启动员工技能运动会，出台鼓励员工自主创业的指导意见，进一步释放人才创新创业潜能。

（三）促进人才向生产和技术一线流动

落实集团公司《关于加强煤矿一线单位技术力量配备工作的通知》要求，鼓励专业技术人才特别是年轻人才到生产一线从事技术工作，并在科研、培训、职称晋级上予以适当倾斜。在企业中层、科级管理人员任用时，注重从一线选拔优秀人才。

（四）加强选才引才工作

坚持刚性引才与柔性引智相结合，多渠道引进人才。与高校、职业院校保持紧密联系，积极引进优质毕业生。根据集团发展需要，引进了金融、煤化工、物流等新兴产业成熟人才。树立“不求所有，但求所用”的全新人才观，紧抓京津冀人才一体化的有利时机，积极探索柔性智力引进。依托院士工作站、博士后工作站、联合实验室等科研和引智平台，2016 年来柔性引进国家“千人计划”特聘专家 1 名，与两名院士新建立合作关系，联合培养博士后 3 名。在建设好开滦院士工作站、中滦科技院士工作站基础上，谋划设立开滦总医院院士工作站，为更好地引进高端智力资源搭建平台。

参考文献

李全兴等：《技能为基 助推转型——开滦集团创新高技能人才队伍建设模式》，载中国煤炭学会经济管理专业委员会编《现代大型煤炭企业经典管理案例（人力资源篇）》，2013。

杨秀义：《开滦集团专家人才管理体系研究》，燕山大学硕士学位论文，2013。

刘文秋、郑瑞宏：《现代学徒制培养煤化工技能人才探索——以河北能源职业技术学院为例》，《黄冈职业技术学院学报》2017 年第 5 期。

R.7

以国有资本投资公司改革试点为契机的人力资源改革实践与探索

广西投资集团有限公司*

摘　要： 人才是企业发展的根本，也是国有企业立足的基石。近年来，广西投资集团有限公司深入贯彻中央和自治区国有企业改革精神，以国有资本投资公司改革试点为契机，在人力资源战略规划、经营管理人员市场化选聘、人才引进与培养发展等方面改革，取得一定的成效。本报告梳理了近年来广投集团人事管理改革及人力资源开发相关工作，旨在为国企人力资源改革提供更多的参考与借鉴。

关键词： 国企改革　党管人才　法人治理　市场化选聘

广西投资集团有限公司（以下简称“广投集团”或“集团”）成立于1988年，是广西壮族自治区重要的投融资主体和国有资产经营实体，业务涵盖能源、先进制造、现代金融、医药大健康、数字经济等领域，铝产品出口德国、日本等40多个国家，电力运维技术与服务输出至南亚、西亚、拉美等地区。集团注册资本为100亿元，2018年实现营业收入1388亿元、利润总额30亿元、资产总额3562亿元。截至2019年8月，广投集团拥有参控股企业213家（上市公司3家）、职工超2.4万人，位列中国企业500强第134位、广西百强企业首位，连续四年获AAA主体信用评级。近年来，广投集团积极与央

* 执笔人：廖应灿，广西投资集团有限公司党委副书记、职工董事、工会主席；任洪正，广西投资集团有限公司人力资源部副总经理。

企合作，累计投资167亿元，承接了龙滩水电站、华银氧化铝、大藤峡水利枢纽、防城港核电等一批国家、自治区重大项目建设，为自治区经济稳增长做出了贡献。2017年初成为国有资本投资公司改革试点以来，广投集团围绕发展模式、组织架构和公司治理，进行了一系列重大改革，大力实施“产融投”协同发展战略，构建了“党建引领、创新驱动、分类授权、人才强企、强化风控”的治理格局。当前，广投集团正按照自治区“强龙头、补链条、聚集群”的产业发展思路，进一步解放思想、改革创新、扩大开放、担当实干，通过并购重组等市场化运作，形成产业集聚和研发集聚，打造产业龙头，成为西部陆海新通道和面向东盟的金融开放门户建设主力军，向高质量发展阶段转型，实实在在进入世界500强。

2018年，广投集团以习近平新时代中国特色社会主义思想为指导，全面贯彻党的十九大精神，按照“建设壮美广西、共圆复兴梦想”的总目标，全面开启新时代广投高质量发展的新征程。人才是第一资源，人力资源是协同发展现代产业体系的基础和前提，也是广投集团改革实现高质量发展再出发的首要条件。为此，广投集团始终坚持党管人才、党建引领，在进一步做好人力资源规划、改革和优化工作中持续努力。

一　坚持党管人才方针，党建引领企业人才工作全局

（一）持续加强党对国有企业的全面领导，将党的领导贯穿于国有企业法人治理各个环节

坚定不移用习近平新时代中国特色社会主义思想武装头脑、指导人力资源工作实践，按照“不断提高党的建设质量”的总要求，毫不动摇推进党在国有企业中的政治建设，引领企业各项工作，2018年底胜利召开党代会，完成了集团党委换届工作。坚持国企姓党，积极贯彻落实全国、全区国有企业党建工作会议精神，将党建工作要求写入公司章程，各级党委“谋全局、议大事、抓重点”，“把方向、管大局、保落实”的职能不断增强；各级企业领导班子配备全面落实“双向进入、交叉任职”，党委书记、董事长实现“一肩挑”，

规模较大企业配备专职党委副书记、专职纪委书记，党建工作经费、党建工作力量得到“双重保障”。

（二）持续推进全面从严治党，夯实基层党建基础，党建质量不断提升

把学习贯彻习近平新时代中国特色社会主义思想和党的十九大精神作为首要政治任务，积极落实习近平总书记对广西工作的重要指示批示和题词精神，精心组织开展党的群众路线教育实践活动、“三严三实”专题教育、“两学一做”学习教育，做好“不忘初心、牢记使命”主题教育工作计划，实现组织建设全覆盖、内部巡察全覆盖，全力打造广西国有企业的“四个标杆”，全面总结集团党建纪检工作经验，创新提出广投特色的“五力模型”党建纪检工作体系。

二　对接企业战略目标，优化人力资源顶层设计

（一）规划着手，持续优化顶层设计

2016 年，广投集团聘请麦肯锡公司编制集团“十三五”发展规划，选定一批优秀央企、地方国企为标杆，详细梳理集团战略，形成《广投集团体制机制改革总体方案》，按照改组国有资本投资公司改革试点的要求，构建国有资本投资公司管控格局，实现资本投资与资产经营分离；2017 年 3 月，聘请苇莱韬略公司深化编制集团人力资源规划，系统通过人才队伍盘点、人力资源规划、人才管理体系及流程、人力资源战略规划实施等四个阶段，以顶层设计的视角对人力资源变革进行整体布局，为集团系统性组织和优化了总部部门设置与人员配置、总部及所属企业负责人薪酬和绩效考核办法、总部与所属企业人力资源管控权限划分等关键工作，并按照“十三五”人力资源关键行动实施路径，从助力打造创效组织、前瞻经营人才资源、战略提升组织能力等专项，有计划地推动人力资源六大模块的组织和实施，推动集团人力资源从传统人事管理，向战略性人力资源管控转型升级；2018 年，广投集团引入德勤公司重新梳理集团业务流程，优先将人力资源作为首批重点流程，对标先进企业

最佳实践，重新制定集团内部管控业务流程。同年7月起，广投集团作为广西首家国有资本投资公司改革试点企业，为进一步落实国务院对国有资本投资公司改革试点的定位，衔接集团“十三五”规划中期评估和后三年行动计划，实施与“产融投”协同发展战略相适应的组织管控模式，由集团人力资源部牵头，通过开展大范围访谈调查，广泛引导内部各部门参与诊断，结合考核测评、行为观察、表现抽样等，结合麦肯锡公司回访，开展人力资源规划检视和优化工作，在兼顾集团运行稳定的基础上，再次实现集团系统人力资源改良式变革。

（二）授权管理，完善企业法人治理

广投集团作为广西壮族自治区重点骨干国有企业，日常投资经营工作按照法人治理结构相关程序开展。根据党的建设及董事会战略决策要求，广投集团内部修订了集团党委班子、董事会、经营层的议事规则和党委前置审议事项清单，把握国企党建“把方向、管大局、保落实”的根本，实现经营活动中的重大事项前置党委会研究，从运行机制上保证党组织意见在重大决策中得到体现和加强，为广投集团改革后建立健全法人治理结构提供重要的制度依据和支撑。同时，广投集团科学设置董事会结构，董事会下设战略投资委员会、提名委员会、薪酬与考核委员会、审计与风险管理委员会四个专门委员会，保证董事会充分履责。广投集团形成了集团董事会结构调整方案，对集团董事会人员设置、结构、任期等进行调整，主管部门将按任职要求配备内外部董事，制定法人治理结构的议事规则，界定清楚各主体之间权力、责任和义务关系。对所属企业治理进一步按照规划设计，制定集团所属企业授权管理工作制度，提升授权管理工作水平，重新厘清三级管控各自的角色和定位。广投集团大力推进二级企业改革，推动二级企业从业务管理向资产运营转变，打造若干具有竞争力、专业性强的龙头企业集团；积极做好总部向二级企业授权管理的组织工作，颁发授权书；成立授权管理工作组织机构，明确授权管理工作领导小组职责和日常工作机制。其中，充分赋予二级企业人力资源管理权限，集团总部除二级企业领导班子任免及培训、企业总编制和企业工资总额管理外，其他权限全部授予二级企业董事会自行决策管理，企业在生产经营一线，更明晰自身的人才需求，从而到市场中寻找人才，优化人力资源配置。

（三）职能优化，完善总部设置和岗位要求

广投集团重塑集团总部职能，转变为以管资本为主，突出战略引导、资源配置、监督考核职能，坚持战略解码流程，对标优秀标杆企业设置，从流程理顺职能，明确总部部门为“强战略、优服务、统监督”三大职能板块，不断精简总部职能设置和岗位设置，完成集团总部改革，向二级企业委派专职董、监事，对二级企业实施合理授权、责权利统一、完善法人治理结构的改革，初步形成“小总部、大产业”的三级管控体系。在此基础上，细化总部岗位要求，出台岗位说明书，对岗位职责、任职资格、基本条件给予严格规定；同时，对标先进企业，进一步压缩总部岗位设置比例和编制数量，严格为集团总部瘦身。

三　聚焦战略支撑，着力健全人才队伍

（一）着力打造人才战略支撑力

2011 年以来，广投集团累计新选拔任用 180 余名中层管理人员，向自治区及国家相关部委输送一批厅级及以上干部。出台一系列人才激励政策，有计划地引进一批紧缺中高层次人才，基本建成管理职系与专业职系并行发展的“双通道”。累计引进各类管理人才、专业技术人员 7000 余人，集团系统研究生学历以上员工从 500 余人增加到 1300 余人，中高级人才新增近 700 人，比例明显提升，其中，研究生学历以上员工比重较对标企业高 3. 8 个百分点。仅 2018 年，广投集团探索尝试多渠道、多方式、多形式选拔干部，不断提高人才工作质量和水平，让更多优秀人才脱颖而出，着力锻造一支政治过硬、思想过硬、本领过硬、作风过硬、廉洁过硬的国企铁军，全年选拔任用中层管理人员 24 名，向自治区输送 1 名厅级领导干部和 2 名区直企业领导，且向其他区直企业输送中层管理人员；从党政机关、事业单位和知名企业引进的各类专业人才，一批“80 后”干部脱颖而出，年轻骨干列入后备考察；同时，对所属企业领导班子选优配强，按照“双向进入、交叉任职”的领导体制要求，在所属党委全面推行董事长、党委书记“一肩挑”，对二级企业班子进行优化调整。

（二）持续强化员工市场化意识

在优异的人才成长成绩的背后，是广投集团党委坚持严格的人才选拔任用和考核机制，引导干部从思想上树立市场化意识，彻底打破“铁饭碗”“大锅饭”思想，是深化国有企业改革的关键。2002 年以来，集团多次进行三项制度改革，每 3 ~5 年进行一次全员竞聘上岗重新调配岗位，除集团领导班子由自治区层面任命外，集团实行全员聘任制，一律签订劳动合同，不再保留行政级别，全部员工实现从“体制人”向“市场人”转变，干部的市场化意识普遍比较强。于 2011 年、2014 年、2017 年先后进行了三轮组织机构改革和全员竞聘上岗，实现庸者下、能者上，实现集团总部与所属企业 2 万余名员工的竞争上岗机制。仅 2018 年，集团通过改革实现干部管理分层授权，集团党委直接管理的中层管理人员减少 40%，平均年龄降低 4 岁，所属企业通过市场化聘任，干部的积极性、自主性增强。

（三）适度提高市场化选聘人员比例

广投集团在立足自身培养人才队伍的同时，积极向海内外多渠道吸引外部高端人才。除每年自身面向社会化公开招聘部分紧缺的中层管理人员外，积极参与自治区组织的“赴省外高层次急需紧缺专业人才招聘”等大型招聘会，面向全国高校加大雇主品牌宣传力度，传播集团发展前景和用才育才理念，积极吸纳引进一流高校毕业生和急需紧缺高层次人才，充实高素质人才队伍。同时，广投集团还积极委托专业人才机构、行业组织选拔高级管理人才，与智联招聘、前程无忧、猎聘网等人力资源服务公司都建立了长期业务合作关系，综合运用校招、社招、猎头方式招聘人才。2018 年集团首次采用第三方招聘业务流程外包的方式，面向全国公开招聘集团总部部门与二级企业负责人共 18 个岗位（31 名）高层次人才，完全实现第三方招聘流程标准化与公开化。此外，集团还与北京、上海、广州、深圳等一批顶级专业猎头公司建立长期合作，一旦有职位需求即可快速启动猎头程序。近三年来，集团先后通过市场化方式引进 20 余名中层管理人员，市场化引进中层管理人员占人员总数比例逐年上升。

（四）开展探索职业经理人试点

从 2012 年起，广投集团开始探索职业经理人的引进和管理，并于 2015 年

9 月出台职业经理人管理暂行办法，是广西壮族自治区首家制定职业经理人制度的国有企业。该办法基本搭建了职业经理人规范管理的体系，以任期制和契约化为核心，打通了“市场化招聘”与“内部人转换”两种来源渠道，在市场化程度较高、人员流动性强的金融等行业，集团面向社会招聘、物色了一批职业经理人，而在集团传统的铝、电行业，为了调动干部的积极性，鼓励干部转换为职业经理人身份。集团所属企业银海铝、金控、柳铝、柳州置业等二级或三级企业相继试行职业经理人制度。职业经理人的选、用、育、退、留等管理流程逐步规范，职业经理人全部与所在企业董事会签订任期目标考核责任书，每年一签年度目标考核责任书，对不称职、考核不合格的职业经理人直接免职，使职业经理人的履职管理有章可循。

此外，集团控股的国海证券、北部湾银行市场化程度普遍比较高，在市场化聘任职业经理人方面探索比较早，并取得一些成效。集团控股的上市公司国海证券人员选聘已完全实现市场化，公司经理层在内全部实行市场化聘任，董事会授予部门、所属企业用人权，部门、所属企业可以根据自身业务量决定聘请员工数量，决定薪酬分配方案，鼓励部门、企业严格控制人力成本，避免人力资本边际效益下降。北部湾银行专门制定了市场化高管的管理办法、绩效考核、薪酬管理办法，经理层高管的考核目标与薪酬对标银行业，体现高管的责权利对等，提升了高管的工作积极性，更加强对职业经理人的履职管理。

（五）探索建立市场化薪酬绩效体系

2017 年，集团以市场化为导向，重新修订了集团总部和所属企业薪酬管理、工资总额和绩效制度体系。集团总部和所属企业管理人员的薪酬与绩效挂钩，与市场对标，制定合理的绩效考核目标，致力于提升企业的市场竞争力。集团认真贯彻国务院、自治区对国有企业工资总额决定机制改革的相关决策部署，是自治区内第一家出台工资总额改革的国有企业，进一步优化对二级企业工资总额管控，二级、三级企业自主分配，实行合理的差异化薪酬制度，为关键岗位、核心人才提供具有市场竞争力的薪酬，加大薪酬的激励力度。将绩效考核作为干部评先评优、薪酬调整、晋升职务、培训的重要依据，发挥薪酬和绩效对企业管理的“指挥棒”作用。

四　目标绩效提升，健全人才使用与培养机制

广投集团始终将“人才优先发展”作为集团战略，推动人才体制改革，健全完善人才使用、锻炼和培养体系，营造“人人渴望成才、人人努力成才、人人皆可成才、人人尽展其才”的良好局面。

（一）打造人才专业技术发展平台

结合集团产业发展需要，广投集团先后设立“复旦广投研究中心”“中恒暨南大学健康医药研究院”“广投京桂人才创新中心”等智库平台，其中“广投京桂人才创新中心”是广西首个国企专门服务广西学子的平台，吸引、聚集更多人才尤其是广西籍人才、力量，推动集团创新发展。此外，广投集团还拥有 1 个院士工作站、2 个博士后工作站、4 家广西工程技术研究中心、5 家自治区级企业技术中心等。通过高端专业平台，衔接、挖掘外部人才所在顶尖科研机构的综合资源优势，把握行业趋势和产业热点，以投资为引领实现创新技术成果与产业资本对接，激发外部专家通过柔性引才方式服务广西发展，提供灵活多样合作献智渠道，又为集团系统内有志持续提升专业技术的员工提供学术研究载体，引才聚智成效显著。近两年，广投集团先后有多名基层年轻技术骨干获得广西五四青年奖、中组部“西部之光访问学者”等荣誉，20 余名财会人员成为财政部及广西“十百千”会计领军人才、拔尖人才。

（二）建立员工轮岗锻炼等长效培养机制

作为自治区重要的企业经营管理人才主体，集团近年来先后向自治区各委办厅局、设区市选派干部轮岗挂职，或接收央企及自治区各单位或高校 20 余名中层管理人员。在企业内部，集团大力实施战略性人才储备和培养思维，健全并大力推动内部轮岗锻炼机制，按需不定期组织开展总部与二级、三级企业中青年骨干双向交流任职。2015 年至今，从集团总部到所属企业任职 51 人，从所属公司竞聘到集团总部 60 人，到集团总部跟班学习 125 人，通过上下轮岗，调动各层级人员活力，全方面塑造懂管理经营、熟悉一线、了解生产实际的复合型人才，为集团战略人才储备提供保障。在新员工培养方面，集团于

2015年创新性地推出了集团化长效培优计划，每年引进国际名校、国内“985”“211”等重点高校应届优秀毕业生进入集团优培计划中，进行多企业、多岗位的培养锻炼；2018年，进一步制定了《广西投资集团有限公司新员工培养管理办法》，在优培生的引进、培养、考核等方面将校招毕业生的管理制度化、规范化。2015年至今，集团共招聘1045名高校毕业生，通过多层次培养，为集团五至十年的后续人才储备注入新鲜血液。

（三）打造“3主线+1平台”培训体系

紧扣集团“产融投”协同发展战略，以“学习十九大，提升核心岗位人才现代企业治理水平”为主题，重点打造“3主线+1平台”培训体系。对于中高层人才的培训，围绕七大能力素质模型，评估确定企业家个性化培养方案，着重提高企业领导决策能力、风险防范能力、经营协调能力和对宏观经济及企业战略发展方向的把握和分析能力；对于骨干人才，创建高端人才平台，积极向自治区科技厅、人社厅等部门推荐专家、院士后备人选，充分调动集团高层次人才的积极性、主动性和创造性，并通过他们的领军带头作用，提升集团的创新实力，形成了“以点带面全覆盖”的骨干人才培养模式；新员工开展的集中入职培训，旨在增加新入职大学毕业生对集团公司的归属感，增进对集团公司战略规划、产业布局、企业文化及业务流程等方面的认识和了解，帮助其转换角色，激发工作热情，降低人才流失率。

集团重点组织实施一批培训项目，强化党的十九大精神辅导学习，集中组织集团领导和中层管理人员学习党的十九大精神专题轮训；深入开展行动学习实践活动，“创建中国—东盟人力资源服务产业园项目实践”课题入选自治区党委组织部确定的全区2018年度重点行动学习示范课题；制定集团《创建“新时代讲习所”工作方案》，精心打造宣传习近平新时代中国特色社会主义思想的宣传阵地；累计完成“广投讲坛”69期，成为自治区聚集全国高层次领军人才，讲解政策、解析经济、说透产业的知名平台载体。同时，集团还修订完善了培训制度，组织实施“集团人力资源条线员工三年培养计划”，加大内训师体系建设，提升人力资源岗位人员专业素养。

（四）推动信息化与培训工作深度融合

结合集团员工规模和培训工作实际需求，集团自2017年起立项调研建设“广投数字大学”，打造针对集团自身管理需求，面向集团全体员工的普惠制网络学习平台。项目于2019年7月投入使用，具备网页、移动APP、微信客户端等多平台使用功能，力争成为广西壮族自治区国企网络培训服务示范窗口。届时，集团和各所属企业依托“广投数字大学”，针对员工不同层级、不同岗位、不同专业对标岗位任职资格，深入开展均等化、精准化员工培训考学结合，强化岗位应知应会职业技能学习内化。广投数字大学将为集团节约巨大的培训人力、物力与财力，完善集团培训系统化、个性化的企业管理知识库建设。通过广投数字大学的建设与实施，不断丰富集团员工培训渠道，实现全体员工都能够利用碎片化时间实现普惠的个性化学习，共享全集团系统培训信息资源，全方位提升集团公司各类别员工的综合能力。

五　做强文化核心，服务员工关系和谐发展

伴随30年的发展，广投集团不断总结、凝练出以“责任、担当、进取、包容”为企业精神的广投“海文化”体系，并被授予“全国企业文化建设示范基地”。

（一）深入实施企业民主

2018年，广投集团圆满召开第三届职代会、第四届工代会第三次会议，补选产生了集团第四届工会委员会委员，经费审查委员会主任和女职工委员会主任，审议相关工作报告，订立并表决通过了《广西投资集团有限公司集体合同》《企业工资专项集体合同》及相关制度。集团加强领导干部密切联系职工，沟通广投集团经营改革发展情况，关心员工思想状况，鼓励职工提出合理化建议，2018年共举办9期集团领导接待日，接待23名基层一线干部职工。

（二）树立员工模范标杆

集团还积极为职工提供广阔的发展平台，让职工尽情施展自身才能，涌现了一批先锋模范人物，获得“全国青年岗位能手”“广西五一劳动奖章”“广西工匠”“广西壮族自治区民族团结进步模范个人”“自治区国资委勤廉榜样”

等众多荣誉，得到上级部门和社会的高度认可。集团通过引导职工树立模范、宣传模范、学习模范，带动全体职工营造良好的企业文化正能量。

（三）丰富员工文化生活

为丰富广大职工文化生活，集团总部成立了 7 个员工兴趣小组，由员工自主开展活动。2018 年正值广投集团成立 30 周年，举办了系列庆祝活动，组织实施了历年来规模最大的职工运动盛会，包括健步走、足球、篮球、羽毛球、乒乓球、摄影、趣味运动等一批文体比赛，为期 5 个月，先后有 47 家企业、2700 余名职工参与到竞赛中；组织集团三十周年庆祝大会“红歌会”，八支队伍、千人唱红歌；这些活动大大丰富了员工的文体生活，增强了凝聚力，更好地营造了“和谐企业”的有益氛围。

（四）建立人力资源管理系统

广投集团于 2015 年启动人力资源管理系统项目，分三期建设。截至 2018 年底，项目一期、二期均已建设完成，组织规划、人事信息管理、合同管理、薪酬管理和出差请假等模块投入正常运行，系统在线 13000 余人，可实现大数据聚合、比对等功能，大幅度提升了人力资源各模块的工作效率，推进人事管理向人力资源管理转变。

作为广西壮族自治区重要的国有骨干企业，广投集团始终秉承“责任共担、发展共赢、成果共享”的社会责任理念，积极履行作为企业公民的政治、经济和社会责任，对广西经济社会发展的引领力、辐射力、支撑力、贡献力不断增强。在企业内部，广投集团近年通过一系列人力资源改革和优化措施，员工队伍整体竞争意识、活力得到有效提升，人力资源管理体系化、规范性稳步向前，引才聚才的渠道得到拓展，人才队伍结构得到优化，人才培养的质量进一步提升，为集团发展提供了有力的人力资源保障。面向社会，广投集团积极与广西人社厅共同筹划创建国家级“中国广西人力资源产业园项目”，服务广西并辐射促进我国西南地区人力资源服务业的高质量发展。人力资源作为企业发展的第一要素，将伴随着广投集团作为国有资本投资公司改革试点的发展不断实践与探索。

ℝ.8

拓宽人才开发渠道，助力企业高质量发展

吉林东北袜业纺织工业园*

摘　要： 改革开放以来，民营经济发展势头迅猛，已经成为我国经济不可或缺的重要组成部分。如何帮助民营企业发展，已成为社会各界共同关注的问题，更为新时期的人才工作带来了新的机遇和挑战。位于吉林省辽源市的东北袜业纺织工业园立足实际，放眼长远，成功探索出一条人才兴企的成功之路，园区先后被授予“全国就业先进企业”“全国大学生创业孵化示范基地”等荣誉称号。

关键词： 民营企业　政策供给　人才开发

改革开放以来，民营经济发展势头迅猛，已经成为我国经济不可或缺的重要组成部分。习近平总书记明确指示：“我们要不断为民营经济营造更好的发展环境，帮助解决发展中的困难，支持民营企业改革发展，变压力为动力，让民营经济创新源泉充分涌流，让民营经济创造活力充分迸发。”如何帮助民营企业发展，已成为社会各界共同关注的问题，更为新时期的人才工作带来了新的机遇和挑战。近年来，借人才体制机制改革的东风，各地各部门创新举措，引导推动人才等创新要素向民营企业汇集。“政府搭台，企业唱戏”，民营企业也积极发挥自身主体作用，吸纳人才、自主创新，实现高质量发展。位于吉

* 执笔人：薛力萌，辽源市人才工作领导小组办公室主任；王思元，辽源市人力工作领导小组办公室副主任科员。

林省辽源市的东北袜业纺织工业园立足实际，放眼长远，成功探索出一条人才兴企的成功之路，园区先后被授予“全国就业先进企业”“全国大学生创业孵化示范基地”等荣誉称号。

一　强化政策供给：为企业招才引智搭建平台

民营企业的发展必须依靠人才，民营企业竞争力不强、人才资源获取渠道狭窄、传统观念影响等都是制约民营企业招才纳贤的重要原因。这就需要政府部门为企业出实招、想对策，搭建政策平台，畅通引才通道，为企业发展提供人才智力支撑。

（一）无中生有

辽源市位于东北老工业基地，是全国首批资源枯竭城市，经济发展水平、交通便利程度均落后于发达地区，区位条件并无优势，这导致辽源市面临无法吸纳更多优秀的企业和高端技术技能人才的困窘局面，市委、市政府调整传统思维模式，将发展重心转移到依靠自身人力资源开发、激发人才创新创业活力的新思路上。2005 年 8 月，辽源市紧紧抓住政策机遇，立足“无中生有”“有中生新”，着眼于高位对接、高层次转型，确立了加快发展新材料产业、健康产业、传统优势产业的“三大产业”定位。纺织袜业是辽源传统优势产业的重要内容和支撑，在市委、市政府的全力扶持和培育下，全国第一个由民营企业建设的袜业工业园区——东北袜业纺织工业园（简称“袜业园区”或“园区”）开工建设。经过 15 年的探索实践，东北袜业纺织工业园已经发展成为全国最大的棉袜生产基地，在园区项目开发、企业运营、产业链条综合配套服务及棉袜生产、研发、检测、培训、交易、物流等环节均处于全国领先水平。

（二）人才为先

在十几年的发展过程中，东北袜业纺织工业园始终秉承“人才资源是第一资源”的战略思想，围绕园区发展目标，充分开发和合理利用内外部人才资源，以园区内部培养为主，外部补充为辅，不断完善人才体系，建立标准化人才管理制度，坚持“招进来、留得住、用得好”，即招进来——打造人才集聚平台，留得住——打造人才发展平台，用得好——打造人才价值平台。制定和完善以招人、用人、留人、员工职位晋升、培训、薪酬福利及保障制度等为主要内容的人才管理制度体系。经过培训、培养、竞争等方式，加强公司内部人才资源建设，通过高校招聘、校企合作等形式培育园区真正需要的专业技术人才。多年的人力资源培养培育过程中，园区逐步在大学生创业孵化、电子商务平台培训开发、纺织工业技师学院以及“合长”制等方面进行了有益探索，培养造就了一大批优秀人才，为工业园的发展提供了专业技术支持及人力资源保障，逐步形成了核心竞争力，探索出了一条独具特色的发展之路。

（三）政策搭台

2016 年 5 月，东北袜业纺织工业园在省人才工作领导小组会议上被正式确定为全省首家“人才创新创业示范区”。市委市政府提出了“积极探索可复制、能推广的人才创新创业模式，在全市掀起人才创新创业热潮”的要求。辽源市人才工作领导小组积极协调相关部门指导袜业园研究制定了示范区实施方案。同时，相继下发了《辽源市“人才创新创业示范区”创业就业扶持办法》《辽源市“人才创新创业示范区”科技创新扶持办法》等配套政策，在创业担保贷款、社会保险补贴、创业补贴、职称评定、创业资金项目支持、科技成果转化、专利申报、人才引进等方面给予政策扶持，形成了较为完善的“1＋2”示范区创建制度体系，带动了园区人力资源体系不断发展、完善、健全。

（四）服务靠前

按照“1＋2”制度体系的指导，袜业园区积极完善人才引进、培训、融资服务等帮扶政策和配套服务措施。一是建立创新创业“人才库”，实行动态管理，准确掌握袜业园区内各类人才创新创业意向和服务需求等基本信息，实现靶向定位、精准扶持。目前，袜业园区创新创业“人才库”登记人数已达到 9236 人；二是建设创业指导中心，及时帮助创业者解决创业过程中遇到的各类难题，为创业人员提供个性化、精细化和专业化的指导咨询服务；三是建立人才创新创业工作调度机制，定期召开相关部门协调会，现场办公，掌握扶持政策及各项工作落实推进情况，研究解决工作中存在的问题，明确下一步工作方向，推进袜业园区各项工作的深入开展。

2018 年，园区实现产值 120 亿元，产量 32 亿双，已建设厂房和附属设施 145 万平方米，各类企业入园 1210 户，直接、间接安置就业人数 4.5 万人，其中，包括全国 181 所高校 3000 余名大学生在园区创业、就业，创办袜厂和三产企业 128 户，带动就业近万人。被中国纺织工业联合会、针织工业协会命名为“中国袜业名城”“中国棉袜之乡”。“中国袜子，辽源制造”的城市名片越叫越响。

二　打破用人局限：让各级各类人才的创造力充分涌动

要想把企业做好，首要是要抓住“人才”这一关键环节。袜业行业有其特殊性，它既是劳动密集型行业，也在研发创新上有很高的要求，这使袜业园区不仅需要大量的普通工人，对研发类的高技能人才更是求贤若渴。如何在网罗、挖掘人才的同时管好用好人才，成为袜业园区亟待解决的人力资源课题。袜业园区紧跟时代发展大势，为各级各类人才搭建载体平台，激发了人才创新创造的积极性，助力园区高质量发展。

（一）源头活水

园区把目标定位在高起点谋划、高标准运作上，聚焦高端人才、引领企业高质量发展。先后聘请了中国纺织工业协会、中国针织协会的 21 名知名专家学者，组成强有力的专家顾问团，为园区带来了先进的管理理念、科学的发展规划、尖端的发展项目和宝贵的社会资源。中国针织协会、中国袜业协会及江苏省针织设计院的专家每年都受邀到示范区办公指导工作，有力提高了园区整体实力和科技含量。借助举办“中国·辽源国际袜交会”的有利契机，与吉林大学、长春工业大学、江西服装学院、香港纺织及成衣研究中心等 12 所国内高等校院所开展“人才培养前置”“科研成果转化”等多项深入合作，将创新型科研成果、创新人才引进园区。目前，已吸引 3000 余名高校毕业生到园区创业就业，为企业发展注入了新鲜活力。园区还投资 3100 万元，建设中试中心。同时与吉林大学、东华大学、中原工学院等 5 所高校签订产学研协议，就人才培养、技术开发等多个方面达成共识，利用高校的资源优势，结合园区发展实际，全面开展产学研一体化工程。目前中心累计吸引高层次专业技术人员 56 名，拥有专利数达到 26 个。

（二）筑巢引凤

在全国大学毕业生连续 5 年实现井喷式增长的关键节点，党中央围绕促进高校毕业生创业就业提出了新的要求，袜业园区适时提出了“5235 大学生创业就业行动计划”，即用 5 年时间实现 2 千名大学生在袜业园区创业就业，直接安置 3 万人就业，带动相关产业 2 万人就业。这一计划的提出迅速响应了国家鼓励大学生创业的号召，得到了国家相关部委的大力支持和认可。大学生群体的加入，也为袜业园区的健康持续发展提供了新鲜血液和人才智力支撑。园区对各类有创新创业意愿的大学生人才敞开大门，建立人力资源、金融中介、物流仓储、生产研发、网络信息、营销策划、投资咨询、综合配套八大服务平台，提供创业“保姆式”“一站式”帮扶。一是为每名创业大学生提供 10 台价值 23 万～45 万元的袜机，并为每人配备 20 万元的流动资金，所有资金均由示范区担保，享受银行的低息贷款和国家贴息贷款，3 年内还清即可；二是为每个创业团队提供 300～500 平方米的厂房，一年内免租金，第二年、第三年分别减免 50%、30% 的租金；三是为初期创业大学生免费提供食宿，免费培训工人；四是创业前，创业者可以入园实习，参加培训、进行企业考察，实习期间每月补助 1200 元。到袜业园区创业的大学生“分文不拿”即可当老板。2016～2018 年仅大学生创业企业累计享受贴息贷款 5855 万元。辽源市爱美达袜业有限公司田长友就是大学生创业者的代表，2009 年毕业于东北师范大学，经过近十年的努力，形成袜机 200 余台、年产 1000 余万双、销售额 3800 万元的织、缝、染、整一条龙标准化生产链的现代化工厂，产品远销日本、韩国、丹麦、塔吉克斯坦等国家，田长友本人也被评为“辽源市十佳创业青年”。

（三）腾笼换鸟

为应对信息化挑战，大力转变营销方式，园区敏锐地捕捉到互联网经济发展趋势，及时提出了引领袜业发展新常态、线下转为线上的战略转型措施，同时将创业的“橄榄枝”抛向所有有创业意愿的人。2013 年，辽源电子商务园区成立，投入办公面积达23000平方米。2016年全面开展了“淘宝5000”电商创业工程，即5000个淘宝C店、500个网供商、50个跨境电商、5个新研发中心。提供免费孵化、免费培训、免费进行基础店面装修、免费提供售后服务等“一站式”扶持政策，真正实现创业“零投入”“零距离”。截至目前，“淘宝5000”项目已投入资金1.6亿元，建成面积81000平方米。淘宝园启动两年的时间内，成功对接速卖通、阿里、天猫、京东、拼多多、淘宝六大平台，开办培训班65期，已吸纳9000余人参加创业培训。目前园区有1000余人从事线上运营，开设店铺1200余家，2015年实现线上销售10亿元、2017年实现20亿元，辐射带动1.5万人就业。2018年“双十一”期间线上交易额实现井喷式爆发，突破1亿元。逸翔袜业的张亮做电商5年，目前经营淘宝C店4家，新增天猫店铺2家，在2018年“双十一”期间日销售额突破10万元，年销量突破1000万双。

（四）助力脱贫

民营企业的战略调整和产业布局必须要与时俱进，时刻把握时代脉搏，围绕中央、省、市中心进行谋划，才能牢牢掌握主动权，不仅能搭政策的“顺风车”，也能取得更大的社会价值，达到事半功倍的效果。2018年，为深入贯彻落实“脱贫攻坚”战略，园区制订并实施了产业扶贫三年（到2020年底）“50厂5000人”计划，提出了“四环战略”布局。结合企业发展重心，研究提出“不离家、不离乡、出门进工厂”的办法，按“四化”（模块化工厂、精细化生产、平台化销售、定制化服务）、“四环”（园区、周边、全国、全球）打造乡村模块工厂，以袜子、内衣、打底裤等贴身服饰为核心产业，打造大就业圈。每个工厂吸纳贫困农民80~100人，既解决了贫困农户的收入问题，满足他们对美好生活的新诉求，取得更大的社会价值，又能为企业进一步扩大发展奠定基础。截至目前，已规划建设7个缝制工厂，累计招聘及培训员工230余人，置办设备240余台。

三　强化自身造血：不待扬鞭自奋蹄

一线技术工人和高级工、技师等高技能人才严重短缺是制造行业普遍存在的难题，技能人才的数量、结构难以满足企业的发展需求，东北袜业纺织工业园也是如此。2017 年底开始，园区从结构建设上全面发力，重新规划了产品业务板块、园区业务板块和支撑系统板块三大板块，打造生态型工业综合体的结构框架，线上国内国外同时发力，线下推进连锁店网供商模式，快速抢占市场份额。发展的紧迫感，使园区更加注重人才资源的培养和开发，聚焦职业教育，主动搭建培养学习平台，谋划了一条人才培养蓄能新途径。2018 年，东北袜业纺织工业园区成立吉林省唯一的纺织工业技师学院。学院是国家承认的具备大专及中专学历教育资质的技师学院，也是全国唯一的具备针织纬编工（织袜工）职业技能鉴定资质的机构。2018 年 3 月，第一批全日制、非全日制及其他技能鉴定的学生共 849 人已经正式报到、入学。

（一）长远布局

学院以立足公司、服务产业、分层输出、全面提升为办学宗旨，坚持教育兴园、教育利园，强化基础设施建设，补充师资力量，为教育教学奠定坚实基础。学院集学历教育、技能提升、农民工培训、技能鉴定于一体，推行“双元制”教学模式，年实训规模可达 7 千余人次，是一所资源丰富、功能完善、专业性强、规模较大，并为现代纺织工业、现代服务业培养高素质劳动者的技师学院。拥有独立的现代化教学主楼，教室内配备最新的多媒体教学设备，并配有实验室、电教室、图书室、体育馆等设施，可同时容纳 900 人，确保学生拥有良好的学习环境。为提高师资队伍整体水平，学院从多家合作企业聘请工程技术人员、技能专家任教，充实师资力量。其中双师型教师占专业课教师的 30%。

（二）工学一体

学院秉承实践为主、理论为辅的办学宗旨，重点培养学生的实际操作能力，解决以往毕业后不能直接上岗的问题，毕业后根据所学专业 100% 安排就业。根据企业发展需要量身定制了纺织工业技术、工商企业管理、机械设备维修、商务外语（英语、日语）、市场营销等专业。并建立了实训基地，几年来充分利用学院及高校资源，分层次、有梯度地采取统一培训与自学培训相结合、脱产培训与业余培训相结合、长期班与短期班相结合，“走出去、请进来”相结合的不同培训形式，邀请教授到园区授课，制定了管理人员到国外及国内先进企业学习的培训制度。

（三）产教结合

除学历教育外，技师学院同时还提供保全班培训、实训基地培训、网络创业培训三大业务培训。2018 年 5 月 25 日，技师学院与袜机厂联合办学开展保全培训班，学院制定系统教学计划，由专业讲师授课，并针对袜机设备进行实物讲解，共计培训 21 人，已有部分学员走上工作岗位。2018 年 1 月至 11 月，纺织学院实训基地共培训学员 207 人次，其中农民工学员 165 人；2018 年 10 月 27 日与优品内衣公司签约成立了实训基地加工车间，现有员工 11 人，为充实园区技术工人队伍提供了强有力的支持；2018 年 3 月 21 日与技师学院合作，开办九期网络创业培训班，共计培训 300 余人，由专业讲师授课，培训下岗失业人员、农民工、大学生，为创业者搭建创业平台；2018 年 8 月 16 日与技师学院合作，开办九期职业技能培训班，共培训下岗失业人员、农民工 346 人，大大提升了下岗失业人员、农民工专业水准和就业技能。

四　注重人才传承：人才激励与“工匠精神”有效结合

企业的健康持续发展离不开创新，更离不开传承，传承是发展的基石。企业文化、经营理念、管理经验与技术技艺等传承，归根结底是人才的传承。发挥人才的主观能动性，才能促进企业的长远发展，就需要建立有效持久的人才激励机制、营造尊重人才的环境氛围。2019 年初，园区综合社会教学经验和企业人才培养探索实践，为加强人才培养，提高员工积极性，在人才培养模式改革和创新方面大胆尝试和探索，制定了“合长制”“股权分红”等激励机制，同时细化服务举措，营造浓厚氛围，使工匠精神在园区大力传承。

（一）创新模式

袜业园区发展实践的 15 年中，始终把人才队伍建设作为工作的着眼点和落脚点。据统计，工作一年到三年流失的人员占比 66%，工作低于一年的占比27%，工作三年以上的占比6%，五年以上的只占比1%。由此可见，员工在入职一年以上三年以下时正处于波动期，对公司有了一定了解但忠诚度还不高，遇到挫折与问题容易产生离职的念头。为解决这一问题，园区施行了“合长制”。通过“师带徒”的“传”“帮”“带”这一传统方式，减少“徒弟”初进公司时的紧张情绪，促进新员工业务技能的熟练掌握及责任心的提高，同时提高了“师傅”的理论水平和培训能力，获得更大经济收益的同时还在塑造师父形象的过程中提升了其品质修养。师带徒制度的实施将增加袜业园区员工的稳定性，降低人才流失率，磨合了员工之间的关系，增进了友谊，加强了员工之间的良性沟通和交流，从而提升园区的凝聚力和向心力，创造了竞争好学、团结和谐的企业文化氛围。

（二）人才激励

民营企业对人才的激励，现在大都停留在“奖励加惩罚”的层面，只会让人才与企业形成金钱雇佣关系。要针对不同人才的特点，采取不同的激励方式，坚持物质激励与精神激励相结合才能发挥最大效用。物质激励大体分为股权激励和薪酬激励。股权激励简便易行，最能吸引并留住人才。袜业园区规定普通员工入职满一年后，连续两年享受东北袜业能源公司内部股权分红，科研人员和高级技术人才可通过“技术入股”和“智力入股”的方式分得股权。这样，各类人才就从“打工者”成为“主人翁”，极大地调动了其积极性。园区还根据人才实际业绩、能力水平和预期效益情况，确定工资报酬及绩效工资。“合长制”也规定徒弟入职第一年内的计件工资30%给师傅；第二年的计件工资20%给师傅；第三年的计件工资10%给师傅，激发了老员工“多带徒、带好徒”的工作热情。精神激励要注重荣誉和关爱。园区对工作表现突出、具有代表性的人才，及时给予荣誉称号，并通过新闻媒体开展宣传，同时提供进修培训、职级晋升等机会。关爱最能打动人心，过年过节各种福利发放，运动会、鹊桥会等各种活动的举办，从细致服务入手，从贴心小事做起，凝聚了人心，留住了人才。

（三）环境建设

虽然近些年民营经济发展迅速，但对民营企业的一些根深蒂固的思想仍未能从根本上转变。尤其吉林省辽源市经济发展相对滞后，许多人更愿意到机关、事业单位工作，对民营企业人才引进、使用、激励、晋升等方面工作仍存在相当大的顾虑，这对民营企业人才环境造成了一定影响。若想改变这一现状，需要政府部门和企业自身共同发力，内部营造爱护人才的环境，外部形成尊重人才的氛围，才能招来“金凤凰”。近年来，袜业园区着力改进企业人才环境，坚持把“倾听人才意见和建议、尊重人才民主权利”作为改进人才环境的重要举措来抓，定期召开“恳谈会”，以各类人才的切实需求为园区制定各类政策的依据和遵循。同时从加强民主管理、人文关怀和改善工作生活条件入手，改善企业人才环境。园区新建设施齐全、配套完善的人才公寓669间，拎包即住，同时园区开发建造住宅房屋480套，对园区内各类人才采取远低于市场价格的内部福利购房政策，切实解决人才的后顾之忧。习近平总书记强调，要打破各种各样的“卷帘门”“玻璃门”“旋转门”，为民营企业打造公平竞争环境。辽源市也在营造“政治上认同、社会上尊重、政策上支持、经济上保障”的人才氛围上狠下功夫。除加强政策引导、完善公共服务外，在袜业园区设立“人才创新创业示范区办公室”，设置人才墙，展示人才、代言产品，搭建交流、销售平台。同时在《辽源日报》、辽源新闻联播、辽源之声等媒体上开设“辽源英才录”专栏，广泛宣传优秀人才先进事迹，努力营造尊重、爱护企业人才的良好社会氛围。

R.9
建筑类企业人力资源管理现状及特点

江西省建工集团有限责任公司 *

摘　要： 建筑类行业作为中国最早在改革开放后走向市场化的行业之一，一直保持着良好的发展态势，一度成为我国国民经济的重要支柱产业。本报告从江西省建工集团有限责任公司人力资源发展现状入手，总结分析了整个建筑类企业人力资源管理的特点，并分析了集团人力资源管理的未来发展。

关键词： 建筑企业　人力资源　人才激励

一　江西省建工集团人力资源发展现状

江西省建工集团有限责任公司（以下简称“集团公司”）是一家有着67年历史的省属国有大型建筑施工企业，其前身为成立于1952年的江西省建筑工程局。具有房屋建筑工程施工经营单位特级、市政公用工程施工经营单位壹级、公路工程施工经营单位壹级等多项资质以及对外承包工程和劳务合作经营权，通过了质量、环境、职业健康安全管理体系认证。2007年开始，按照优劣分离的原则，集团逐步推进所属全资子公司的混合所有制改革。2011年底，集团层面的混合所有制改革顺利完成，分别由省国资委、台湾汉唐集成股份有限公司、江西益合投资股份有限公司三方出资，共同组建成立了国有控股的江西省建工集团有限责任公司，形成了国有资本、外资资本、民营资本合作的投资主体多元化格局（见图1）。其中江西益合投资股份有限公司是2011年由江

* 执笔人：卢和钧，江西省建工集团有限责任公司人力资源处一级人力资源管理师。

西建工集团本部内部员工按职级标准定额自筹资金成立的公司。员工可根据当年企业的经营状况，享受该年度股权分红，但非特殊原因不能进行股权转让。目前，集团公司拥有10个控股子公司和2个全资子公司，集团本部设有16个经营单位工程公司、1个海外工程公司和1个设计院、1个技术中心。改革发展过程中，不断推动企业做大做强做优，集团经济连续多年保持稳中有进的发展态势。短短六年时间，集团营业收入实现了从100亿元、200亿元、300亿元、400亿元的四级跨越，并自2014年开始，连续5年进入“中国企业500强”，2018年位列第385位。

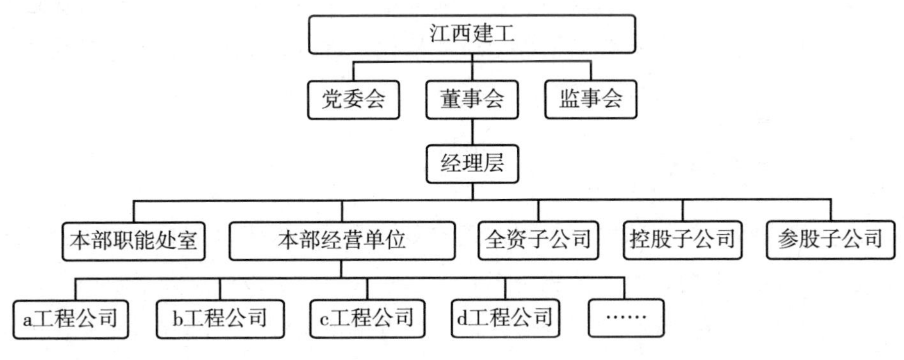

图1　江西建工组织架构

目前集团公司正式职工共有3090人，其中博士1人，硕士78人，本科2554人，大专及大专以下1033人。专业技术人员共计1997人，其中教授级职称16人，高级职称324人，中级职称994人，初级职称663人。在注册类证书方面，有一级建造师769人、二级建造师595人、造价工程师44人、安全工程师16人、消防工程师1人、一级建筑师14人、结构工程师14人、电气工程师6人、公用设备工程师11人、土木工程师5人。在技师方面，高级技师9人、技师28人。

二　建筑企业人力资源管理现状及特点

建筑行业作为国内最早在改革开放后走向市场化的行业之一，一直保持着良好的发展态势，一度成为我国国民经济的重要支柱产业。进入21世纪后，建筑行业竞争愈发激烈，2007～2017年，我国建筑业总产值占固定资产投资额比重从2007年的42.60%逐年递减，2016年占比仅32.45%，2017年占比有所反弹，提高至33.87%。

建筑企业中的人力资源相对集中，人员素质参差不齐，而且员工流动性很强，因此建筑企业人力资源管理难度很大。建筑企业人力资源管理有以下几个特点。

（一）人员流动性强

劳动力是建筑行业的主要人力资源。因建筑行业施工项目的不同所需的劳动力数量也就不同，人员构成不同，其素养也存在很大差异。当建筑企业进行项目建设时，建筑工人就会以工程项目为依托，进行大量的人员流动。就要求施工单位进行人力资源的合理调配，使其更好地服务于建设项目。

（二）素养偏低

由于建筑行业的特殊性，应用方式的多样性，其人力资源既包含了管理人员、技术人员，也拥有广大的建筑工人。这些人力资源以中学以下学历的民工为主，他们自身的技能和素养较低，很多建设单位又没有对其进行专业化的培训，所以在施工水平和工作技巧方面有所欠缺。

（三）构成复杂

建筑行业人力资源规模十分庞大，人员结构复杂，因此管理起来也有很大困难。其构成可以分为：①管理层人员，虽然其知识储备较高，但在具体的施工中缺乏与员工的交流，实际操作经验缺乏；②技术人员，其具有专业的技术能力和丰富的知识储备；③工程施工人员，人员流动性大，年龄参差不齐，知识储备很少。

（四）项目团队发展在项目人力资源管理中的地位受项目的规模和工作周期制约

对于规模较小、周期较短的建筑项目，项目团队发展很难被作为其人力资源管理工作的重点内容；而对于工作周期较长、规模较大的项目来说，项目团队的调整与发展则是必须重点关注的工作内容。

（五）人才流失严重

生活条件艰苦、工作环境恶劣、薪酬待遇不高、社会地位较低等令高素质人才避而远之，甚至已有的人才也逐渐流失。在市场经济环境下，目前国内的建筑市场僧多粥少，且管理不规范，建筑企业几乎处于找米下锅、饥不择食的被动局面，因而社会地位相对较低。加之奖惩力度不足，个人利益未能与所承担的责任和风险有效地结合起来，没有形成有效的激励、约束机制。再加上分配中的平均主义，造成了建筑企业关键、重要职位人才的大量流失，引进也较为困难。建筑企业在“招人、留人”方面压力很大。国内土木工程类专业毕业生数量呈下降趋势，相关国有建筑类企业在引进新时代人才上竞争程度急剧上升，近 10 家建筑企业同时入校宣讲招聘常有发生。在人才引进难度上升的同时，部分企业近年来还出现了新生代员工离职率高的现象。90 年代的员工对工作、生活有不同的期望，携有不同的个性和态度。随着“90 后”员工数量的逐年增加，他们与年长者之间的差距变得更加突出，给组织领导者带来了独特的挑战。大多“90 后”员工期待尝试不同的职业领域，不会安于一个职位，渴望企业能够提供发展机会、公平待遇和人性化工作时间。

（六）奖惩机制不健全，影响人力资源管理效果

目前对于建筑企业的员工，特别是在一线工作的员工，只有用良好的奖惩激励措施才能进一步激发其工作的积极性和创造性，提高工作质量。但现实情况中，往往是对员工重考核、轻奖惩，特别是缺乏一套行之有效的奖励激励措施，极大地影响了员工的工作热情和积极性。

三　集团公司人力资源管理基本情况

（一）强化组织领导，创新人才理念

集团公司高度重视人才工作，始终坚持人才强企，将培养雄厚的人才队伍作为加快公司发展的基础工程。集团公司牢固树立以“共赢”为核心的人才工作理念，为人才战略的实施提供了坚强的思想保障和组织保障。

（二）加大研发投入，服务专家工作

科研经费的投入，是技术创新的保障。集团公司技术中心设立专门账户，用于产品的研发和设备的更新改造及技术中心的日常开支，技术委员会负责对技术中心的用款进行监督和考核，确保科研经费的专项使用。集团公司依据ISO9001质量管理体系及公司相关规定，制定有效的决策与执行机制，明确总经理、技术中心主任、副主任、技术委员会、专家委员会、各部门负责人及科室的责任及义务，切实保障技术中心运行的畅通，保障科研工作的顺利开展。2018年1～9月，集团公司研发费用共计1176.09万元，主要用于新技术、新工艺在项目上的研发应用，BIM技术应用研究，各类试验及设备调整，研发人员及管理人员工资。

集团公司重新修订《科技成果奖励制度》，提高科技成果奖励额度，每年设立40万元的奖励基金，用于对国家、省级科技进步奖，编写的标准、规范、规程、工法，完成的建筑业新技术应用示范工程，授权的专利，取得的QC成果及撰写的优秀论文及优秀施工组织设计等科技成果的奖励。表彰和奖励在科学技术进步活动中做出突出贡献的集体和个人，充分调动科技人员的积极性和创造性，提高集团公司的综合技术能力。

（三）搭建创新平台，建设新增平台

集团公司不断加强创新服务平台建设，建立了以企业为主体、市场为导向、产学研相结合的技术创新体系。截至2018年底，集团公司共建设省级企业技术中心4个，下设BIM工程中心、省级重点实验室1个，全国劳模创新工作室1个，成立了江西省建工集团有限责任公司科学技术协会，拥有国家认证认可监督管理委员会认定的检测中心——江西建威检测调试有限责任公司。建立了有效的产学研合作机制。先后与新余学院、南昌工程学院及有关研究院所签订了产学研合作协议。

注重发挥企业科协的作用，充分利用企业科协平台的优势。集团公司科协是由本企业科技工作者组成的群团组织，是集团领导联系科技工作者的桥梁和纽带，是企业科技进步的重要力量。2018年，集团公司成功举办“中国科协科学家宣讲党的十九大精神巡回报告江西站”首场报告会。以这次报告会为契机，集团公司结合实际，紧紧围绕企业发展战略，加强人才队伍建设，造就一支掌握现代管理知识和专业知识、业务能力强、经验丰富的高素质复合型人才队伍，吸收、培养一批学科带头人。

依托“李向阳劳模创新工作室”，成立“兴国县公共服务 PPP 项目”工作站，其中 BIM 技术为工作室创新的主要方向；2018 年，工作室撰写的“聚苯乙烯泡沫颗粒复合条板施工工法”和“钢框轻型屋面板安装施工工法”已顺利通过省级工法评审，编制的《医用直线加速器现浇钢筋混凝土结构施工质量控制》获得省级 QC 一等奖。辅助兴国人民医院、艺术中心及体育公园三个项目申报江西省新技术应用示范工地工作及其他相关创优工作。

（四）完善管理制度，激励人才发挥

1. 加大人才引进及储备，出台了《新员工管理暂行办法》

该办法对新员工的招聘、入职、薪酬、培养、激励等方面做了规定。为集团公司做好人才储备、加强人才队伍建设提供了有力的制度保障。为此，集团公司每年招聘 200 名应届大学生充实到本部各经营单位的工作岗位中。通过近几年的培养，已有部分员工成为公司骨干力量。

2. 建立健全人才选拔机制，出台了《业务副主办、业务主办晋级管理暂行办法》

该办法对工作表现优秀的员工提供了晋升的通道。公司实行“任人唯贤，能者上，庸者下”的用人机制，通过部门推荐、民意测评、总经理办公会决议、任前公示、任前谈话等公开、公平的程序，积极营造尊重、关心、支持人才发展的良好氛围。

3. 创建学习环境，提高人才素质，出台了《员工证书管理规定》

该规定主要是针对考取企业所需证书的人员，给予一次性奖励和按月补贴的激励措施。公司不断加大对人才的培养和投入，营造学习型企业、争做学习型人才的氛围，极大地调动了干部员工学习进步的热情，有力推动了公司资质建设和专业人才队伍的建设。集团公司每年考取一级建造师 100 余人，在江西同行业中，考证人数排名第一。

（五）注重因人施教，提高培训实效

知识经济时代，经济高速发展，社会快速进步，知识技能时时更新，市场

情况瞬息万变。站在公司的生存角度，员工培训要把员工知识、能力不足、态度不积极而产生的机会成本的浪费控制在最小范围。通过培训提高员工的工作能力，保证企业的生存。只有通过员工培训，才能实现企业的发展目标，使企业未来的发展方向更加清晰。学校教育的主要目的是完成基础教育和基本专业技术教育，培养的是学生的综合素质。进入企业后所从事的工作大多专业性较强并需要一定的技能与经验。毕业生所拥有的一般性理论知识与方法，不能完全适应和满足企业的工作需求。在他们进入企业时或进入企业后都必须得到相应的培训才能达到标准。提高员工的专业水平是企业人员培训的一个重要任务。不同的职务和岗位需要不同的技术，开展培训要对不同岗位的员工进行有针对性的培训和提高，使员工不仅掌握其职务所需的专业技术，还提高他们的专业技术水平，使他们掌握一些其他相关技术。企业进行人员培训，就是希望在对员工培训后提高其工作能力，使之在工作岗位上充分发挥自己的潜力。从员工方面来看，通过培训可以提高员工的知识水平和工作能力，如掌握新的知识和技能利于以后的晋升等，从而提高员工的能动性，达到员工自我实现的目标。员工培训使员工逐步理解并接受企业的文化，理解并有效地贯彻企业的战略意图，增强职业道德，形成良好的工作态度。培训使员工更加热爱本职工作，发扬主人翁精神，刻苦钻研业务，充分发挥他们的积极性和主动性，以便形成统一、团结、和谐的工作集体和精神文明，促使企业的效率得到有效的提高。

集团公司以提高职工队伍素质、增强职工爱岗敬业精神为重点，以提高服务质量、提升公司形象为目的，围绕公司的发展和生产经营的重点、难点，采取形式多样的培训方式，构建了系统的人才培训网络，结合公司的行业特性，大力开发适应公司发展的人才资源和后备人才。

第一，加强岗位技能培训，公司结合生产经营的需要，组织员工参加岗位技能培训和考试，完成施工员、质量员、安全员等岗位人员持证上岗，特种作业人员持证上岗，持证上岗率100%。

第二，加强专业技能培训，努力提高整体专业技术人员的素质，促进专业技术人才队伍年轻化和高、中、初级结构合理，重点抓好“高、精、尖”人才的培养，加强资质建设和经营管理等专业的培训。目前，管理人员中有专业技术职称的有2426人，一级建造师927人，二级建造师688人。

第三，加强职业规划培训，在送外培训的基础上，加快内部培训的步伐。各部门默契配合，结合职工职业需要，先后举办了《EPC 项目管理培训》《施工 BIM 标准贯标培训》《江西省建设工程定额宣贯交底培训》等多个培训。

（六）注重企业人才，广纳优秀人才

企业人员招聘的渠道主要是校园招聘会、人才交流中心、集团公司网站、内部员工介绍推荐、其他公司推荐、国内大型招聘网站、媒体广告，等等。

集团公司已制订了 2019 年至 2023 年的五年人力资源规划和工作分析，运用科学的方法对集团公司人力资源需求和供应进行了分析和预测，并科学分析了岗位职责和人才胜任要求，使招聘工作的科学性、准确性得到加强。坚持“以人为本”，开展企业宣传，引进培养适合企业发展的优秀人才，进一步建立调动员工积极性、主动性的工作机制。

1. 发挥典型引路作用

集团公司坚持加强企业文化和人才事业的宣传，发挥先进典型榜样的引路作用。将优秀共产党员、全国劳动模范树立为学习榜样，带动员工的争先争优工作热情。

2. 公开招聘，广纳优秀人才

根据集团公司对岗位的需求，以公开为原则，建立市场化公开招聘制度。经过招聘小组对应聘人员的笔试（知识考试）、心理测试、竞聘演讲及面试等综合评定考核后，优秀人才将被招募到集团公司本部各机关处室及集团本部各总承包公司的空缺岗位上。

同时集团公司加大校园招聘的宣传力度，并通过校企合作方式招募优秀的二本以上的应届毕业生，为集团公司注入一股新鲜血液。

（七）建立考核体系，促进人才激励

薪酬的设计目标是符合公司整体经营战略需要，保证公司的薪酬水平对外具有竞争性，保证公司的薪酬体系对内具有公平性，提供薪酬决策的管理工具。企业在设计营销人员的薪酬时，主要的标准有两点。一是工作评价。工作评价也称职务评价或岗位评价，是采用一定的方法，来确定一个组织内各种工作岗位的重要性，以及其相对价值或比较价值，以作为对组织中各种岗位员工等级评定和工资分配的依据；工作评价旨在研究各种工作的组成部分，而不是涉及各项工作的成效怎样；工作评价是建立一种公平合理薪酬制度的基础，而由工作分析所得到的工作说明又是工作评价的基础。二是同行业水准。如果薪酬水准较同行业类似工作的薪酬水准低，则难以吸引或保留可用的优秀人员；如果薪酬水准较同行业类似工作的薪酬水准高，则必将增加人才成本。参考同行业水准，是有一定困难的，这主要是因为同行业各种工作仍有较大的差异，而且又不易获得可靠的资料。实践中，在参照同行业的薪酬水准的同时，也应该与公司总体的战略目标相结合。也就是说，实际薪酬水准不能完全依赖于市场价格，而是要综合考虑，如能够吸引和保持所需要的员工，组织有支付的能力，能实现组织的战略目标等。当然，确定薪酬水准时也要注意配合企业内其他工作的薪酬水准。

对于薪酬设计和绩效考核，集团公司自 2012 年 1 月起一直执行《江西省建工集团公司机关本部岗位工资制（试行）办法》。员工薪酬的主要对照原则是以岗定薪、薪随岗变，即岗位工资，同时可根据员工的实际工作年限、专业技术职称套定薪酬。工资薪酬根据员工的年限、岗位、证书等情况采取就高不就低原则套定。该项制度充分调动了员工的自我提升意识，丰富了企业人力资源，使薪酬和人才激励相结合。

为减轻集团本部各总承包工程公司的负担，集团财务将承担分配到集团本部各总承包工程公司的岗位上工作的应届大学生前三年的一半工资和全部五险二金，第四年开始大学生的工资和五险二金由各总承包工程公司承担。

此外，公司的薪酬分配制度是激励与考核并存。集团公司重新调整修订了《江西省建工集团有限责任公司本部员工考核办法（修订）》，明晰了各级的量化考核指标，对中层干部、一般管理人员进行定期述职考核。然后在自我述职评价的基础上，由上级和同级进行考评。

中层干部的考核测评结果与其年度薪酬挂钩（按考核评价系数取薪）。测评为不合格的，由集团公司领导进行诫勉谈话；连续两年测评都不合格的，予以降职、辞退或限期调离等相关处理。一般管理人员的考核按照优秀 20%、良好 70%、一般 7%、较差 3% 的比例进行测评打分，并与年度兑现奖金挂钩，考核测评为优秀的按照发放标准的 1.1 系数计发奖金。考核测评为较差的，由部门负责人进行诫勉谈话。近三年的考核结果将作为员工晋升、晋级的重要依据。经过多年的实行，集团公司的薪酬分配机制消除了吃“大锅饭”的现象，形成了收入能增能减的良好势态，充分调动了员工的工作积极性，有效地促进工作绩效的提升。项目一线通过绩效考核使集团公司在保持人力资源稳定性的前提下，又保持一定的流动性。

（八）拓宽员工晋升通道，留住集团未来核心

当今的企业竞争表现为人才的竞争，谁拥有满足企业发展的人才，谁就掌握了竞争的主动权。企业应致力于建立核心人才优势，其关键在于留住优秀的骨干人才，因此，企业人力资源管理实践的一个重要内容便是通过多种手段，实现人才与企业的长期共同发展，而建立员工双轨制发展通道便是其中较为有效的一种方式。

双阶梯晋升机制的具体形式就是在企业内通过设计两条平行的晋升路径，一条是管理阶梯，一条是技术阶梯，通过两条路径晋升后享有平等的发展机会和报酬待遇。同时，双阶梯晋升机制允许两条路径之间互相转换，员工可自行选择其职业发展方向，并根据自身的特点修正自己的发展路线。

双阶梯晋升机制为组织中专业技术人员提供与管理人员平等的地位、报酬和职业发展机会，有效地满足了不同类型人员的职业生涯发展需求。对于没有管理愿望又专精于专业发展的专家型人才，能保障其在技术阶梯上晋升，既满足了他们对职业发展的需求，又能使他们充分发挥自己的专业特长，发挥更大的价值。双通道晋升的设计，关键在于各个通道不同等级的任职资格条件的设置必须科学，同时结合个人的职业生涯发展需求。管理工作和专业工作需要不同的素质与能力，不能采用统一的标准来评估不同的发展通道。一般而言，对于各个通道的晋升标准设置，集团公司人力资源部主要从以下三个方面着手进行。

1. 基本素质条件

基本素质条件相当于“思想与政治条件”，申请任何通道晋升的人员必须符合该项条件，也就是门槛条件。集团公司要求，所有申报晋升的员工须品行端正，能严格遵守公司的各项规章制度，认同公司企业文化及经营理念，无任何违纪记录，且年度考核结果在优秀水平以上。

2. 专业素质条件

专业素质条件是多通道晋升的核心，每个晋升通道都要求具备相应的专业素质，而专业素质水平则决定了在晋升通道中所处的层级。集团公司将员工的学历性质、专业类别、专业工作年限、社会职称和资质、发表论文、专业成果等因素作为专业素质条件，并设置不同的标准和分值，以实现对申报者专业素质条件的量化评分。通过设置各个级别对应的目标分值，评估申报者各个因素的得分，得出最终得分，若达到该项分值，则可晋升到该级别。

3. 能力与业绩评估

对于中高级别的晋升申请，可增加对申报者能力与业绩的评估。能力评估是对申报者的业务能力和发展潜力进行评估，考虑的是长期发展能力，也就是评估其业绩取得的持续性；工作业绩评估理论来源于人的行为具有前后的一致性，即以前取得较好的工作业绩，在未来也很有可能取得同样的业绩。而对于没有达到最低业绩标准者，在晋升方面需要做延迟执行的考虑。能力与业绩评估最终结果作为晋升的参考性依据，而非决定性因素。

此外，集团公司人力资源部建立了人才后备干部数据库，将连续三年考核优秀的员工纳入后备干部序列，建立后备干部培养档案，跟踪管理，动态考评。重点围绕目标任务完成情况，担当作为表现、学习能力和工作能力的提升，民主评议等量化考核，把每次评议结果计入干部成长档案。集团公司将逐步建立起年轻后备干部选拔培养长效机制，加大选拔培养工作力度，努力把他们培养成为政治素质好、工作能力强、本职业务精、自身要求严的优秀人才，并充实到管理岗位，促进集团公司协调持续健康发展。

（九）搭建企业“人才市场”，促进企业血液循环

为了坚持德才兼备的原则，把品德、知识、能力和业绩作为衡量人才的主要标准。激活公司各类人才资源，实现“人才与岗位”的优化组合，提高人才资源的合理配置，不断优化人才成长环境，最大限度地利用好、保护好集团公司内部有限的人才资源，充分发挥各类人才的创造力，避免集团公司人才错位、浪费及流失的现象发生，真正做到人尽其才、人尽其能。为此，集团公司人力资源部门搭建了企业的内部“人才市场”。需求部门（即集团机关本部、集团本部各经营单位及控股子公司）根据工作需要在公司以各种方式寻求所

需人员，并根据岗位的要求与意向人员先行交流，若备选人员人数超出需求人员人数，需求部门可择优选用。需要流动的人员，若自己有能力、有信心流动到其他部门，并能够充分发挥才能和调动工作激情，可由本人或在集团公司内部委托同事或领导帮助其与接收部门进行前期沟通。接收部门有接收意向时在征得接收部门和流动人员所在部门同意后，方可进行岗位流动。跨部门的需求流动，部门负责人之间需经过对本部门人才的全面评估，一致认为该部门人员与对方部门人员相互流动更能实现人才优化组合，可分别或交叉与部门拟流动人员进行沟通交流。任何人员流动需报集团公司人力资源部审批后，方可进行调动。如果出现内部人员的任职条件无法满足部门需求时，集团公司人力资源部则考虑面向社会公开招聘。

五　集团公司人力资源管理的未来规划

（一）加大高层次人才的培养力度

目前，集团公司有 8 名省级百千万人才，两名省级联系专家库初步人选。为使公司的人才有更多的突破，需进一步引进和培养高端人才。

（二）降低人才流失率

首先，做好栓心留人的工作。在待遇上向项目一线员工倾斜，增强项目一线人员对企业的归属感。对项目一线人员，统一安排工作、统一调度使用、统一工资标准、统一薪酬发放。其次，建立作业层技能人才的培养计划，加强校企合作，积极探索订单式人才培养。最后，坚持本部外派和工程项目所在地引进相结合的人才保障策略，创新人才引进方式，对当地有丰富人脉资源和管理经验的优秀人才，就地引进，就地培养，大力实施项目所在地人才化。

（三）建强技术工人队伍

第一，在项目一线鼓励技术工人总结实践经验，发明劳动小工具、钻研施工小窍门等，营造“干一行、爱一行、钻一行”的敬业氛围。第二，重塑和推广“师带徒”的传统育人模式，通过师徒传习将优良品行和精湛技术一代代传承下去，使事业后继有人。第三，通过技能比武、技工家庭评选等活动，挖掘和发现建筑业技术匠人，并扩大培养教育的范围，造就大批能工巧匠。第四，健全和完善技术工人专业培训、等级认定、业绩考核的长效保障机制，使工匠在企业安心乐业。第五，不断改善和提高技术工人薪酬福利待遇和奖励措施，真正使技术工人在企业受到尊重。

ℝ.10

建筑企业快速发展期的人力资源管理实践

浙江交工集团股份有限公司*

摘　要： 浙江交工集团股份有限公司是一家国有上市企业，成立于1953年，是浙江省一家具有公路工程施工总承包特级资质及公路行业设计甲级资质的综合交通工程施工建筑企业。本报告从企业快速扩张期人力资源管理的问题入手，分析其人力资源管理工作的主要举措、取得的管理成效及体会。

关键词： 建筑企业　人力资源　管理实践

"十三五"期间，全国交通基础设施建设进入高峰期，浙江交工集团股份有限公司（简称"浙江交工集团"或"集团"）发展进入快车道。根据集团"十三五"战略发展目标，力争"十三五"末实现年新签合同额1000亿元、年营收500亿元、年利润总额20亿元及"十四五"末实现年营收1000亿元的"双千亿"目标。目前，集团公司在建项目体量近900亿元，为2014年的4倍，且实现了特大桥、特长隧道、管廊、地铁、高铁等业绩突破，业态不断丰富。在企业快速发展的背后，首先面临的是人才的短缺，人才资源将成为制约企业跨越和可持续发展的第一要素。面对机遇和挑战，为破解企业困局，适应公司跨越式发展需要，集团持续推进人才工程建设，积极拟定人才发展规划，完善人才培养体系，从选才、育才、用才及留才等方面不断加强人才的引进、培养、使用、考核、激励和储备，努力抢占人才制高点。

* 执笔人：邵文年，浙江交工集团股份有限公司董事长、党委书记。

一 企业快速扩张期人力资源问题分析及诊断

浙江交工集团现有员工 5500 余人。而 2015 年底集团员工总数为 3000 余人，近三年新引进 2700 余人，引进的员工以应届大学生为主，具有青年员工占比高、平均年龄低等特点。过去五年的快速发展阶段，人力资源发展与企业的发展不匹配，主要表现为以下几方面。

（一）人才数量难以满足企业快速发展的需要

目前的人力资源总量尚不能满足企业项目规模发展的需要，人员总量的增长落后于企业规模的增长。一是“高精尖”技术人才缺乏。未来大型桥梁、铁路、轨道等建设的各种技术难关，需要“高精尖”技术人才来攻克；二是专业技术人才总量不足。随着业务的扩张，目前的骨干专业人才储备不足；三是专业技术工人短缺。随着老一代施工技术工人退休，经验丰富的施工技术工人将出现紧缺，且在市场上较难引进。在试验技术人员方面，公司在试验技术人才调配上出现一定的困难，特别是持证人员数量不足，较多检师持证人员已走上项目经营层岗位。近两年试验检测人员考试停考，导致检师持证人员进一步下降。

（二）人才结构难以满足企业转型升级的需要

目前人才结构以土木工程专业技术人员为主，合理科学的人才结构尚未形成。随着企业规模的不断扩大、新型业务模式的不断拓展、企业管理要求的不断提升，由于工作视野受专业能力所限，很难考虑到企业管理的各方面，现有项目管理团队水平有待提升。

从人才行业类型分布上分析，由于铁路公司、地下分公司、海外分公司、港航分公司、投资总承包事业部等新型业务公司主营业务与传统公路建设行业有较大的差距，隶属行业特有岗位，很难通过集团内部其他公司招聘或调配来满足。此类人才需要通过社会招聘、猎头招聘、同行业定向招聘等方式，来解决招聘渠道不足、招聘精准性不高的问题。

从人才层次分布上分析，特别是 2017 年成功重组上市以来，高端的技术管理人才短缺，制约企业转型升级。如铁路、地下工程优秀项目经理，具有丰富投融资经验的财务管理人才，具有解决高难度桥梁技术难题的行业专家，具有项目拓展能力的商务人才等。因此，需要加大对空缺岗位人才的外部引进力度，通过社会招聘、猎头招聘、同行业定向招聘等方式，补足集团高精尖特殊人才不足短板。

（三）人才培养速度难以支撑企业跨越式发展

近两年集团大力推进“1511”新员工培养体系及三级学堂培养方式，但在实际执行中，师徒结对培养仍未真正落到实处，各公司普遍缺乏优秀的带队师傅，且缺乏对培养过程的监督和系统性考核。各公司三级学堂推进情况参差不齐，日常学习还未形成制度化和常态化，交工网络学院推进缓慢，内部课程开发处于起步阶段。项目部对于一级建造师、试验检测工程师等短缺持证人员考试的重视程度有待加强，学习型企业氛围仍待加强。

（四）人力资源管理能力难以满足企业快速扩张的要求

目前各公司人力资源部门人员配备不足，力量偏于薄弱、人力资源专业管理能力有待提高。随着集团业务的快速发展，各公司人力资源部门压力逐渐凸显，招聘与人员调配、员工培训、薪酬管理、人事管理等事务性工作占据绝大部分工作时间，而对人力资源规划、绩效考核管理、用人制度创新、薪酬分配制度研究等方面投入不足。集团人力资源专业技术人员储备不足，整条战线不足以匹配现阶段集团战略发展需要和现代上市公司治理规范管理要求，打造一支有格局、懂专业、有爱心、心细腻的人力资源队伍，是下一阶段的重要任务。

（五）人才梯队建设难以匹配企业可持续发展的需要

人力资源梯队建设，根本目的是为企业的长远可持续发展提供人才支持。公司目前在人才梯队建设方面较为薄弱，包括横向各专业人才梯队，以及纵向的各职务层级的人才梯队，尚未形成体系。近几年，公司引进了大量的新鲜人力资源血液，特别是青年员工队伍不断壮大，储备了大量新进的人才力量。据统计，公司 30 周岁以下员工占比超过 60%。但由于青年员工人才培养需要时间，新进员工目前还没有走上骨干岗位，导致公司在项目科室负责人梯队上的骨干人才存在一定的断层。

二　人力资源管理工作措施

（一）“聚才”有力，实施引才引智工程建设

在全国交通补短板、全球抢人才的背景下，浙江交工秉持“人才是第一资源”理念，把抢市场的勇气和决心用到抢人才上。

1. 组团开展校园招聘

继续加大企业宣传力度，打造重点院校组团专场招聘模式。利用多种渠道发布企业宣传视频、招聘宣传资料、企业文化微电影，并与各高校建立良好的合作关系，由高校老师对集团进行推荐，让更多优秀的学生能更快、更好地了解集团。

2. 建立校企合作模式

通过组建订单班、建设校企实习基地、提前接受暑期实习生、设立奖学金、冠名校园活动等方式，在高校中树立良好的口碑，提前锁定部分优秀生源。

3. 领导带头开展招聘

针对重点院校就业意向低、考研比例大、待遇预期高等问题，集团各级领导主动出击，对接相关院校，让学校推荐优秀人才，并在违约金方面予以适当放宽。对于部分重点院校，通过就业指导课等方式开展企业宣传，让学生充分了解集团并选择集团。

4. 侧重技术型人才引进

根据集团实际，树立“管理人才自主培养，技术人才外部引进”的人才选用理念，外部招聘主要引进紧缺的持证人才、中高级职称专业人才、技术专家、各类技术骨干，以解决目前项目骨干人才不足的问题。

5. 加快社会人才融入

在社会人才引进时，通过胜任力测评和人才背景调查，力求招聘认同集团企业文化的人才，事前避免社会人才融入困难。社会人才引进后，通过充分发挥“881”沟通交流机制、及时关注社招人才思想动态，让社会人才更好地融入企业。

6. 借力引进高端人才

在高端人才引进上，建立行业定向挖掘、员工推荐与外部聘头挖掘相结合的人才引进机制，对于高端人才实行“一人一策”。引入法务、投融资、人力资源等外部智力机构，借助外部智力解决高难度问题。

7. 实施人才举荐制度

大力推进《集团员工内部推荐奖励制度》，规范内推人才的范围、标准、流程，对成功的推荐给予推荐人适当奖励。

8. 以党建文化引领人

坚定落实新时代党的建设总要求，充分发挥党建凝聚人、激励人、规范人的作用，打造了占地700余平方米的“交工企业馆党建教育基地”，发挥党建引领作用。弘扬“不怕吃苦，就怕没苦吃”的拼搏精神、“不怕待遇少增长，就怕事业不发展”的奉献精神、“上下同欲，相互补台”的团队精神以及“亲自抓，马上办”的强执行文化，形成了交工奋斗精神的新内涵，激励着广大员工干事创业。发展蓝图更加清晰，浙江交工将愿景描绘为“百年交工”及“世界一流建筑企业”，同时确定了“1142”战略目标、“344599”战略举措，制订了行动计划，美好蓝图不仅凝聚了人才，更激发了员工的挑战性和自豪感。

（二）“育才”有方，实施人才培养工程建设

1. 建立人才培养目标责任制

落实“项目部是培养第一责任主体”意识，明确项目书记的人才培养责任。并在项目目标责任制考核、项目前期策划中，将人才培养指标纳入考核，切实落实项目部作为人才培训主体的责任。提高全员人才培养责任意识，从条线入手全员参与人才培养与日常管理，共同将人才培养目标真正沉到基层，落实到每个人。

2. 建立青年人才成长体系

针对青年员工成长制定体系化的《集团人才培养管理办法》，将交工网络学院学习、三级学堂打造、内训师授课开展、专家团队组建、持证考试培训等活动有机结合，建立集团系统化的人才培养体系。修订《集团新员工培养及管理办法》，完善“1511 人才培养体系”，要求青年员工必须有班组实践经验，并对新员工班组一线培养、轮岗、师徒结对培养等进一步优化。坚持“三有”

（工作有人带、生活有人管、职业有人规划）目标，每年开展千人迎新会，建立“1511”（一个师傅、五次轮岗、一套制度、一个规划）员工培养机制，坚持从项目部、从班组开始培养，用2～3年时间快速提升能力、加速成长。

3. 完善员工成才体系

针对员工素质提升，成立培训中心，建立内训师队伍，与重点高校签订战略合作协议，全面搭建员工成长成才平台。创新培养方式，将线上学习平台、三级学堂打造、企业内训、持证类培训等方式有机结合。组织开展项目间横向学习交流、三级学堂培训活动、项目经理培养课程、“师带徒”结对活动、交工网络学院专题学习等一系列活动，营造浓厚的学习氛围。

4. 建立技能大师工作室

针对员工技能提升，打造“孙国灿省级技能大师工作室”等培训基地，开展“师带徒”，加强QC、工法、五小发明等研究，培养了一批懂技术、善实操的技能型人才。

5. 推进“721”项目经理培养机制建设

针对人才梯队建设，推进“721”项目经理培养机制建设，逐步实现项目管理班子70%为工程施工类人员，20%为施工辅助型人员（物资设备管理、合同管理、安全质检等），10%为通用型管理人员（财务金融类、行政事务、党建类等），为两级总部人才输送夯实基础。

6. 推进人力资源信息化建设

针对人力资源管理水平提升，一是通过加大人力资源管理相关培训力度，提高各层级人力资源管理能力。引入外部智库，与北森、浙大、时代光华等外部人力资源机构合作，开展人力资源管理课题研究。二是搭建劳务用工人员管理信息化系统，搭建劳务用工人员信息库，精准掌握项目劳务用工人员的基本情况、人员动态和工资情况。三是搭建绩效考核信息化系统，实现考核操作便利化、数字化、信息化，为最大限度实现精准考核提供支持。四是建立薪酬分析系统化系统，夯实薪酬总额预警机制，充分发挥工资总额监控作用，引导工资效力最大化。

（三）“用才”有道，实施人才评价工程建设

引人是基础，用人是关键，以“让老同志有作为，让年轻人脱颖而出”

的理念放心用才。

1. 建立人岗相适的用人机制

两级班子，启动“火车头工程”，通过真换届，配好班子成员；两级总部，通过真竞聘、真交流，抓好部门负责人配置。近 4 年，共推出竞聘岗位 99 个，参加竞聘人员共计 145 人，提拔中层干部 52 人，轮岗交流 41 人，降职使用 6 人。对于资深员工，根据其精力、激情及工作能力等情况，探索建立转岗、轮岗等平台，充分发挥有能力、有经验的老同志的余热。对于青年骨干，深入推进“808590”人才工程（让“80 后”成为子分公司班子主体、“85 后”成为项目经理主体、“90 后”成为项目管理骨干），从战略高度建立后备干部库，同时建立条线专家团队，实现人才集约化使用。

2. 拓宽人才发展通道

打通晋升通道，建立行政管理系列、项目经理系列、工程技术经济系列、技能系列等人才发展通道，设立集团级首席、子分公司级首席、资深级、主管级四个级别的技能人才晋升通道，打破“一条道走到黑”的窘境，近 4 年共评出各级各系列人才 117 名。

3. 建立人才储备库

建立人才储备库，在人才岗位空缺前，解决人才后备问题。目前公司已建立了一批中层储备干部人才库，在项目经营层人才选拔上打好了一定提前量。随着企业规模迅速扩张，各层次人才都将产生一定的短缺，因此做好人才储备提前量，打好人才储备预备战，建立好人才储备库，对于应对企业未来业务“井喷式”扩张具有十分重要的意义。

（四）“留才”有效，实施人才幸福工程建设

聚焦员工关爱，大力实施“员工幸福工程”，努力做好知心、暖心、贴心的员工服务。

1. 强化两级总部建设

围绕“榜样型、后盾型、家型”建设理念，打造让基层员工感到幸福、满意的合作型、高效型、敢担当、善服务的两级总部。

2. 大力推进美丽项目建设

立足员工的衣食住行，将“环境美、WiFi 强、菜肴香、活动多、学习浓、成

长好”六大目标细化为24项行动举措，增强项目员工对集团“家”的归属感。

3. 打造“员工幸福工程”

深入推进“员工幸福工程”建设，通过企业文化建设、薪酬福利体系建设、和谐工作生活建设、幸福家园建设、安康工程建设等，打造“员工幸福工程”；聚焦员工休假、婚恋、看病等“关键小事”，加强对海外员工家庭、青年员工、外地员工、班组工人、困难员工及离职、退休员工等的关爱，着力提升员工的幸福感、向心力。

4. 推进“家文化”建设

开展丰富多彩的文体活动，践行“家”理念，创建职工之家、三球协会、业余文工团，开展“初心交工、爱在交工、e－交工、交工青春派、交工好声音”等五大青年员工活动，全面激发员工的生机和活力。

5. 以“价值创造”导向精准考核激励人才

以“价值创造”导向精准考核激励人才。水不激不跃，人不激不奋。坚持“以奋斗者为本”的价值创造导向，不断完善“催人发自内心去奋斗”的激励机制。一是体制改革激发活力，先后完成职工持股会改造、混合所有制改造，并于2017年成功实现重组上市，集团上下干事创业的激情空前高涨。二是完善更精准的考核激励机制，在“5＋4”全面绩效考核体系的基础上，深入推进薪酬制度改革，构建不唯学历、不唯资历、不唯职务的“市场”、“现场”、管理三套考核体系，充分激发企业内部潜力、活力。三是运用“271”评价手段，绩效结果按“271”比例进行评价，即考核优秀比例约占20%，中等约占70%，不足约占10%，让真正为集团创造价值的员工拿高薪。四是建立“9＋3”荣誉体系，本着“重业绩、看贡献、量化考核、好中选优”的原则，推进荣誉体系落地，充分发挥先进个人、先进集体的模范带头作用，实现“真优秀、真引领”。

三　人力资源管理主要工作成效

（一）干事创业的激情被点燃，助推企业跨越式发展

2018年浙江交工集团营业收入、利润总额分别为2014年的2.9倍、3.4

倍，分别保持年复合 30%、年复合 35% 以上的增长。尤其是新签合同额取得重大飞跃，2015 年实现逆势上扬，2016 年在连续 5 年徘徊百亿元的情况下实现突破，同比增长 137%；2017 年迈上 400 亿元台阶，一年承接的业务量接近“十二五”时期业务量的总和。目前，浙江交工集团在建项目体量近 900 亿元，为 2014 年的 4 倍，且实现了特大桥、特长隧道、管廊、地铁、高铁等业绩突破，业态不断丰富。

（二）人才结构日趋合理

截至目前，浙江交工共有技术管理人员 6000 余名。在册员工中，中高级及以上职称占 29%，本科及以上学历占 79%，青年员工占 70%，员工平均年龄为 30.5 岁。人才专业、年龄、学历等结构日趋优化，人才引擎提速发展效应不断彰显。

（三）企业内部愈发和谐

打造了集团公司、子分公司、区域公司三级联动的市场经营体系，内部生产要素和资源统一调配已成常态，形成了上下“一盘棋”的团队作战效应。关爱形成常态，员工主人翁意识及归属感、幸福感不断提升，员工流失率控制在 7% 以下，低于行业 15% 的流失率。

四　主要体会

（一）树立鲜明的用人导向

习近平总书记要求，要把提高企业效益、增强企业竞争实力、实现国有资产保值增值作为国有企业党组织工作的出发点和落脚点。因此，我们牢固树立以“业绩论英雄”的用人导向，打造一支忠诚、敢于担当的高素质干部队伍，并使为企业创造价值的员工，尤其是对企业做出突出贡献、努力奋斗的员工，在职务、荣誉、薪酬上都有获得感，营造良好的人才发展氛围。

（二）形成主要领导亲自抓人才工作的局面

习近平总书记强调，“人才是第一资源”。因此领导班子，尤其是主要领导要高度重视，形成亲自抓人才工作的局面。集团每年的人才专题会议两级班子一把手均亲自参加、亲自部署，校园招聘均亲自带队，员工交流、离职谈话、员工慰问，均亲自参与。集团上下已形成浓厚的珍惜人才、爱护人才、重视人才的氛围。

（三）充分发挥各年龄段员工的作用

每个员工都是企业的宝贵财富，要充分激发其积极性。因此，根据各年龄段员工的精力、经验及特点，探索不同的平台及机制，以充分发挥老员工的经验优势及“踩刹车”作用，充分鼓励青年员工在“市场”“现场”中冲锋陷阵。

（四）充分发挥各专业人才的作用

企业要发展，必须集聚各类专业人才，行稳致远。就像一个人，吃五谷杂粮才更健康。因此，浙江交工集团紧紧围绕企业发展需求，坚持五谷杂粮配人才。在“721”的人才结构性配比中，70% 为工程类专业，20% 为工程管理相关专业，10% 为行政党建等综合类专业人才，实现人才结构多元化，避免“吃偏食而营养不良”。

（五）打造一支有格局、懂专业、心细腻、有爱心的人力资源管理队伍

“人的事情无小事”，一名员工对企业而言是几千分之一，但对员工而言则是百分之百。因此，要高度重视人力资源管理队伍建设。该队伍要有格局，才能甘当人梯、发掘人才；要懂专业，才能促进人才工作科学发展；要心细腻、有爱心，才能锁住心、留住人。也只有打造这样一支高素质的人力资源管理队伍，才能切实做好吸引人、培养人、用好人的人才管理工作。

R.11

“共创　共享　共赢”人力资源管理的主基调

——华晨集团劳动用工改革的管理与实践

华晨集团*

摘　要： 伴随着市场竞争的持续加剧，在行业人才总量相对稳定的情况下，核心人才的竞争与保留、富余人员的退出与安置、外部人员的招募与用工风险控制，已经成为业界人力资源管控的重点与难点。华晨集团探索出以“共创、共享、共赢”为主基调的人力资源共享模式。通过人力资源供需企业联盟平台的打造，在破解集团人力资源困局的同时，也为促进行业内人才资源有序流动、提升全要素生产效率探索出一条全新路径。

关键词： 劳动用工　人力资源管理　制度改革

一　问题提出的背景

数据显示，自2014年以来，汽车行业人员的离职率均维持在15%左右，[①]特别是在造车新势力和跨行业人才竞争出现后，销售、研发、工艺、质量等行业核心领域人才的竞争更加激烈，抢人与留人大战在各大企业集团间频频上演。与此同时，受产销量波动的影响，部分企业存在大量人员富余，人员退出

* 执笔人：郝乐乐，华晨集团人力资源部处长。

① 汽车行业人力资源经理人编《2018年中国汽车行业劳动用工对标报告》，2019年7月。

困难、高额的经济补偿金和劳动争议风险成为制约企业快速发展的沉重包袱。

以华晨集团为例，行业对标结果显示，集团劳动生产效率远低于行业平均水平。效率低下意味着集团内存在大量的富余人员。这些富余人员并非我们所谓不胜任岗位的冗余人员，而是大量训练有素的成熟劳动者。造成人员富余的根本原因是企业的产销量不稳定。在整车制造领域，一个成熟劳动者的培训周期至少在 3 个月以上，为防范产量突然提升，确保产品质量，集团支付了大量的人工成本用以保留这些富余的成熟劳动者。由于员工薪酬大部分取决于员工当月的劳动贡献，因此核心人才保留极其困难。更为严重的是受“维稳”等社会因素影响，真正不胜任岗位的冗余人员又退不出去。严重的人员包袱已经成为制约集团生存与发展的瓶颈问题。

二　华晨集团在共享用工方面的探索与实践

针对以上问题，华晨集团人力资源系统在集团提质增效和转型升级发展战略的指引下，秉持“聚焦核心任务，服务经营大局”的工作主题，启动了人力资源系统的提质增效和转型升级两大改革和创新举措，在人才发展、劳动用工、激励分配等领域进行了大胆尝试。

2015 年，华晨集团正式组建内部人才市场，通过集团内人力资源的统筹调剂，在一定程度上缓解了企业的人工成本压力。2016 年，引入零工经济理念，进行变革劳动用工形式、共享制度流程等多方面尝试，至此，生产制造类人力资源共享在集团内全面推开。2017 年，引入人力资源的市场化运营模式，并对内部人才市场的制度流程进行了全面的改造，集团内部各类人才需求绝大部分通过集团内部人才市场满足。2018 年，在充分分析和把握行业、地区劳动用工的动态和趋势的前提下，集团重新定义了劳动用工改革与效率效益的关系，从运营人力资源的角度，以将人力真正作为一种资源，促进其有效流动，并在流动过程中产生价值和增值的思路，探索出以“共创、共享、共赢”为主基调的人力资源共享模式。同年，辽宁正元企业管理有限公司（以下简称“辽宁正元”）正式成立。辽宁正元的成立，从根本上解决了产量波动造成的产业链集体人员短缺和人员富余问题。

新的模式在正式进入市场后，立即显示出其强大的生命力，给集团带来了巨大的市场价值。目前辽宁正元已与多家大型企业集团达成人力资源共享合作意向，并与其中的三家开展了实质性合作。截至2018年6月末，集团累计共享一线技能人员1350余人、管理服务人员30余人、专家顾问20余人，共享员工月度收入增幅达200%～300%，集团劳动生产效率提升13.9%，节约人工成本1.6亿元。

随着人力资源共享业务的实质性开展，一些原本认为不是问题的问题一并爆发，如果这些事情处理不好，将严重影响客户的满意度，甚至影响到客户的产品质量乃至客户的产品在终端消费者中的口碑，主要表现在以下三个方面。

首先，过于乐观估计了员工对异地人力资源共享的工作意愿。根据之前的经验，集团内部人员在企业间的流动不存在任何问题。加之合作单位的人员需求量很大，用人时间很紧，就没有太重视员工的思想动员工作。也正是由于对员工的动员工作不到位，主动报名人数远低于用工需求人数。经了解，主要有两类人群不愿接受异地工作，一类是考虑异地工作对家庭生活的影响；还有一类是对新事物持怀疑观望态度。正是员工意愿不足这一根本问题，打乱了所有的工作部署，导致了一系列后续问题的产生。

其次，高估了对内外部资源的统筹调配能力。在人员的调剂过程中，很多企业负责人表示，与集团内部人力资源共享不同，如果销售计划突然调高，人员的调动需要两个集团协商确定，如果对方不同意该如何应对；即使对方同意，由于是异地工作，从调回到正式投入生产至少也得2～3天的时间，销售计划如何按期达成；尽管大家都认为人力资源共享无论是对企业还是对员工都是件好事，但从本位的角度，这种风险不得不考虑。为满足客户的用工需求，在征得客户的同意后，又将工作重点转移到与集团合作多年的院校实习生身上。但受教育部等五部门《关于印发〈职业学校学生实习管理规定〉的通知》等政策性因素的影响，学生未达到标准培训时间，不得赴企业实习，这使集团在人员组织工作上雪上加霜。

最后，风险防控能力不足。共享用工作为一种新型的用工模式，在产生巨大市场价值的同时，也带来了激烈的监管冲突。由于没有成熟的经验可以借鉴，很多问题劳动监管机构和法律部门都无法给出的清晰且权威的反馈，为此集团做出的每一个决定都如履薄冰。例如，正元公司作为独立的法人机构，是否有资格代表其他独立的法人机构与第三方签订人员共享协议，如果辽宁正元与相关单位签订的是劳务派遣合同，由于集团内系统单位间的薪酬结构并不一致，是否存在同工不同酬的问题，这一系列问题给共享用工的开展带来了巨大的困惑和挑战。

与此同时，由于时间仓促，公司把更多的精力聚焦于人员需求数量的满足上，对共享员工缺乏系统的培训和心理辅导，导致员工对服务方的认同感不足。由于工作环境、公司文化、工作节拍和管理者风格与共享员工派出单位的差异较大，一旦员工的负面情绪得不到有效疏导，其结果就是高的入职率伴随着高的离职率，而这种流动性将会给客户产品的质量形成巨大的潜在风险。

三　管理发现与反思

伴随着一个个问题的不断出现和解决，我们愈发坚信这项创新必将带来整个行业用工形式的颠覆式变革。与此同时，也清醒地认识到，做好人才共享工作是一项系统工程，不但需要多方努力、密切合作，还必须有一个庞大的系统进行支撑，战略、组织、人才、文化一个都不能少。

（一）打造中国汽车产业无边界共享增值平台是宏伟的战略目标

共享经济使人力资源不再有企业边界，企业在有需求时，得到满足；在不需要时，即刻释放，人力资源效能在交换的过程中得到最大的发挥。我们有理由相信通过打造中国汽车产业无边界共享增值平台，通过人力资源供需企业联盟平台的打造，实现企业间的人力资源共享、技术共享、资源共享，必将成为促进资源有序流动、提升全要素生产效率的不二选择。

因为知道要做什么，所以方向明确；因为信念坚定，所以勇往直前；因为经营的是事业，所以让有梦想的人走到了一起，并为之奋斗不已。

（二）四大工作平台是坚强的组织保障

人力资源共享的实践经验告诉我们，客户真正需要的是一支训练有素并且稳定的共享人才队伍。要实现人才资源的有效整合，资源统筹、人才培养、现场服务和支持保障四大平台必须全面发力、协同配合。

1. 资源统筹平台

对共享经济可以提炼五个要素，分别是闲置资源、使用权、连接、信息、流动性。人力资源作为企业的一种生产资源，理所应当也能实现共享。辽宁正元的共享人才都不是其自有资源，仅以华晨集团为例，集团的近 5 万人分布在 6 个整车生产企业、4 个发动机生产企业和近百家零部件生产企业中，这些企业都是独立的法人实体，加之人才类型有学生资源、社会资源和国际人才资源，要想将这些人才迅速地组织起来，就必须有一个资源统筹的平台和一支训练有素的管理者队伍。

2. 人才培养平台

训练有素并且稳定的共享人才队伍可以分为两个层面理解。一是训练有素，即熟练掌握所需的工作技能，能按照服务对象的管理要求和验收标准提供所需要产品和服务；二是稳定，即这支队伍要特别能吃苦、特别能战斗，无论多么艰苦的工作环境，也要坚决完成任务。要想实现这一目标没有一套科学的人才培养体系是不可能实现的。为此，人才培养平台要做好共享人才的思想统一工作。不但帮助他们量身定做职业发展规划和培训培养体系，及时疏导共享人才的负面情绪，还要做好与员工价值、贡献相匹配的分配与激励机制设计，以及与之相应的行为奖惩体系设计。

3. 现场服务平台

作为用工企业与共享人才之间的沟通桥梁，现场服务平台，不但要做好现场人员的日常管理与服务工作，而且要随时与用工企业进行对接，及时了解客户需求，及时调整和改善服务内容，对共享服务过程中可能产生的风险及时预警，对接与人力资源共享相关的各类信息。其主要工作内容还包括：搭建现场服务分层管理组织，划小组织单元，建立信息对接与共享机制，畅通沟通渠道，及时捕捉员工思想动态，了解员工需求，协助用人单位处理现场发生的突发事件，保障参与跨地区、跨省项目的共享人才通勤食宿，提供现场服务支持，提高员工满意度等。

4. 支持保障平台

针对前三个平台提出的各项需求，及时响应、快速拉动、有效组织各种资源，立足专业特长，为一线指挥员提供专业的问题解决方案，确保前线战斗的全面胜利。其支持内容涵盖组织设计、人事服务、财务管理、风险防控、后勤保障、员工福利、争议处理、事件公关等诸多内容。

（三）淘汰制 + 竞聘制是人才识别与培育的唯一方法

人才是实现组织目标最重要的资源和保障，是执行组织与战略的连接、是企业获取持续动力的源泉。坚持“市场化运作，按贡献分配”的原则，打破平均主义，抓牢“以奋斗者为本”的价值取向，坚持“大浪淘沙，适者生存”的用人理念，在战斗中发现人才，在历练中实现人才的持续增值。打造高技能、高发展、高薪酬的“三高”人才队伍，鼓励有意愿、有能力、肯付出、有担当的人才脱颖而出，努力形成人人渴望成才、人人努力成才、人人皆可成才、人人尽展其才的良好局面。

（四）共创、共享、共赢是是非评价的基本原则

企业文化通常分为表层的物质文化、幔层的行为文化、中层的制度文化和核心层的精神文化四个部分。如果企业文化在这四个层面得不到有力的贯彻和落实，企业文化就只是挂在墙上的一条标语。要确保“共创、共享、共赢”深入人心，成为企业与企业之间、企业与员工之间、员工与员工之间是非评价的基本原则，需要在上述四个方面全面发力、齐头并进，不但在员工的价值取向方面积极地引导，而且要在员工的行为规范、奖惩与激励、职业发展等方面精心设计，全面布局，谋定而后动。

感谢科技的进步，让各类资源互连互接；感谢包容的政策环境，让梦想成真变为可能；感谢这支追梦的团队，让我们在艰难险阻面前无比强大；感谢这个伟大的时代，让合作共赢的理念已经深入人心。

伟大的时代必将孕育伟大的事业。相信人力资源共享这一新的用工模式将使企业“聚天下英才而用之”成为可能；相信“共创、共享、共赢”的主基调必然推动企业由竞争走向合作，使社会、企业、员工等多方受益；相信新的业态必将让各类人才的创造活力竞相迸发、聪明才智充分涌流。

R.12 国企人力资源深化改革优化实施研究

启明信息技术股份有限公司*

摘　要： 本文首先简述了企业人力资源管理的相关理论，分析了启明信息技术股份有限公司的现状，并根据公司的发展战略目标，结合现状问题进行了优化设计，旨在开展深化改革，精干人员、提升效率、激发组织和员工队伍活力。本报告重点介绍了公司优化改革方案的相关内容。

关键词： 培训管理　绩效管理　薪酬管理　深化改革

一　人力资源改革的原则及目的

适应新业态、新的竞争形势，一切围绕市场和用户，按照 MAC 业务配置资源，早日实现公司愿景，人力效率至少提升 10%，坚持问题导向，解决当前组织、人力资源管理中存在的问题，建立四能机制、带动四力提升、改变四不员工。根据战略发展精简组织机构，根据业务及岗位需要优化人才结构，薪酬激励、培训开展及绩效管理都遵循以上原则开展。

二　相关理论及方案

（一）战略

战略，是一种从全局考虑谋划实现全局目标的规划，战术只是实现战略

---

* 执笔人：杨光，启明信息技术股份有限公司人力资源部党委干部部部长；杨晖，启明信息技术股份有限公司副总经理。

的手段之一。实现战略胜利，有时候要牺牲部分利益。战略是一种长远的规划，是远大的目标，往往规划战略、制定战略、实现战略目标的时间是比较长的。

（二）人力资源战略

人力资源战略是企业为实现公司战略目标而在雇佣关系、甄选、录用、培训、绩效、薪酬、激励、职业生涯管理等方面所做决策的总称。通过科学地分析预测组织在未来环境变化中人力资源的供给与需求状况，制定必要的人力资源获取、利用、保持和开发策略，确保组织在需要的时间和需要的岗位上，对人力资源在数量和质量上的需求，使组织和个人获得不断的发展与利益，是企业发展战略的重要组成部分。

（三）基于能力的培训

“基于能力的培训”指企业围绕实现战略目标所需的能力而开展的丰富多样的培训/学习活动，帮助员工获得或改进与工作有关的知识、技能、态度和行为，提高员工和企业的绩效水平。

基于能力的培训发展体系的基本概念：培训是为了支持实现公司战略所需的关键竞争能力，所以定义培训体系首先要从定义公司的竞争能力开始；清晰地用相关的行为/任务来定义能力，有助于明确培训的内容，提高培训的针对性；因为明确了需要改进的行为/任务，培训的方式可以比以往更加多元化，基于能力的培训与传统的培训的主要区别，如图 1 所示。

三　QM 公司现状分析

（一）公司现状

QM 企业为我国上市国有企业，拥有员工 1800 余人，其中博士 5 人，硕士 150 人。QM 公司是从事汽车业软件开发与汽车电子产品研发服务的企业。主要产品有 ERP 财务软件、数据存储备份业务、OA 办公协同业务、国家智能网联汽车应用（北方）示范区、数据集成相关业务。

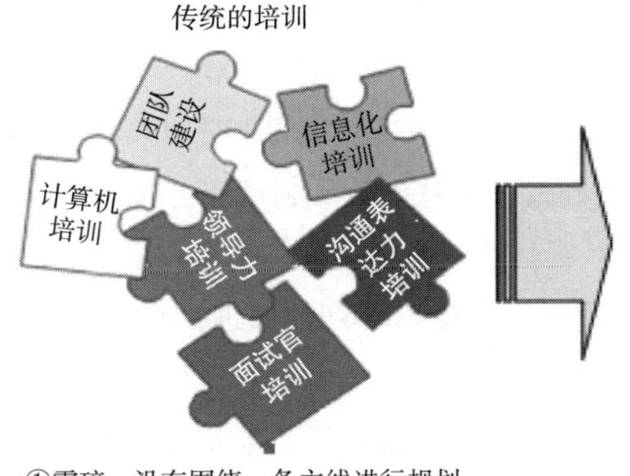

①零碎，没有围绕一条主线进行规划
②通过调研问卷由各个部门自行提供“培训需求”，表达难以准确
③以“教育”为主，缺少学员的参与

基于能力的培训

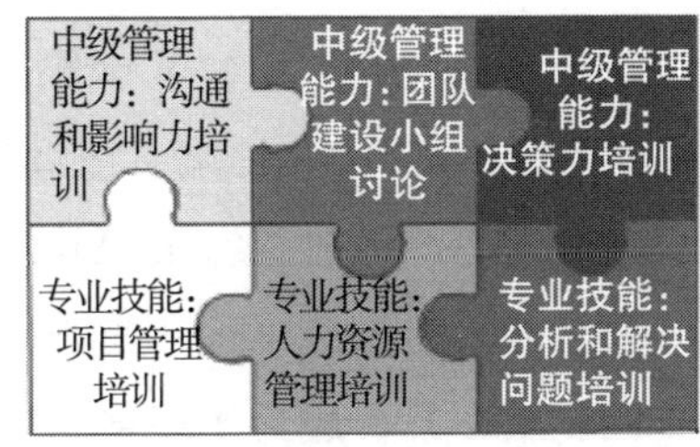

①以公司的竞争能力为核心，规划培训体系
②由于对能力先进行了清晰的行为定义，员工较容易明确自身的培训需求
③以培养“行为”为主，强化各种交互式的培训方法

图 1　基于能力的培训与传统的培训的区别

（二）公司使命及发展愿景

QM 公司以引领完美汽车生活为公司使命，打造汽车业 IT 第一品牌为公司愿景。

（三）承接现状应该如何做

以深化改革为契机，制订并打造针对 IT 行业特有的职业生涯发展规划及完善的员工发展通道，使员工有明确的发展方向和发展途径。适应新业态、新的竞争形势，精干人员，激发组织和员工队伍的活力会上发布了由公司党委会和公司第二届职工代表大会第一次会议审议通过的《公司深化改革工作方案》，并且此次改革公司重新构建了组织架构。

四　根据 QM 公司的发展战略目标，结合现状问题进行的优化设计

（一）QM 公司发展战略

公司 2017 年战略：全面聚焦 QMMAC 战略、全员实施 13510 计划，全面

开展从严治企，全力推进“十三五”规划，实现 QM 新发展。

1. 有序推进 MAC 战略

打造三大业务平台。M 战略业务，要充分顺应从流程管理到大数据，从 PC 端软件开发转为移动端、电商管理开发，从基础业务到后服务市场、集团化业务管理等产品趋势。集中并利用社会优势资源重点打造企业管控平台，推进解放智能制造示范工程、集团电子商务项目及 ERP 产品演进，努力让 IT 作为集团创新中心，成为实现集团公司发展战略定位的助推器，让信息化创新能力成为公司发展核心竞争力和引领行业未来趋势的关键平台。A 战略业务，在平台建设与运营方面，QM 汽车服务云平台已经完成一期开发建设，下一步需要围绕集团智能网联需求，进一步规划、开发、完善平台管理及运营功能；同时，以商用车业务应用为核心，以帮车主找活、帮集团卖车，支撑线上物流交易与监控为目标，全面结合解放车队管理二期工程，深入开发商用车应用功能，加强商用车数据探索与分析，结合车辆保险数据、司机行为数据，开展以安全、节油为主题的驾驶行为大数据分析，增强应用黏度，探索数据价值。在满足商用车应用基础上，围绕红旗 H 平台的安全服务、远程查看、远程控制、咨询、运营管理等互联网业务探索乘用车应用，支持新能源汽车新国标应用需求，将 A1EV 及 PHEV 系列车型迁移至新的平台。在信息化入口产品方面，策划低端通用车载信息娱乐平台、通用行车记录仪/T－Box 通用平台，实现稳定 Demo，并进行产品推广。在研发服务方面，积极跟随新能源与智能化的技术进步趋势，一方面，拓展集团内新能源自主车型服务业务，将合资车型服务经验应用于自主车型；针对新能源动力产品加强技术储备，逐步打造产品核心竞争力。另一方面，拓展智能化研发服务，针对感知集成技术加强技术储备，服务于集团的智能无人驾驶汽车研发。C 战略业务，要根据目前的行业影响力和数据中心基础，承接集团“三中心六基地”规划、建设、运维等服务。

2. 发展新业务，打造新兴创业模式

无车承运人、智能车测试体验基地和政企电子商务大数据平台等新业务在 2016 年已经分别启动。在前期积累的基础上，2017 年积极引入社会资源，让参与各方都有价值。尝试采用企业创投、员工跟投的新兴创业模式，让员工与业务发展同成长、共呼吸，做企业真正的主人。

3. 加强体系建设

第一，加强体系建设，加快机构改革。建设一个沟通高效、责任分明的协同体系。坚持以客户为第一位。

第二，进一步深化和完善考核体系，落实责任。单元绩效管理要进一步深化，加强绩效指标与企业战略、体系管理的有效连接，强化过程监控，使单元绩效更加务实、高效。全员绩效管理持续推进，规范绩效奖励办法，进一步增加绩效管理结果在收入分配中的权重。没有责任落实，就没有事业的成功。

第三，实行 IT 行业用人相关制度，努力完善激励相关政策。比照 IT 行业市场化用工，拓展紧缺专业人才和高端人才的用人渠道，规范专家人才和核心人才的培养渠道，优化人员队伍结构。根据核心战略、核心业务、核心技术配置和培养核心人才，抓住价值的创造、评价和分配三个核心，以能力和绩效结果为激励导向，不断强化正确的用人导向，努力做到凭能力用干部、以实绩论英雄。坚持增人增效、减人增效、资源共享，最大限度提高资源使用效率。

第四，夯实职能管理，提升决策效率。

第五，坚持“四严一强化”，实现从严治企。

第六，明确外埠分子公司战略和定位。外埠分子公司业务需要在总公司战略规划指导下，围绕 MAC 战略和 13510 计划，进一步明确战略定位。外埠各分子公司作为母公司市场产品技术和服务的延伸，要理清重点发展方向、在全面承接总公司 MAC 战略发展的同时，根据各自特点打造特色品牌。

（二）公司发展现状所产生的问题

1. 单元绩效管理

痛点一：聚焦于短期经营业绩的达成，2017 年重新梳理战略之后，需要在绩效指标上形成承接与协同，进一步促进战略落地与中长期发展。痛点二：改革后组织架构与职责进行了重新定位与明确，需要有与之相匹配的考核方案。痛点三：在日常绩效管理中各部门职责不明晰，需要完善和明确绩效管理组织和职责。痛点四：绩效结果的应用存在“激励被平均”的现象，尚未充分实现“能上能下”与薪酬“能增能减”常态化挂钩。

2. 全员绩效管理

痛点一：员工绩效指标分解自下而上，缺少牵引，无法体现部门的工作重点。痛点二：发约人与受约人之间缺少绩效过程中的跟踪辅导。痛点三：绩效考核与评价没有依据，不同级别在一起排队。痛点四：绩效结果的应用没有在年终奖励中体现，并存在“激励被平均”的现象。

3. 薪酬管理

痛点一：薪酬水平与市场具有差距，同时由于原分配体系的不规整，加上全员竞聘后员工层级的变化，当前各层级员工的薪酬水平内部差异较大。痛点二：薪酬结构有待优化，固浮比不统一，付薪理念与激励导向有待更为清晰地传递。痛点三：全公司激励模式单一，尚未结合战略重点对相关人群进行重点激励。痛点四：年度绩效奖金尚未与绩效考核刚性挂钩，奖金发放与业绩联动需要加强。痛点五：薪酬调整规则不明确，缺少结合工资总额与绩效表现的年度调薪机制。

4. 培训管理

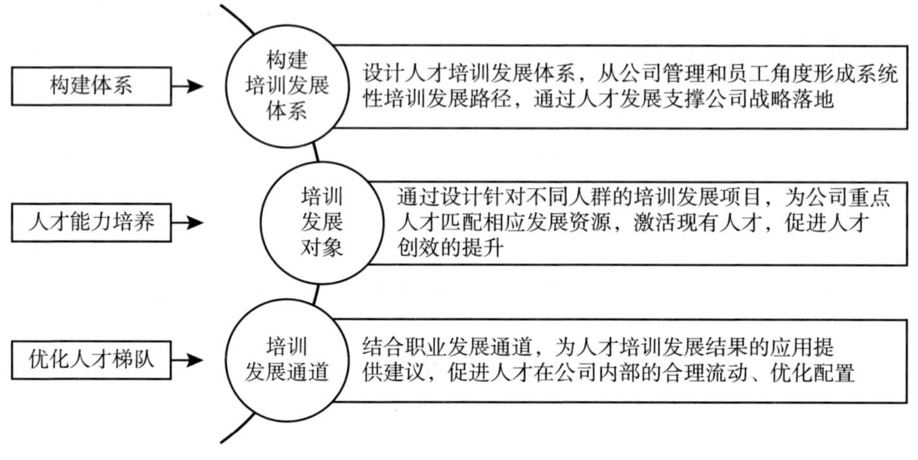

图 2　培训管理

（三）QM 公司人力资源各模块下针对现有情况如何做

1. 单元绩效管理

确保完成当期经营业绩，同时承接战略重点，关注公司 KPI 与 13711 战略重点工作等；承接公司赋予各中心与部门的定位，差异化设计考核指标与权重、评价方式与细则等，牵引“四统一”建设，促进并实现中心和部门间的协同；建立健全完整的绩效管理组织，明确权责与任务，充分发挥其在绩效管理过程中的协同作用；绩效结果呈正态分布，并在应用上实现与职业发展、薪酬的联动。

2. 全员绩效管理

从集团到公司到单元再到个人，绩效指标自上而下层层分解，导出员工绩效合同；制度中明确辅导周期至少为季度，并在过程中监督执行情况；明确每个指标考核方式并量化考核，不同序列分别排序；绩效结果应用于半年、全年度绩效奖金分配，并在应用上实现与职业发展、薪酬的联动。

3. 薪酬管理

工作思路：在工资总额受限的情况下，考虑稳定性，实现重点人群激励，结合现状、岗位价值与绩效能力评价，控制增降幅，层层沟通推进；规整薪酬科目，明确各个科目的发放理念，引导员工提升能力、达成业绩结果；区分重点人群，差异化设计销售与研发人员薪酬架构，在资源上予以适度倾斜；设计与业绩强关联的奖金机制，鼓励利润实现，使员工奖金与绩效考核强挂钩，同时明确部门负责人的分配权责；基于集团对公司工资总包的调整，建立与部门及个人绩效联动的年度调薪机制。

4. 培训管理

基于培训群体的不同，对每类群体都有可选的定制化培训培养项目；根据公司具体业务发展目标、人才发展路径图、预算与资源投入等，明确培养对象和方式、周期，并结合各类发展对象的职业发展阶段目标具体设计。

（四）培训现状及优化设计

1. 培训业务存在的问题

（1）员工参与积极性不高。参与程度不高，每次组织培训出勤情况不好，不爱学习。为实现学习型队伍，这个可能是 QM 公司文化确实需要提升的一部分。这可能因培训组织机构不健全、培训未和相关制度挂钩有一定的关系。

（2）课程体系不健全。适合中层管理者的课程较少，经常以培训部门提出的要求来设置培训，培训调研也很随意。总是在急需的情况下才恶补课程，类似培训救火式的需要课程。课程结束后也没有课程转换过程。因公司有自己比较成熟的课程体系，在新任中高层管理人员聘任后开展必修课，在已经聘任的中层经理人员中展开轮训。培训项随意性较大，未分析公司经营战略就开展培训，不能从公司经营战略出发。

（3）职业发展脱钩。直白地说很少考虑员工的职业生涯发展，员工发展未列入岗位职业规划，岗位规划开始刚刚涉及，以管理软件作为试点展开了一轮定岗定级工作，员工才开始有意识地往自己的上一级匹配和发展。中层员工更需要的是及时充电，让他们重视培训，组建内部学习型组织，在技能中提高，提升员工整体素质。

（4）培训与其他 HR 模块相分离。培训与企业绩效关联较大，培训可以实现个人绩效提高，服务于部门绩效，实现企业绩效。但目前培训与 HR 其他模块是脱离的，各自为营。未能实现模块之间信息互通互用，绩效的问题及短板应该形成记录告知培训业务人员，这样方便设置课程来提高绩效，具体如下所述。①企业员工培训与薪酬福利。与实际的薪酬福利相比，企业员工培训就是一种无形的福利。企业员工培训与薪酬福利，一个是授之以渔，一个是授之以鱼。②企业员工培训与绩效管理。企业员工培训制度的执行、目标的完成必须以绩效管理考核的加强作保证，而绩效考核的结果又是培训最直接和最重要的案例素材。③企业员工培训和企业管理之间的关系。企业员工培训与员工晋升：企业员工培训部门需要为员工提供职业发展、职务晋升培训体系，员工晋升模块的管理需要以企业员工培训的结果为依托。企业员工培训与员工招聘：企业员工培训需求要从员工离职率等招聘指标完成情况中提取。员工招聘部门的面试官必须接受岗位胜任力、面试技能的培训，如此才能进行招聘。

总而言之，企业员工培训模块与企业管理的其他各个模块之间都有一定的联系。虽然有的是单向关系，但是更多还是交互关系。但是无论如何，企业员工培训对企业管理者来说，还是至关重要的一环。

2. 培训业务优化

（1）解决参加培训积极性问题。岗位能力标准作为需求基础，使用积分制调动中层领导对培训的积极性，按现有培训发展体系和预想的未来培训发展体系做改善、规划，如图 3 所示。

（2）借助咨询公司确定员工能力评价标准。在管理软件业务单元基础上升级，让中层管理人员关注评价标准，尽量能够得到上一个层级的能力评价标准。

（3）确定中层管理人员课程体系、培训体系。①领导力核心要素的整体结

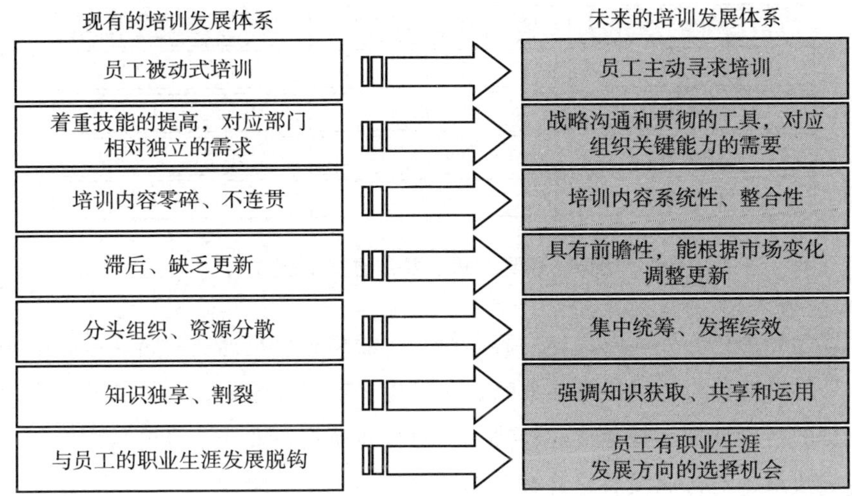

图3　培训发展体系

构。根据经理人员“指方向、带队伍、建体系、促协同”四大核心职责，我们梳理了高级经理“目标管理、团队领导、体系构建、体系协同”四大中心任务，提出了支撑高级经理完成四大任务的八项支撑能力，包括战略思维、决策能力，团队建设、培养下属，体系建设、变革创新，协同合作、沟通影响。

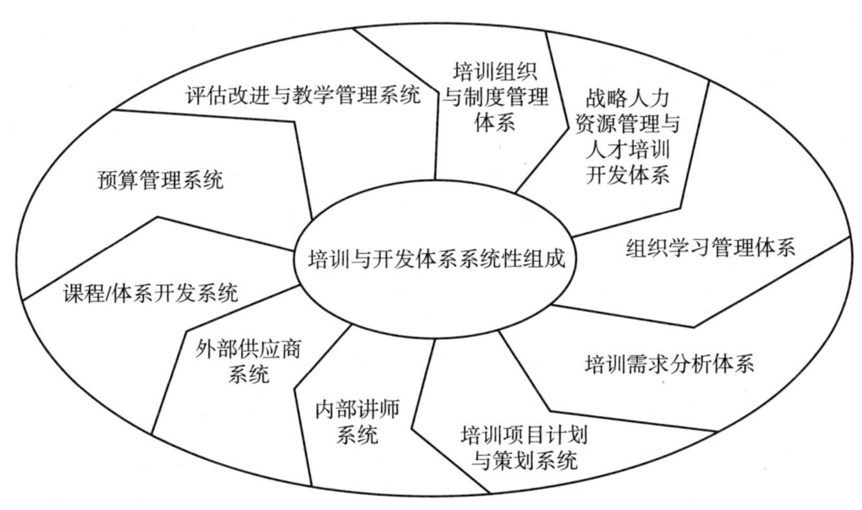

图4　培训与开发体系的系统性组成

四大核心职责	四大中心任务	八项支撑能力
指方向	目标管理	战略思维 决策能力
带队伍	团队领导	团队建设 培养下属
建体系	体系构建	体系建设 变革创新
促协同	体系协同	协同合作 沟通影响

图5 领导力核心要素的整体结构

②领导力核心要素的具体内容。第一，战略思维指通过对行业趋势的判断和内外环境的分析，确定企业战略、制订中长期发展规划，并将其转化为具体可执行的目标计划。把握行业趋势——对自身所在行业有清晰的认识，了解行业相关政策，对行业发展趋势有总体的把握。制定战略规划——结合企业或部门在集团公司中的战略定位，确定企业或部门战略和制订中长期发展规划。第二，决策能力指在决策过程中，充分分析、衡量不同方案的利弊，征求多方意见，在自身权限内果断进行决策，并对潜在风险做出预案。风险预案——在做出决策时，针对潜在风险给出合理预案。征求意见——与各利益相关方探讨、分析不同的选择方案，为决策提供进一步的参考信息，并获取他们的支持和理解。第三，团队建设指知人善任，通过团队激励、梯队建设等多种方式打造高绩效、富有凝聚力的团队。梯队建设——在组织中注重人才梯队建设和继任者的培养，为业务发展进行人才储备。团队激励——充分信任下属，通过授权、表扬、奖励等多种激励方式调动团队成员的工作积极性。第四，培养下属指具有培养人、发展人的意愿，为下属搭建平台，充当教练，提升下属能力。充当教练——通过对下属的及时辅导与反馈，提升下属能力。职业规划——与下属充分沟通，帮助其制订职业发展规划。

（4）培训课程集中管理，将培训资源、课程内容整合。

（5）QM公司中高层管理人员培训方案优化设计基础。①提高对中层管理人员培训的认识。中层管理人员的素质对一个公司有至关重要的作用。要想提高中层管理人员的综合素质，须加强对中层管理人员的培训。因为工作项目发展需要中层管理人员长期对外，无暇对内参加培训，所以组织培训他们也很少参加，若两天的培训，第二天时候出勤人员不过半数，公司也从未对中层管理人员做系统的培训。公司高管首先要了解中层管理人员培训提升的重要性，因为中层管理人员的能力发展直接关系到企业的发展，同时也是企业的核心竞争力。因为IT行业新技术与新产品的知识更新频率特别快，所以企业高管必须明确提高中层管理人员能力及技能的重要性，发展和建设中层管理人员培训体系。开展精英计划等针对性较强、持续性较长的培训计划。②建立健全培训机构与制度。建立积分制与绩效挂钩，明确培训的必修课相关制度，培训制度是工作的必要条件，是唯一依据，也是工作的保障。QM公司的培训组织机构现在还不完善，各个部门无对接人员，仅业务单元有综合管理员，不能直接指导，不能做培训相关工作，应逐级建立培训组织机构，同时明确岗位职责；工作做得好要在年终有奖励机制，来激励公司内部培训工作者。

3. 培训需求分析优化

培训需求分析是指在规划与设计每项培训活动之前，由培训部门采取各种办法和技术，对组织及成员的目标、知识、技能等方面进行系统鉴别与分析，从而确定培训必要性及培训内容的过程。

分析层次	需求分析的内容
组织分析	哪些地方需要培训，实施培训的环境和条件如何
任务分析	为了有效地完成工作必须做些什么
人员分析	哪些人需要接受培训，需要哪种培训

图6　培训与开发需求分析

（1）培训需求分析模型与方法（见图7）。第一，关键事件法。与整理记录法相似，它可以用以考察工作过程和活动情况，以发现潜在的培训需求。第二，头脑风暴与小组讨论法（见图8）。在实施新的项目、工程或推出新的产品之前，需要进行培训需求分析时，可将一群合适的人集中在一起工作、思考和分析。内部寻找那些具有较强分析能力的人并让他们成为头脑风暴小组的成员。第三，胜任力分析法（见图9）是指员工胜任某一工作所应具备的知识、技能、态度和价值观等任职标准。依据经营战略建立各岗位的胜任力模型，通过绩效评估查找能力弱项，并根据能力弱项汇聚弱项能力要素，将弱项能力要素与对应知识技能因子相匹配，得出培训需求项目/课程。

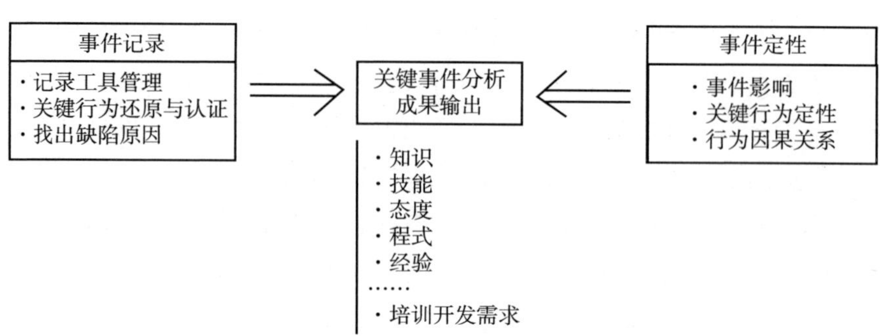

图 7　培训需求分析模型与方法

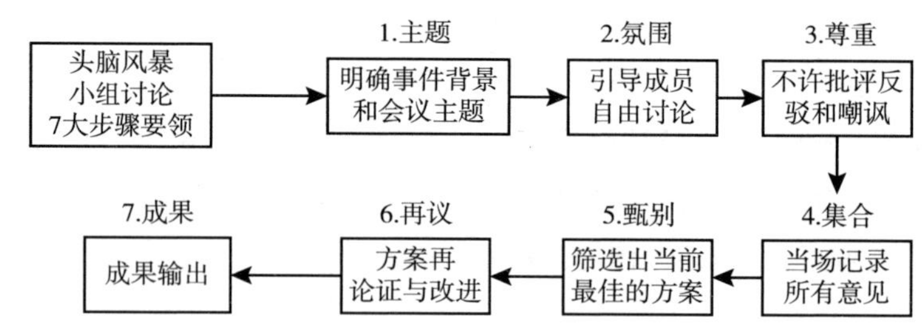

图 8　头脑风暴与小组讨论法

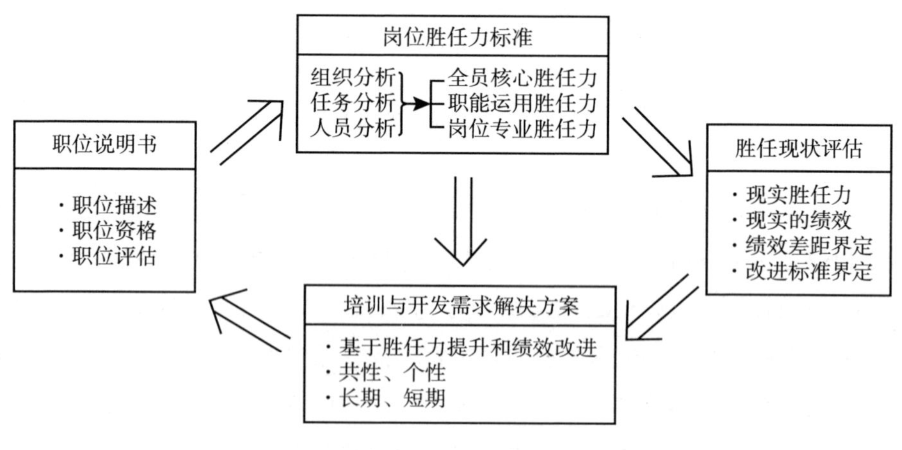

图 9　胜任力分析法

（2）组织设计。课程体系的搭建流程如图 10 所示。以培训组织建设为起点，以培训制度建设为重点，以培训需要为核心，设计公司的能力模型如图

11 表示。在所有的能力中，必须确定能够实现公司关键绩效目标的关键能力，以作为公司首要开发的能力，其平衡关系如图 12 所示。

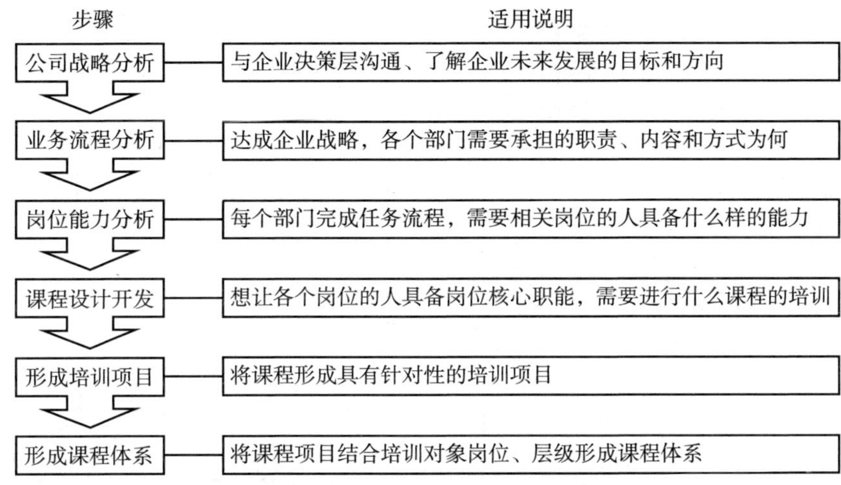

图 10　组织体系的搭建流程

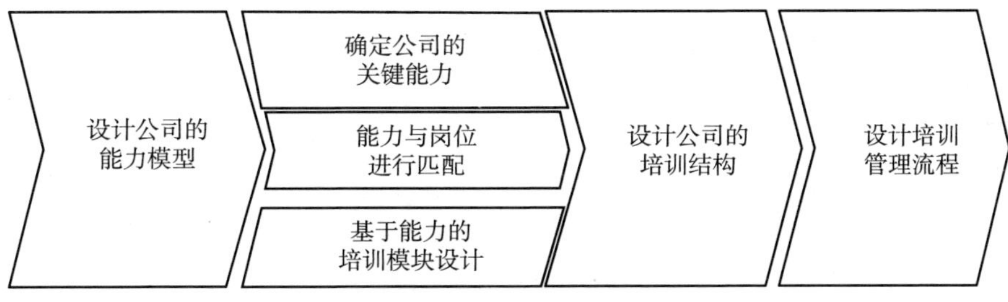

图 11　设计公司的能力模型

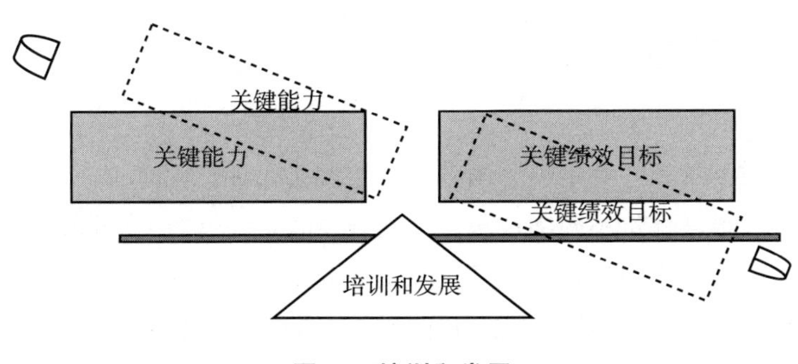

图 12　培训和发展

（3）流程设计。第一个流程是培训计划的制订流程，如图 13 所示。第二个流程是培训开展、评估和维护流程，如图 14 所示。

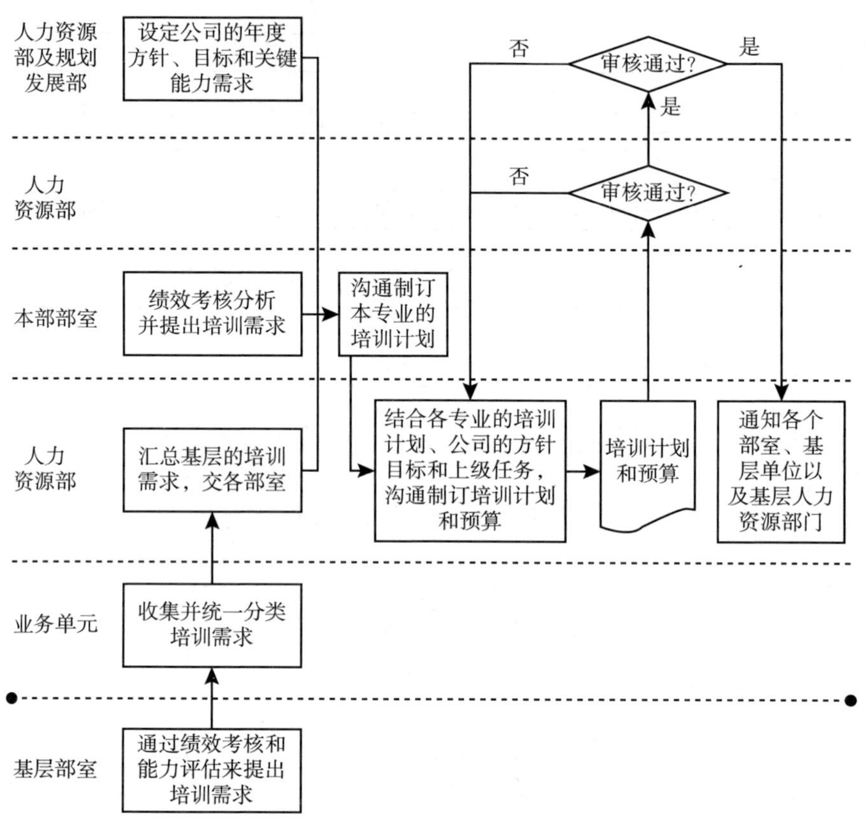

图 13　培训计划制订流程

（五）薪酬现状及设计

1. 薪酬改革的背景

第一，贯彻落实中共中央、国务院、集团公司深化国有企业改革精神。以业绩为导向，科学评价不同岗位员工的贡献，合理拉开收入分配差距，切实做到收入能增能减，充分调动广大员工积极性。第二，适应 IT 行业竞争新常态。为适应 IT 软件行业日益激烈的市场竞争，需要通过薪酬分配制度改革充分发挥薪酬杠杆作用，让薪酬激励机制成为促进 QM 发展、推动企业变革的动力，

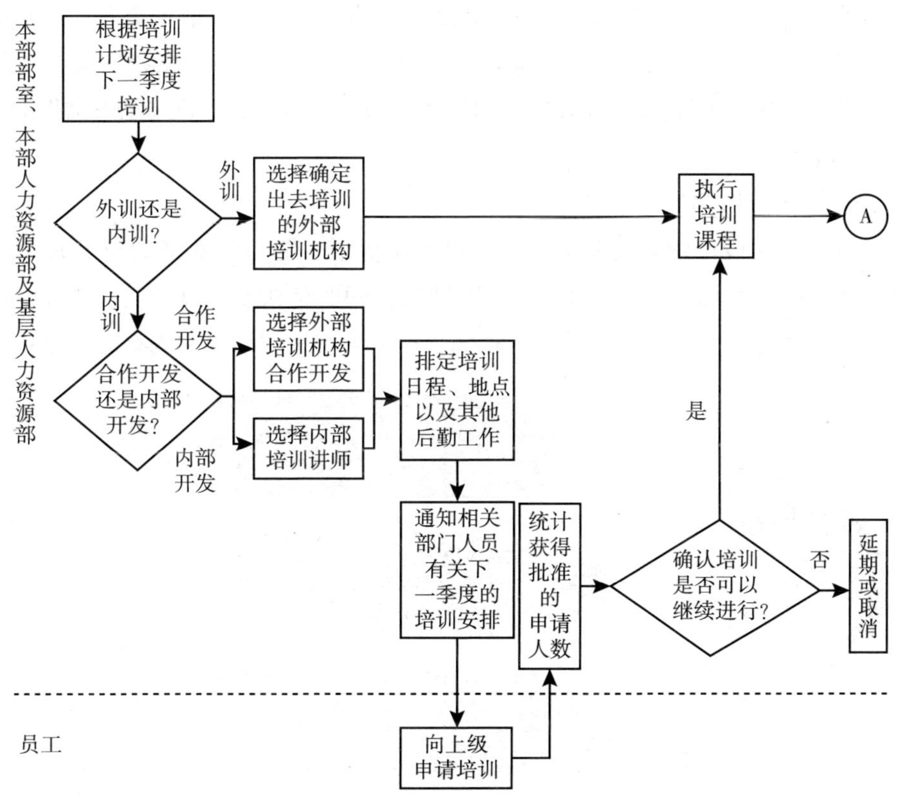

图 14　培训开展、评估和维护流程

不断提高竞争优势，使企业永续经营，员工利益得到持续保障。第三，支撑 QM 公司经营改革发展。基于公司 MAC 战略，打造“四能”机制，支撑 QM 公司“打造汽车业 IT 第一品牌”的愿景实现。第四，满足员工激励。建立利益共享分配机制，增强员工获得感、幸福感，有效激励和吸引人才，实现公司与员工共同发展。第五，按照集团公司工资总额管控要求，以目标为基准，目标完成则“拿回”上年工资总额基数，未完成则下降。

2. 薪酬现状及存在的问题

第一，薪酬水平与市场有差距，原分配体系不完善，全员竞聘后员工层级变化未做薪酬调整，导致各层级员工的薪酬水平内部差距较大。第二，薪酬结构有待优化，固浮比不统一，付薪理念与激励的导向有待更为清晰地传递。第三，公司激励模式单一，尚未结合战略对重点人群进行重点激励，薪酬晋升空间不足。第四，年度绩效奖金尚未与绩效结果刚性挂钩，价值创造者未得到应得的回报，存在“干好干坏一个样”的现象，公平感不强，奖金发放与业绩联动需要加强。第五，薪酬调整规则不明确，缺少结合工资总额与绩效结果的年度调薪机制。

3. 薪酬设计方案

（1）工资设计理念（见图 15）。以岗位价值、能力与业绩为付薪理念设计，考虑行业市场水平的 3M + P 工资结构，同时体现员工关怀，对标市场，在工资总额允许的前提下实施目标薪酬，规范固有工资结构和或有工资结构。

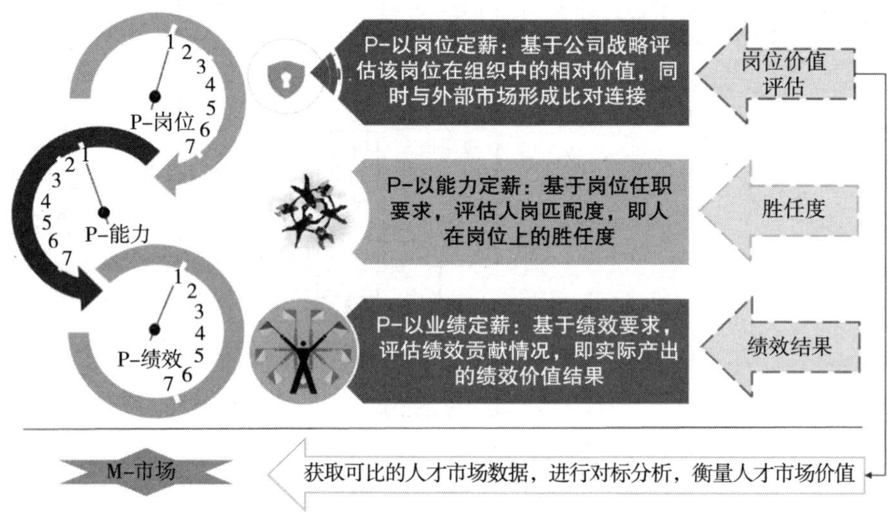

图 15　工资设计理念

（2）宽带薪酬管理。适度尊重历史，面向未来，建立宽带年度目标薪酬，每一职级对应一个薪酬宽带，每个薪酬宽带划分为 21 个薪档，1 档为最低，21 档为最高；每个职级内宽幅为 80%，即最大值是最小值的 1.8 倍，与集团设计特点保持一致；各职级间存在 30% ~50% 的重叠度，员工在尚未晋升职级的情况下，薪酬有增长空间。

（3）差异化固浮比设计。依据行业特点和集团要求，结合 QM 公司实际情况，按照年度目标薪酬差异化设计工资结构比例，在统一的工资结构下，针对不同类型的人员匹配不同的工资水平与固浮比，重点激励研发人员和销售人员（见图 16、图 17）。

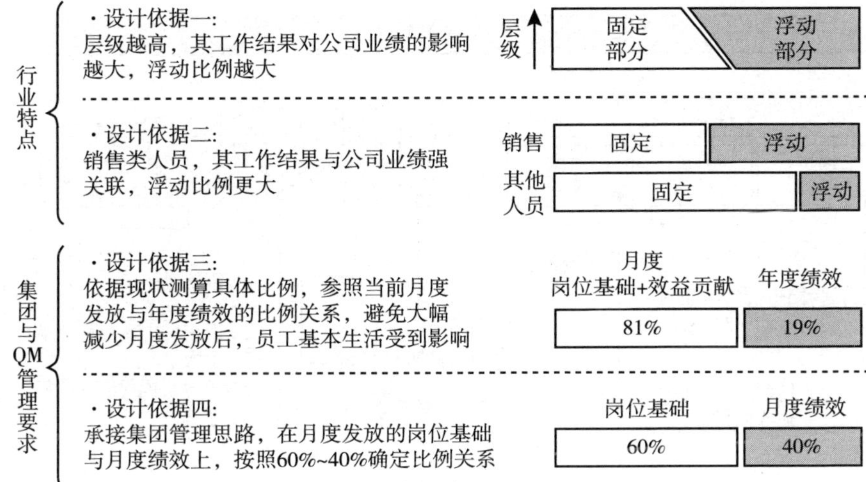

图 16　固浮比设计依据

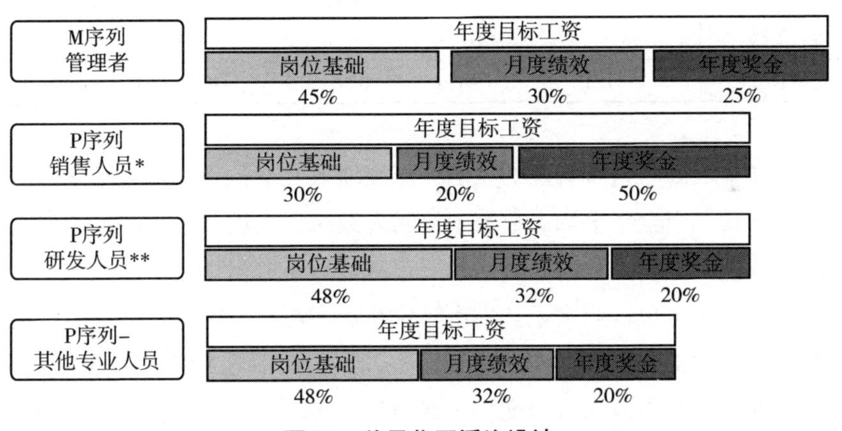

图 17　差异化固浮比设计

（4）工资结构（见图 18）设计。固有工资是在岗员工全部都可享有的工资科目。或有工资是在具备条件的情况下才可获得的工资科目。

4. 绩效工资与绩效奖励动态管理

月度绩效包与部门月度目标累计达成情况挂钩，挂钩系数为 0.8 ~ 1.2，绩效包在部门内部分配主要依据员工的月度、季度或半年度绩效结果，一个绩效结果最长使用周期为半年，部门内部通过挂钩绩效系数来实现员工月度绩效工资的浮动。建议挂钩系数如表 1 所示。

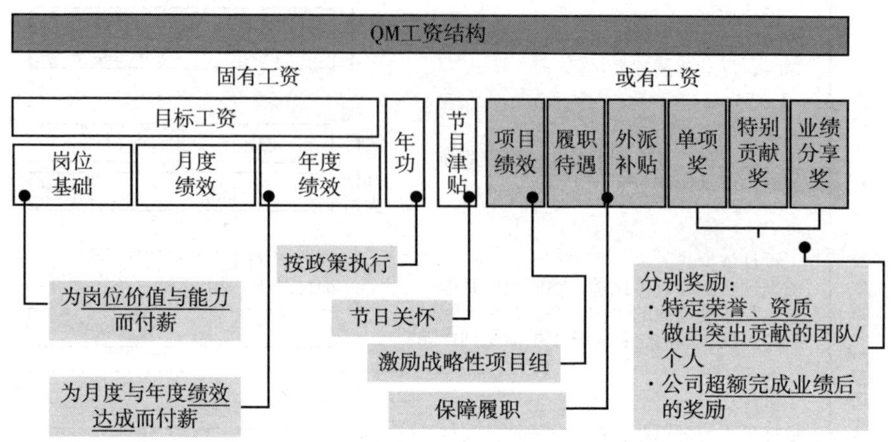

图18　工资结构

表1　挂钩系数

绩效等级	A	B	C	D	E
挂钩系数	1.2～1.4	1.0～1.2	0.8～1.0	0.6～0.8	0

促进降本增效与人员管理的联动，年度绩效奖金包采用增人不增金、减人不减金的方式。当全年平均人数等于编制人数时，人均奖金包基数不变；当全年平均人数大于编制人数时，人均奖金包基数减小；当全年平均人数小于编制人数时，人均奖金包基数增大。“增人不增金、减人不减金”特指年度绩效奖金包，岗位基础部分随实际人数进行调整，年度奖金包额度按照编制数测算，有空编的部门，其空编人员额度按照部门员工平均配置测算，人员结构发生变化时，年度奖金包不做调整，次年重新核定。公司层面招聘的高端人员，放入部门时单独增加奖金包额度。

5. 薪酬改革效果

通过薪酬改革，QM公司实现了薪酬管理的历史变革，建立起一套薪酬管理体系，打破了原有的僵化管理模式，形成了员工工资晋档机制，员工薪酬调整不再是无体制保障、无依据标准。通过绩效工资浮动管理，解决了“干多干少一个样，干好干坏一个样”的内部不公平问题，更好地激励高绩效，体现“四能四力”管理。

（六）绩效现状及改进设计

1. 缺少绩效考核机制，绩效方法和流程不清晰，经理人员与员工对绩效管理的认识不够充分

改进设计：在 2018 年 QM 公司的绩效改革中，建立了完整的绩效管理制度和评价打分机制；在科学的管理体系指导下，开展了公司单元绩效和全员绩效工作；并组织多次研讨和宣导会议，向经理人员和员工介绍绩效管理制度和评价打分机制，让大家充分了解绩效管理的目标、方法、评价规则。

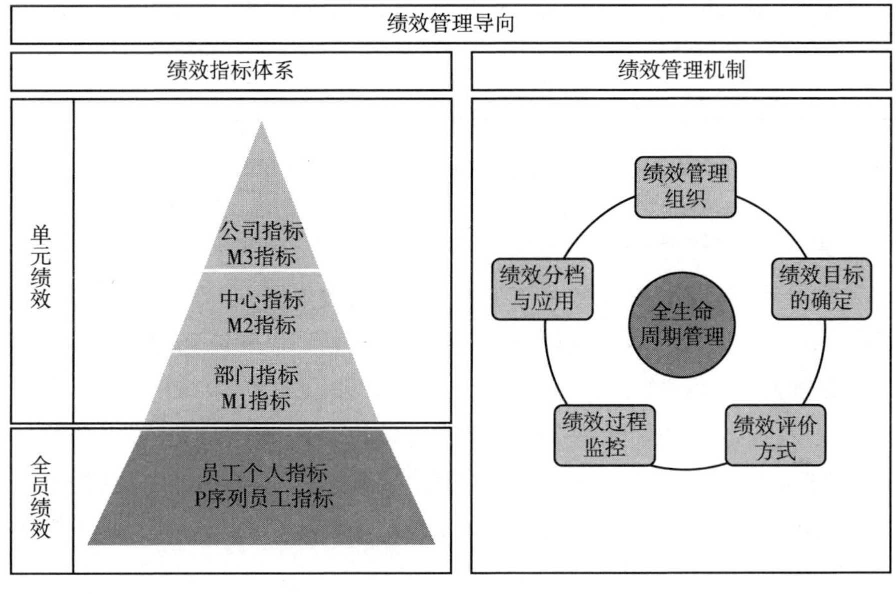

图 19　绩效管理导向

2. 绩效指标设定聚焦短期经营业绩的达成，缺少中长期战略指标的设计

改进设计：设计绩效指标时在确保当期经营业绩完成的同时，充分考虑中长期战略落地实施的需要；设计与中长期战略有承接与协同关系的绩效指标。

3. 公司绩效、部门绩效、员工绩效三者没有形成联动，缺少分解和承接

改进设计：按照绩效管理规定，从公司到部门再到个人绩效，所有绩效指标层层分解，层层承接；由公司绩效指标分解形成各部门绩效，部门绩效再进行分解导出员工个人绩效。

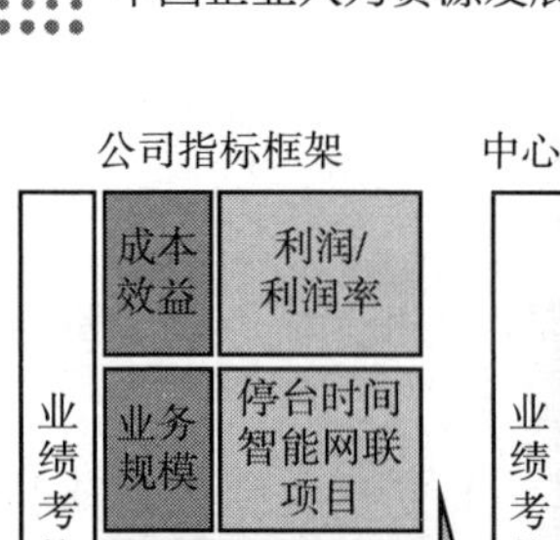
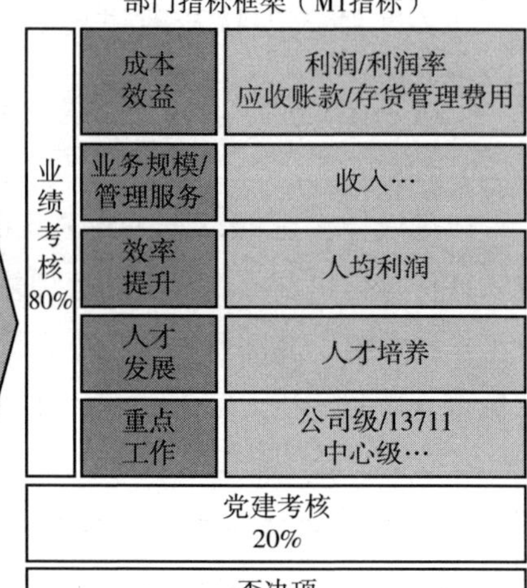

图 20　改进设计

4. 绩效日常管理过程中，绩效管理组织不明晰，职责模糊

改进设计：建立健全绩效管理组织，设立绩效委员会、绩效工作组，明确各组织构成、权责与任务；并且充分发挥绩效管理过程中各组织的协同作用。

5. 绩效管理过程中缺少跟踪辅导过程，导致绩效达成的风险较大

改进设计：按照绩效管理制度，明确每个绩效跟踪和辅导周期最短为季度，并在过程中跟踪监督执行；对指标在达成过程中出现的风险进行分析并及时提醒。

6. 绩效结果应用存在“激励被平均”的现象，未能充分实现“能上能下”与薪酬“能增能减”常态化挂钩机制

改进设计：按照绩效管理制度，绩效评价结果强挂钩，按照二八原则，体现层层挂钩，结果共担；部门绩效结果与公司 KPI、中心 KPI 考核结果挂钩。绩效结果要进行正态分布，并强制分档。绩效结果强制应用在职位职业发展、薪酬奖励上；对于低绩效的经理人员及员工要重新竞聘上岗；高绩效员工优先评优晋升。

五　通过人力资源深化改革方案实施，并对改革后的实施方案进行评价

自公司 2017 年 11 月启动全面深化人事制度改革以来，为更好地适应国内

外市场竞争环境的变化，满足启明公司 MAC 战略发展要求，激发公司内在发展动力和活力，支撑公司成为“汽车业 IT 第一品牌”企业，促进其做具备可持续竞争力的汽车生态体系数据价值服务商的战略目标的实现，公司牢牢把握改革有利契机，主动革新求变，并坚持以实现“四能”到达“四力”为核心导向，统筹谋划、整体设计、分步实施，积极、稳妥地推进机构改革和全员竞聘上岗工作，经过两年时间取得了阶段性进展和初步成效，但后续仍然有大量的改进工作需要进一步实施。

首先，不断提升人力资源各模块专业能力，依据业务完善部门职能、职责，进一步梳理岗位职责和业务流程标准化工作，持续推进岗位价值评估工作。其次，继续创新和深化推动四能、四力的人力资源促进业务发展的长效机制建立，细化不同岗位层级任职资格体系、强化绩效与薪酬的激励作用，多层渠道持续激发全员工作热情。最后，通过开展多种形式培训，建设学习型组织，提升全员岗位任职能力。

人力资源开发篇

R.13

育大国工匠，筑国家名片

——技能人才管理实践报告

中车长春轨道客车股份有限公司*

摘　要： 本报告关注技能人才队伍建设问题，总结了中车长春轨道客车股份有限公司在技能人才队伍建设方面实施“技能强企”人才战略，拓宽技能人才职业生涯发展通道、构建国际标准的技能人才培训体系、引领技能人才梯队式成长以及强强联手开创高端人才培养新模式等方面的实践做法，并对实施效果进行了总结分析。

关键词： 国有企业　技能人才　管理实践

---

* 执笔人：曲岩，中车长春轨道客车股份有限公司人力资源部正高级工程师；刘博，中车长春轨道客车股份有限公司人力资源部工程师；李彦君，中车长春轨道客车股份有限公司人力资源部助理经济师。

一　技能人才队伍建设背景

技能人才队伍作为装备制造行业的一支主力军，其重要性在党和国家的多项方针政策中均有所体现。《国家中长期人才发展规划纲要（2010～2020年》中提出，要以提升职业素质和职业技能为核心，以技师和高级技师为重点，形成一支门类齐全、技艺精湛的高技能人才队伍。《中共中央关于深化人才发展体制机制改革的意见》明确要求，要深化技术技能人才培养体制改革，创新技术技能人才教育培训模式，促进企业和职业院校成为技术技能人才培养的“双主体”。

作为国家“一五”重点建设项目、共和国工业的长子，一直以来，中车长春轨道客车股份有限公司（以下简称“公司”）以产业报国为己任，肩负着打造国家“金名片”的历史使命，怀揣着“奉献高端装备技术、服务全球交通生活”的愿景，为了打造舒适环保、安全可靠、符合国际标准的世界级产品，需要一批技艺精湛的大国工匠和一支技能高超的技能人才队伍，能够制造走出国门、走向世界的轨道交通装备。

为了能够生产出具有国际竞争力的产品，早日实现成为轨道交通装备行业世界级企业的战略目标，公司认真贯彻落实党和国家有关高技能人才队伍建设的方针、政策，始终将高技能人才队伍建设作为“人才强企”战略的重要组成，始终把“开发培养”作为高技能人才队伍建设工作的首要任务，始终把“发挥作用”作为高技能人才队伍建设工作的根本任务，紧密围绕公司发展需求，坚持党、政、工、团合力推动，科学谋划技术工人队伍的规模、结构和层次配置，构筑公司技能人才高地。

二　技能人才队伍管理实践

（一）实施“技能强企”人才战略

人才是企业的第一资源，也是企业的核心竞争力。一直以来，公司紧紧围绕“技能强企”的人才发展战略目标，将技能人才队伍建设工作提升到企业战略高度。公司党、政、工、团四部门联合下发《关于新型人才开发培养体制机制建设的指导意见》，明确指出人才开发培养是各级领导干部第一要务、第一责任、第一贡献、第一政绩，要始终把技能人才与专业技术人才、经营管理人才放在同等重要的位置加以对待，使每个爱岗敬业、德才兼备、积极进取的技能人才都能找到适合自己的发展路径。

为进一步促进“技能强企”战略落地实施，公司领导与各相关单位主要负责人签订《高技能人才培养责任书》，明确技能人才培养目标，使各级领导干部充分认识到“培养高技能人才是企业的战略投资，培养技能领军人才更是自身的光荣使命”。

（二）拓宽技能人才职业生涯发展通道

为充分调动技能人才的积极性，公司对技能人才的发展空间进行了拓展，并以《技师管理规范》《技师评审及聘用管理流程》《职业技能鉴定工作管理规范》《职业技能鉴定工作管理办法》《操作师管理规范》《中车核心人才年度考核管理办法》等一系列管理文件为依据，形成了一套较为完善的技能人才“5 +4 +3”发展通道。“5”是指职业技能鉴定的 5 个层级，即初级工、中级工、高级工、技师、高级技师；“4”是指操作师评聘的 4 个层级，即三级操作师、二级操作师、一级操作师、首席操作师；“3”是指中车核心技能人才选拔的 3 个层级，这是一条更高阶的通道，即中车技能专家、中车资深技能专家、中车首席技能专家。这条发展通道，基本能够满足技能人才职业生涯发展的需求，也为技能人才梯队划分提供了依据（见图 1）。

在技能人才“5 +4 +3”发展通道基础上，针对技能领军人才，公司采用继任计划模式进行定制化培养，建立高潜技能人才资源池。公司集中党政工团优势资源、各级组织资源以及公司外部资源对资源池中的继任者们进行优先、重点开发培养，提升技能领军人才开发培养的层次性和精准性。

（三）构建国际标准的技能人才培训体系

公司按照 ISO10015 国际培训管理标准，坚持“精心构建知识共享平台，持续提升员工技能水平”的培训理念，建立一套完备的企业培训管理体系，并按照“721”培养法则，坚持全面培训与重点培养相结合、职业技能培训与

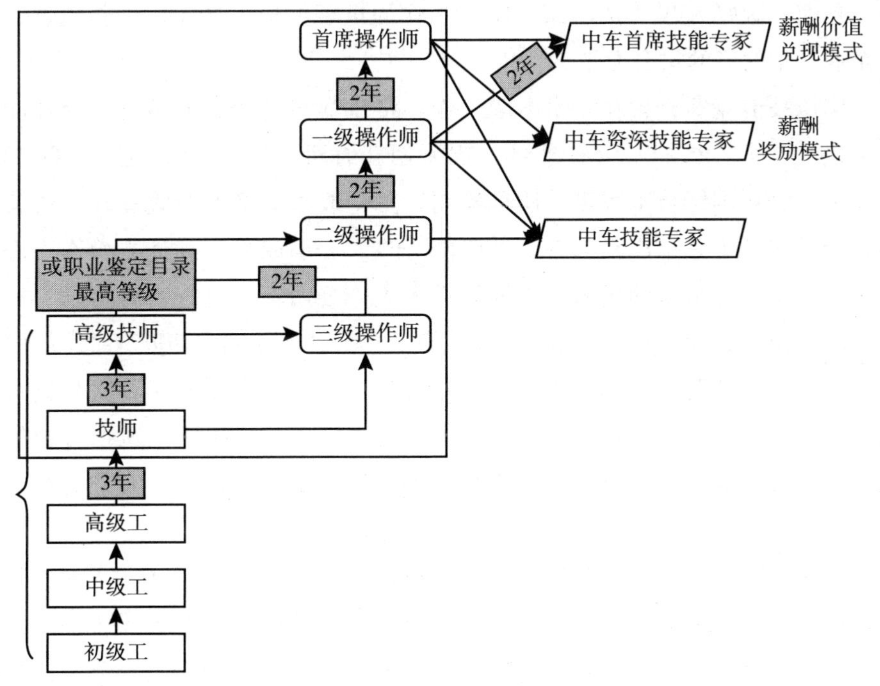

图1 "5+4+3"技能人才发展通道

岗位技能培训相结合、技术接力培训和技艺传承培训相结合的原则，采取"走出去""请进来"的培训方式，增强技术交流，拓宽技能人才视野。近年来，公司曾组织上百名高技能人才赴欧参加专项技术研修班和专业技术讲座等活动，也邀请国内外专家来公司开设讲座，把握国际领先技术动态。

在培训硬件上，公司对标国际先进水平，大量投入。针对焊工培训，公司投入上千万元建设焊工培训基地；针对铁路车辆制修工，专门研制开发了"CRH3 型动车组调试操作技能实训装置"。大多数学员在培训后都成为公司级技术能手，在各自的岗位上发挥了"传、帮、带"的作用，不断夯实专业知识和技术技能基础。

（四）提供多种多样的技能展示舞台

公司技能人才岗位技能竞赛、职业技能竞赛是技能人才施展才华、开展创新创效活动的广阔平台，是实现企业自主创新与职工个人成长同步的有效途径，是切实做好人才“选、抓、树”工作的重要渠道，是加快创新引领，助推企业科学发展的重要力量。

岗位技能竞赛，旨在立足本职工作，将竞赛与生产高度结合，为技能人才提供了一个“技能展示有平台、攻关创新有机会”的竞赛氛围。自2002年以来，公司围绕技术改进、质量控制、工艺改善、降本增效等开展攻关活动，对操作员工总结出来、具有推广价值的“五小成果”和优秀操作法进行评选。对于评选出来的优秀成果和先进个人，公司不仅进行物质奖励，授予技术成果证书，而且授予“状元奖”“新秀奖”“十佳能工巧匠”“售后服务明星”等荣誉称号。针对评选出的先进操作法，公司会用操作者姓名进行命名，如“李万君二氧化碳焊送丝故障排除法”“姜亚新重庆单轨走行轮轮芯研配四步法”等，给予这些勇于创新、勤于探索的技能人才以充分的尊重和认可。

职业技能竞赛，则是在岗位技能的基础上，进一步考察技术工人对本领域操作技巧掌握的熟练程度。随着企业的不断发展，岗位技能已经不能满足企业生产经营和技能人才发展需要，技能人才的职业化培养趋势日益清晰。为打造职业化、产业化技能人才队伍，公司以“金名片”杯职业技能竞赛为载体，吹响岗位技能向职业技能进军的冲锋号。竞赛内容主要包括相关职业（工种）基础理论和技能操作的必备知识，解决一线常规性、复杂技术或操作难题的能力，掌握及应用新工艺、新设备、新技术、新材料等综合知识、复合技能的情况，展现高超技能操作水平与手法等。截至目前，“金名片”杯系列职业技能竞赛已连续举办了3年，技术能手争相涌现，“蛋壳刻字”“球形焊接”“灯泡断铁丝”“焊枪灭火”等一系列绝技绝活令人连连赞叹，受到了省市领导、新闻媒体的高度关注。

（五）利用工作站平台引领技能人才团队式成长

公司在激励个人成长的同时，更加注重发挥技能领军人才的示范和带动作用，倡导团队式成长，将员工的自发成才行为，逐步转变为企业有组织的人才开发培养规划，依托操作师工作站这一事业平台，为技能人才建功立业提供重要载体。

操作师工作站，是公司专门为具备优异技术能力、拥有突出业绩贡献、在生产单位具有一定影响力的“工人专家”所搭建的平台。自 2010 年起，公司投资数十万元组建了 10 个操作师工作站，其中 7 个工作站已被评为国家级技能大师工作室。10 个工作站覆盖了焊工、焊接机械手操作工、铁路车辆制修工等 6 个工种，基本涵盖公司内重要工种及生产单位。各操作师工作站均以领衔操作师命名，公司为操作师工作站提供了专属工作场地以及必备的办公设施、培训设备和专业书籍等资源，为技能领军人才价值实现提供了充足的硬件保障和有效的平台支撑，提升技能领军人才的自豪感及荣誉感。

操作师工作站是车间技术攻关的“尖刀班”——解决生产一线遇到的难题，提高生产运行效率。在难题破解、重点研发、制造或质量攻关中，操作师工作站发挥了突出作用。2018 年，各工作站累计完成培训任务 188 次，培训 7390 人次；完成技能传承任务 550 次，传承人数 3580 人；带徒 428 人，技能辅导 3080 人。

操作师工作站也是车间青年技能人才的“孵化器”——发挥技能专家带头作用，培养年轻技能工人。工作站承担着车间青工技师的考评，参加各种大赛选手的培养，新车型上岗技能的培养及考试工作，也在培养全国技术能手、中央企业技术能手、中车技术能手（含北车技术能手）方面做出了突出贡献。截至 2018 年，各操作师工作站累计培养 18 名全国技术能手，16 名中央企业技术能手，19 名吉林省技术能手。

操作师工作站的有效运转，不仅为高技能人才发挥作用提供了舞台，而且为工人互相交流、切磋技艺心得提供了平台，更吸引和带动了一大批操作岗位员工潜心学习、钻研技术，有效促进了技能人才整体素质和技能水平的快速提升，带动企业技能人才队伍协调发展。

（六）强强联手，开创高端人才培养新模式

针对企业顶级高技能人才实施的高端育才培养工作，是公司深入推动高技能人才队伍建设向全新领域发展的重大举措。基于培养高技能人才的目标，公司创造性地开展了“一联一带”“站站联合”活动。

“联”即高技能领军人才联合高层次技术人才，加强科研人员与技能人员的沟通协作，实现技术研究和技术应用的双结合、双促进。“带”即高层次技术人才推动高技能领军人才参与前沿技术研究。2015 年，由中车首席技能专

家罗昭强与中车科学家常振臣博士联合，共同开发“新型时速200公里城际动车组网络控制系统”和“波士顿地铁模拟装置网络系统”，实现了高技能人才和高层次技术人才的有效融合。随着高端人才结对活动的深入开展，“一联一带”逐步从电气领域推广到焊接、铆工等其他专业领域，自2015年以来联合攻关项目难题20余项，形成了高端人才主动结对的局面。

“站站联合”主要表现为三种形式：一是“操作师工作站”之间的联合，对生产难题进行联合攻关，充分发挥“首席操作师工作站”团队作战的优势作用；二是“操作师工作站”与“技术部门”联合，生产一线发现的源头质量问题，第一时间回馈到设计源头，指导设计师、工艺师，实现产品设计、生产制造的无缝连接，操作师承担了现场工程师的责任；三是“操作师工作站”与“博士后工作站”联合，发挥各自优势进行立项攻关，实现高技能领军人才与高层次人才良性互动，使操作师深入技术前沿，实现“自主创新、深度掌控、正向设计、根在长客”的宏伟目标。

三　实施效果

（一）打造了一支“技艺精湛、数量充足、结构合理”的技能人才队伍

目前，公司拥有技能人才近9000人，高技能人才6000余人，关键技能人才近450人，核心技能人才近100人，领军技能人才20余人，工人院士3人。据不完全统计，就是这样的一支队伍，平均每年为企业解决生产制造难题500余项，节约生产制造成本近千万元。经过多年的技能人才培养，公司已经培育出一支面对高科技、高标准、多平台、多品种等任何复杂生产经营模式，都能够做到“招之即来、来之能战、战之必胜”的精锐作战队伍。

（二）建立了一整套行之有效的技能人才开发培养体制机制

建厂初期，受制于公司发展形势和管理理念，技能人才培养局限于“传帮带”等粗放培养模式。随着企业发展步伐的加快，以及先进管理思想的引入，经过多年的探索与实践，公司已经建立一套行之有效的、与技能人才职业

生涯全周期相匹配的由“初学者”到“工匠人”的培育体系，并按照“公司管总，系统管线，单位管面”的原则，建立上下一体的“大人才”开发培养工作体系，把人才工作提升到新的战略高度（见图2）。

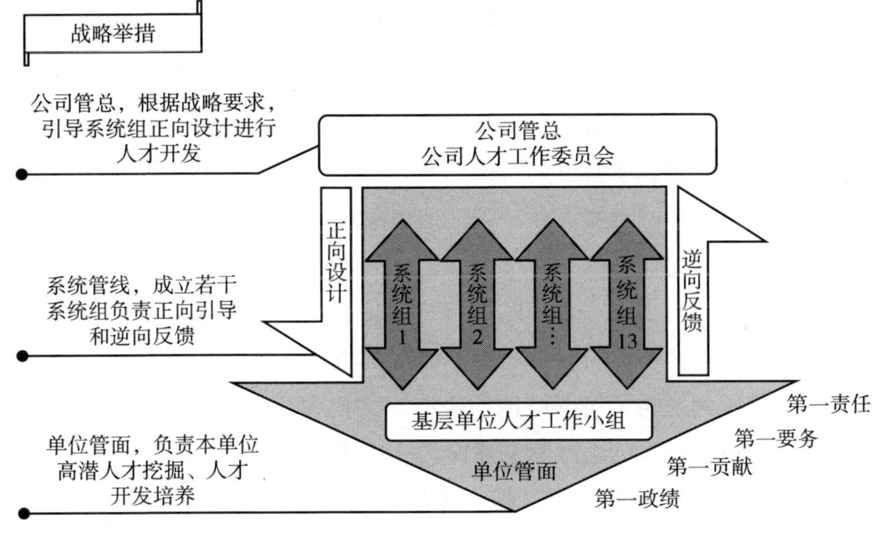

图2　“大人才”开发培养工作体系

从各类针对技能人才培养的规章制度，到一套完整的技能人才职业生涯发展通道；从集合国内外各类优质资源的技能人才培训，到你追我赶、如火如荼的各类技能竞赛；从操作师工作站的团队式成长，到“一联一带”“站站联合”的高端育才模式，这些制度、渠道、平台，促成了公司技能人才层出不穷的良好局面，成为公司技能人才开发培养体系的重要组成部分。

（三）育成了一种以现代工业品质为核心的“工匠基因”

在公司60余年的光辉历史中，长客人秉持着精益求精、无私奉献的精神，打造出一代又一代产品，创造了一次又一次辉煌，逐渐凝练出一种“工匠基因”，根植于每一位长客人的心间。“工匠基因”是一种心无旁骛、志如磐石、锲而不舍的技术追求，也是一种敢于创新、精益求精、追求卓越的精神品格。“工匠基因”不仅仅体现在宣传口号里，它渗透在公司每一名技能人才的日常工作中，是长客人代代相传的精神财富，是公司文化发展一以贯之的灵魂；它支撑了公司几十年的成长进步，创造出高技能人才不断涌现的土壤环境，成为我们发展最可依赖的精神之源。

（四）营造了党、政、工、团齐抓共管的技能人才培养氛围

人才培养不仅仅是人力资源部门的事情，更是公司各部门都应当给予高度重视的一项工作任务。因此，在技能人才培养方面，公司党、政、工、团齐抓共管，形成合力，以多种形式、从各个方面开展技能人才培养工作，让每一位技能人才都能够找到属于自己的目标和发展方向。通过多部门协同配合，在公司内形成了尊重人才、重视人才、人人期望成才的文化氛围，树立了正确的人才观念。

2016 年 4 月，以“产业报国、勇于创新、为中国梦提速”为实质的中国高铁工人精神，在国资委新闻中心主办的国企精神研讨会上正式发布。高铁的诞生与发展，深刻影响了中国政治、经济、文化和社会的发展，与载人航天、探月工程等一道，成为创新型国家建设的“重大突破”。

中国高铁驰骋世界的背后，是一个默默奉献、不断创新的群体，以李万君、谢元立、罗昭强等“大国工匠”领衔的制造队伍就是其中的重要组成部分。正是有了这样一批技能领军人才，才有了走向世界的高端产品，才有了中国标准动车组，才有了公司今天的发展。

“十年树木，百年树人。”技能人才培养，是一项长期的、具有战略意义的重要工作。伴随着中国高铁事业的蓬勃发展，公司技能人才队伍必将日益壮大，为中国制造贡献力量。

R.14

关于人才发展通道建设的探索与实践

华北制药集团有限责任公司*

摘　要： 为破解制约国有企业人才队伍建设的难题，着力锻造高素质人才队伍，华药集团在人才发展通道的实现途径上进行了积极探索和实践。本报告从人才发展流动现状出发，剖析其原因，提出解决思路。探索人才发展通道建设的思路，为打造全方位立体化的人才工作格局奠定基础。

关键词： 国有企业　人才发展　人才流动

一　人才的现状与反思

在未开展人才发展通道建设工作前，华北制药集团有限责任公司（简称"华药集团"）将人才分为三类：经营管理人才、专业技术人才和高技能人才。经营管理人才主要指集团公司中层及以上领导干部，包括集团公司领导，子分公司、直属单位党政领导，集团层面职能部门负责人等。专业技术人才包括以下三类人才：各单位分管质量、生产、安全、技术、环保、设备等方面的人员；各子分公司的销售总监、副总监及营销部长、经理、主管、负责人，一线办事处主任等营销骨干；除经营管理人才以外具有各类职称的人员。高技能人才是指在生产、运输和服务等领域岗位一线，熟练掌握专门知识和技术，具备

* 执笔人：魏岭，华北制药集团有限责任公司党委副书记，党委组织部（人力资源部）部长；程音是，华北制药集团有限责任公司原人力资源部主任，工程师；刘红卫，华北制药集团有限责任公司党委组织部副部长；王惠敏，华北制药集团有限责任公司党委组织部（人力资源部）干部人才科科长。

精湛的操作技能，并在工作实践中能够解决关键技术和工艺的操作性难题，具有高级技师、技师或高级工职业资格的人员。

人才晋升仍沿袭传统模式：一是基于职务晋升的管理人才晋升模式；二是基于职称评聘的专业技术人才晋升模式；三是基于职业技能考评的高技能人才晋升模式。

（一）人才流动现状

为了解人才流失的现状，华药集团对近四年的人才变动情况进行了统计，相关数据详如表1所示。四年离职人员中，本科及以上学历人员328名，其中高级职称60人，专业主要分布在研发、质量、技术等方面。可以看出，公司各类专业技术人才流失问题较为突出，反映了华药集团在专业技术人员（尤其是技术骨干）职业发展方面存在越来越突出的问题。

表1　华药集团四年人才变动情况

单位：人

序号	年份	引进人数			调出人数	
		调入	增加(本科及以上)	小计	小计	本科及以上占比
1	一	29	244	273	104	45.19%
2	二	55	262	317	129	55.81%
3	三	24	164	188	237	54.01%
4	四	27	139	166	139	58.27%
合计	—	135	809	944	609	53.86%

（二）原因分析

造成专业技术人才流失的原因主要有以下三个方面。一是人才发展通道建设较为滞后。华药集团作为传统国有企业，在2017年以前一直沿用传统人才晋升模式。二是人才评价范围窄、标准单一。比如基于职称评聘的专业技术人才晋升模式，无法将在公司经营中具有重要作用的市场营销、物流采购等岗位人员纳入。三是人才激励机制存在短板，尤其是专业技术人才。2007年公司进行了薪酬制度改革，实施了岗位绩效工资制，专业技术人员职称高低在薪酬上未得到体现。

（三）解决思路

现代人力资源管理的目标是提高员工工作生活质量，满足他们成长和自我实现的需要。根据美世咨询、科锐国际等咨询公司的《人才保留实践调研报告》数据可知，为了留住核心员工，从员工发展通道着手已成为企业的普遍做法。

因此，华药集团从编制“十二五”人力资源规划开始，就着手谋划员工职业发展通道建设，实现员工与企业的共同成长。

二　人才成长通道建设的探索与实施

华药集团 2013 年开始选取了 4 家单位作为人才通道建设工作推进的试点单位，进行了小范围的探索、尝试。2016 年完成了全集团的分类整理、岗位归集工作，搭建了五类人才发展通道的框架。2017 年下发《关于全面推进职业生涯规划与管理工作的指导意见》，自上而下全面铺开人才通道建设工作，主要开展了以下三方面的工作。

（一）梳理岗位类别

根据公司现有组织架构、业务流程、工作内容、工作性质的差异，对所有职位（工作岗位）进行梳理，划分为以下五大类，奠定了多通道人才发展的基础。

经营管理序列主要行使决策、控制、监督、协调等主要职能，确保公司总体或部分目标的实现，包括决策管理、决策支持和决策执行 3 个职位群及其所属 6 类岗位。研发技术序列包含从事各类产品开发设计及技术研究应用的职位，包括产品研发、工艺技术、支持技术 3 个大类及其所属的 14 类岗位。市场营销序列包含从事公司各项产品营销的岗位，包括市场策划、市场销售、销售服务 3 个职位群及其所属 9 类岗位。专业管理序列包括在公司经营管理活动中履行各项管理职能的岗位，包括战略管理、质量管理、生产运营、采购物流、人力资源、财务会计、法律审计、技术管理、安全消防、环境保护、信息化管理、党群管理、行政管理 13 个职位群及其所属 70 多类岗位。技能操作序列包含直接生产、辅助生产、辅助服务 3 个职位群及其所属 35 类岗位（见表 2）。

表 2　华药集团职位分类

职位序列	职位群	岗位类别
经营管理	决策管理	行政决策、党群决策
	决策支持	行政支持、党群支持
	决策执行	行政执行、党群执行
研发技术	产品研发	原料药制造、制剂研发、生物药研发、兽药研发、农药研发、营养保健品研发
	工艺技术	发酵技术、提炼技术、合成技术、制剂技术、质检技术
	支持技术	注册报批、专利管理、信息技术
市场营销	市场策划	产品经理、市场专员、商务拓展、医学市场支持
	市场销售	国内销售、国际销售
	销售服务	客户服务、销售监管、物流配送
专业管理	战略管理	战略规划、投资管理、信息情报、统计分析、项目管理、工程预算
	质量管理	质量审计、质量监督、验证技术、国际注册、药物警戒
	生产运营	经营计划、生产管理、设备能源管理、工艺技术管理
	采购物流	采购管理、物流管理
	人力资源	干部管理、招聘配置、培训发展、薪酬福利、绩效管理、社保管理、离退休管理
	财务会计	预算管理、核算管理、资金管理、税务管理、财务管理、资产管理、资本运营、财务风险
	法律审计	审计管理、风险管理、法律事务
	技术管理	科研管理、知识产权管理、创新体系构建、科技成果管理、产品规划管理
	安全消防	安全监察、治安消防、职业卫生、安全标准化、安全教育、工伤管理
	环境保护	环境监理、污控管理
	信息化管理	软件管理、硬件管理、IT 项目管理
	党群管理	党建工作、纪检监察、企业文化、新闻及思想宣传、工会工作、共青团工作、人防武装等
	行政管理	证券事务、文秘工作、公共关系、外事管理、制度管理、后勤管理、档案管理、行政事务、保密管理、信访管理、计生管理、接待管理等
技能操作	直接生产操作	菌种培育、微生物发酵、微生物发酵灭菌、发酵液提取、微生物发酵药品精制、抗生素裂解合成、粉（水）针分装、制剂包装、配料制粒、硬胶囊灌装、灯检、冻干、洗消、理化分析、微生物检测、药理试验、质量监督、净化空气调节、制瓶等
	辅助生产操作	维修电工、仪表工、设备修理、机泵操作、能源供应、仓储保管、运输设备操作、车辆驾驶、厨师、电梯工、卫生工、铁路运输及其他
	辅助服务	警卫、门卫等辅助服务

（二）构建五类职业发展通道

依据上述岗位归集，华药集团设置了五类纵向人才通道（见图1）。纵向发展通道，是指员工具备上一层级相应的管理素质能力或专业技能，可沿各序列各层级岗位的路径晋升。如研发技术专业序列员工的纵向提升，使以研发技术定位的人员专注追求研发技术成果与专业领域成就，发挥科研技术的推动作用，同时享受与经营管理序列同一层级人员的薪酬福利等待遇，推动公司研发及核心技术水平的提高。

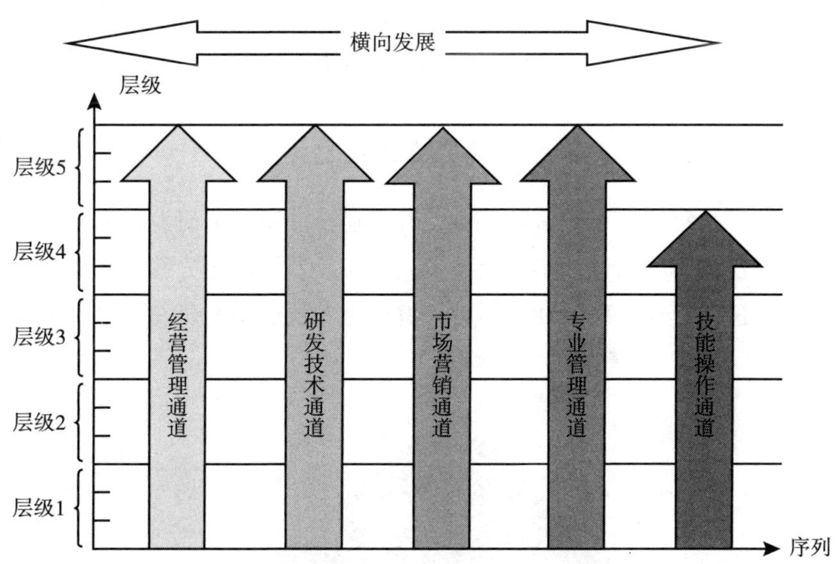

图1　华药集团职业生涯通道示意

（三）搭建五个发展平台

目前集团公司人才管理分为五个层次：员级、主管级、子公司中层、子公司高管、集团高管。根据各职位序列职能及具体权责的不同，每个纵向通道又可划分为五个层级，这五个层级对应着集团公司人才的五个层次。每一层级中再纵向分别设置不同的档位（见图1，三档）。五类发展通道和五个发展平台的设置，明确了每个岗位的岗位职责与任职要求，为各类专业人员提供了岗位落脚点。

在上述五类职业发展通道中，员工既可以纵向上升，又可以横向流动。横向发展通道是指员工除在本岗位序列内纵向晋升发展外，还可横跨五大职位序列进行双向跨越的拓展路径。员工具备不同职业方向的素质和技能，可横向跨越不同序列的相应职级岗位发展。经营管理、研发技术、市场营销、技术管理、技能操作五类员工可在不同职位序列岗位中横向轮换交流，有利于学习各类业务知识，培养全方位的工作管理能力，储备全面人才；有利于解决内部人员流动率偏低、岗位变动与空缺机会少的问题。

三 典型做法及实施案例

（一）构建研发技术人员职业发展通道

子公司甲是科研人员较多的单位，着重建设、完善了研发技术人员职业发展通道。通过三年时间设计了研发技术人员职业发展通道方案，并从考核晋升方面逐步推进，建立了以业绩、能力、贡献为考核依据的研发技术人员成长通道（见图 2）。

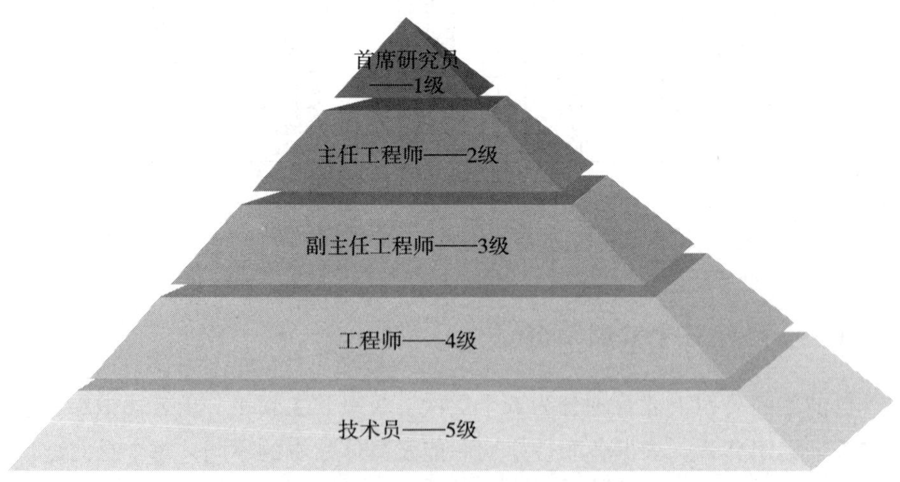

图 2 研发技术人员成长通道示意

通过对研发技术人员专业技术工作经历、在研发领域的权威、技术创新的突破、对产品开发的贡献等指标的评价，将研发技术人员划分为5个职级，从高到低分别为首席研究员、主任工程师、副主任工程师、工程师和技术员。所有级别实行动态考评，及时调整。首席研究员、主任工程师和副主任工程师由公司职业生涯管理委员会分别每3年、2年、1年根据个人业绩进行考评，工程师、技术员由所在部、所负责考评，考评结果报公司备案，每年1次。根据考评结果分别进行档、级调整。

进入研发技术人员职业生涯发展序列（见表3）的员工在薪酬待遇上比照国内同行业现有水平执行。

表3 研发技术人员职业发展序列

序列		本科	硕士	博士
首席研究员	1～6档	从事专业研发10年以上		
主任工程师	1～6档	从事专业研发8年以上		
副主任工程师	1～6档	从事专业研发5年以上		
工程师	1			入职满0.5年
	2			入职满3个月
	3			入职
	4	入职满5年	入职满4年	
	5	入职满4年	入职满3年	
	6	入职满3年	入职满2年	
技术员	1			
	2			
	3			
	4	入职满2年	入职满1年	
	5	入职满1.5年	入职满0.5年	
	6	入职满1年	入职	
参评副主任工程师		入职满6年	入职满5年	入职满2年

子公司甲成立了职业生涯管理委员会，由公司领导、科技委员会专家、职工代表组成，主要负责对科技人员进行年度考核、技术评价、专业出题，对有潜力的员工进行定位，并对其发展道路进行指导和监督。

（二）人才发展通道建设实施案例

子公司乙是按照公司发展战略投资建设的新厂区，有5000余名员工，且绝大多数是青年人，更看重在公司的未来发展。因此，子公司乙非常重视青年员工的成长通道建设。

1. 体系概述

子公司乙结合公司发展需求和战略目标，通过给予员工多方面的咨询和指导及必要的培训、工作设计、晋升等手段，帮助员工实现个人职业目标。子公司乙的职业生涯系统包括职业生涯基础系统、职业生涯实施系统（见图3）。

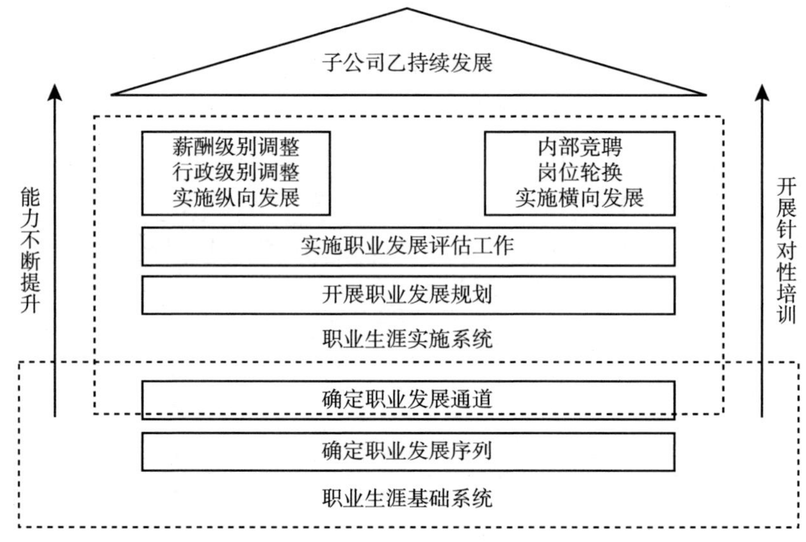

图3　子公司乙职业生涯系统示意

2. 职业发展通道

子公司乙根据岗位性质不同设定了5个发展序列。每个发展序列根据岗位性质及经验技能要求的不同，所对应的岗位职级不同，并对应不同的薪酬标准。

子公司乙为员工提供了纵向发展、横向发展的职业发展通道（见图4）。员工满足感不仅来源于行政级别晋升，还来源于薪酬职级上升（薪酬上浮）、专业水平及管理技能提升等多方面。通过纵向、横向发展，丰富了员工职业发展通道，提供了更多发展机会，鼓励员工积极上进，朝着设定职业目标不断前进。

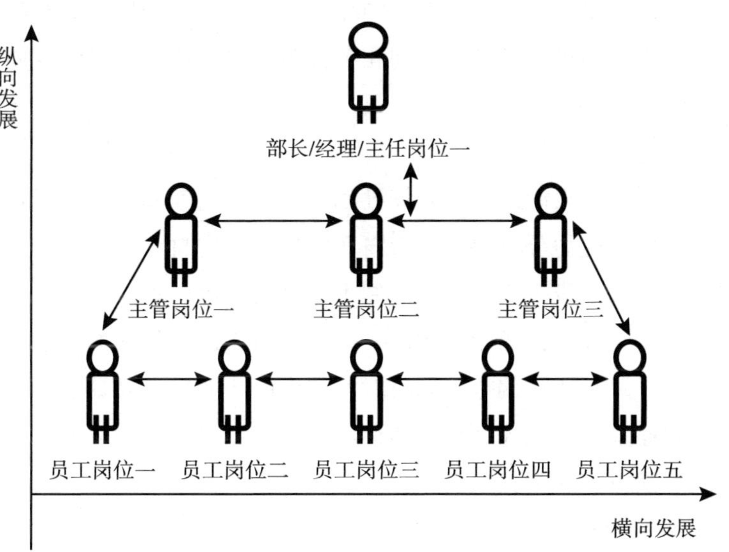

图4　子公司乙员工职业发展通道示意

纵向发展既包含传统意义上管理级别的晋升，也包含各个序列的纵向晋升，子公司乙给每个员工提供在所在序列纵向调整的机会（表现为薪酬等级的调整），高绩效、表现出色、能力出众的员工将得到优先晋升和发展。

传统意义上的行政岗位晋升渠道单一、职位有限，员工职业生涯发展更多依赖横向路径，主要是通过薪酬档级调整、岗位轮换及工作设计（工作丰富化、工作扩大化）等实现。实施岗位横向调整不仅是提高员工各项能力、提高员工满意度的关键，还为子公司乙培养后备人才。横向发展通道有两种同岗位薪酬调整、岗位调整。

同岗位薪酬调整即根据员工个人的工作表现、绩效水平及工作能力的提升，或是通过工作设计让员工工作丰富化、扩大化，在本序列本岗位上实现员工薪酬调档，对应薪酬水平相应提高。

岗位调整不仅仅局限于本发展序列，对于有兴趣或有潜力向其他序列方向发展的员工，子公司乙鼓励其跨发展序列横向发展，也鼓励员工发展多种技能、提升专业知识，通过多岗位锻炼成为一专多能人才。

子公司乙通过内部招聘、内部轮岗等方式给员工提供横向发展的机会，内部招聘会优先在内部通过 OA 系统发布，在结合个人兴趣与公司需要的基础上，向员工提供转岗机会，尤其是为相关性不大的岗位进行平级横向调整提供机会。

3. 实施系统

第一步：员工本人制定职业发展计划。子公司乙鼓励员工基于自身能力以及岗位任职资格、能力分析评价进行自我定位，制定自己的职业发展目标、选择发展路径，并在上级主管指导下编制个人发展行动计划。第二步：职业发展定期评估与调适。根据公司相关制度，定期对员工的工作能力、绩效、进步和不足进行评估，及时纠正偏差。同时对实施中的职业发展规划进行评估，调整发展目标。职业发展年度评估结果达标的可实现纵向晋升。第三步：通过内部竞聘、岗位轮换等方式实施横向调整。

4. 培训支持系统

在子公司乙的职业生涯体系中，培训体系贯穿全过程，是整个体系的支撑，同时也是员工提高能力、获得职业发展的保证。主要包括入职培训、在职培训和转岗培训（见表 4 至表 6）。

表 4　入职培训

内容	目的
子公司乙概况 战略目标 企业文化 组织架构 职业发展体系	使新入职人员更快地融入 了解公司职业发展体系 制订成长发展计划

表 5　在职培训

内容	目的
通用管理知识 根据职业发展评估结果和发展目标选择所需专业知识（业务、技术） 技能、方法、技巧等课程	提高员工现任岗位胜任能力 掌握未来发展岗位所需的技能、知识储备

表6　转岗培训

内容	目的
新任岗位职责、工作内容 新任岗位专业知识 提高任职能力的培训	使员工尽快适应新岗位 具备新岗位所需的知识和能力

5. 实施效果

子公司乙为员工提供了充分的发展空间，提供横向发展和纵向发展多种途径，鼓励和支持员工实践其个人发展计划，并提供辅导和指导。很多员工都取得了不同程度的职业发展，也促进了企业经营目标的达成，实现了企业和个人的双赢。2014 年，105 人实现了个人的职业生涯发展，其中实现纵向职业生涯发展 75 人、横向职业生涯发展 30 人。

四　构建全方位立体化的人才发展新格局

从 2017 年全面开展人才发展通道建设以来，华药集团人才流失情况有了较大改善，员工离职率从原来最高 2.3% 下降到 0.9%，且原离职的 26 名研发、技术、销售等中高层次人才陆续回流到华药集团。

基层各单位人才发展通道建设局限于各单位内部，要形成全集团全方位、立体化的人才涌动局面，就必须打破单位界线，在集团层面建立人才发展大平台，创新各类人才引进、开发、流动、培养、激励体制机制，构建全方位、立体化的人才发展大格局。为此，华药集团着重开展了以下三方面的工作。

（一）创新体制机制，营造良好环境

根据人才强企战略要求，创新人才发展的体制机制，营造以人为本、人尽其才、树人用人的良好环境。

1. 创新完善人才发展机制

为适应改革发展对人才的战略需要，陆续颁布实施了《人才管理办法》《领导人员选拔任用暂行办法》《突出贡献专家评选管理办法》《领导干部竞争

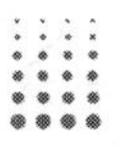

上岗工作管理办法》《关于加强专家延退管理工作的实施意见（试行）》等10余个人才管理办法。还出台了《关于加强优秀年轻干部人才培养选拔工作的意见》，从年轻干部人才的引进储备、培养教育、实践锻炼、选拔使用、考核管理等方面进行创新。

2. 探索市场化选人用人模式

开展了市场化选聘经营管理者的试点工作，研究制定了《关于开展市场化选聘财务部副部长工作实施方案》，设计实施了公开公告、组织报名、资格审查、笔试面试及专项测试等程序，扩大选人视野，拓宽用人渠道，为建立健全适应现代化企业发展需求的市场化选人用人机制进行了有益探索。

3. 开展科研项目负责人制

创新研发机制，优化管理流程，修订有关制度，完善新产品、新技术科研开发管理办法，赋予项目负责人更大的技术负责及人事管理权限。华药集团中央研究院先行开展科研项目负责人制，修订任务书模板，明确课题负责人职责和权利，赋予用人权、管理权以及经费支配权等，通过关键节点任务书、课题进度计划表，体现质量、节点、费用的整体监测和管控，促进研发提质增效。通过深入推进项目负责人制，实行研发项目内部市场化管理，不断激发科研人员创新动力、创造活力，有效提高了新产品、新技术的开发速度。

（二）创新培养模式，建立人才发展大平台

除利用现有三级培训体系全面、系统地推进人才培养工作外，还创新性地实施了挂职锻炼、轮岗交流、“一加三”人才联系培养机制等措施，创新人才培养模式，搭建各类人才施展才华的大平台。

1. 实施青年干部挂职锻炼

2017年发布《关于选派机关干部到基层单位培养锻炼的工作方案》，17家单位提供了93个挂职岗位，50名优秀专业技术人才报名，经资格审核并结合个人职业规划意向、单位需求进行人岗匹配，选派14名优秀专业技术人员实施岗位挂职锻炼培养，其中7人挂任子分公司总经理助理或厂长助理职务，极大地拓宽了专业技术人才的发展平台。

2. 大力推进人才轮岗交流工作

为拓宽人才培养选拔路径，多途径搭建人才晋升平台，华药集团有序推进干部人才轮岗交流和交叉任职工作。选派优秀年轻干部人才进行多岗位交叉培养锻炼，加大了机关部门人才与基层单位人才之间、行政人才与党群人才之间、相关或相近技术岗位之间交叉轮岗力度，尤其是提高了年轻干部人才岗位交流的频次。

3. 创建“一加三”人才联系培养机制

出台了《关于建立领导干部与专业技术人才“一加三”联系机制的意见》，畅通、拓宽了专家人才建言献策渠道，建立关爱人才、培养人才新机制。按照三个人才层次、四项联系内容、五个培养机制的要求，20 位公司领导结对 120 名人才，43 位机关部室中层领导结对 129 名人才，58 位机关部室科级干部结对 116 名人才，各分公司内部结对 1337 名人才，构建了上下联动、齐抓共管的递进式、梯队式人才培养机制。

（三）创新激励机制，完善分类评价模式

1. 创新完善激励评价体系

以业绩为核心，创新完善各级、各类人才激励评价体系。集团所属子分公司领导班子成员实施经营业绩激励机制，按照经营业绩考核结果兑现奖惩、调整任免；科研人员实施项目负责人制和里程碑节点奖励机制，逐步完善“岗位工资 + 职业发展津贴 + 项目提成”的激励考核体系；营销人员以创效为目标，综合分析经营业绩，定期进行效果评估，优胜劣汰，保持队伍活力，提升人均创效水平。对于引进的高层次人才，薪酬待遇与市场接轨，采用“一人一事一议”的方式协议薪酬待遇，定制激励评价模式。

2. 完善专业技术人才分类评价模式

近两年华药集团在职称评审过程中，实施分类评审、分类淘汰制，实现了人才评价的分类化、差异化。同时修订、完善医药工程专业职称评审条件，按科技研发、生产技术、质量技术、设备工程四个类别分类设置业绩成果、论文论著等评价标准，提高了人才分类评价工作的针对性、科学性、专业性。

3. 重奖突出贡献人才

制定出台了《突出贡献专家评选管理办法》，公司专门设立人才奖励基

金，用于公司级突出贡献专家人才的专项奖励和培养。除给予一次性的重奖、每月发放专家津贴外，还享受带薪疗养、健康体检、学习培训、出国学习等多项待遇，在技术研究、职业发展、研发立项、项目资金等方面给予支持。现已评出科技研发、销售营销、生产技术、质量管理、高技能等方面的6名突出贡献专家，并进行了隆重的表彰和奖励。

R.15
大型汽车集团“国际化人才生态链建设”的创新与实践

北京汽车集团有限公司*

摘　要： 为加快培养国际化人才队伍，北京汽车集团有限公司根据国际合资合作的发展进程，与国际合作伙伴建立了人才培养、人才合作交流、海外学历教育等项目，在国际化人才队伍建设方面进行了一系列积极地、有益的尝试。本报告概述了北汽集团有限公司通过“国际化人才生态链建设”打造竞争比较优势，为建设世界级公司提供人才支撑的创新与实践。

关键词： 国际化人才　全球人才竞争　人才生态链

“致天下之治者在人才。”习近平总书记指出，人才是衡量一个国家综合国力的重要指标。没有一支具有相当规模的高素质人才队伍，全面建成小康社会的奋斗目标和中华民族伟大复兴的中国梦就难以顺利实现。进入21世纪以来，我国汽车产业快速发展，整车研发能力明显增强，质量水平稳步提高，国际化发展能力逐步提升。但是，我国汽车产业大而不强的问题依然突出，表现在关键核心技术掌握不足，全球竞争力相对较弱等方面。

随着“互联网+”战略实施和全面深化改革的推进，汽车产业边界日趋模糊，“互联网造车新势力”等新兴科技企业大举进入汽车行业。传统企业和新兴企业竞合交融发展，价值链、供应链、人才链正在发生深刻变化，全球汽

---

* 执笔人：祁燕萍，北京汽车集团有限公司人力资源管理部副部长；顾程、郁秋艳，北京汽车集团有限公司人力资源管理部职员。

车产业生态正在重塑。产业的变革，对人才的管理提出了新的更高的要求，同时，随着“一带一路”倡议的深入实施，中国企业“走出去”步伐的提速，“国际化人才管理”作为亟待解决的问题，已经被提升到企业的战略层面进行讨论。

一　研究目的与意义

（一）人才是企业赢得国际竞争优势的战略资源

党的十九大指出，人才是实现民族振兴、赢得国际竞争主动权的战略资源。要坚持党管人才原则，聚天下英才而用之，加快建设人才强国。人才作为企业赢得国际竞争优势的战略资源这一观点已经得到政府和企业界的普遍认同。从汽车行业看，人才是筑牢汽车强国的根基。创新驱动实质上是人才驱动。人才是创新实践的主体和主导者。“人才红利”势必将成为增强汽车产业创新发展的内生动力。

（二）国际化人才是推动企业国际化经营的重要支撑和智力保障

随着中国“一带一路”倡议和企业“走出去”的同步推进，中国汽车企业已经走在了国际化道路的前列。从整车出口销量分析，根据中国汽车工业协会编理的海关总署汽车商品进出口数据，2017 年中国汽车整车出口 106.38 万辆，同比增长 31.37%，呈现较快增长态势。各大整车企业海外布局加快，仅 2017 年就有多家车企在海外建厂并完成产品投产。2017 年 3 月，吉利旗下的伦敦出租车公司在考文垂安斯蒂的工厂落成；上汽通用五菱汽车在印尼西亚西爪哇芝加朗的子公司宣布投入运营；江淮汽车在墨西哥建厂等。从海外研发机构分析，中国整车企业全球化运作能力也加速提升。长城汽车在底特律兴建研发中心，吉利集团在瑞典哥德堡、英国考文垂、西班牙巴塞罗那等地建设了研发中心，长安汽车在意大利都灵、日本横滨、美国硅谷等地建立了各有侧重的研发中心。

综上可见，中国汽车企业产品出口、海外建厂、设立海外研发中心等，都旨在利用国际化的人才优势、资源优势等以更大程度开拓海外市场，同时提升企业的国际化程度。应该说，国际化人才队伍建设，为企业国际化经营提供了重要支撑和智力保障。

（三）国际化人才建设将成为企业转型发展的突破口

新一代信息技术与制造业的深度融合，形成了新的生产方式、产业形态、商业模式和经济增长点。国际领域的智能制造，已经成为促进汽车产业转型升级的战略方向。以此为契机，加快推进企业各类人才的国际化，培养造就一大批具有全球战略眼光、市场开拓精神、管理创新能力和社会责任感的优秀企业家和一支高水平的企业经营管理人才队伍，将为企业转型、创新发展提供智力资源保障。

在经济“新常态”以及“互联网 +”浪潮的冲击下，固有的发展模式已经无法支撑企业的可持续发展，发展所面临的内外部环境出现了一系列深刻而复杂的变化。想要在汽车行业的转型淘汰赛中先人一步、快人一拍，创新是唯一的法门，而人才则是创新的重要引擎。在这场高水平、高强度的实力对抗赛中，“唯快不破”，谁能抢得先机、赢得比赛，关键要看谁能培养和吸引更多优秀人才。

二　研究背景

（一）国际化人才的定义

由于宏观与微观、理论与实践、历史时期与社会形态等角度的不同，人才的概念尚无统一标准。《国家中长期人才发展规划纲要（2010～2020）》指出：“人才是指具有一定的专业知识或专门技能，进行创造性劳动并对社会作出贡献的人，是人力资源中能力和素质较高的劳动者。人才是我国经济社会发展的第一资源。”关于国际化人才的概念，人力资源专家彭剑锋认为，具有全球视野和胸怀，能够与国际对接、交流、沟通，或是能够适应跨文化生存与工作，能够在国际市场竞争中把事情搞定、为企业创造价值的人都属于国际化人才。

习近平总书记在2016年9月27日中共中央政治局第三十五次集体学习时强调：“要提高我国参与全球治理的能力，着力增强‘规则制定能力、议程设置能力、舆论宣传能力、统筹协调能力’。参与全球治理需要一大批熟悉党和国家方针政策、了解我国国情、具有全球视野、熟练运用外语、通晓国际规则、精通国际谈判的专业人才。要加强全球治理人才队伍建设，突破‘人才瓶颈’，做好人才储备，为中国参与全球治理提供有力‘人才支撑’”。这是到目前为止最权威的对国际化人才的诠释。

（二）B汽车集团公司简介

B汽车集团公司成立于1958年，总部位于北京，目前拥有员工13万人，是中国汽车行业的骨干企业。2017年，集团公司销售汽车251万辆，实现营业收入4703亿元，位列2017年《财富》世界500强第137位。集团公司建立了涵盖整车（含乘用车、商用车、新能源汽车）及零部件研发、制造、汽车服务贸易、出行服务等业务的完整产业链。

目前，集团公司旗下拥有B系列自主品牌汽车、B系列新能源汽车，以及商用车、合资品牌轿车等。以北京为中心，集团公司建立了分布在全国10余个省市的9个自主品牌乘用车整车基地、11个自主品牌商用车整车基地，在全球40多个国家和地区建立了研发机构及整车工厂，市场遍布全球80余个国家和地区。

在成为全球汽车工业主流品牌的征途中，B集团始终坚持“人才是企业第一资源”的理念，优先开发人才资源，优先积累人才资本，优先保障人才投入，加速打造国际化人才体系。以新能源、自主品牌、国际化人才队伍建设为重点，确立B集团人才竞争比较优势，为实现跻身中国汽车第一阵营、迈进世界汽车行业前列奠定人才基础。

（三）B汽车集团国际化进程与国际化人才特征

2013年，B集团汽车发布了国际化战略，承载这一战略的国际公司成立。集团对国际公司的使命可归纳为：要成为集团海外业务的战略平台，成为全球化产业创新布局的推动者，成为中国汽车企业国际化业务的领先者。2017年，国际公司实现轿车出口2.7万辆，五年累计销量超过7万辆，海外出口每年保持40%的增速。国际公司在海外48个国家与搭建销售网络169家、成立境外公司7家、建设KD工厂22个。为响应“一带一路”倡议，B汽车集团加快了“走出去”的步伐，沿着“丝绸之路经济带”和“21 世纪海上丝绸之路”双重布局重点市场，以推动企业全产业链输出，加速自身创新转型，开拓全球布局，从而使 B 集团公司在全球实现人才国际化、市场国际化、产品国际化、品牌国际化、管理国际化的战略目标。

结合 B 集团人才队伍的发展实际，国际化人才内涵主要包括以下五个层面的特征：第一，在熟悉汽车产业基础上，具备跨领域、多领域的知识技能和更加开阔与前瞻的全球视野，拥有国际化背景或业务经历，包括海外留学、工作经历，跨国企业、合资企业工作经历，国际项目参与经历等；第二，拥有一定的外国语言能力，能够沟通交流；第三，主导或管理相关国际业务而不仅是参与，熟悉国际业务规则和相关法律法规；第四，具备国际化创新能力，熟悉了解国际新的商业模式及理念，拥有全球化思维；第五，具有互联网思维和创业精神，认同企业文化和品牌内涵，能够将文化基因和汽车品牌以各种方式方法传播、扎根到海外，使海外员工理解、认同 B 集团公司的企业文化和商业品牌。

三　案例分析

（一）B 集团公司国际化人才队伍建设的 SWOT 分析

1. 发展国际化人才的优势（S）

地域优势——B 集团公司地处首都北京。根据北京市“四个中心”的战略定位（全国政治中心、文化中心、国际交往中心、科技创新中心），以及加快构建“高精尖”产业结构的战略方向，B 集团公司加快了国际化建设的步伐。北京市作为全国的“国际交往中心”，为 B 集团公司国际化人才建设提供了得天独厚的条件。先发优势。为响应“一带一路”倡议，B 集团公司依托所属国际公司，利用全球优势资源进行提前布局，提升集团在全球的影响力。整合集团内部产业链上游资源，优化资源配置，形成规模效应。同时，带动零部件体系海外拓展。加大集团内部对国际化人才的政策倾斜和资源调配支持。

近年来，随着南非、伊朗等项目的开展，一是 B 集团公司已具备了海外市场拓展、国际投资并购的经验，具备了一定的国际化人才基础；二是 B 集团公司拥有丰富的人才储备，便于从中选拔优秀的国际化人才培养对象；三是以海外四大基地等海外项目作为依托，有利于国际化人才的实战培养；四是人才全球化背景下，国际化人才的引进及选聘渠道、来源越来越多，有利于国际化人才队伍的补充；五是海外人才培养等项目的实施为高端人才专项规划和创新实践积累经验，对国际化人才队伍的建设与培养奠定基础，为国际化人才梯队的建设提供了依据。

2. 国际化人才建设的劣势（W）

中国是汽车制造大国，但不是制造强国，要想由大做强，有两个重要的标志：一是有没有在国际上得到认可的品牌；二是有没有成为国际或者是世界级的跨国公司。当前企业内具有的国际化背景和经验的经营管理人才和团队，无论是数量还是质量都存在短缺，这种短缺不是一家整车企业短缺，而是全行业的人才短缺。另外，国际化人才队伍体系化建设不足，在对外投资、建厂、设立研发机构等方面，都受到国际化人才规模和国际化水平的制约，充分利用国际化人才已经成为企业“走出去”的当务之急。

3. 发展国际化人才面临的机遇（O）

从北京市来看，首都智力一体化战略将对智力资源带来新的机会，首都独特的区位优势和北京市政府的大力支持，以及汽车工业的发展前景，将吸引凝聚更多更优秀的国际化人才投身 B 集团公司的发展。

B 集团公司抓住了“一带一路”倡议和“走出去”战略机遇，以集团战略转型为契机，坚持走“国际化”发展路径，进一步扩大开放合作，针对南非、伊朗、东南亚、南美等重点国家与区域市场，深入分析目标市场的竞争环境和需求特点，结合自身实际，因地制宜地制定了国际化的经营策略，探索国际化发展的新模式与新方法。集团多个业务板块的蓄势发展，国际化发展的战略决心坚定，为加大国际化人才培养投入奠定了基础。

4. 发展国际化人才面临的挑战（T）

从行业发展看，国内产能过剩日益加剧，产品竞争进入红海，淘汰赛迫使企业加快国际化步伐。一是 B 集团公司海外布点和并购项目的发展，对国际化人才的数量和培养周期提出了更高的要求；二是在培养国际化人才过程中，要求更加注重风险控制和经营质量；三是加快国际化人才梯队建设，要求突破人才条块化格局，实现集团内部国际化人才资源的共享；四是国际化人才考评标准的完善和创新需要创新实践的过程，合理性和适应性直接关系到人力资源政策的有效性。

（二）国际化人才管理对标分析

1. 华为国际化人才实践

华为作为我国民营企业的标杆，早在 1996 年即开始了国际化的布局，已基本实现了全球化的研发、生产和销售。华为的国际化人才队伍管理体系主要包括干部类人才队伍管理体系和专业技术类人才队伍管理体系。

从选聘环节上看，一方面，华为在国内广招人才，经过培训输送到海外；另一方面，针对东道国员工无法适应母国主导的文化和母国人才无法适应东道国文化的现象，通过华为大学进行文化培训。从培训体系看，华为的培训包括干部类人才的跨文化培训以及国际化人才的培训，实现母国与东道国文化的融合，在海外建立起具有本企业特色的企业文化。这不仅保证了母公司对跨国子公司的控制力，也使来自母公司的外派管理者能够更好地开展工作。另外，华为非常重视外派人员的归国任用机制，尽可能将其安排到与能力相匹配的岗位上。

2. 三一重工国际化人才实践

三一重工集团对国际化人才的战略定位是打造具备“全球视野与国际化思维，深谙国际运作规律，能够跨越语言与文化鸿沟”的国际化人才队伍，尊重员工个性，包容文化差异，营造全球人才都感轻松愉悦的工作环境与氛围，培养四海一家的归属感。

三一重工国际化人才管理体系主要包括①建立了跨越地域限制、渠道多样、层次鲜明的全球招聘网络，按照“高级人才国际化 + 基础人才本地化”原则，构建全球网络招聘体系，解决领军人物、营销服务人员、技术支持人才和具备国际经验的财务和 HR 人才需求；②完善营销、服务、代理商、管理人员、本地化员工 5 大培训体系；③建立人才评价中心，以承担三一海外人才的素质能力与任职资格的测评工作，为人员选拔和职业规划决策提供全面、准确、客观的评价信息。

（三）B 集团公司“国际化人才生态链”的创新与实践

“功以才成，业由才广”，B 集团公司人才战略的国际化实践打通了企业全球化发展的“最后一公里”。根据集团战略发展转型的基本要求，B 集团公司提出了以国际化发展为人才聚焦领域之一，推进人力资源规模型向人才质量效率型转变，加速人才资源聚集向智力资源协同转变，培养造就“规模适当、结构优化、布局合理、素质优秀”的人才队伍，打造集团 2.0 人才竞争比较优势。

具体来讲，B 集团公司从注重本土人才的国际化，推动与国际合作伙伴的人才项目合作、人才交流、海外学历教育等项目入手，加强与国际先进企业、研发机构和高等院校的产学研合作，以合作项目促进国际化人才的培养；同时，吸引一批精通当地政治、经济、法律事务的人才为企业服务，实现 B 集团公司在世界范围内人才资源的优化配置和人才支撑。

1. B 集团公司“国际化人才生态链”建设

“生态链”在生物学中指一个由不同类型生物种群及其所处环境通过相互支持与制约而形成的动态平衡的统一整体。大至一片树林、一个草原，小至一个池塘，都可以构成一个完整的生态链。一直以来，B 集团公司坚持“五湖四海”的人才理念，重视国际化人才队伍打造。B 集团公司“国际化人才生态链”的建设，旨在通过对国际化人才队伍“选、育、用、留”一整套管理机制，盘活存量、吸引增量，让国际化人才队伍选得出、来得了、留得住、用得好、流得动。集团现已拥有“千人计划”专家、北京“海聚工程”专家，以及大批海外留学归国人员、华人华侨专家和外国专家，培养出了百余名能参与国际竞争的战略企业家型人才，为集团战略转型和国际化发展提供了人才保障。

2. B 集团公司国际化人才的制度保障

B 集团公司将国际化人才队伍建设列为“十三五”人才发展的重点任务，确立人才竞争比较优势，为实现迈进世界汽车行业前列奠定人才基础。为了更好地支持海外业务发展，在集团层面制定了《海外派出人员管理办法》《留学归国人员引进管理办法》等政策。其中，《海外派出人员管理办法》规范了派出周期、人员层级划分、薪酬计量单位等内容，原则性地规范了海外派出人员的薪酬标准、驻外补贴津贴标准，还规定了交通、住宿、搬家安置、子女教育等福利项目，同时对休假、回国、轮换等进行规定。

3. B 集团公司国际化人才招募计划实践

自 2009 年以来，B 集团公司分地域、分层次、分专业，先后赴德国、美国、韩国、日本、英国等多个国家举办了数十场海外招聘，重点招聘海外高层管理人员、华人工程师、当地技术专家以及留学生。B 集团公司根据企业战略落地与年度经营重点，为国际化招募、引入不同的联合参与者，设计了不同的主题和多样的招聘形式。2017 年，以“海聚梦想创智未来”为主题，B 集团公司联合美中绿色能源协会、中关村硅谷创新中心、北加州清华校友会等团体组织，连续在美国硅谷、纽约、底特律举办了三场高层次人才联谊交流会和现场招聘会，吸引了四百余名汽车行业高层次人才齐聚现场。百余名优秀人才进入面试环节。集团领导在联谊会上就集团的整体情况、企业发展成果、未来规划以及人才需求进行介绍，并表示将努力创造条件，为海外人才施展才华搭建平台，尽可能提供良好的工作、学习、生活条件，在薪酬待遇、子女就学、居住等方面解决海外人才的后顾之忧，为每一位员工搭建施展才华的平台。

经过几年的时间，与 B 集团公司达成录用意向、有海外工作学习经历的人才近千人，大部分来自德国、美国、加拿大等地的国际知名汽车企业。他们在集团所属各企业中担任领导职务，以及研发、设计、生产技术和市场营销等重要岗位。

4. B 集团公司国际化人才培养项目实践

B 集团公司制定了差异化的国际化人才培养项目，对不同级别、不同专业、不同周期的各类人才进行国际化的培养与锻炼。

一是公司与 GE（美国通用电气公司）克劳顿维尔领导力发展中心合作开设了“高层领导力特训班”，选派集团及所属企业高管人员集中脱产培训，学习标杆跨国企业的先进管理经验。课程设计方面，涵盖了从优秀到卓越、不确定时代的战略、财务决策与公司战略协同一致、GE 人才管理等课题；师资方面，特别邀请了 GE 大中华区总裁进行“从优秀到卓越”的演讲；课程准备方面，为增强培训效果，在培训前进行了充分的前期准备，为各参训领导布置了课前作业，进行在线问答，准备了案例材料。培训过程中穿插了不同主题的分组讨论，培训结束后还要求形成一定的培训报告。

二是选派高潜人才“走出去”，到合资合作伙伴公司实际任职，进行“浸入式”岗位培训。建立国际化人才培养的长效机制，通过与合资伙伴充分配合、达成一致，分别在德国和荷兰打造了海外人才培养基地，有计划、分步骤地培养国际型人才。在项目实施中，通过公平、公正、公开的严格选拔，从现有员工中挑选年轻优秀、忠于企业的高潜人才派到海外公司任职，培养期限为1~2年，通过岗位实践掌握“德国制造”的精髓，拓宽思路、学习运营经验。同时，在项目管理和组织方面，完善派出前集中培训、薪酬管理制度，后续长期跟踪等体系，形成了完善的机制。通过“浸入式”岗位培训，一方面，学员能够迅速融入外国文化，积极进行跨文化沟通，在自身能力提升的同时，搭建了与德国戴姆勒、荷兰英纳法之间沟通与交流的桥梁。另一方面，学员积极传播中国文化和企业文化，帮助合资母公司员工更好地了解中国市场以及中国合作伙伴的实际情况，实现了中德、中荷文化多层次、多方向的深度融合。

三是利用海外资源，与海外知名院校签订战略合作，开展深度“产学研”全方位合作。一方面，建立导师制的“校企合作”机制。根据项目培养需求，海外院校为学员“量身定制”包括领导力和管理、工程管理和工业4.0等多门课程，帮助学员扩展国际化视野、洞悉汽车工业发展前沿并提升个人素质。另一方面，在国际化研发协作、技术储备方面，积极与国外知名高校取得战略合作，签订关键技术的“联合研发中心”。根据B集团公司在新能源轻量化领域的战略部署，提高战略定位，从合作生产走向合作创新创造，促进人才合作培养，并聘请全球知名专家作为公司关键技术首席科学家。

四是坚持党管人才，建立海外人才培养项目临时党支部，使项目更有“向心力”，意志更强、品格更坚。充分发挥了党的政治优势、组织优势和联系群众工作优势，加强与海外人才的联系，增进思想与情感交流，团结凝聚广大人才，打造企业核心竞争力。

在“走出去”的同时，B集团公司依托所属各级合资合作平台进行多层次、多领域的管理人员交流轮岗和挂职锻炼，建立集团与所属企业之间、自主品牌企业与合资企业之间、不同产业板块之间的交流培养机制，开展了中青年领导人员挂职锻炼工作。

5. B集团公司国际化人才激励实践

在人才激励方面，B集团公司将物质激励与精神激励相结合。每年在人才评选中，很重要的一个奖项即“优秀海外归国人才”，目前已经评选了近百名优秀海外归国人才。同时，B集团公司积极为外籍专家争取国家奖励。由B集团公司推荐的戴姆勒大中华区首席执行官唐仕凯先生荣获2014~2016年度北京市“长城友谊奖”，他也是唯一由市属国有企业推荐获奖的外国专家。B集团公司正处于战略转型的关键时期，全集团400余名外国专家团队正在为集团的蓬勃发展发挥着积极重要的作用。通过市场化待遇留住人才，争取政府相关政策支持，如申报“外专千人计划”“海聚工程”等项目，充分利用政府相关资源留住并激励人才。

6. B集团公司国际化人才归国转训实践

为使海外培养的人才更好地把国外学到的知识和理念，运用到实际工作中，B集团公司制定了海外人才归国后的转训方案。将海外培养归国人员设为“种子讲师”，深度挖掘在海外企业对应岗位中接触到的先进管理方法，整合在海外期间收集到的资料，将自身在海外的学习和工作成果毫无保留地整理成培训课件，开发了《海外人才培养经验系列分享》专业转训课程，在集团范围内进行知识内化分享，让更多的工程师和员工感受国外先进企业的管理方法和创新理念，以自身行动推动B集团公司的国际化进程。使国内工程师了解了项目及质量管理、车辆功能安全标准制定方面国外优秀企业的先进理念和做法，为研发工作提供了很好的借鉴，打开了工作视野，极大地提升了整个团队的业务水平。

四　进一步完善国际化人才队伍建设的建议

（一）增加国际化人才的“实战”经验积累

在国际化人才培养中，应进一步增加三方面的“实战”经验积累。一是将高潜质人才派驻到国际业务一线去打拼，以“面对面”的形式感受海外市场的竞争环境，积累实战经验；二是以“海外项目制”的形式，搭建海外“实战”成长平台，帮助员工积累境外投资、海外研发及运营管理经验，提升员工国际化能力；三是扩宽海外校企合作、导师制的渠道，达到“以训代练”的培养目的。

（二）完善国际化人才的全球轮岗体系

建立并完善集团层面统筹的国际化人才“轮岗”体系，促使国际化人才积累跨行业经验。一是在集团范围内，打破所属各企业间的人才壁垒，建立全球化的人才网络体系和全球范围内的升迁和调动平台；二是完善国际化人才培养“轮岗”机制，使集团中的各层次、各专业的高潜人才都有机会到海外进行锻炼，同时，使人才资源真正地形成“国内—海外—国内”的流动机制，提前对海外培养人才进行职业生涯规划。

结语

“不拒众流，方为江海。”在经济全球化和“一带一路”倡议的背景下，中国企业“走出去”的步伐正在加速。对外开放，首先开放的是人才。正如习近平总书记所说，对外开放要着眼于人、着力于人，推动人们在眼界上、思想上、知识上、技术上走向开放，通过学习和应用世界先进知识和技术，不断把整个对外开放提高到新的水平。

可以说，打造国际化人才队伍，任重而道远。要跻身世界一流汽车企业行列，就必须站在培育企业国际竞争力的高度，来建设国际化人才体系。要紧密结合企业的实际情况，带着问题积极思考，带着问题主动学习，努力寻找差距，全身心投入，全方位接触，学习积累知识和经验。国际化人才队伍建设，要着力于培养具有国际化理念和视野，通晓国际化运营管理规则，具备跨文化沟通、国际交往能力的国际化人才。牢固树立国际化人才意识，把国际化人才作为人才战略的重要组成部分，以全球视野和战略眼光，充分开发利用国内国际人才资源，主动参与国际人才竞争，完善更加开放、更加灵活的人才培养、吸引和使用机制，不唯地域引进人才，不求所有开发人才，不拘一格用好人才。

参考文献

《习近平：在欧美同学会成立 100 周年庆祝大会上的讲话》，新华网，2013 年 10 月 21 日。

《习近平在中国共产党第十九次全国代表大会上作报告》，新华网，2017 年 10 月 27 日。

国家工业和信息化部、国家发展改革委、科技部：《汽车产业中长期发展规划》（工信部联装〔2017〕53 号），2017 年 4 月 6 日。

中共中央　国务院：《国家中长期人才发展规划纲要（2010～2020 年）》，2010 年 6 月。

《习近平在外国专家座谈会上的重要讲话》，《人民日报》2014 年 5 月 24 日。
《转型发展引擎　北汽强化“十三五”人才建设》，新华网，2016 年 4 月 21 日。
《中国企业 2017 年出海报告》，参考消息网，2018 年 1 月 3 日。
邓丹萍：《上海市国际化人才开发研究》，华东师范大学硕士学位论文，2007。
《北汽董事长徐和谊：加快“走出去”步伐》，汽车时代网，2018 年 5 月 24 日。
王辉耀：《国际化人才是中国车企“走出去”的关键》，和讯网，2015 年 11 月 2 日。
徐和谊：《人才 + 体系助力车企进驻国际市场新领域》，人民网，2014 年 3 月 10 日。
贺园：《三一重工国际化战略研究》，中南大学硕士学位论文，2012。
《北汽启动大规模海外招聘》，经济观察网，2011 年 5 月 24 日。
《专程赴海外招聘—北汽人才国际化战略深化》，汽车中国网，2014 年 2 月 14 日。
《北汽集团：以国际化人才打造全球化车企》，盖世汽车网，2015 年 9 月 6 日。
《海外归来丨研发学子，回归自主团队助力 2.0》，搜狐网教育频道，2017 年 8 月 14 日。
毛海：《中国汽车产业的国际化人才体系建设》，《时代汽车》2014 年第 1 期。

ℝ.16

发挥企业主体作用，深化校企合作、产教融合的人才培养模式

唐山三友集团有限公司*

摘　要：　人才培养和职工培训是企业人力资源发展的重要途径。本报告介绍了唐山三友集团有限公司在组织领导、平台建设等方面，不断加强人才培养改革，创新校企合作、产教融合的人才培养机制，对校企合作、严教融合的人才培养模式，进行全方位、深层次不断探索尝试和创新实践的经验做法。

关键词：　人才培养　校企合作　产教融合

唐山三友集团有限公司（简称“三友集团”）提出了“人才高度决定企业高度”“企业的未来在科技创新，在人才培养”“只有人才源源不断，才有事业生生不息”等企业人才培养理念，多年来致力于企业人才培养与职工培训的研究与实践，被国家人社部、河北省人社厅、河北省学位办等单位确定为国家级、省级高技能人才培训基地、河北省专业学位研究生创新实践基地以及河北省新型学徒制试点单位。2019 年，集团被河北省人社厅确立为河北省首批职业技能等级认定试点单位，成为唐山市首批职业技能提升行动定点培训机构。作为河北省曹妃甸工业职业教育集团理事会成员，三友集团对校企合作、产教融合人才培养模式进行了积极探索和研究，不断尝试新途径、新方法、新

---

* 执笔人：陈樱，唐山三友集团有限公司培训中心主任，高级经济师；梁红静，唐山三友集团有限公司培训中心科员，经济师。

举措，取得了一定的成效、积累了一定的经验，被曹妃甸工业职业教育集团授予校企合作突出贡献奖。

一 深化校企合作、产教融合人才培养模式的必要性

（一）落实党和国家关于教育和人才改革发展重大决策部署的有力行动

2017 年，十九大报告要求完善职业教育和培训体系，深化产教融合、校企合作；2019 年，政府工作报告提出支持企业和社会力量兴办职业教育，加快产教融合实训基地建设。近几年，国家密集出台一系列政策，如《关于深化人才发展体制机制改革的意见》《关于深化产教融合的若干意见》《职业学校校企合作促进办法》等，从顶层设计层面明确企业要发挥人才培养的重要主体作用，进一步深化产教融合、校企合作的人才培养模式。2019 年，国务院常务会议明确从失业保险基金结余中拿出 1000 亿元实施职业技能提升行动，充分调动企业、职业院校、社会培训机构等参与培训的积极性，为诸多劳动者提供有针对性的技能提升服务。这是职业技能提升的一次“国家行动”，再次将职业技能提升提升到一个新的高度。可以看出，对于全面促进校企合作、产教融合，着力提升广大劳动者的职业技能和素养，国家的政策延续性强、改革力度大、顶层设计完善、托底措施实实在在。企业发挥主体作用，深化校企合作、产教融合的人才培养已经上升为国家教育改革和人才开发的整体制度安排，已成为国家的一项大政方针。

（二）适应引领新一轮科技革命和产业变革趋势的必然要求

人才是推动社会进步的载体，人力资源是第一资源，人才的发展潜力和后劲对产业的进步发挥着重要作用。不断加大力度的行业转型升级和结构调整，越来越多地依赖人力资源的升级换代，人才作为第一资源的主导作用日益突出，逐渐成为在激烈的市场竞争中生存发展的关键因素。三友集团总体发展思路是树立创新、协调、绿色、开放、共享的发展理念，以智能制造推动产业转型升级，实现从生产到智能、从制造到服务、从国内到国际“三大转型”，打

造国内领先、国际一流的现代化工、化纤企业集团。要实现这些目标，人才是根本，需要不断创新人才培养模式、组织形态，以更好发挥人才对产业转型升级、创新驱动的支撑引领作用。5G、人工智能、大数据的发展，促进了工业化、信息化的深度融合，催动新兴产业蓬勃发展。新一轮科技革命和产业变革，比以往任何时候都更为迫切地需要能够担当建设制造强国使命的技术技能人才。这种人才，必须是产教融合生态环境下培养出来的人才，更加需要教育与产业发展同频共振。

（三）适应时代变化、加速个人成长的内在需求

工业 4.0 的提出与实施，开启了以“智能制造”为主要特点的第四次工业革命，这不仅是传统产业的挑战和战略新兴产业的机遇，更是传统人才和现代人才的选拔淘汰，企业需要转型，人才也需要转型。当前，众多的简单性重复劳动逐渐被机器代替，更有无人银行、无人超市的出现，许多职业面临消失，许多人面临下岗。有专家预言，未来将进入一切智能的新时代。在这样的形势下，劳动者的危机意识、忧患意识普遍增强，如何从传统人才向现代人才转型，跟上时代的发展和进步，终身学习、不断进步成为当下劳动者的集体共识。三友集团属于传统制造业，技术成熟、设备稳定。职工实践经验丰富，动手能力强，熟悉生产工艺、设备运行，是保障企业生产运行的主要力量。但随着企业的快速发展，项目建设增多，新技术、新设备不断引进，自动化程度大幅提升，对人员素质要求进一步提升。学知识、增本领、求进步，通过不断学习提升岗位胜任力、提升自身含金量同样成为职工的迫切需要。

当前深化校企合作、产教融合的人才培养模式面临的主要问题和困难有以下两方面。一是宏观层面上，人才培养和产业统筹融合、良性互动的基本格局尚未得到根本确立，二者的互动性和相符性欠缺。人才开发与培养的资源规划布局与产业规划布局，人才开发与培养的层次、类型与人才需求的层次、类型不相适应，技工、高技能人才求人倍率居高不下，而高校毕业生的就业压力却持续增大，人才供需结构性矛盾凸显。从市场供求看，近几年人才市场中，技术工人的求人倍率一直保持在 1.5 以上，高级技工的求人倍率甚至达到 2 以上的水平。二是微观层面上，校企协同、实践育人的人才培养模式尚未根本形成，校企合作“学校热、企业冷”的现象普遍存在，校企合作也普遍处于学

生到企业实习实训的浅层次、自发式、松散型、低水平状态，内容和方式不够深入系统，导致学校的教育教学工作针对性不强，课程内容与职业标准、教学过程与生产过程长期相对脱节。另外，政府、企业、学校、行业、社会各负其责、协同共进、相互推动、彼此衔接的发展格局尚未完善健全，相关服务、激励措施不够到位也是阻碍校企合作、产教融合获得良性发展的又一因素。

二　指导思想和主要做法

（一）指导思想

校企合作是手段、产教融合是结果。校企合作、产教融合充分利用学校和企业两种不同的教育环境和教育资源，培养人的全面素质和综合能力，以适应市场经济发展对人才素质的要求，是一种以市场和社会需求为导向的运行机制，是学校和企业双方共同进行人才培养的过程。深化校企合作、产教融合，旨在以市场为导向，在服务经济发展与服务人的进步中找到结合点，加快建设一体化、联动性的新型校企关系，促进学校人才培养和企业用人需求的协同发展，最大限度满足企业对人才的需求，避免人才培养的盲目性，进而形成校企命运共同体、教育与产业命运共同体、人才成长与社会进步命运共同体，促进教育链、人才链与产业链、创新链的有机衔接。

三友集团深入贯彻落实“人才强企”战略，坚持共同育人、合作研究、共享资源，在校企合作领域全面实施“1234”工程，即树立一种理念、建设两座桥梁、搭建三项平台、建立四类模式，从组织领导、平台建设、开展方式等方面全方位、深层次不断探索尝试和创新实践，不断加强人才培养改革，创新和建立校企合作、产教融合的人才培养机制和平台，为集团高质量发展提供了人才保障和智力支持，为推进人力资源供给侧结构改革贡献了企业方案、三友智慧。

（二）主要做法

1. 树立一种理念

观念决定思路，思路决定出路。深化校企合作、产教融合的人才培养必须树立全新的理念，以理念为先导推动校企合作、产教融合的人才培养模式健康有序、持续深入开展。

由于当前企业或学校自身进行人才开发与培养都有相应的局限和困难，三友集团在充分学习研究国外产教融合式人才培养的典型范例和优秀实践（德国的“双元制”、韩国的“产学结合制”、日本的“企业访问制”、美国的“契约合作制”、英国的“工学交替制”、法国的“学徒培训中心制”、澳大利亚的“新学徒制”等）的基础上，联系集团实际，认真梳理多年来校企合作人才培养的做法，总结提炼相关经验，在集团牢固树立了“发挥企业主体作用，密切校企合作是做好企业人才培养的关键之举”的理念。要求发挥自身资源优势、突出产业特色，加强与学校的联系，积极推进校企合作，培养产业需要、企业需要、岗位需要的适用性、实用性、创新性人才。

2. 建设两座桥梁

专业的领导团队和高效的执行组织是保证企业发挥主体作用、密切校企合作、深化产教融合的有力保障。对此，集团成立了专业的校企合作研讨团，建立了庞大的联络员队伍。这两座桥梁的建立，为校企双方深度合作奠定了坚实的组织基础，保证了各项工作开展的专业性、高效性。

（1）成立校企合作专家研讨团。三友集团成立由培训主管领导，培训负责人、各专业技术专家、技能大师及院校骨干教师组成的校企合作专家团。作为校企合作工作的领导小组，其主要职责是确定合作方向、培养目标、学习内容、教学计划等，针对专项合作研讨具体方案，根据国家省市相关文件精神，探讨、谋划新的合作方式、方法。同时，为增强双方合作的针对性和实效性，集团进一步建立专家团动态调整机制，根据校企双方实际合作内容动态调整专家研讨团成员。集团以专家研讨团为纽带，积极开展校企合作、产教融合方面的交流研讨活动，多方面、深层次了解院校人才培养的状况，获得前沿的人才培养理念，将企业的人才需求及时准确地传导至院校，密切了校企之间的联系，增强了人才培养的针对性和精准性。2019 年，在与北京化工大学合作培养高层次专业技术人员期间，校方高分子材料、化学生产工艺等专业教授和三友集团副总以上生产技术主管领导、总工程师等技术专家进行面对面交流座谈。集团派出的专家研讨团展示出了高度的专业能力和精湛的专业技艺，成为本次校企合作深入开展，取得实效的关键砝码。合作过程中，校方深入参观集团的生产现场，对集团的工艺特点、设备现状进行充分了解，与集团的专家团队共同商讨，针对性地修订培养方案和计划，梳理出蒸汽分离新工艺、高温高压运行设备安全监测、低浓度三废处理等需要重点讲授的内容，极大地提升了合作培养的精准性和匹配度。

（2）成立校企合作联络员队伍。为保障校企合作的日常高效开展，集团组建了联络员队伍，在校企合作领导小组的领导下开展日常工作。各公司配备专职联络员，各专业设兼职联络员。目前，校企合作专兼职联络员有100余人。集团定期对联络员开展校企合作、产教融合的政策宣贯、业务培训，不断提升联络员队伍对政策的敏感度、对理念的认知度、对业务的熟练度，保证校企合作开展的专业性和科学性。集团、各公司、各专业与院校组成了稳定的校企合作信息体系，构成了校企合作的高效组织联络网，加强了与院校的沟通、协调，保证校企合作顺利开展。

3. 搭建三项平台

三友集团以合作项目为基础和切入点，全面放大项目效应，从一般到普通，从个性到共性，总结校企合作、产教融合的规律和经验，广泛搭建起各类平台，将校企合作引向深入，进一步推动校企合作的内涵式发展。

（1）搭建人才培养研究平台。在与学校合作进行人才培养的过程中，三友集团努力做到与学校共同研究人才培养课程体系，共同研究开发人才培养教材，共同选定人才培养师资，共同实施人才培养计划，做到人才培养与教育教学研究共进，完成项目的过程也是开展人才培养研究的过程。2016年，三友集团与唐山劳动技师学院合作试点的企业新型学徒制，在企业推行以“招工即招生、入企即入校、企校双师联合培养”为主要内容的学徒培养工作，是深化校企合作、产教融合的一次成功实践。该项目参培人员有“双重身份”，既是学生，又是徒弟，既有学校老师授课，也有企业师傅带徒。试点实施过程中，校企双方根据岗位所需，以实用为基本原则，研讨制定切合实际的理论、技能授课计划。理论知识讲授包括基础化学、化工制图等基础课与化工单元过程及操作、化工工艺等专业课。师带徒技能训练主要立足于岗位，师傅现场讲解、演练，学徒现场学习、实操，包括安全生产技术、绘图制图、故障处理等。新型学徒制的运作模式融合了培训与科研，形成了一种可复制推广的经验，对日后人才开发工作提供了有益借鉴。

在进行新型学徒制项目课程研究的基础上，三友集团切身体会到当前学校课程体系与企业岗位需求相对脱节的问题，计划谋求更深层次的合作。按照集团岗位所需，以课程开发、专业教材编制为主要方向，与合作学校共同研究开发专业课程，促进学校的教学改革，努力实现“三个零距离”，即企业用人和学校专业设置的零距离，岗位活动和学校课程设置的零距离，生产过程与教学过程的零距离，提升人才培养的针对性和有效性。

（2）搭建先进技术交流共享平台。校企合作、产教融合的人才培养实现了高校与企业的高度无缝对接，企业应充分利用校企合作的机会，在做好人才培养的基础上，借智借力，引入学校的先进科学研究成果和成熟技术，服务自身、发展自身。在与北京化工大学合作期间，集团与学校的专家、教授进行深度交流，从培训的课程内容延展至制约集团发展的瓶颈问题，获得了重要的方向性意见和建议。如利用声发射等先进检测手段，结合生产系统运行特点进行科学选点对生产系统进行定期检测，进行设备性能预判，建立生产设备的连续过程管理，保障安全运行。如果此技术在集团得到推广应用，将实现设备的带压运行检测，大幅降低停车检测带来的损失。同时，广大参训人员充分消化吸收所学知识，再次将学习到的先进技术和理念进行二次分享和传播，校企合作的平台已经不再局限于人员培训和培养，先进技术的交流共享成为更深层次的合作，取得更大的成效。

（3）搭建职业素养塑造平台。在推动高质量发展的时代强音下，用人单位对人才的要求也越来越高，需要的不仅仅是专业领域的能手，更需要有良好的职业素养的人才，这也是当下弘扬新时代工匠精神的必然要求。三友集团积极履行人才培养的社会责任，通过接受院校学生开展企业现场教学、专题讲座、岗位实习等社会实践活动，提升了入企实习学生的团队意识、合作意识、质量意识、安全文明生产意识、职业道德，让其充分感受现代化企业现场管理氛围，了解企业文化，为今后步入工作岗位打下基础。实习学生在集团的生产、服务第一线接受企业的管理，在实际生产岗位上接受师傅手把手地教学，和集团职工员同劳动、同生活，可以切身体验严格的生产纪律、一丝不苟的技术要求，感受劳动的艰辛、协作的价值和成功的快乐，集团不仅成为实习生专业提升的实训战场，更成为其进行精神塑造的人生课堂。

4. 建立四类模式

在促进校企合作、产教融合的过程中，三友集团逐步摸索出一条适合自身需求、成型稳定的合作模式和开展路径，主要是培训资源的共享共用和培训项目的合作开展。

（1）建立讲师互动合作模式。讲师是做好企业人才培养的核心力量。为保障企业人才培养的质量和效益，三友集团坚持“走向现场是工程师，走上讲台是讲师”的理念，建设内训师队伍，让专家在能干的基础上会说、会讲、会教、会传承。目前，700 余名中层以上领导干部、技术技能专家已经受聘、被打造为企业的内训师。集团的内训师是实战的专家，但是理论高度与学校还存在一定差距，不够系统深入。为弥补短板，促进理论和实践高度对接，集团充分发挥主体作用，在内训师队伍建设的基础上不断实施“送企入校”和“引校入企”，推动校企双方讲师互通、互动、互融。集团副总经理、一级专家、技能大师等管理人才、技术技能人才成为高校、职业院校的兼职教师、客座教授，走上大学的讲台分享企业成功的管理与生产实践；中国科学院、浙江大学、武汉大学、陕西科技大学等国内知名高校、科研院所的教师进入企业授课，将先进的理念、知识与技术带入集团、输送给职工。

（2）建立实训基地互用合作模式。实训实操是培养技能型、创新型人才的必选题。三友集团充分利用企业现有场地、设备，建成了工业控制、制造团队、重型车辆维修三个专业的国家级高技能人才培训基地和钳工、电工、焊工、烧碱生产工四个专业的省级高技能人才培训基地以及省级专业学位研究生创新实践基地，为职工实训提供了坚实的硬件基础。为进一步整合优质资源，提升实训层次，三友集团在自建培训基地的基础上主动密切与学校的合作，促进校企双方实训基地的互用互享，将资源利用最大化。每年集团的培训基地在满足自身培训需求的基础上，接收来自华北理工大学、唐山工业职业技术学院、唐山劳动技师学院等周边高校、职业院校的学生实习实训，集团的大批技术技能人才也被选送到合作学校参观国家重点实验室、观摩国家实训中心，实训的层次、水平全面提升。另外，研究生创新实践基地是集团与高校合作建设实训基地的典型，成为校企双方共同培养创新型、应用型高层次人才的新型平台。大批进入基地的研究生采取基于问题的学习、基于项目的学习、基于案例的学习等研究性学习方法，积极参与企业技术创新和研发，加强创新能力训练，促进了产业需求和人才培养的无缝对接，将产教融合落到了实处。

（3）建立联合办学合作模式。主要采取以下两种方式。一是校企联合办学。集团以夯实“基层、基础、基本功”为宗旨，坚持抓牢企业岗位人员素质提升，连续多年与周边高校、职业院校合作开展专科、本科、研究生三个层次的学历提升工程，系统学习岗位所需要的知识，是集团深化产教融合的又一体现。特别是集团与河北工业大学首批共同培养的在职研究生毕业论文课题，全部以解决生产经营重点难点问题为主要方向，提出了很多有研究和实践价值的理论观点与操作方案。例如，论文《人因工程在粘胶纤维生产线的应用》旨在通过改善工作环境，进一步提高工作效率，解决效率低下导致的浪费问题，降低生产成本；《煤炭产能过剩形势下燃煤采购策略研究》提出，在当前煤炭产能过剩的大背景下，通过改进采购策略，在采购流程中建立一整套有效的供应商绩效评估和选择体系，稳固优化整体燃煤供应质量；《基于 HAZOP 的生产过程安全分析与对策研究》尝试对氯碱乙炔车间的生产过程使用新的安全评价方法，提高生产过程的安全可靠性。二是开展定向委培、订单培养。定向委培是集团多年来坚持开展的人才培养方式之一。集团与河北沧州化工职业学院等院校合作，根据人才的需求状况、人力资源配置计划，与学校、学生签订委托培养协议，对学生进行量身定制，委培的学生就是集团的准职工。学校与集团共同管理，共同商定教学计划、课程设置、实操标准，针对性地培养集团需要的员工，实现了招工与招生同步、教学与生产同步、实习与就业同步。集团大批新招收的入职员工、职工子弟、大学生配偶等都接受了专业系统的岗前培训，全面提升了人才培养的针对性和适用性，有效缩短了人才培养周期。

（4）建立联合培养合作模式。项目实施是人才培养的有效载体。校企双方通过联合实施人才培养项目，可以充分集聚双方在理论与实践上的优势资源，发挥各自所长，提升人才培养的质量。发挥院校的理论优势，集团与学校联合开展了诸多人才培养项目，围绕高技能人才后备力量不足、理论知识欠缺的问题，开办“技师直通班”“金蓝领培训班”“焊工专训班”，围绕高技能人才培训基地师资力量不足、授课技能欠缺，开设的“高技能人才内训师训练营”等，把技能人才送进职业院校研修学习，让技能人才在高校的平台上系统学习理论知识、丰富知识结构、提升业务能力。发挥企业的实践优势，三友集团与唐山工业职业技术学院合作，首次承接职业院校教师素质提高计划国家级培训项目，来自9个高职院校的12名电气自动化专业教师在集团进行系统深入的实践学习。课程内容包含理论授课、岗位实践、文化体验等。《企业文化》《新时期下企业人才培养与开发》《企业产业结构转型升级及发展趋势自动化技术在纯碱企业的应用》《各公司生产工艺与流程介绍》等中层以上生产技术专家的授课和基层岗位实践，一方面，让教师熟悉行业企业的生产环节和操作工艺，了解技术信息，了解和熟悉实践企业的岗位设置、业务流程、技术规范，提高自身的实践技能；另一方面，促进教师把企业实践成果引入或融入教学中，改进了教学方法，有效提高了教学质量。教师在企业实践活动使院校的参训教师在理论高度和实践深度两方面得到塑造，促进教师在企业中了解新技术、新工艺，改进教学，让教师成为“专家型职业人”，对推动职业院校教师队伍建设起到了积极的作用。

三　实施效果

三友集团发挥企业主体作用，深化校企合作、产教融合的人才培养模式，注重人才培养的质量，实现了企业、学校、学生的“三赢”。

（一）有效提升了人力资源开发的效果，满足了集团的用人需求

校企合作、产教融合符合企业培养人才的内在需求，有利于企业实施人才战略，增强自身竞争力。主要表现在：一是集团可以优先挑选、录用实习中表现出色的学生，使企业降低招工、用人方面的成本和风险；二是校企合作中，集团将人力资源开发计划与学校的教学大纲对接，委托学校开展员工培训，使企业人力资源开发和学校教学环节紧密结合，降低了企业的人力资源开发与职业培训成本；三是充分利用校企双方资源优势，开展人才开发与培养，学生在企业学习专业技术，企业的技术人才通过脱产学习，实现自我提高，同时通过系列人才开发项目将企业文化与理念传输到学校，扩大了企业品牌与无形资产的影响。

（二）有效推动了学校构建新的教学体系，促进教学改革的实施

校企合作、产教融合符合职业教育发展的内在规律，有利于促进职业教育

发展。职业学校新的发展途径与模式就是需要企业参与到学校专业建设中，进而构建新的教学体系。三友集团在与众多企业合作的过程中，为教师提供实践机会，教师可以深入集团的一线车间、生产现场去了解设备状况、工艺技术，对集团的工作环境进行充分的了解，准确把握岗位对人才、对技能的需求状况，对推动教学改革起到了积极有效的作用。

（三）有效提高了学生的就业竞争力和创造力

校企合作、产教融合符合学生职业生涯发展需要，对促进学生就业，提高就业竞争力意义重大。通过校企合作、产教融合的人才培养，学生普遍具有良好的职业意识，在实习中具备了初步顶岗生产的能力，使毕业与就业接轨。三友集团为在校学生实践活动提供必要的场所与锻炼机会，让其在企业生产与管理实践工作开展的过程中，接受专家指导，将专业理论知识应用到实践中，有效地增强学生解决问题的能力与技术应用能力，避免了眼高手低的现象，这不仅提高了学生的自主创新能力，有效激发了学生学习兴趣，更为学生日后工作奠定了良好的基础。

当前，国家教育正处于大改革、大发展的新时期，面对众多利好政策，各方要担起校企合作、产教融合，支持教育健康发展的重任，既不能局限在教育本身，更不能框限于院校内部，需要在更广泛的企业、社会、院校间广集众智、广泛实践。一是完善政府法制保障，让校企合作规范运行。当前的相关制度规定还不能对校企合作产生实质性的约束、强制和指导作用，导致校企合作难以进入规范化、法制化轨道，因此建立法制保障是促进校企合作长期规范化运行的必要举措。二是创新双方合作机制，将合作引向更深层次。将类似建立实习基地等“初级层面”的合作关系，逐步推广到合作探索、合作改革现有人才培养模式等，建设产业和教育协同发展、良性互动、相互促进、彼此辅助的人才培养体系，促进学校及企业加速发展。三是深化学校课程改革。面对复杂的劳动力市场，课程目标和内容要适应市场经济和科技发展对人才的动态要求，不断进行修改、更新和充实。学校和企业要密切课程改革方向的合作，充分发挥各自优势，以企业需求为导向，以能力发展为核心，将知识传授和能力培养结合起来，增强课程的灵活性、适应性和实践性，构建适应企业需求、社会需求、个人需求相结合的课程体系，从根本上解决所学非所用的现实问题。

R.17
国际化发展战略下的人才管理实践

中信戴卡股份有限公司*

摘　要： 本报告介绍了中信戴卡股份有限公司在国际发展战略下的人才管理实践。其围绕“本部核心＋制造基地”的集团化运营模式，全面提升对国际化人才的吸引力，针对国际化人才设计人才发展项目，全面规划职业生涯发展；推进国际化人才的招募计划，在国内外进行各类人才的战略储备；持续加强学习发展型组织建设，陆续开展了面向不同员工层级的人才发展项目，深入挖掘并构建各层级员工的胜任力模型，走出了一条独特的国际化发展战略下的人才管理创新之路。

关键词： 国际化　人才招募　学习型组织

纵观宏观形势，“逆全球化”潮流不断涌现，中美贸易摩擦仍存，全球车市遭遇增长压力，我国经济也由高速增长阶段转向高质量发展阶段。中信戴卡股份有限公司（简称“中信戴卡”）为“解欧洲市场之围，救美国市场之急，占领非洲市场发展先机”，响应国家“一带一路”倡议，2014 年在美国建厂、2018 年在摩洛哥建厂，逐步深度运营欧洲、北美的多家制造基地和生产工厂。2019 年，中信戴卡正式进入“国际化 2.0 时代”。公司的战略布局和业务发展对人才发展工作提出了更高的要求。中信戴卡也在探索战略导向下的人力资源管理工作，在人才发展工作上也进行了一系列尝试，一直不断探索与实践。

---

* 执笔人：王妍，中信戴卡股份有限公司人力资源部（党委组织部）副主任、培训中心主任。

一　全面提升中信戴卡对国际化人才的吸引力

在公司全球化、国际化战略下，中信戴卡全面开启全球化人才战略，在世界范围内网罗优秀人才，打造全球人才引力场。针对目标人群，与国内外资深专业机构合作，在国内和欧美进行雇主品牌建设；对海外留学生群体开放提前接触、融入企业的机会；从人才需求角度出发，打造国际化人才应聘、入职、培训与发展的“峰值体验”；全面整合、协调政府层面资源，对公司国际化人才给予更多关注以及政策上的优惠倾向；给予国际化人才在薪酬福利和企业认可方面更多的满足；针对国际化人才，设计人才发展项目，全面规划职业生涯发展。从国际化人才的吸引、保留和发展多方面，建立机制、搭建平台、整合资源，为国际化人才在中信戴卡“建功立业”提供有力保障。

二　全面推进国际化人才的招募计划

根据公司“十三五”战略要求，人力资源部制定了“十百千人才工程”，近几年一直在国内外进行各类人才的战略储备。

为适应智能制造未来发展的新趋势，中信戴卡近年来每年在全国 20 余所 211、985 院校开展校园专场招聘，每年的国内校园招聘量都在 120 人以上。提升人才标准，与国内最大的测评机构合作，进行智商、情商、专业能力等多方面的筛选，从专业能力与通用能力等多维度提升人才测评信度与效度，提高人才匹配度，为智能制造工厂的建设储备优秀的大学生人才。通过多种社会招聘渠道招募各类专业技术人才、中高端经营管理人才、海外技术专家。

为了实现对公司全球研发平台的人才支撑，为公司海外制造基地运营储备人才，在全球化、国际化的大背景下，中信戴卡自 2018 年起率先开启国内汽车零部件行业规模化海外校园招聘工作。目前已先后在德国杜塞尔多夫、慕尼黑举办两场精英人才洽谈会；在德国、法国、美国、日本、韩国等国的 20 余所世界排名前列的知名院校做了 20 余场专场招聘会，包括巴黎六大、巴黎十一大、里昂中央理工学院、密西根大学、密西根州立大学、南加州大学、伊利诺伊大学香槟分校、西北大学、加州大学洛杉矶分校、加州大学尔湾分校、东京大学、名古屋大学、大阪大学、首尔大学等知名院校。所招募的候选人整体综合素质较高，专业评估工作能力和胜任力较强，具备国际化高潜人才的素质特征，为公司未来国际化发展做了坚实的人才储备。同时，通过开启全球校园招聘，扩大中信戴卡雇主品牌的世界影响力，为本地高层次人才结构优化和人才引进工作做出了突出贡献。

三　持续加强学习发展型组织建设

为支持公司“十三五”战略目标达成，持续提升运营管理人才的领导能力，中信戴卡正在推进“十百千人才工程”的落地实施。公司与全球顶尖的咨询机构合作，陆续开展了面向不同员工层级的人才发展项目，深入挖掘并构建各层级员工的胜任力模型，加强学习发展型组织建设。

面向中高层管理人员，在战略引领层面关注领导力发展，“领航计划”应运而生。首期“领航计划”为期 1 年，由公司董事长担任组长并全程参与，各分管副总作为业务教练承担具体任务。突出党性培养，依托教育培训推进“三严三实”和“两学一做”；做到点面结合，既确保中高层管理人才全员参与，同时选取 12 位潜力人才作为重点培养对象，进行个性化培养；创新培养模式，创新设计了“引导教练、咨询教练、业务教练”等三类教练共同协作的工作模式；着力学以致用，通过业务考核、能力评估和项目锻炼等方式，深化培养过程中的实际输出；搭建智能平台，通过智能即时通信平台，将过程管理转移到网络，实现线下线上的无缝衔接。项目建立中高层能力素质模型、结合模型进行能力测评，制定了领导力发展地图 LDM，实施了主题培训、教练辅导、行动学习、“三学讲堂”授课、辅导下属等，所有学员都取得了比较明确的进步和发展。通过本项目，中信戴卡初步确立了“标准、测评、培养、验证”的人才培养模式，为后续多层次人才培养打下基础。

面向基层管理人员，在能力认知层面关注知识体系搭建，“远航计划”扣响认知之门。“远航计划”为期半年，采取了主题培训、教练辅导、团队拓展等多样化的学习方式；设计了经典阅读、辅导下属、部门穿越等丰富的学习活动；同时通过多种测评方式帮助学员了解自己，通过多样化的学习方式及个人发展计划制定帮助学员自我提升，通过学习过程全流程的数字化管理见证每位学员的自我成长。项目实施过程中，通过线上、线下的学习管理方式营造浓厚的学习氛围，带动学员的自驱力。为了促进内部学习的传帮带，“领航计划”的部分学员担任“远航计划”学员的业务教练，给予学员工作指导、业务支持、发展建议，促进了内部交流和跨系统融合。“远航计划”系统构建基层管理人员的知识体系，有针对性地提升了基层管理人员的综合能力，持续营造了热烈、浓厚的学习氛围。

面向海外工作团队，从业务需求层面关注国际化能力提升，打造“海外人才特训营”。为支持海外业务发展，提升成建制海外支持团队的国际化视野、跨文化工作能力和国际化管控水平，中信戴卡打造了创新型人才发展项目“海外人才特训营”。该项目从“国际化视野”出发，以主题培训为主线，设计了英语学习、海外实践大讲堂等丰富的学习活动。制订了内容丰富、实用性强的海外工厂工作宝典，从业务运营、团队管理、人际交往、自我调适四个方面，将个人层面的实践经验系统化输入，形成组织层面的集体智慧并标准化输出，固化封装成功经验及应规避问题，为未来从事海外工厂运营管理的同事提供借鉴参考。通过实施“海外人才特训营”，有针对性地提升了海外支持团队的综合能力，进一步强化了对公司海外业务的人才支撑。

面向新员工潜才及国际化高潜人才，在自我驱动层面关注成长实现，设计“扬帆计划暨国际化高潜人才成长营”。此项目为期 4 个月，从管理自我、管理他人、管理业务、管理组织四个胜任力维度出发，聚焦提升新员工潜才及国际化高潜人才的突破力、执行力、沟通力、创新力。结合人才特点，项目创新设计了主修课堂、过关斩将、实践催化、知识风暴等学习方式，通过定制化、个性化的学习，实现人才的闭环培养。同时针对国际化高潜人才，设计职业生涯辅导环节，促进海外留学生人才在中信戴卡的保留和发展。

面向海外业务主力军，开展战略导向的“中信戴卡国际化 2.0 系列”主题学习。2019 年，中信戴卡正式进入“国际化 2.0 时代”。在此背景下，推出为期 1 年的“中信戴卡国际化 2.0 系列”主题学习，分 4 个序列，外语培训、实践分享—海外实践大讲堂、通用能力、国际文化。配置优质师资，为公司国际化业务开展的主力军和潜才提供知识获取和能力提升的学习保障。其中，“海外实践大讲堂”，对在海外优秀员工的实践经验进行萃取，鼓励员工走向讲台，汇聚成功经验并分享传递，持续营造“自我学习、相互学习、持续学习”的良好学习氛围。

四　面向未来的人才发展战略

2019 年是中信戴卡的“人才先行年”，中信戴卡将持续提升以战略为导向的人力资源管理能力，持续打造公司人才的竞争力，努力实现人才驱动业务、人才创造价值。后续也将探索平台型、赋能型企业大学的筹建，通过人才的培养和发展，增加人才价值，通过人才先行，支撑战略实现。

ℝ.18

区域产业集群模式下的人力资源结构特征

恒润集团有限公司*

摘　要：　本报告论述了恒润集团基于当地区域现状和产业集群模式下的人才工程实践经验。恒润集团实施平台化战略，整合要素资源，构建产业体系，以产业发展带动人才聚集、以人力资源综合服务推进产业提升，构建平台搭建、培育人才、品牌塑造、“互联网+”的产业发展新格局，强化科研平台建设和行业组织建设；制定有针对性的人才政策，加强职业生涯规划，促进人岗匹配；优化管理机制，合理激励人才，形成产教城跨界融合发展。

关键词：　产业集群　人力资源　人才工程

近年来，随着传统产业加快转型升级，民营经济总量明显下降，主要表现为产业工人老龄化严重、产品同质化明显、整体产业链条较短等较为突出的关键共性问题。面对“一带一路”倡议、“京津冀”协同创新发展机遇，在产业转型升级的趋势下，恒润集团有限公司（简称“恒润集团”）基于枣强当地的区域现状和产业集群模式特征，实施平台化战略，整合要素资源，构建产业体系，以产业发展带动人才聚集、以人力资源综合服务推进产业提升，构建平台搭建、人才培育、品牌塑造、“互联网+”的产业发展新格局，形成产教城跨界融合发展、产业一体化带动发展、区域经济提升发展的示范区。

---

* 执笔人：宋建国，恒润集团有限公司董事长、高级工程师；刘菊芳，河北省复合材料产业技术研究院副院长；于婷婷，恒润集团产业服务事业部部长。

一 以平台建设聚集人才工程

（一）强化科研平台建设，聚集新型产业人才

恒润集团联合武汉理工、华东理工、河北工大、北航等多所院校成立了河北省复合材料产业技术研究院，通过对接外部科研院所、专家等专业高端资源，形成以科技创新团队、产业服务团队为主的人才培养体系和产学研战略联盟体系，先后建立了“2682 工程”，即 2 个工作站——院士工作站、博士后科研工作站，6 个省级工程技术中心，8 个实验室和 2 个中试基地，围绕科技研发、创新孵化、展览展示、教育培训、电子商务等平台化理念，实施战略性人才合作方式，通过平台开放、院校合作、职称评定、荣誉奖章、项目承担等激励方式，加强人才队伍建设，以区域特色产业为优势，对接衡水当地院校（衡水学院、衡水职业技术学院）进行合作，在学校开设覆盖衡水的十大特色产业课程。同时在研究院设立学生实训基地，在当地培养产业人才，吸引产业人才，打造具有特色的人才队伍，培养一批永远不会走的落户人才，吸引一批高端合作人才，以研究院为中心建立高端人才资源库，聚集行业高端人才、创新人才，真正实现人才“引进来”，政策“走出去”的产业特征。

（二）强化行业组织建设，打造人才聚集高地

围绕以人才为第一资源、行业组织是第一渠道、产业综合服务是第一手段的中心理念，在基于区域产业聚集优势，面对产业人才匮乏、总体水平有待提升的共性情况下，引导、培育、带动产业人才综合利用尤为重要。推动衡水市区域内的各县市区特色产业成立行业协会组织，搭建不同区域的行业性、专业性、综合性或服务性的各类协会平台。在龙头企业带动、政府政策支持、行业资源聚集、协会了解深入的契机下，“立足枣强县域特色产业、带动衡水及周边县域特色产业”，形成以产业联盟模式下的人力资源聚集平台。围绕“6 个综合”——综合对接行业人力资源服务机构、综合提升产业人才整体水平、综合调剂产业人才利用价值、综合创造产业整体生产效率、综合改善区域整体经济环境、综合提高区域人才创业就业空间，带动区域人

力资源整体水平提升。行业组织既是中立机构，又是权威机构；既是企业的娘家，又是政府的婆家；既是行业的服务者，又是行业的带动人，利用行业协会聚集大量人力资源机构、创造优质的人才环境，整体提升县域产业集群模式下的人才综合素质，解决产业面临的众多关键共性问题。目前，由恒润集团发起成立了“枣强复合材料协会”县域产业性、专业化组织，“衡水市继创者联合会”具有传承、创新创业的企业接班人综合提升组织，“衡水市产业联合会”各产业专业协会资源聚集、综合利用、信息共享平台组织。同时利用现有协会覆盖，于新疆、福建、江苏等地成立各类商会，以人为本，聚焦平台，“不忘初心、牢记使命”综合利用人才资源，为当地区域产业提升提供优质人才环境。

（三）强化人才管理服务，构建人才产业孵化园

习近平总书记指出，“要树立强烈的人才意识，寻觅人才求贤若渴，发现人才如获至宝，举荐人才不拘一格，使用人才各显其能”，强调了人才是最宝贵的资源。在衡水特色产业集群的资源环境中，推动建成省级专业人才产业孵化园，围绕人力资源配置、提升、管理、开发等相关服务功能，合理优化人才资源配置，加强渗入产业人才的教育提升，带动区域内产业集群规模下的产业人才聚集及提升工程，打造产教城融合一体化的服务模式，以人力资源管理和人才服务为核心、以人力资源有效开发与优化配置为方向，融合高效的人力资源信息化管理服务平台，建立合理流动和最佳配置的人才资源库，提供人力资源最为核心的“人才管理、文化管理、成本精细化管理、政策管理和人才服务”等人力资源服务五大要素功能，有效解决产业人才合理流动、产业人才培养提升及人才结构不合理等共性问题。

依托人才产业孵化园引进人力资源管理服务机构和信息化人力资源服务平台，借助本区域内研究院高端资源聚集平台和研发中试基地，对接衡水形成的“八校合一”平台，合理开设与产业相关的专业课程，同时将研究院作为实训教育基地，开展工厂化培训，形成产业、教育互通互补局面。加强培养标准化技能工人和产业人才，提高产业人才年轻化状态。同时，研究院开设基础教育、高端教育等多种模式的实训培训和实践活动，以“师傅带徒弟”和激励机制，开发人才自我价值，促进人才水平发挥。

人才产业孵化园针对不同层次的人才设定不同的吸引机制和激励政策，针对高层次人才，对接相关部门，开启“职称评定、荣誉奖章、继续教育、学历提升”等工作，也建立完善的后勤保障制度，包含人事代理、子女入学、人才落户、住房保障等健全的生活配套服务。例如，人才产业孵化园与县域内恒大御景湾合作建立了专家公寓项目，做到既留住当地产业人才，又吸引外地人才就业落户，从而实现产业人才结构的合理调配。

（四）强化服务基地建设，培育创新创业人才

建设具有创新元素、创业氛围、服务保障、资源聚集、人才拼搏的示范平台基地。双创示范基地、科技企业孵化器等是激发全社会创新创业活力的重要载体，强化创新载体教育、完善人才激励政策、建设一流的创新创业环境，推动创新创业资源向众创空间、孵化器等基地聚集。以产业环境、政策支持、股权激励、荣誉奖励等激励模式，吸引大学生创业、海外留学人员创业、有志青年创业、高层次人才创业、事业编制人员在岗创业，为其提供办公生产场地、贸易金融服务、人力资源服务、专家对接服务、技术指导服务等优质服务，旨在吸引新型创新创业人员，鼓励创业，促进创业，带动就业，为人才提供各种适宜的环境条件。目前，由恒润集团投资建立的“河北省复合材料众创空间”“河北省复合材料科技孵化基地”，在多方位为创新创业人员提供优质的服务保障和资源平台，同时对接衡水市“一谷一港一中心”，不仅仅以专业性众创空间和孵化器平台为载体，进行战略合作、资源共享，为创新创业人才提供更宽广的发展环境，更净化的创业氛围；更以专业性研究院为载体，有效进行成果合理转化，为人才提供项目支撑、职称评定等服务，更快速地提高人才社会地位。

二　以创新管理培育人才工程

（一）优化管理机制，制定引才政策

1. 技术人才

重点院校、重点学科（包括“双一流大学”、国家“985 工程”“211

工程”高校、知名科研院所、其他高校中经教育部评估排名前 10 的学科）毕业的研究生，由人才工作领导小组审批后引进。围绕复材制造、生态纺织、现代农业、燃气调压等重点领域，通过岗位聘用、课题研究、项目合作、咨询服务等方式，柔性引进国内知名专家、教授或行业领军人才来枣强服务。引进的国内、省外人才，原则上不受单位编制名额限制，有空编的占空编，无空编的可采取先进后出或设立专门岗位的方式录（聘）用。到当地工作的全日制博士、国外高水平大学毕业的博士，或全国高等院校（一本）毕业的全日制硕士、国外高水平大学毕业的硕士，以及“双一流大学”毕业的本科生，在享受省人才补贴的基础上，再分别按月给予 2000 元、1000 元、500 元人才生活补助，工作期间连续补贴 5 年。

2. 普通工人

开展技术技能培训。每年有计划地开展在岗工人职业技能培训，对当年取得职业资格证书或职业技能等级证书的，按工种类别和技能等级给予 700 ~6000 元培训补贴。与职业院校、技工学校和职业技能培训机构合作，全面开放培训资源，共享优质资源，实施劳动者技术技能素质提升工程。解决子女入学或配偶就业。优秀人才子女义务教育阶段可选择县内任何学校（幼儿园）就学，享受与本行政区域内学生就读的同等待遇；高中阶段教育由教育部门协调解决就近就学。对于引进人才的随调配偶，按相关政策优先予以安置工作。

（二）优化管理机制，合理使用人才

1. 人岗匹配

人岗匹配是人力资源管理的一个术语，通俗理解，就是是否适合某个岗位。不同人的能力有高下之分，但每个人的性格、兴趣和擅长不同。通过内部竞聘制度，充分挖掘员工的主观能动性，并发现员工擅长的领域，在一定程度上促进人才与岗位的匹配，从而提高工作效率。

2. 职业生涯规划

入职员工进行入职培训时，很重要的一项就是员工职业生涯规划。通过系统的培训让员工了解自己，真正认识自我，找到自我，正确认识个人和企业的关系，把个人职业生涯规划与企业发展相结合，实现个人与企业的双胜共赢。

（三）优化管理机制，注重人才培养

1. 岗位轮换

岗位轮换有助于打破部门横向间的隔阂和界线，为协作配合打好基础。部门间的本位主义或小团体主义，往往来自对其他部门的工作缺乏了解，以及部门之间人员缺乏交往、接触；企业要培养能够独当一面的复合型人才，内部的岗位轮换是一种既经济又有效的方法；在同一岗位时间长了，就会产生厌烦感，适当的轮换岗位会使人有一种新鲜感，而且也会让人感到上级对自己的重视，感受到领导是在有意识地全面培训自己，会在新的岗位上施展自己更大的才能；岗位轮换能消除小团体、避免一些要害部门的人员长期在一个部门而滋生腐败。

2. 制定规划性目标

制定规划性目标的目的在于管理过程中实现自我控制。在目标体系组织实施过程中，对于各个部门、各个成员明确了自身的目标，明确自己的职权。对于职责和工作的具体任务，可以通过比较实际结果和目标来评估自己的绩效，以便做进一步改善，在工作中实现自我控制。用自我控制的管理代替上级主管压制性的管理，能充分发挥组织成员工作的聪明才智和创造性。正如德鲁克所说“目标管理的主要贡献之一，就是它使得我们能够运用自我控制式管理来代替由别人统治的管理”。目标指期望的成果，这些成果是个人或部门或整个组织努力的结果。目标为所有的管理决策指明了方向，并且作为标准可用来衡量实际的绩效。其直接的作用主要体现在对管理过程的控制环节。但是作为活动的预期目的和结果，目标对管理的重要作用又不局限于此，它可以对人产生巨大的激励作用，这种作用将贯穿于整个管理环节，使管理活动获得最佳效益。目标确定能使人明确方向看到前景，因而能起到鼓舞人心、振奋精神和激发斗志的作用；在目标执行过程中，由于目标的制定都具有一定的先进性和挑战性，在实际工作中必须通过一定的努力才能达到，因而有利于激发人们的积极性和创造性；在目标实现以后，由于人们的愿望和追求得到了实现，同时也看到了自己的预期结果和工作成绩，在心理

上会产生一种满足感和自豪感，这样就会激励人们以更大的热情和信心去承担新的任务以达到新的目标。

3. 定期的岗位培训

满足集团及行业其他公司的人才需求，打造优秀的企业员工团队，增强产业竞争力，适应集团及行业对各类人才的需求，有序高效地开展岗位培训、专项培训、综合培训等工作，进一步实现复材产业人才水平提升。针对一线工人，开展职业技能培训、学历培训、资格证（包括电工证、电焊工证、吊车工证等）办理；针对办公室人员，开展岗前职业化培训、职业素养职业道德培训、岗位技能培训，提高执行力，员工职业生涯规划能力；针对行政管理人员，进行团队建设、规范化管理、职业素养职业道德培训、任职资格培训；针对生产管理人员，进行安全生产法律法规培训、安全知识培训、质量管理、岗位职责培训；针对企业高层，进行企业管理、企业家精神、战略规划、团队建设、角色认知、目标管理等多项培训。

（四）优化管理机制，合理激励人才

1. 内部竞争制度

鼓励员工以不断突破、挑战自己为荣，通过绩效考核的手段，激发团队内部的创新氛围，辅之以完善的内部晋升制度，激发员工的企业归属感和奋发向上的斗志，形成企业内部的良性互动。

2. 人才政策

深入贯彻落实党中央国务院及省委省政府的各项人才举措，从引人、育人、用人、留人的各个方面出发，激发人才的能动性及归属感，促进产业人才集聚。充分挖掘人才潜力，完善人才管理机制，创新人才发展方式，提升人才素质水平。

3. 激励奖励

完善人才激励奖励制度，对接支持政策，帮助员工进行“三三三人才”“省管优秀专家”“劳动模范”“能工巧匠”等荣誉申报和“高级工程师”等职称评定申报，有效合理地提高员工自身价值，使员工在企业中更加具有获得感、融入感和责任担当精神，同时为企业带来更加有效的价值。

三　以品牌塑造、培育、延伸人才工程

集团建立了与人才相关的联络站，增设咨询师、受理窗口等服务，主要体现在以下五个方面。

（一）以党建教育培育党性人才

企业注重党建引领、文化塑魂、教育培训、服务保障，以党建精神，培育党性人才；恒润集团出资600万元，建设了枣强县“两新组织”党群服务中心，总建筑面积达2000平方米，共分为两大板块——教育培训中心和党群服务中心。教育培训中心由6个大小不一的多功能教育培训厅和红色文化长廊两大部分组织，主要承接各类培训和党课活动。2018年以来共开展各类培训14期，培训党员干部2800多人次。红色文化长廊主要是从党的一大到十九大内容中提炼出的十大精神系列红色教育展牌，开展党性教育。党群服务中心设党建工作室、群建工作室、政策咨询室、法律援助室、谈心谈话室五大功能室，设置了一站式服务平台、服务处、留言处，并免费提供教育书籍，为各类人才提供发展、学习平台，积极承担社会责任。

（二）以道德文化教育人才不忘初心

枣强县是西汉儒学大师董仲舒的故乡，被称为董子故里，董子文化不断丰富新时期的精神内涵和人文底蕴；枣强县大营镇裘皮产业在历史上经久不衰，秦始皇御封“天下裘都”；枣强县是明初全国三大移民地之一，移民文化成为增进沟通、促进经济社会发展的桥梁和纽带，被誉为“移民之乡”；枣强县是革命老区，长篇小说《平原枪声》就是描写枣强人民抗击日寇的故事；首届全国道德模范、全国优秀共产党员、新中国“双百”人物林秀贞和第三届全国道德模范、第十二届全国人大代表、全国抗震救灾模范、全国最美村官王文忠都出自枣强县，枣强县被诸多专家学者誉为“道德高地”。该县立足实际，牢固树立“党建是最大政绩的理念”，积极放大“董子故里”“道德高地”独特的人文优势，并与党的建设高度融合，依托“两新组织”党群服务中心，突出党建引领，注重培树品牌，着力打造“儒乡党建·尚德枣强”党建品牌。

（三）以党建精神促进带动作用

枣强县“两新组织”党群服务中心，以“党建带群建，群建促党建，党群共建”为核心，形成党群工作的整体合力。充分发挥“一中心五带动六作用七功能十一阵地”平台支撑作用，开展形式多样的党群活动，增强党务服务，激发党员活力，实现“让党旗更鲜艳、让党员做贡献”的效果。中心成立以来，妇联依托中心，举办恒润集团妇联成立大会，成为全市第一家非公企业妇联组织；武装部在中心举办2018年新退役军人就业洽谈会，解决退役军人就业问题，并在中心设立返乡退役军人创新创业实训基地；县总工会依托中心，组织举办全市六大劳动竞赛之一——枣强县复材行业大气污染防治劳动竞赛，全县45家重点企业参赛，彰显了枣强复材行业工人技能和风采；团县委依托中心举办共青团党的十八大精神座谈会，在中心设立青年“双创”中心，通过党群共建，实现了共促共建，全面提升了服务群众的水平和功能。

（四）以党组织+企业形成资源共享

中心的建立充分发挥了党组织和企业主体“两种资源”“两个积极性”，在资源整合、效能聚合、党企融合方面进行了大胆的探索和尝试，为党组织和企业在新时代、新形势、新机遇下实现互促共进，建立党建引领、企业发展的“亲清”新型政商关系搭起了良好的平台，实现平台共建、资源共享、要事共商、成果共荣、互利共赢。中心建立后，先后由组织部、人大、宣传、人才、人民武装、妇联、团县委、总工会等12家部门在中心挂牌，建立基地，该中心已成为服务于枣强县经济社会发展的全要素综合性服务平台。同时率先成立全国第一家县级“两新组织”党校，被市、县委组织部确定为“两新组织”党员教育培训基地。2018年10月，全省非公党组织书记培训班学员在省委组织部基层组织三处曹宪峰处长带队下，到“两新组织”党群服务中心观摩，中心得到了观摩团的一致称赞。省委党校陈春生、李国进等教授对中心在构建新型政商关系、服务企业方面的创新举措给予了高度评价，已初步确定枣强县“两新组织”党群服务中心为省委党校教学直接联系点。中心建设得到了各级领导和社会各界的关心、关注。截至目前，共接待各级领导和社会各界参观视察指导8000多人次。

（五）以“线上线下”智慧引领

一是打造智慧服务中心。以打造智慧党建为抓手，与枣强县融媒体中心合作，以运用数字化、信息技术、“互联网+”三项技术为突破口，配齐可视化系统、网上办事平台、线上视频开会上党课设备，实现“办事流程可视化、数据传输便捷化、视频会议灵活化、网上督导透明化”，让数据多跑路，让群众少跑腿。二是健全配套设施。改造旧厂区，高标准建设枣强县人才产业孵化园综合体项目，建成标间30套，并改造餐厅，使之可容纳300人同时就餐，彻底解决食宿问题，补齐短板，承接县外各类培训，努力打造一流培训基地。三是实现平台多元化。拓宽平台外延，吸纳更多资源向中心聚集，丰富平台服务功能，实现资源共享、平台共用，更好地服务全县经济社会发展。

R.19 战略人力资源管理的思考与实践

神州数码集团有限公司*

摘　要： 本报告论述了神州数码集团有限公司在企业战略人力资源管理过程中的思考与实践。其摆正人力资源管理者在组织里的价值定位，秉承"推动组织实现战略、为业界有所贡献"的使命，立足业务设计，构建战略人力资源全景图，把握战略人力资源关键点，通过在组织、人和机制文化上发力，最终提升组织效能，促进人员发展。

关键词： 战略人力资源管理　组织管理　机制建设

战略人力资源管理（Strategic Human Resources Management，SHRM）就是依据组织的战略需求，通过推动组织变革、塑造组织文化、满足战略对关键人才的需求，进而推动组织战略目标实现的过程。相对于传统人力资源管理，战略人力资源管理定位于推动和支撑组织战略，一切围绕战略而进行的人力资源的全方位工作。概念很容易理解，但要想真正做到还是相当有难度的。当然，最为关键的因素还是人力资源管理者自身的认识和能力问题。下面就从三个方面简要介绍神州数码在战略人力资源管理方面的认识和实践，希望与业界同行共同学习和分享。

一　自身定位和使命感

作为人力资源团队一员，尤其是人力资源的负责人，如果没有使命感，很

* 执笔人：郑桂霞，神州数码信息服务股份有限公司人力资源部常务副总经理。

难想象可以做到战略人力资源管理。通常人力资源工作大体分为以下三个层面。

（一）技术层面："事情"驱动

如招聘调配、薪酬发放、福利上缴、员工关系、技能培训等。每天的工作就是忙于应对，大部分属于常规工作，通常认为"应该做"而很少或根本没去思考过"为什么做"，只是停留在"做事"的层面。这种情况发生在组织发展的任何一个阶段，无论是初创期，还是成长期、成熟期和衰退期，只要有组织存在，就有人力资源相关工作，但这些工作的出发点不是战略和以终为始，而通常是为了应对当下需要而做的基础性和保障性工作。

（二）机制层面：体系驱动

比如组织管理和组织设计、权责体系、考核评价、激励等体系性工作。这个时候，人力资源是自上而下、站在组织的角度（注意不是自下而上的业务需求的角度）去看如何设计和调整组织、如何进行关停并转、各层各类组织的价值产出和定位、如何设计考核评价体系、如何进行中长期激励，以保障战略和业务目标实现。

（三）文化层面：文化驱动

包括文化和价值观建设、评估评价体系等软环境建设。一个组织需要有自己的使命和价值观，去吸引和保留一批又一批认同组织的价值观、并不断塑造和传播价值观的人，进而形成一股强大的力量，使价值观和文化成为这个组织的隐形资产，与战略和业务模式一起，成为可持续发展的强大基石。

以上三个层面的工作，通常也是人力资源发展的三个阶段，是一个组织的人力资源伴随组织从成立到发展、不断迭代和成长的过程。但并不等于说，在第一个层面或第一阶段，就不能或不需要做到战略人力资源管理，恰恰相反，只要有组织存在，就需要战略人力资源的思维和战略人力资源的实践，是不是和能不能做到战略人力资源管理，不取决于组织是否需要，而是取决于人力资源能不能。同时，并不是说第一个层面的工作就不是战略人力资源，战略人力资源取决于工作的出发点，比如：根据金融科技战略的需求，要吸引专业人才并快速拥有这方面的能力，这就是战略性招聘，是战略人力资源工作的一部分。与此相关，在人员激励、考核评价上一定也会做相应的调整。

由此就会理解，是否能做到战略人力资源管理，不在于做的是招聘还是组织设计，而在于是否是自上而下、以终为始的工作。不能做到战略人力资源管理的最主要的原因，是没有这种意识和思维，把 80% 甚至更多的精力花在技术层面，热衷于设计各种表格和评估工具，热衷于在工作形式和人力资源自身"专业性"和具体的技能技巧上下功夫，忘记了人力资源最终必须服务于组织战略目标实现这个初衷，这在业界叫"HR 深井"。

所以，作为组织里的人力资源，首先务必摆正自己在组织里的价值定位，能支撑战略、解决业务问题的 HR 才是真正专业的 HR。企业 HR 和咨询公司最大的不同就是企业 HR 一定是基于对战略的透彻解读、对业务的实际分析，而不是用通用模板和工具做出通用报告、提供通用方法。

任何一个企业的成功都离不开两个关键因素：一个是战略，一个是组织能力。战略是公司高层关注的事情，人力资源要做的是参与到战略制定的全过程中来，去深刻地理解组织为什么要做出这个选择而不是那个选择。然后根据组织和业务战略，制定支撑战略实现的人力资源战略，打造组织能力。

所以，做人力资源工作千万不能只是固守选、用、育、留，为了做而做。而是应该由战略、业务切入，再到组织、人和文化，这是一脉相承、有前后逻辑关系的。在公司的历次转型和变革中，人力资源都会参与到战略制定过程中去，只有这样，才能清楚地知道战略转型要去哪里、建立什么样的组织、打造什么样的文化、需要什么样的人、培养什么样的能力以及需要什么样的考核激励来推动和保障战略的落地实现。

除了摆正自身定位之外，还要有使命感。一个组织是需要有使命、愿景、价值观的，只有这样，才能吸引和保留住有共同愿景和价值观的人，一起为了实现组织目标而努力。作为人力资源工作者，尤其是战略人力资源工作者，是需要使命驱动的。因为人力资源不像前端业务部门有可衡量的业绩和回报，也不像技术部门有技术领先或直接解决客户问题的成就感，反倒组织里的大事小事都跟人相关。人力资源必须站在一个公正的立场、在内心完全没有名和利的影响下去协调解决问题。如果没有使命驱动，是难以找到驱动力并坚持下去的，也就无法心无旁骛地推动组织战略目标达成。

经历了10年的磨合，神州信息的HR团队是一支拥有使命感的团队。我们的使命是推动组织实现战略，对业界有贡献。这个使命不是用来说的，而是用来指导实际工作的，尤其在面临困难的时候；同时，使命不仅是团队负责人自己知道，而是要整个团队，至少是骨干人员都认同才行。

神州数码的人力资源团队每年都会不断地复盘和总结。结合实践，把人力资源管理分为以下6个层级，目前正处在5~6级的阶段，一方面，重点精力在支持和推动公司战略实现，另一方面，总结经验，提炼认识论和方法论，希望与业界同行分享，对业界有所贡献（见图1）。

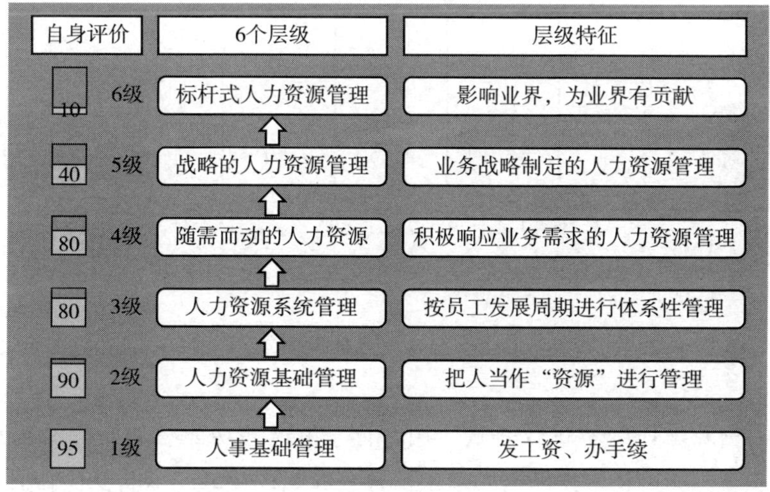

图1　人力资源管理的发展层级

综上所述，要想做好战略人力资源要练就两种能力：一种是自上而下的俯瞰能力，一种是以终为始的系统架构能力。

二　战略人力资源全景

想做好战略人力资源工作，其实是有一套工作逻辑的，那就是神州信息的人力资源工作逻辑。

如图2所示，战略人力资源工作的起点是战略，然后是战略导向下的业务选择、业务模式、业务流程。战略和业务这两个步骤属于“业务范畴”，在此基础之上才会有相应的人力资源规划，也就是“HR 范畴”，包括首先组织怎么设计和调整，都设哪些职能，每个组织的价值定位和产出是什么，对什么负责，相互之间的关系是怎样的；其他不同的组织应该设置哪些岗位，哪些岗位需要新增，哪些岗位需要合并或取消；最后才是人岗匹配，什么岗位上用什么人更合适，能发挥最大作用和影响。这些人需要具备哪些能力，应该有哪些产出，如何考核和评价。业务范畴和 HR 范畴有机结合，走成闭环，最终沉淀出组织能力。

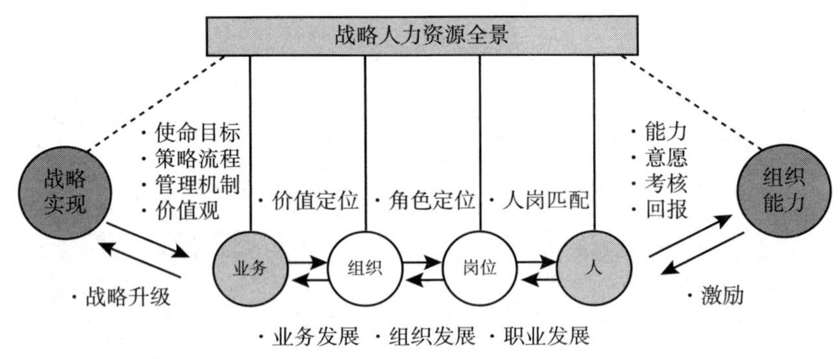

图 2　战略人力资源全景

人力资源工作绝不仅仅是选、用、育、留这些功能模块，它的起点是战略、是业务，终点是组织能力和组织绩效，并循环往复，不断迭代和适应。神州数码的 HR 团队秉承“推动组织实现战略、为业界有所贡献”的使命，立足业务设计开展人力资源的所有工作。

基于对这个大逻辑的认识，人力资源工作屋顶如图 3 所示。人力资源的价值是从组织和员工两方面去考虑的，这是由人力资源这个独特的身份决定的，因为人力资源既服务于组织，又服务于员工，所以在推动组织战略实现的同时，也要促进员工的成长。在这样的价值定位基础上，人力资源通过在组织、人和机制文化上发力，最终提升组织效能，促进人员发展。为此，从专业能力上来说，人力资源必须具备人事服务能力、HR 专业能力、业务支持能力和组织变革能力。

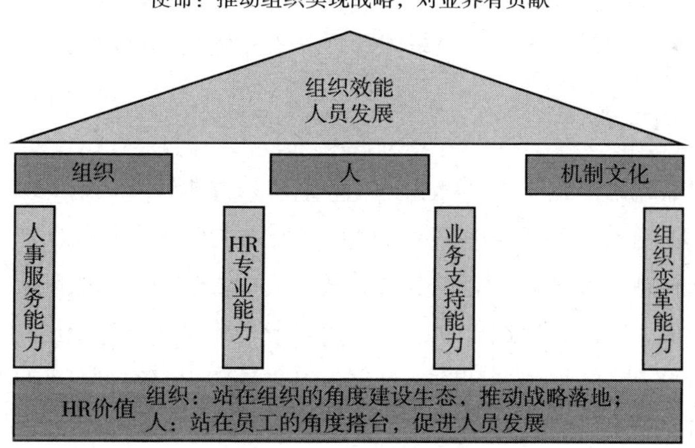

图3　人力资源屋顶

三　战略人力资源关键点

（一）一把手的重视和信任

企业一把手绝大多数都是从业务一线一点一点做起来的，对业务、对市场、对客户的理解是他们的优势，而对人力资源的理解很可能主要停留在基础人力资源层面，比如招聘、发薪、社保、技能培训等。正因为如此，他对人力资源没有太高的期待。但也有部分一把手，深刻地认识到其实最大的生意是人的生意，也就是说，选对、用对一个人就可以开创一片蓝海，盘活一个业务，甚至会孵化和促成一个新的业务模式。这样的一把手会非常重视人力资源在这个过程中的作用。作为人力资源负责人，如果碰上这样的一把手，棋逢对手就会很精彩，可以深入地、战略性地共创很多人力资源实践。但如果是相反的情况，不能成为一把手的同频者，听不懂一把手的话，理解不了一把手想要啥，那就很难过了。

一把手的重视是一个方面，更重要的是即便遇到这样的一把手，人力资源自身的能力是否过硬，是否能够取得一把手的信任，恰恰是做好人力资源非常重要、甚至可以排在第一位的关键成功因素。

如果有了这个合适的土壤，人力资源接下来要做的事情很多，涉及方方面面，本报告只谈关键的三点——组织管理、人才管理和机制建设。

（二）组织管理

组织管理理论产生于19世纪末20世纪初，古典管理理论的基础是“经济人”理论，提出要用科学管理方法以追求组织的生产效率和合理化，行为科学学派的基础是“社会人”理论，提出在组织内建立良好的人际关系是提高组织效率的根本手段。组织管理的主要内容就是通过建立组织结构，明确组织定位和价值产出，定岗定编，明确责权，以有效实现组织目标的过程。通过组织管理，明确组织中有些什么工作，谁去做，产出是什么，工作者承担什么责任，具有什么权力，与组织结构中上、下、左、右的关系如何。只有这样，才能避免职责不清造成的执行中的障碍，保证组织目标的实现。组织管理的内容包括三个方面：组织设计、组织运作、组织调整。

当然，在进行具体的组织结构设置之前，需要明确组织设置的指导思想，不同的组织有不同的业务模式和业务流程，比如产品型的公司和销售型的公司在组织结构设置上一定有不同的导向，是以客户为中心还是以产品为中心，抑或是矩阵式结构；在组织发展的不同阶段也要有不同的思考，公司初建就没必要将结构和功能划分得太细，规则也没必要太具体，管理的颗粒度需要大一些、相对模糊和弹性。随着公司业务规模和人员规模的不断扩大，适应组织发展的规则才需要明确出来，协同作战。

神州信息作为一家秉承“责任、激情和创新”的公司，在发展过程中经历了多次转型，人力资源根据组织的战略意图不断调整自身的规则，甚至在需要的时候打破原有规则重建新的规则以支撑业务发展。总体来讲，会通过对组织发展和战略意图的深入理解，构建组织管理的总原则，然后制定和刷新组织设置规则，过程中跟进组织运转，年终评估组织效能和各级各类组织的成熟度，依次为次年的组织调整和人员调整提供客观依据，如图4所示。

在这里特别要提醒的是跟进、落地。组织管理并不只是年初定规则，年底评估这么简单。规定确定之后，各级组织及其负责人真的理解和认同了其职责、产出，以及由此而来的年度重点工作，最终落实到每季度、每月和每一周、每一天（见图5）。为了让年初想的和年底要的一致，就必须确保大家在

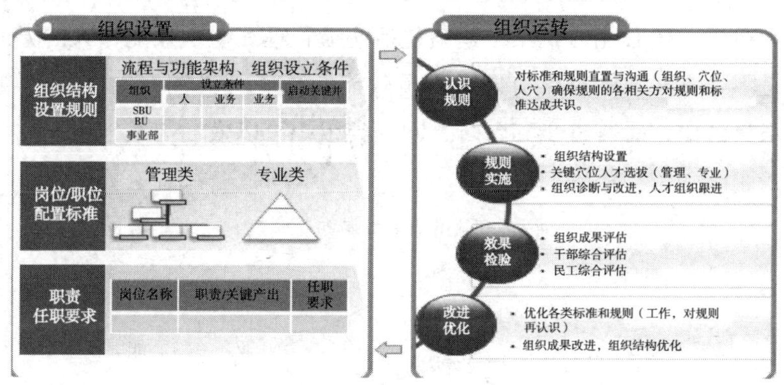

图 4 组织管理全景

过程中做的与年初所想和年底所要是在同一条道上，否则，年底的结果一定会大打折扣。为此，人力资源尤其是 HRBP 要在这个过程中起到牵引和过程指导的作用，真正做业务的伙伴而非警察。

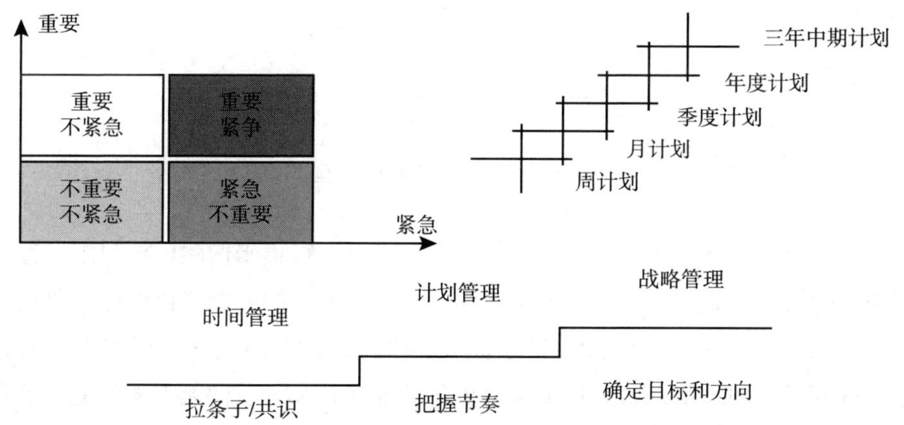

图 5 从战略到执行的过程管理

很多组织都在做年终评估，比较多的可能是对人的评估，如 360 度、九宫格，都为业界所熟知和运用，所以在这里不再赘述，只想简单分享一下神州数码在组织评估中的实践。

如前所述，任何一个组织在设立之初是有其组织定位和价值产出的，职能部门和事业部的区别也是非常明显的，所以定位和职责产出就决定了对组织进行评估的维度。比如对业务部门的评估要素是业务、业绩和人，业务又包含战略设计和布局、核心能力积累，业绩包括业绩管理和组织效能，人的方面主要是人心是不是齐、人才有没有以及人员效能的高低（见图6）。同一个组织可以纵向跟自己比，看看进步和台阶，同一类组织可以横向与其他组织比，看看优势和差距。

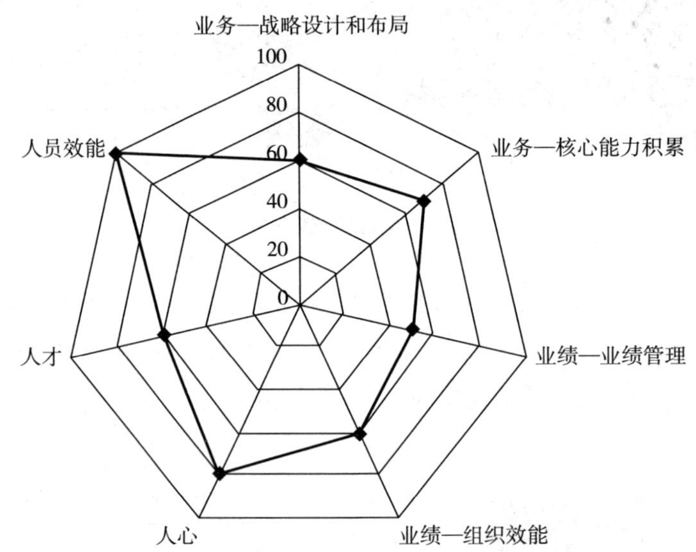

图6　组织成熟度评估模型

在对组织进行横纵向评估和分析之后，就可以跳出来俯瞰整个组织，整体组织能力如何，哪些组织的成熟度比较高，哪些组织的成熟度比较低；通过对人的评估，了解哪些人在意愿和能力上都比较强，可担重任，哪些人需要调整。这些盘点的结果，就为接下来组织的关停并转和人员的能上能下提供了直接依据，使排兵布阵变得可能和有效。

（三）人才管理

1. 选拔

谈到人才管理，无非是选、用、育、留、记五大环节（见图7）。对应人力资源内部的功能模块和分工，基本是招聘调配、组织发展、学习发展、考核激励以及系统记录。在每个模块中，都会有很多方法论，但跳出来看，在所有

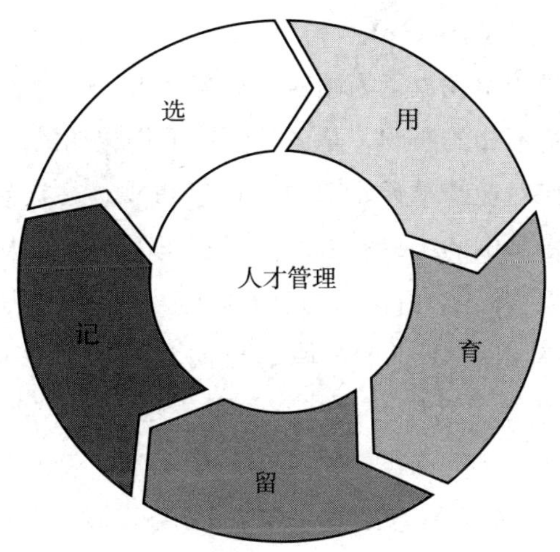

图 7　人力资源五环模型

环节中，选人是最为重要的。大家都知道，做事情是选对比做对更重要，这在人员管理中也是同理，选对人比培养人更重要，如果苗子不对，培养只能是事倍功半甚至根本无效。所以《重新定义公司：谷歌是如何运营的》就提到：招聘是你最重要的工作，面试是你最重要的技能。谷歌的面试官在每一位面试者面前都是一丝不苟的，都会投入非常大的精力，宁可“漏聘”也不“误聘”。

新人的引进如此，内部人才的晋升或任用同理。在选拔一个人担任重要岗位负责人之前，有严格的考察甄选流程，会根据拟任岗位的岗位职责和能力要求，对候选人进行至少是 180 度（上级和本人）的访谈，必要的时候也会增加更多的访谈者，比如横向的其他部门，或者有合作关系的关键人。考察合格，才会提出人力资源的建议，报请上级领导审批通过。考察报告模板如表 1 所示。

表 1　考察报告模板

姓名	岗位职责	结果	现状概述				整体评估	
			业务	业绩	人	心态	优劣势	用人建议

2. 履职

人才选拔出来是初步完成了人岗匹配。实际上，一个人在这个岗位上是否真的能全部的、不折不扣的履职，是更重要和值得关注的。尤其中国企业几十年来高速发展使人们对业绩结果、对数字高度重视，往往导致数字文化太浓，往往会觉得岗位职责是虚的，只有 KPI 才是真正需要下功夫达到的。因此会忽略管理过程，不重视核心能力打造，只为当期业绩目标努力。这既有外部客观大环境的影响，也有组织内部小环境的导向和沟通不够的原因，往往变成“一白遮百丑”，业绩好了就什么都好，久而久之，组织能力和管理基本功能就容易遭到破坏。所以自上而下、在关键的中高层，普及岗责和业绩的关系，让大家理解必须着眼岗责、不忘源点，才能有业务发展的大画面，通过明确岗责和价值产出，强身健体，才能让关键业绩指标越来越好，而不是将全部力量只聚焦在 KPI 上，那样的话会造成视野狭窄、发力点受限，最终的结果一定是为组织带来小的改变。所以，是时候转变大家的认识了：岗位贡献远远大于 KPI，选择和聘用一个人是为了产出岗位贡献，可能包括核心能力、客户结构、业务质量、人才结构等，而绝不仅仅是 KPI，KPI 只是关键业绩指标（见图 8）。

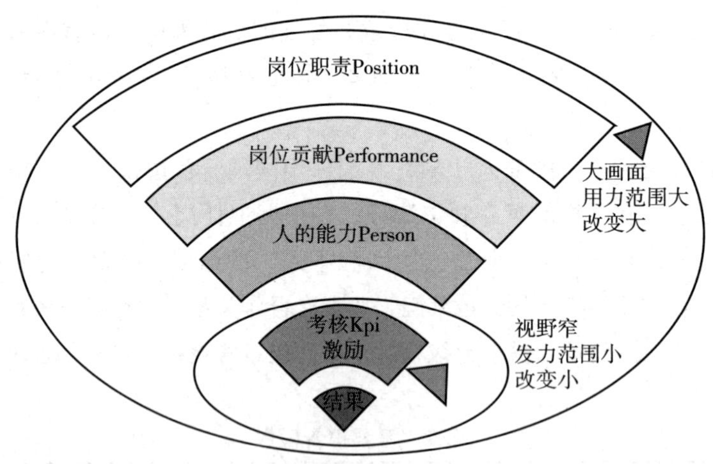

图 8　3PWIFI 模型

3. 培养

对人才的培养是多维度的，神州信息是一个技术人员占比高达 85% 的组织，所以在人员发展上打破“官本位”，实行管理和专业双通道，不同的通道、不同的岗位，有职位评审晋升和岗位认证培训，本报告重点介绍针对重点班子和关键人才的培养。

公司里不同层级、不同类型的组织都各自处在不同的发展阶段，面临不同的问题，如在组织中的定位和发展方向问题、业务规划和设计问题、缺乏激情或团队不共识问题，等等。面对这样的组织，人力资源需要有很好的洞察力和判断力，然后选择那些相对来说比较重要、一把手有意愿的组织进行针对性、个性化的培养，通过团队教练（全部为公司内部教练）进行班子共创，达到非常好的效果。人力资源，更真实全面地了解了业务、了解了干部，成为业务部门信任的伙伴，班子建设手段再升级，形成人力资源与业务双轮驱动的、有神州信息特色的班子建设方法论。业务部门，不仅全方位地共享了大家的想法、对部门面临的问题有了系统的认识，找到了解决方法，同时还加深了团队之间的相知程度。

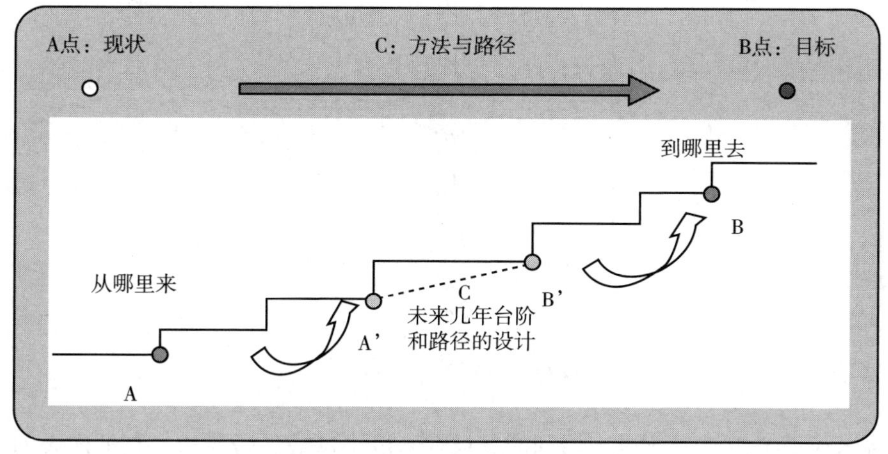

图 9　神州信息 BAC 方法论

由于业务增长和市场覆盖的需要，每年都会有一些新的组织和新的干部，所以除了对这种真实的团队进行培养之外，还对同层的干部进行“扶上马，送一程”的培训，希望他们在经历了一年总经理岗位上的实际历练之后，能系统思考一些相对长远和根本性的问题，形成自己的管理逻辑，养成良好的心理心态，成为带领业务可持续发展的中坚力量。

一个完整的人，不仅拥有身体和头脑行动和思考，更有丰富的思想和精神

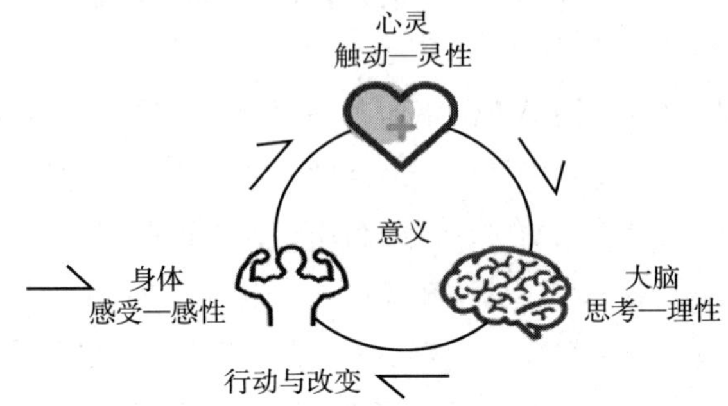

图 10　身心灵整合培养模式

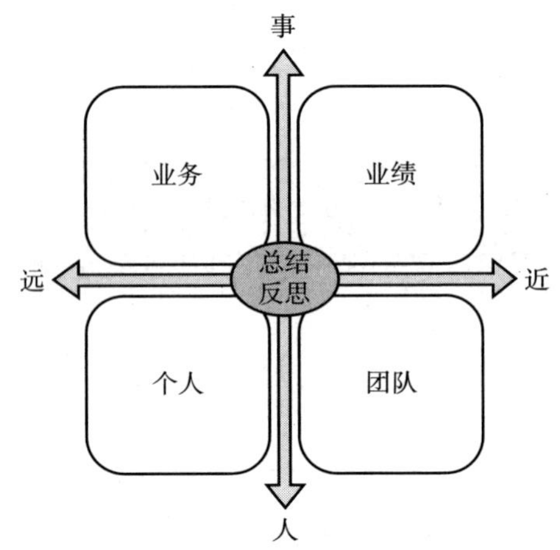

图 11　人才培养五力模型

指导人生意义追求。所以，培训产品设计采取丰富的、跨界的、直抵内心的多重手段，充分调动学员进行多感官整合学习，通过内驱的牵引，让学员真正创造出属于自己的成果。

从结果上来看，在认识上，大部分学员表现出可持续发展的思维，关注人、关注业务，不再仅仅关注当期业绩的达成；在业绩上，任务达成明显高于总经理的平均水平。

（四）机制建设

这里所说的机制建设主要包括两个方面，一个是指内驱建设，也就是思想和价值观建设，一个是外驱，也就是激励体系建设。

任何一个组织，要想基业长青、健康可持续发展，必须内驱和外驱相结合，偏废任何一个方面都是不健康的，只抓精神不重物质、只重物质不重精神都是走极端的做法，不会有好的结果。

要做有意愿的价值创造者。不仅有意愿，还要有价值创造。因此，从内驱建设上来说，不仅要塑造和传播组织的价值观，包括通过培训、内网宣传、行为化纳入人员评价、年度评优等，还特别强调个人价值观与组织价值观的融合。明确公司倡导什么、反对什么、在这里工作需要坚守哪些底线。同时针对个人，既看能力也看价值观和意愿，所以在招聘、晋升、评价评优上都有明确的行为标准。在班子建设和骨干人员培养中，也会专门设计一些环节，澄清每个人的个人价值观或者重要是非选择标准，知道自己要什么、不要什么，在此基础之上，才能明确自己在这个组织中、选择做这样的事是不是发自内心的慎重选择。如果是，再苦再累、遇到再大的困难，自己都会想方设法去克服，不会有那么多的抱怨和牢骚，因为内心深处知道想要什么、自己正在做什么、为谁而做。

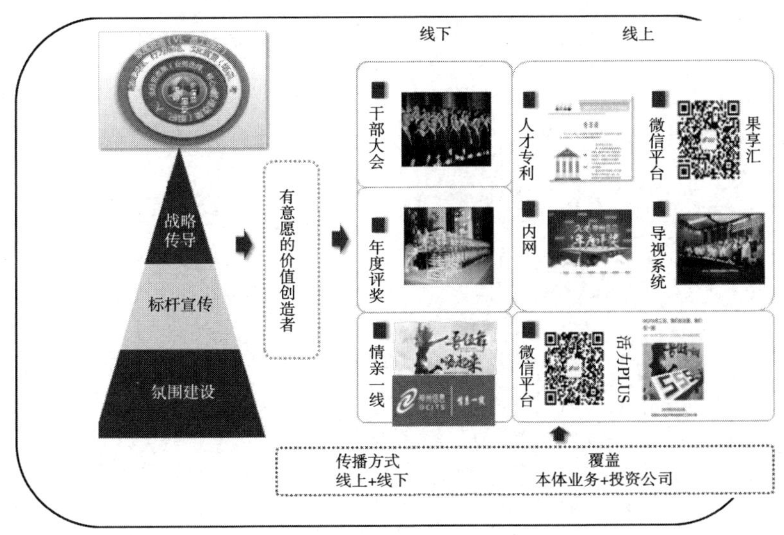

图 12　氛围建设全景

在激励体系建设上，为员工提供没有天花板的舞台，鼓励年轻人挑战自我、自助和他助实现岗位轮换，增长横向的知识技能，有更多实践和历练，这样当走向更高的岗位时，才有一个比较宏观、全面的视野。同时，提出明确的鼓励增长的导向，对实现业务大幅增长的关键人才设计中长期、复合的激励制度，鼓励人们在努力为公司创造更大价值和增长的同时，也为自身带来匹配的回报。

ℝ.20

以全面人才评价体系为基石，管理人才梯队建设实践经验

厦门航空有限公司*

摘　要： 本报告介绍了厦门航空推行管理人才梯队建设有效落地实施经验。厦门航空以全面人才评价为基础，依据全面人才评价理论，完善人才评价体系，提升核心管理人才的“选、用”科学性；以全面人才发展为目的，依据全面人才发展理论，强化核心管理人才的“育、留”有效性，为打造有持续竞争力的企业人才生态链提供有力的支撑。

关键词： 全面人才评价　人才梯队建设　人才培养

“十三五”期间，厦门航空有限公司（简称“厦门航空”）向国内规模前五的大中型航空产业集团迈进，实现企业规模10年内的连续两次翻倍。跨越式的发展对厦门航空人才数量和质量提出了更高的要求。基于航空公司对专业技术要求严苛的特点，厦门航空在专业人才、技能人才、大学生培养方面有相对成熟、稳定、专业的标准。随着管理环境和任务不断复杂化，建立复合型、经营型、国际化的领导团队成为厦门航空转型突破的关键和难点。因此，厦门航空以全面人才管理模式为核心理念，推进企业核心管理人才梯队项目的全面实施。

* 执笔人：康志阳，厦门航空有限公司工会主席、总经理助理兼人力资源部总经理。

一　以全面人才评价体系为基石，打造管理人才梯队建设实施实例

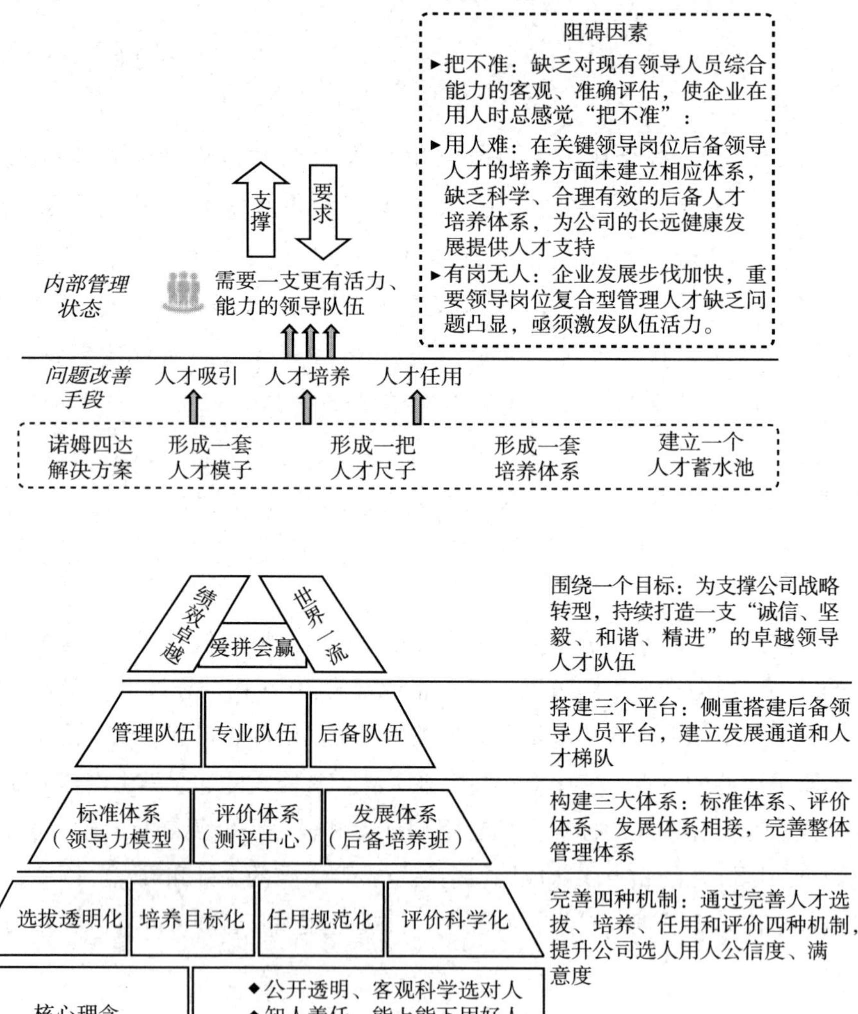

图1　管理人力梯队建设实施方案

（一）“一套人才模子”：构建人才标准体系

1. 构建分层级分序列的领导力模型，扩大管理人才评价对象的范围

除日常的绩效考核外，过往厦门航空的人才评价资源更多地集中在内部晋升测评环节。从 2011 年开始，厦门航空与诺姆四达咨询公司展开合作，优化内部岗位竞聘流程和技术，将人才评价作为人才选拔晋升的必要程序，帮助用人部门提高对候选人能力优劣势的认识，大大提高了人才评价的有效性。然而，内部竞聘选拔测评时间根据岗位需求而定，测评较为碎片化，只有少数参与关键岗位竞聘的管理人才在选拔测评中能获得较为全面的评价，难以对人才评价结果进行持续跟踪。2014 年，厦门航空联合诺姆四达咨询公司，通过资料分析、战略文化演绎、访谈调研、行业对标、专家研讨等方式，建立了分层级、分序列的精细化领导力模型，将领导班子以下的全部管理人才纳入人才评价和培养的范围。模型构建对象的管理层级和对应岗位如表 1 所示。

表 1　领导力模型对应层级岗位

管理层级	对应岗位	备注
一级	公司领导班子	非建模范围
二级	分子公司、基地领导班子正职	建模范围
	公司直属部门领导班子正职（职能部门、生产运行）	
三级	基层管理者领导岗位正职	

厦门航空管理人才领导力模型以“品德和价值认同”为基石，以各级管理人才在落实经营战略、实现经营目标、推动团队建设等方面要承担的“5 大领导角色”为支撑点，全面且重点明确地界定各级管理人员的素质要求（见表 2）。

表 2　领导力模型样例

5 大领导角色	前瞻思考者	创新引领者	统筹协调者	管理提升者	团队建设者
	有眼界	寻突破	重协调	抓管理	聚力量
领导力指标	超前谋划	谋新求变	协调指导	精抓细管 服务基层	凝心聚力 梯队建设
	以诚为本、主动作为、高效务实				

2. 召开领导力模型发布会，发挥人才评价的导向和激励作用

在传统人才评价中，测评标准不对候选人公开，且最终的评价结果只以入选名单的形式反馈给候选人，导致候选人将关注点更多地放在内部竞聘中的测评流程和工具上，而对应该在工作中如何自我提升缺乏清晰的认知，未能充分发挥人才评价的导向和激励作用。为此，厦门航空通过召开领导力模型发布会，由董事长对领导力发展的目的、价值和意义进行宣导，发放领导力模型手册等方式，对领导力标准进行深入的推广，加强全体管理人才对领导力标准、领导力评价的重视和认知。同时，领导力模型标准向全体员工开放，全体员工均可作为管理人才领导力评价和监督的主体。

（二）“一把人才尺子”：构建全面人才评价体系

1. 将人才评价作为系统化管理工作，对管理干部的一贯表现和全部工作进行全面评价

厦门航空人力资源基础功能模块较不成熟，对管理人才的评价内容更多为对过去工作表现的观察和绩效评价，评价不够全面，尤其在评价现有管理人才是否能适应未来发展方面缺乏科学的依据。另外，对管理人才的评价资源集中在晋升测评环节，常常出现“一次成败论英雄”的情况，影响落选管理者的工作积极性和自我发展的意愿。

厦门航空深入解构领导力模型，全面考虑管理人才发展的支持性因素，将人才评价分为全面素质评价、全面行为评价、全面绩效评价模块，通过整理和汇总管理人才的测评需求，梳理人才评价在人才管理流程中应用的关键节点；基于不同的评价目标，设置相应的评价侧重点，并分别匹配相应的测评工具对管理人才进行考察，建立人才素质档案，对历次人才评价结果进行记录和动态跟踪。

例如，厦门航空基于人才管理流程的人才评价矩阵（见表 3），明确了管理人才各阶段评价的重点，如管理人才在任职能力考核时关注管理人才的达标行为和绩优行为；在后备人才选拔中则更关注人才的发展潜力。另外，除以上测评工具外，还可考虑加入健康评价、员工满意度和敬业度等评价因素。

表 3　基于人才管理流程的人才评价矩阵

评价角度	细分维度	评价工具	人才管理流程										
			人才招聘	试用期转正	任职能力考核	年度考核	岗位职责变动	岗位晋升	轮岗	后备人才选拔	后备人才培养	薪酬调整	离职
全面素质评价	个性能力动机	心理测评	○	○			○						
全面行为评价	潜力行为 达标行为 绩优行为	360 反馈											
		面谈											
		情景模拟											
全面绩效评价	全部工作成果	CMF 绩效评价											

2. 编制人才评价指导手册，规范人才评价工作

在确定人才评价的整体规划后，编制人才测评应用指南，帮助人才测评负责人掌握人力测评工作的价值、理念和原则、操作流程，熟练掌握各人才管理流程中常用的测评工具和应用方法，避免人才评价工作的重复或疏漏，整体看待管理人才的评价结果，最大化人才评价结果的价值。

（三）“一套培养体系”：构建基于全面人才评价的培养发展体系

1. 依据全面人才评价结果明确管理人才发展重点，系统性规划培养项目

近十余年，随着管理知识理念的更新迭代，当下企业往往用旧的“培训”观念来培养人才，从而造成过度的知识化、重复化、形式化等问题。全面人才评价结果的应用从培养对象层面着手，一方面把有发展潜力的核心管理人才甄选出来，实现让优秀的人才更优秀，让优秀的人才相互影响，也让优秀的人才影响团队；另一方面将培养人才的评价结果综合应用，将团体短板作为设计重点考虑，系统性规划培养主题和内容。

为把好人才培养准入关，厦门航空前期借助科学评价手段，以领导力模型为标准，采用测评中心技术通过线上和线下方式对候选人能力素质培养进行全面评估。先确保让具有潜力的候选人进入培养环节，保障培养价值；再结合候选人整体能力素质优势与短板，为具体培养方案设计提供依据，使培养从解决“人才通病”入手，切实发挥领导力提升效用。

过往为企业所熟知的“721”法则要求管理者回顾过往的经验，从经验总结中获得提升。然而，“721”法则在厦门航空的实际应用中有效性并不高。对于快速发展的企业而言，单纯从其过往经验获取问题解决路径可能并非最优解，且难以适应快速变化的管理环境和任务，需要在个体能力提升的同时激发其动力，才能帮助管理者面向未来的挑战，也更能够帮助管理者跨越发展瓶颈。

要解决培养人才的能力和动力问题，在企业核心人才培养项目中要将个体和组织的需要相结合，通俗来讲就是两个力——“学习力”和“工作力”，诺姆四达咨询的“双力驱动”模式将两者有机结合（见图2）。“学习力”更多地指向个体和内在变化，主要指自我管理层面，从自我认知改善、到行为模式塑造、再到心智模式改变，遵循个人成长内在逻辑；“工作力”更多地指向组织和外在环境，主要指任务管理、团队管理、经营管理层面，从个人效率提升到团队协作改良、到组织效能优化，遵循组织发展内在逻辑；核心人才培养“双力驱动”方法论，给企业人才培养提供了可操作的模式。它以激发人才潜力为目的，通过提升学习力和工作力，实现人才能力提升的目标，进而促进企业战略实现和组织绩效提升。

图2　核心人才培养“双力驱动”方法论

2. 周期性开展混合式领导力发展人才培养班，加速管理者领导力发展

面向企业的核心人才培养项目设计，总体的实施框架由三个阶段构成，分别是能力定位阶段、能力提升阶段、能力成果评估阶段（见图3）。

能力定位阶段是人才培养的基础前提，主要包含两个内容，一是核心人才能力定位，二是战略与业务问题梳理。前者解决培养什么能力，重点提升哪些

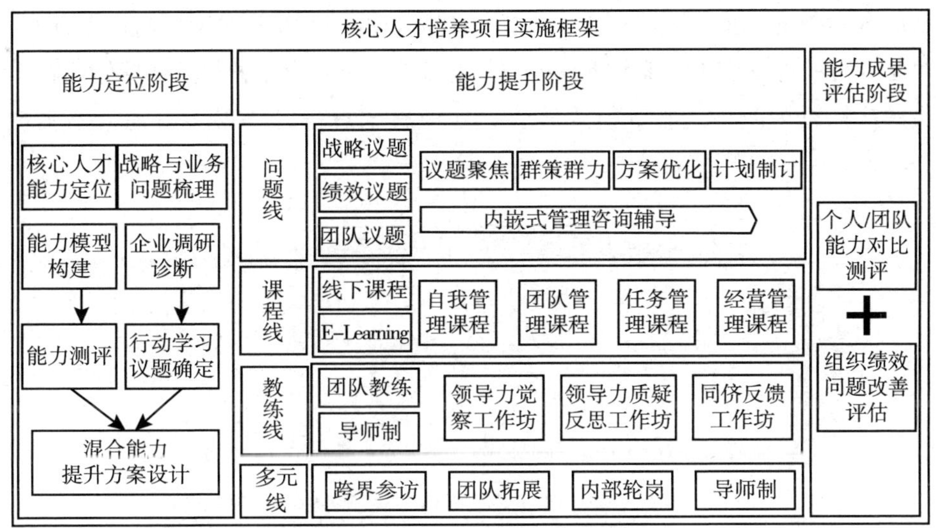

图3　核心人才培养项目实施框架

能力问题，后者解决通过企业什么具体方式来提升能力。

能力提升阶段是人才培养的核心主体，通常以问题线、课程线、教练线三线为主，以多元线为辅，贯穿整个能力提升的培养过程。整个过程组织形式由现场集中和非现场集中两种学习场景，现场集中学习以面授、课题研讨、团队教练工作坊等形式开展，非现场集中以小组课题作业、个人阅读、班级读书分享等形式开展。

能力成果评估阶段是对人才培养的跟踪反馈。本阶段主要对课题成果进行检验和评审，同时对个人和团队进行核心能力培养后测评，主要以360行为评价工具实施。

厦门航空的人才梯队项目以核心人才培养实施框架为技术思路，针对中高级后备管理人才，关键是提升学员个人管理、团队管理的意识水平，最终通过个人领导能力发展促进组织效能提升。而领导力本身内涵复杂，其提升不仅需要对领导力相关理论、原理进行理解，更重要的是能够从深层次进行觉察反思，转变领导思维及心智模式。基于此，项目采用混合式能力培养提升模式，结合问题线、课程线、教练线和多元学习线，四线并行综合对学员领导力进行培养，聚焦未来战略实现关注的业务、管理议题和具体管理情景，通过对问题解决方案研讨、教练辅导、课堂培训、跨界参访、个人发展计划制订等方式，对管理者的管理角色意识、行为模式、管理能力进行全面的提升和辅导，将学员的认知行为改变、心智模式改善、管理思维意识升华融会贯通，拟实现“1 +1 +1 +1 >4”的效果。

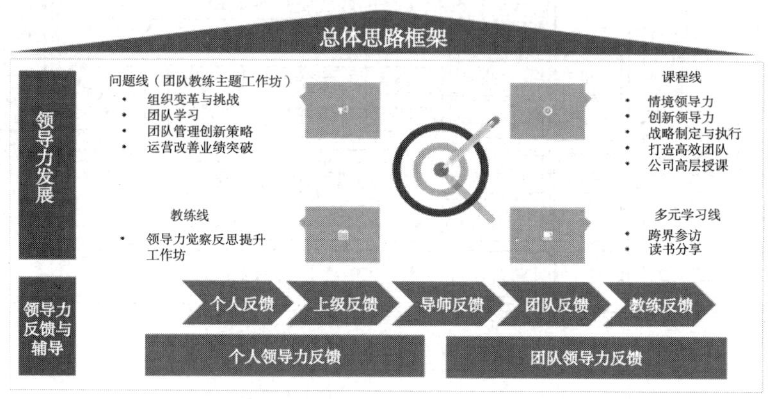

图 4　领导力发展项目设计

3. 通过人才评价发现人才发展规律，对管理干部的职业发展周期进行观察和干预

厦门航空首期管理人才培养班通过领导力发展计划的全流程实施，对班级学员的领导能力发展水平和变化进行了跟踪。通过学员进入培养班前的领导力测评中心得分，及其与培养期后的最终综合表现评价得分的对比的进步程度作为主要依据，对班级学员的学习成长情况进行盘点，从而形成人力资源未来对核心管理人才任用培养的参考依据。

如图 5 所示，综合表现得分涵盖了对学员在培养期间的一贯行为表现和全部课题研究工作的评价，形成四个象限区域以提供对应任用培养建议。任用培养优选区域一学员的任用培养建议：此类学员综合能力素质基础较好，经过培养后成长进步较快，发展潜力较大；对于这类学员应该优先给予更高层的任务或更重要的项目，若有晋升任命的机会，应优先考虑。任用培养优选区域二学员的任用培养建议：此类学员综合能力素质基础良好，经过培养后取得成长进步，具备一定的发展潜力；对于这类学员应重点培养，给予持续的关注，优先给予培养发展的机会，使其不断积累和成长。

任用培养优选区域三学员的任用培养建议：此类学员综合能力素质基础良好，经过培养后个人成长效果并不显著；对于这类学员应该探明其成长较慢的原因，若激励不足，应采取有效的激励手段和方式，若动力不足，则可采取轮岗等方式，激发其成长动力。任用培养优选区域四的学员任用培养建议：此类学员领导力基础一般，经过培养后个人领导力并无太大变化，发展潜力一般；这类学员应留在本岗位上继续观察，持续跟踪其绩效和能力的变化情况。

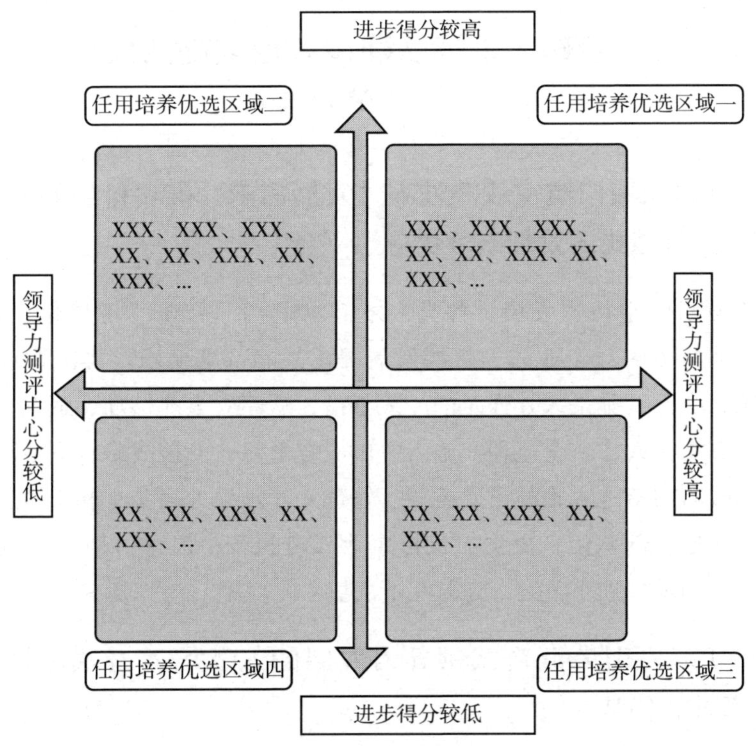

图 5　管理人才任用培养四象限区域

注：进步得分 = 综合表现得分 − 领导力前测测评中心得分。

通过全面对人才评价结果的持续跟踪和反馈，发现和总结管理干部全职业发展生命周期的规律和成长路径，继而设计符合管理干部职业发展生命周期节点的测评工具和培养方法，对管理干部发展进行观察和干预。

表 4　管理者职业发展规律

项目	适应期	快速发展期	瓶颈期	衰退期
成长时间	1 年	3 ~ 10 年	10 ~ 15 年	15 ~ 20 年
人才评价重点	发展潜力达标行为	潜力行为、绩效行为	发展潜力	绩效行为
组织支持重点	提供任职能力培训；为员工匹配适合的岗位等	提供完成工作需要的资源和条件等	开放职业发展通道，挖掘发展潜能等	提供保障和支持等

二　管理人才梯队建设项目实施效果与价值亮点

（一）接轨厦门航空战略性人才发展需求，推动科学的人才管理理念践行，打造集团管理人才供应链平台

当前厦门航空快速发展，各类人才需求迫切，公司“现代化、集团化、国际化”发展方略对企业人力资源发展提出战略部署要求。本次管理人才梯队建设项目全面实施是人才强企的一大举措，从建立人才标准、甄选识别高潜人才、培养高潜人才、全流程实施人才供应链思想，上接战略、下接执行，是连接公司战略与落地实施的重要桥梁。管理人才领导力培养有利于锻造一支能力过硬的中层干部队伍，更强力支撑企业战略执行，提升引领厦门航空“软实力”，为实现“厦门航梦”奠定人才之基。

（二）率先引入混合式领导力发展的人才培养方式，创建人才发展体系核心优势

厦门航空此项目在培养方式上体现了鲜明的科学性、系统性和实践性。一是坚持理论与实践相结合；培养过程中问题线与课程线均有大量的理论课程传授，在多元学习线中设计跨界参访、读书分享的实践活动，尤其是个人课题设计直接和工作实践相关联，确保培养不脱离实际。二是坚持线上与线下相结合。本项目运用面授课程、个人课题、跨界参访、读书分享、外部咨询公司线上辅导跟进落地的线上 + 线下的混合学习模式，推动学习成本降低、学习效率

提升以及学习氛围营造。三是形成了与个人业务或能力相关的课题成果，实用性高。在创新实施本次培养班问题线工作中，重点开发了针对个人业务突破和个人能力提升的个人课题，通过课题研讨和评审，保障课题对实际工作产生价值。四是拓展了培养类项目的推广应用范围，借鉴性强。本项目通过对活动类课程、讲授类课程、班级活动、学习作业和班级规章制度等各类培养形式进行系统梳理，提供了较为全面的活动形式，可供同类型培养班课程设计时选择应用，具有很强的参考借鉴价值。

（三）激活个人和团队的学习效能，加速组织学习成长文化的内生形成，持续打造新型管理人才

本项目进一步推动了厦门航空学习型组织的建设，将人才培养的效能最大化，实现了个人成长、团队建设和组织发展三者的有效结合，加速学习成长文化的内生形成，为建立人才孵化器提供了生态环境。一方面，通过领导力经典课程的知识技巧讲授，厦门航空内部高层领导者现身说法的研讨与传授，强化管理人才的管理理念与有效管理行为习得。另一方面，通过引导技术、教练技术等工具促进自我领导力觉察、反思、内观，形成有针对性的个人发展计划，明确自我成长提升方向。另外，借助团队教练主题工作坊引发管理思维模式转变，为企业内部打造了一支教练型管理团队，使团队领导者从关注“事”开始延伸到关注“人”，助力内部形成高绩效管理团队，从而推动组织效能提升。

三　实践经验与启示

过往的企业管理观点认为，企业未来的竞争力是人才竞争，诺姆四达将对业界的观察与最佳实践结合分析发现，在新时代企业未来的竞争是人才管理的竞争，人才管理水平将成为企业的核心竞争力，因此企业需要建立长期的人才发展观，也要深刻意识到人才管理是系统性工程。而以全面人才评价为基础的全面人才管理是体系化、前瞻性的人才管理理论，企业在实践过程中可以根据所处的市场环境、组织和人才特点、企业文化、管理资源和成本等因素进行应用。本报告通过以下几个方面的管理启示，以期为企业的实践提供借鉴意义。

（一）摒弃全面人才评价仅仅是人才管理的理念，发挥全面人才评价的管理功能

全面人才评价要求企业结合人才管理现状全面考虑。全面人才评价不仅是为满足组织人才供给和人才退出的需求，在新常态下，需要更好地发挥人才评价在调动人才工作学习提升的积极性方面的作用，将评价结果融入人才发展、人才激励机制，制定系统化的管理措施，发挥全面人才评价的管理功能。

（二）建立健全全面人才评价体系，系统性设计人才评价工作和应用人才评价结果

全面人才评价应该是对员工的潜在素质、行为、绩效结果的综合考虑，通过深化全面人才评价，整体性看待各个环节人才评价的结果，并对结果进行充分利用，提高整体组织能力。

（三）以全面人才发展理念为原则，打造核心人才梯队，激发人才活力提升组织效能

全面人才发展以企业发展和人才发展需要为核心，依靠长期跟踪、评价、激励、培养等一系列人才管理工作，通过企业和个人共同参与和推动，充分挖掘和培养每位员工的潜质和可能的发展方向，最终为企业实现长远发展战略目标提供多元化、持续的人才供应。

当代众多优秀企业正在进入持续竞争期，打造人才梯队是重要人才战略的核心方面，意味着在人才培养上将投入更多资源。依托三个核心要素的人才梯队建设将有利于推动人才管理有效践行：一是企业领导对人才培养的高度重视与关键参与，二是企业人力资源部门的高效支撑和有力组织，三是企业学员的高度投入和活力保持。

参考文献

苏永华：《全面人才评价》，经济日报出版社，2017。

R.21

预见人才，用能力推进组织目标实现

——一汽奔腾事业本部业务主任能力模型构建

一汽奔腾事业本部*

摘　要： 在一汽集团改革的背景下，奔腾事业本部人力资源部主动求变，创新变革，为各职级人员构建符合组织目标的能力模型并将其应用在后备人才的选拔与培养中并通过对人才能力的管理，推进组织目标的实现。本报告介绍了其理论思考和实践经验。

关键词： 能力模型　组织目标　业务主任

现代管理学之父 Peter F. Drucker 曾说"在动荡的时代里最大的危险不是变化不定，而是继续按照昨天的逻辑采取行动"。我们正身处 VUCA 时代，即商业环境是不稳定的（volatile）、不确定的（uncertain）、复杂的（complex）、模糊的（ambiguous）。当变化已成为常态，如何去适应和理解变化本身至关重要。在这个背景下，越来越多的企业在选拔管理者时，更看重他们的学习能力、创新能力、洞察能力，而非传统的实干能力和其过去的成就。新一代的领导者，必须打破传统思维，快速学习，勇敢迈出脚步，不能再犹豫不决，故步自封。他们面临新时代的挑战，要在复杂多变的商业环境中，保持冷静的头脑、求变的心态和挑战的精神。同时，一个好的管理者的领导力，还要看他的团队是否团结拥有向心力。领导者要加强与团队成员的联结，不论是 Google 还是 Microsoft 的研究都告诉我们，成功的组织的关键因素，在于组织内的团队有很好的心理安全感，领导者需要在变化的商业环境中，营造一个安全的组

* 执笔人：卢珊，一汽奔腾事业本部干部人才管理员。

织环境。团队内的心理安全度越高，带来的商业盈利就越高。领导者需要花更多的时间在员工身上，与员工共度有质量的时光。在上述背景下，新时代领导者人才选拔的标准、模式也要主动求变，才能选拔出能带领团队打胜仗的将军。

一　理论背景

（一）关于胜任力与胜任力建模

能力建模的历史可以追溯到心理学家 David McClelland 的工作坊，McClelland 正式提出了“胜任力”这个概念，他认为胜任力是指能将某一工作中有卓越成就者与普通者区分开来的个人的深层次特征，它可以是动机、特质、自我形象、态度或价值观、某领域知识、认知或行为技能等任何可以被可靠测量或计数的，并且能显著区分优秀与一般绩效的个体特征。McClelland 在 1973 年的文章“Testing For Competence Rather Than For Intelligence”中，认为在对工作成就的预测上，能力的评估胜于智力测验如学习成绩的评估，最佳测试是评估真实工作技能的最佳测试，而不是测试与实际工作结果相差甚远的智力相关特征。文章发表不久后，职业分析技术与评估中心在组织中的应用越来越多。职业分析的目的是确定工作中涉及的工作活动，并明确对人的需求。评估中心通过诸如工作模拟—文件框、无领导小组讨论、专题汇报等情景模拟技术评估人员在特定工作要求下的能力表现。而这些评估中心的结果又激发了 20 世纪 80 年代末和 90 年代初的建模运动，并逐渐普及开来。能力使观察和衡量工作阐述的质量变得更加容易。美国 American Productivity and Quality Center 在 2004 年进行的研究发现，他们的每一个“最佳实践组织”都已经开发出了一个能力模型，以指导他们的选择和开发工作。事实上，因为能力可以与组织战略一致，并提供一个通用的能力框架，所以现在很难找到没有能力模型的任何组织。

（二）组织战略与能力模型

在许多组织中，劳动力成本占业务总成本的 50% 以上。战略性地管理人力资本可以帮助企业获得竞争优势。通过人力资本实现竞争优势需要人力资源的战略方法。战略性人力资源管理将内部人力资源实践与组织战略协调一致。以提升员工的技能、知识和能力，来支持业务战略目标的实现。通过日常的员工行为与战略相关性的融合，来明确组织对个人的期望。胜任力模型提供一种通用语言来讨论员工当前的表现，或者他们是否已经具备在其他职位上的技能与能力。能力的共同语言可以被应用在培养、管理等方方面面，在员工整个生命周期的人力资源流程中创建基于共同语言的共同心理模型。它的使用与实施不是孤立的，是要与其他的计划、实践和组织的长期目标联系在一起的。针对管理者的领导力胜任模型明确展现出企业对未来领导者的期待行为，能够为候选人的区分、评估的质量、培养的方向提供坚实的基础。

二　组织背景

2017 年 8 月，中国兵器装备集团公司董事、总经理、党组副书记徐留平出任中国第一汽车集团公司董事长，对一汽的组织架构和人事工作进行了深入改革。一汽自主品牌成立了奔腾事业本部，构建了全新的职级体系并对人员重新进行了匹配，奔腾事业本部的经理人员群体，自上而下分为处级干部、业务主任、业务主管三个层级。在改革后，徐董事长提出了全新的企业战略目标，并对处级干部群体建立了 FAWL11030 的领导力模型（见图 1）。

自奔腾事业本部成立以来，在新的业务战略指引下，公司对组织机构与员工职级做出了较大调整并赋予了全新的定位，也对管理者的能力提出了新的要求。奔腾事业本部内原有的二级经理、三级经理的能力模型、选拔方式不再适用，亟须一套符合当下企业战略与各职级人员职责定位的能力模型与选聘方式，树立清晰的能力标准与选拔标准。同时，为激发员工活力，一汽集团人事改革工作提出了“四能标准”，其中一条便是“干部能上能下”。在改革中，很多年轻的员工走上了管理岗位，干部群体更加年轻。这意味着，对管理干部人才的储备要更提前、更充分。对继任者的培养要更系统、更快速。所以，各职级管理者后备军的选拔与培养，也是迫在眉睫的任务。综上，为核心管理层级构建能力模型、搭建后备人才梯队，在树立能力标杆的同时，激发人员活

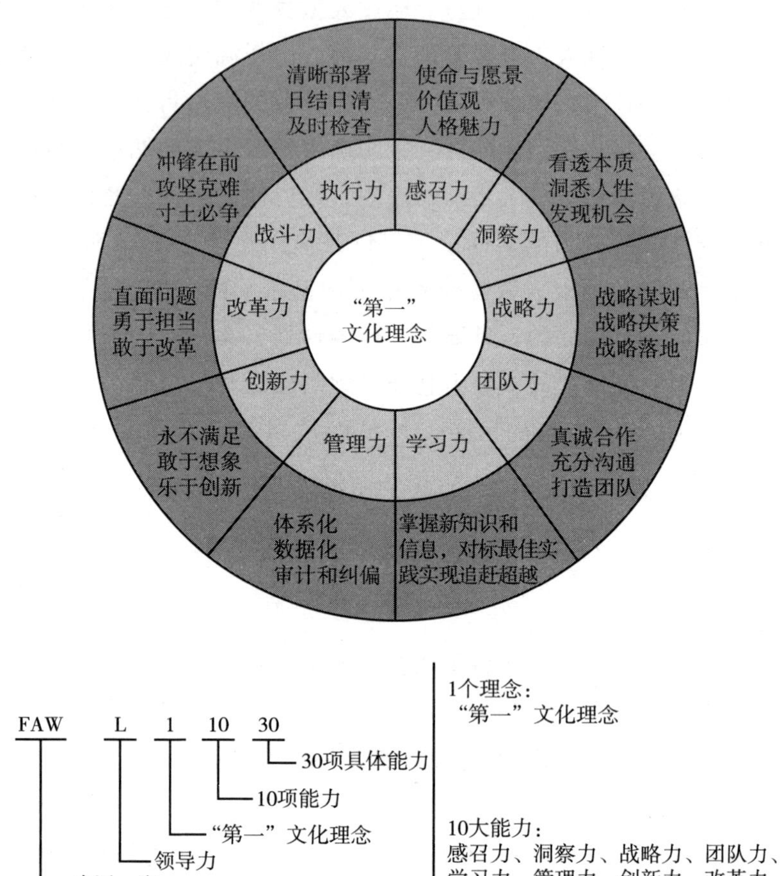

图1　一汽集团处级干部领导力模型

力，是奔腾事业本部人力资源工作助力企业变革，实现战略目标的两大关键措施。

在这样的背景下，奔腾事业本部人力资源部开始了能力模型建设工作与后备人才储备工作，旨在梳理公司、业务部门对员工的能力要求，通过建立完整的核心力、专业力、通用力、领导力模型，将业务要求转化为明确、可衡量的员工能力标准。使员工通过参加测评或自我评价，清楚判断自己是否已经达到公司对一名管理者的要求，针对短板，有目标、有方向、有针对性地去提升自己。在发展自身能力的同时，满足业务工作的需求，支撑公司业务战略的达成，真正实现公司与员工的“双关心，双促进”。

三　奔腾事业本部能力模型构建——以业务主任为例

（一）构建思路

业务主任的发展首先要与组织目标、组织要求始终保持一致，方能真正助力企业未来目标的实现。能力模型的构建重点对奔腾事业本部业务战略、集团领导力模型要求、奔腾事业本部对业务主任定位三个方面的关键信息进行了解读与分析：2018 年，奔腾事业本部处于转型期，需要一批敢想敢干、勇于创新、思维严谨的管理者，同时奔腾事业本部开始加大力度吸引与招募人才，注重人才梯队的连续性，这也对中层管理者——业务主任在“人才培养”方面提出了更高要求。

（二）构建原则

能力模型在构建方法上还遵循了以下 4 个原则。

1. 上下关联

承接集团的领导力模型、与集团对部处级领导干部的领导力要求 FAWL11030，以集团的战略目标、文化理念为出发点搭建模型。同时，不只对单一层级，如业务主任层级搭建能力模型，同时考量各职级之间的关联，如对业务主管、处级干部的能力要求，做到阶梯式递进的关联，保证员工的能力稳步增长。

2. 重点突出

对每一个领导层级来说，重要的能力都有很多。首先需要搭建能力体系框架，其次在领导力模型中，找到真正影响组织成功的关键行为能力，只聚焦在重中之重，从而突出公司的要求。

3. 清晰明确

能力模型中描述的是一名绩优者的表现，是所处职级的典型标杆行为，是员工努力发展的目标，起到引领的作用。

4. 综合作用

能力模型是一套核心的语言，它将被应用在人力资源管理的方方面面，如按照能力模型中的标准与现实中人员能力之间的差距，对人员进行有针对性、有优先级的培养；依据能力模型，对人员进行平时的观察与年底的履职评价等。

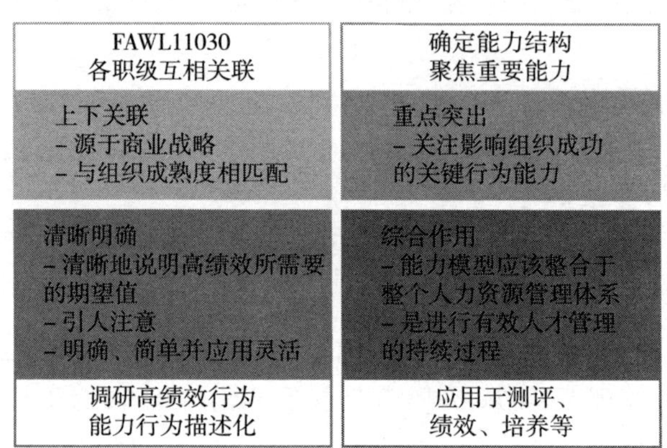

图 2　奔腾事业部能力模型构建四原则

（三）能力模型体系构建

1. 职业序列

奔腾事业本部的员工的职业发展路径分为两个序列："管理序列"与"专业序列"。按这两种职业发展路径，能力模型也分为两种，每一种皆由三部分构成，相同且要求一致的部分是核心力，适用于所有员工（见图 3）。

（1）核心力：反映公司价值观、文化和号召，全员需具备的基本素养，全员统一，适宜在日常工作中进行考察。

（2）领导力：判断领导者是否胜任的关键能力，应用在管理人员上，每个管理职级统一，适宜通过测评进行考察。

（3）专业力：有效地完成某一类型工作所需的知识或技能，每个专业领域统一。

（4）通用力：专业人才为有效履行职责所必需的管理技能。

在两种职业发展序列上，人员各项能力都应伴随职级晋升而不断提升，但各项能力提升的速度不同，在一个人的总能力中，它们的占比应如图 4 所示。员工可参照当前所处职级，更好地分配自己的时间和资源，有针对性地提升自己。

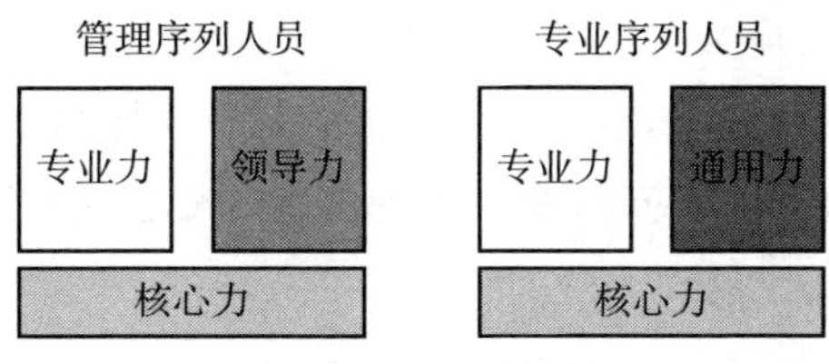

图 3　奔腾事业本部能力模型体系结构

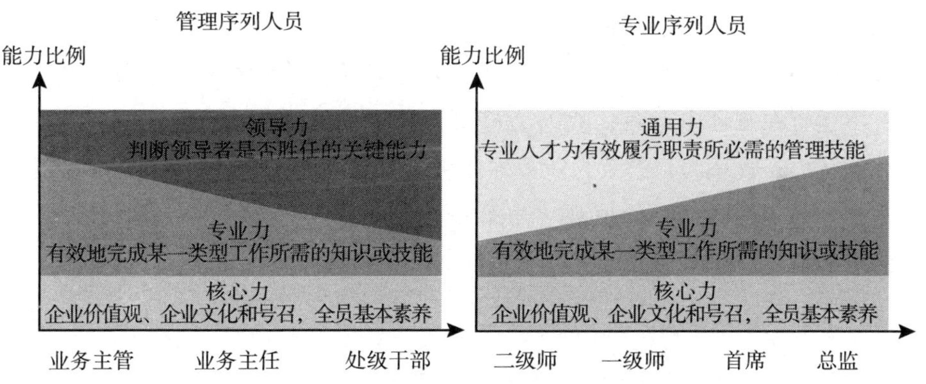

图 4　奔腾事业本部能力比例

管理序列人员在时间和管理资源上的分配原则，应大致遵循图 5 所示。其中，核心素养需全员都拿出 100% 的精力去贯彻践行。而越是高职级管理者，越要花更多的时间在带团队、抓培训、建体系和抓标准上。

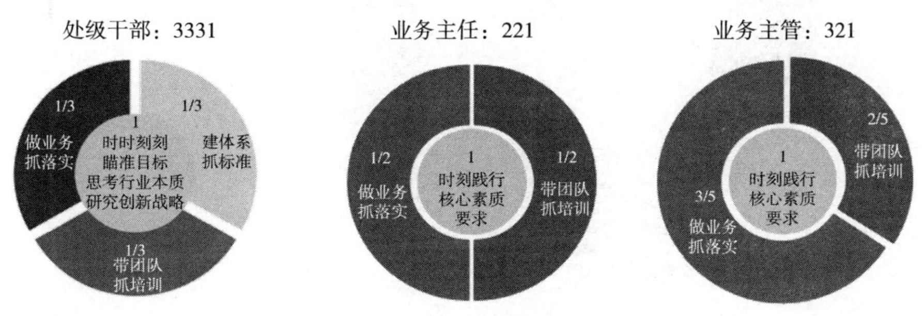

图 5　管理序列时间和管理资源分配原则

2. 业务主任领导力模型

（1）初版能力模型建立。核心力及业务主任领导力的初版模型主要是由企业核心价值观“争第一、创新业、担责任”与集团 FAWL11030 模型推导得出。下面将概括阐述推导过程及结果。

从集团对处级干部的领导力 FAWL11030 要求中，可推导识别出奔腾事业本部核心力与业务主任领导力，匹配至奔腾事业本部的能力模型结构中。感召力与洞察力被视为对处级及以上干部独有的要求，不适宜作为对业务主任或全员的要求；“第一”文化理念、战斗力、改革力、创新力、学习力、团队力可解读为核心力的五个维度，是对员工的精神倡导，适宜在日常工作中进行考察，不适宜在测评中考察；战略力（此处对业务主任降级为规划力）、执行力、团队力、管理力可解读为业务主任领导力的四个维度，适宜通过测评进行考察。公司当前的核心价值观“争第一、创新业、担责任”应作为对所有人员的核心能力要求（见图 6）。

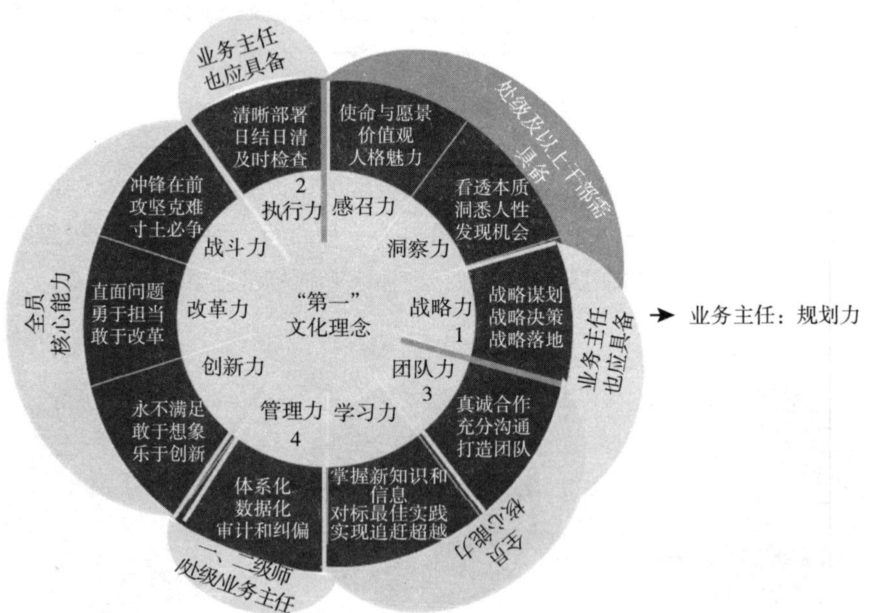

图 6　FAWL11030 模型解读

通过上述解读，并结合本公司业务实际情况与既往二级经理能力模型，将各维度的能力项进行了归纳、拆分与重命名，得出了5项核心能力与8项业务主任领导力，具体结果请见表1、表2与表3。

表1　初版核心能力

对应维度 / 核心能力	“争第一” “第一”文化理念	“担责任” 改革力、战斗力	“创新业” 创新力	学习力	团队力
能力项	追求卓越	勇于担当	创新改善	敏锐学习	真诚合作

表2　业务主任领导力初版模型

对应维度 / 业务主任领导力	规划力	执行力	团队力	管理力
能力项	系统思考 业务规划	问题解决 督导管控	团队建设 人员培养	知识积累 沟通协调

表3　初版业务主任领导力

业务主任领导力		
1	系统思考	深入分析和思考问题，对各部分和各环节中的复杂影响因素进行系统考量，并善于总结和归纳问题的本质，发现事物的发展规律，选择和制订系统的方案计划
2	业务规划	能够依据部门目标，为所分管的领域设定合理、清晰的工作目标，形成明确的工作规划，并能组织各方资源，促进规划的有序推进
3	问题解决	具备问题意识并能成功识别问题，能够遵循PDCA理念，掌握问题解决八步法，发现问题并把握问题的关键，通过制定合理的对策、贯彻实施与总结固化解决问题
4	督导管控	适时审视工作进展，有效监督执行过程中的关键节点和重点难点，尽力防范、降低、控制不确定因素的发生发展，以确保工作过程始终指向既定目标要求
5	团队建设	能够统一思想和目标、合理分配工作任务并给予辅导、反馈和支持，凝聚团员、发挥团员的特长与潜能，使团队高效率运转
6	人员培养	充分了解员工特点，在工作中有目的地、有针对性地进行教练与辅导，提供必要的帮助与支持，促进下属能力的提升和持续成长
7	知识积累	对工作有关的数据、信息、经验和知识进行系统梳理和记录，形成可分享和共享的材料，以方便他人进行快速的业务学习，为他人的工作提供正确的指导，改善工作结果
8	沟通协调	根据工作目标需要，积极与相关方进行沟通，理解他人的需求及意愿，协调彼此的关系和利益，及时化解矛盾冲突，以保证工作的顺利开展

（2）初版能力模型检验。为了更加准确地了解公司的需求，通过问卷调研的方式，邀请了全体处级领导对核心力以及业务主任领导力，对上述初版能力模型，进行了校验。32 名处级干部、4 名领导班子参与了调研（参与率 80%），对初版模型中的 5 项核心力、8 项领导力是否适合奔腾事业本部对核心力和领导力的要求，在 1 分（不合适）、至 4 分（非常合适）的 4 分量表区间内，进行了判断。

第一，核心能力模型检验。核心力的评价总平均分为 3.7 分，即处级干部群体认为初版能力模型总体上很适合作为本部的核心力要求。其中相对不太适合的为“创新改善”与“追求卓越”，分别出现了 2 人次“不太合适”的评价及总平均分最低值 3.61 分（见表 4）。结合处级干部在问卷中给出的定性评价与建议，将“创新改善”更改为“极致创新”，“追求卓越”更改为“进取不止”。

表 4　初版业务主任核心力模型调研结果

能力项	频次				总体合适度平均分
	不合适	不太合适	合适	非常合适	（1 分 ~4 分,4 分最高）
勇于担当	0	0	6	30	3. 83
敏锐学习	0	0	9	27	3. 75
真诚合作	0	0	10	26	3. 72
创新改善	0	2	8	26	3. 67
追求卓越	0	0	14	22	3. 61

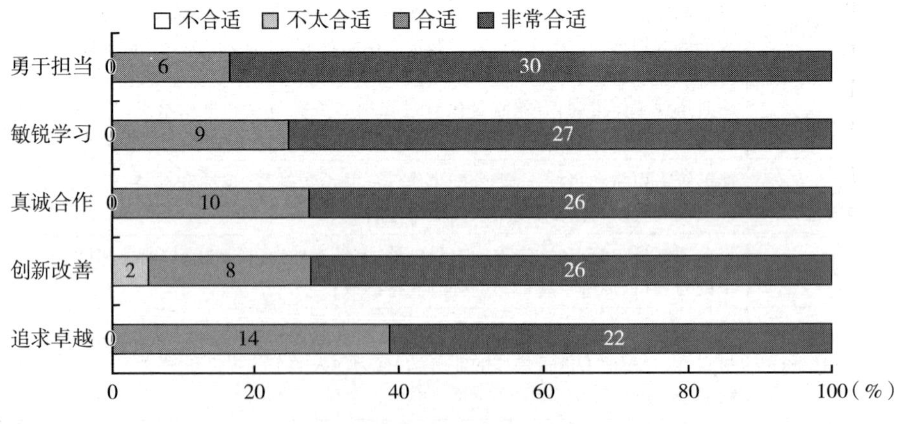

图 7　初版业务主任核心力模型调研结果

第二，业务主任领导力模型检验。初版业务主任领导力模型的评价总平均分为3.8分，模型中的8项能力都被处级干部群体认为是本部对业务主任群体的重要领导力要求。其中相对不太重要的为“督导管控”与“知识积累”，分别出现了总平均分3.75分和3.64分的最低分值，以及1人次“不太重要”的评价（见表5）。结合处级干部在问卷中给出的定性评价与建议，将此两项能力替换为“系统思维”能力。

表5　初版业务主任领导力模型调研结果

项目	频次				总体重要度平均分（1分~4分，4分最高）
	不重要	不太重要	重要	非常重要	
问题解决	0	0	4	32	3.89
团队建设	0	0	4	32	3.89
沟通协调	0	0	4	32	3.89
业务规划	0	0	5	31	3.86
系统思考	0	0	5	31	3.86
人员培养	0	0	8	28	3.78
督导管控	0	0	9	27	3.75
知识积累	0	1	11	24	3.64

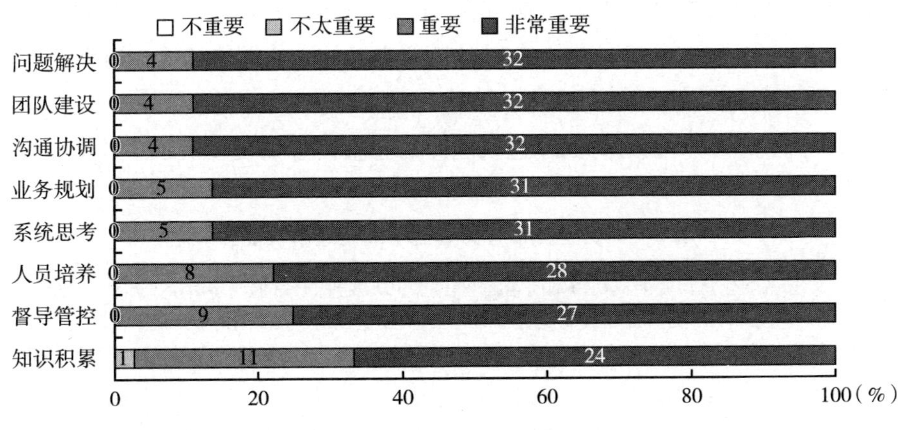

图8　初版业务主任领导力模型调研结果

（3）能力模型的行为描述拓展。通过上述的初版能力模型校验、修订工作，业务主任的5项核心力与6项领导力的能力模型结构已经初具雏形，形成了第二版模型。

在此之后，人力资源组织开展了在本部四大业务领域即研发、销售、职能、制造领域内，与 17 人次处级干部、业务主任、一二级师的访谈。在访谈中进一步探讨了两个问题。问题一：第二版模型，在多大程度上符合公司对业务主任的要求？问题二：在工作中，有哪些具体的工作事例体现了这些能力要求？

访谈的目的既是对第二版模型进行验证，更是在既定的能力模型框架下，丰富能力模型的内容。使用行为层面上的描述，使能力模型成为有血有肉、生动形象的能力要求，刻画出一名优秀的业务主任的形象。同时，统一本部员工对业务主任各能力项的认知，形成一套人才管理体系的核心语言，并应用在未来人才管理如培训、绩效考核等的方方面面。

经过对 17 人次的访谈，第二版能力模型得到非常好的认可，最终将业务主任的能力模型锁定在 5 项核心力与 6 项领导力。通过对访谈内容的梳理、编码、归类和总结，将访谈中各层级人员反馈的一名优秀的业务主任应具备的典型行为进行提炼，对能力模型的内容进行了更深层次的丰富：每一项领导力被扩展具化到定义、3 项能力要素、3 个能力等级与典型行为描述上。它们的具体含义如下。能力要素——能力维度的关键词，是对该能力核心内涵在三个维度上的高度概括，须做到准确、凝练；能力等级——分为初、中、高级，等级之间有难度的递进关系，明确区分不同行为等级间的核心差别；典型行为描述——各行为等级在员工身上所表现出来的典型行为的具体描述，典型行为是归纳提炼，是在实际工作中直接观察到的各等级优秀行为范例。

以“问题解决”能力为例，这项能力的完整内容如表 6 所示。其中，初级

表 6　业务主任领导力模型中的问题解决能力

问题解决	具备问题意识并能成功识别问题，能够遵循 PDCA 理念，掌握问题解决八步法，发现问题并把握问题的关键，通过制定合理的对策、贯彻实施与总结固化解决问题		
等级 能力要素	初级 （业务主管）	中级 （业务主任）	高级 （处级干部）
发现问题	基本掌握丰田问题解决八步法，能独立发现问题点	熟练掌握丰田问题解决八步法，有主动发现问题的意识，能清晰刻画问题现状，设定合理目标	问题解决思维已深入管理理念，有强烈的发现问题意识，不满足于现状，思考工作的“真正目的”，熟知问题现状，能制定清晰的“理想状态”目标

续表

问题解决	具备问题意识并能成功识别问题，能够遵循 PDCA 理念，掌握问题解决八步法，发现问题并把握问题的关键，通过制定合理的对策、贯彻实施与总结固化解决问题		
等级 能力要素	初级 （业务主管）	中级 （业务主任）	高级 （处级干部）
识别真因	能基本运用问题解决八步法，独立对单个难点问题进行清晰的逻辑分析，查找到问题真因	能熟练运用丰田问题解决八步法对复杂问题进行分析，并准确找到真因	能对问题进行全面多角度的系统分析、在复杂的情况中抓住主要矛盾与真因
制定措施	能对问题点制定解决措施，并独立推动解决问题	能根据真因设定合理目标与有效工作措施，独立推进实施，能对结果进行验证并达成目标	能将复杂问题拆解为单项具体问题，通过各项有效措施解决真因，并能对过程点检、对结果验证，对成果总结固化

是一名优秀的业务主管需达到的等级，中级是一名优秀的业务主任需达到的等级，高级则是一名优秀的处级干部需达到的等级。

（4）业务主任终板能力模型。业务主任的 5 项核心力、6 项领导力和 18 项领导力要素，都如表 6 所示在行为描述层面上被展开。自此业务主任的终板能力模型构建完成，并被命名为 FAWCARL5618（见图 9）。

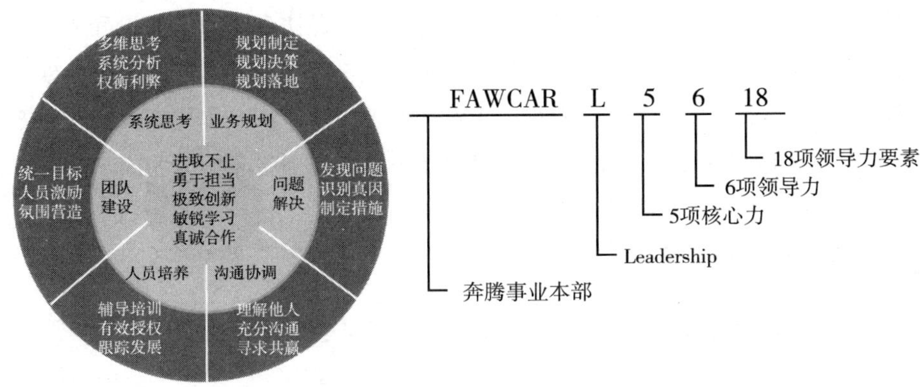

图 9 业务主任终板能力模型 FAWCARL5618

一套完整的能力模型的建立，能为员工发展指明一致的行动方向，且本模型是从集团的要求，奔腾事业本部的现状、要求和目标为基础，符合公司当前的发展需要。员工可以对照能力模型中的行为标准学习和成长，用实际工作支撑组织目标的实现。

四　后备人才储备

如前文所述，一汽改革后，需迅速搭建人才梯队，为业务主任储备后备库。业务主任的能力模型被锁定后，首先被应用在了“业务主任后备”的选拔中。“业务主任后备”选拔方案有以下三个要点。

（一）全新定位

公司对“业务主任后备”赋予了新的定位，他们将是可直接进行配置的成熟后备人员，是业务主任的继任者，具有很高的成熟度和准确度，一旦有岗位空缺，可以快速上任，不需要有妥协将就的时间。

（二）测评流程

首先，由业务部门推荐平时工作中表现优异的骨干人员；然后，由人力资源部组织领导力测评，测评标准为业务主任领导力模型 FAWCARL5618 中的 6 项领导力——系统思考、业务规划、问题解决、沟通协调、团队建设和人员培养，及 18 项领导力要素。测评应用了多种测评工具——笔试、管理潜力线上测评、专题汇报、面谈、公示等漏斗式甄选人才，从流程上确保甄选过程的严谨公正，从标准上保证优秀的人能够脱颖而出。实际通过率约为 30%。

领导力测评后会为每位候选人形成一份测评报告，作为个人进行提升，以及组织进行培养的依据（见图 10）。

（三）结合业绩

虽然有了系统的能力模型，但在人员选拔时，不单以能力高低一锤定音。同时考虑人员的品德、能力、业绩三个维度，其中品德与 5 项核心力主要依据部门考察与推荐，能力通过人才测评，业绩通过绩效来考察。

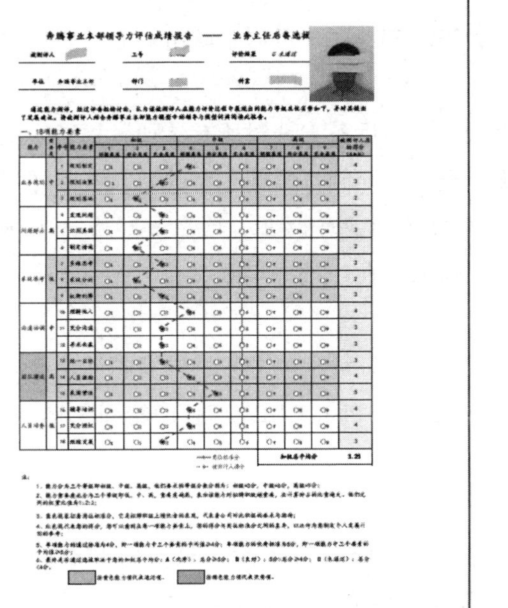

奔腾事业本部领导力评估成绩报告 —— 业务主任后备选拔

奔腾事业本部领导力评估成绩报告 —— 业务主任后备选拔

图 10 “业务主任后备”领导力测评个人测评报告样例

测评结果分为 A 优秀、B 良好、C 未通过三个等级。业务主任提拔时需结合其绩效结果，“近一年绩效考核结果为 B 档及以上，领导力测评结果为 B 档及以上，且两个结果中至少一个为 A 档”，未满足绩效结果的候选人，不能在当前年度聘任（见图 11）。

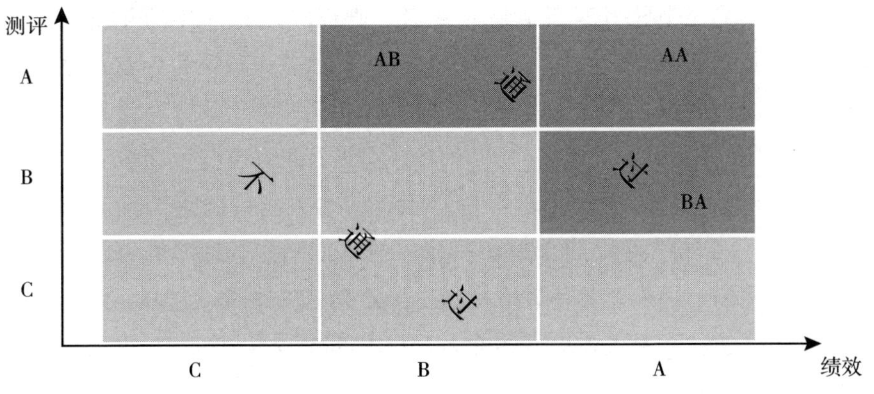

图 11 “业务主任后备”领导力测评结果与绩效结果相结合

1. 选培结合

在领导力测评后，业务部门与人力资源部共同建设后备队伍，分工协作进行培养与评价。

由人力资源部发起，业务部门直线经理与后备人选对所有参加过领导力测评的后备候选人，针对测评中的短板，通过面谈制订为期一年的个人培养计划（Individual Development Plan，IDP），通过实际业务课题、项目等对候选人进行锻炼。本次没有通过领导力测评的候选人，在经过一年锻炼后，下一年度仍可以被推荐参加测评。

人力资源部则通过对后备群体的领导力测评数据的分析，针对团体性优劣势，制订团体的发展计划（Group Development Plan GDP），通过轮岗、培训、公司课题等方式对候选人进行锻炼。

2. 不进则退

后备者人才库是一个“宽进严出”的系统，它就像一只不停摆动的筛子，员工在这里要么进步、要么就被淘汰，没有第三个选择。后备库是一个人才培养的熔炉，而不是“保险柜”，不进则退是这个系统最基本的出发点。同时，后备库也是一个开放、包容的系统，这一轮被淘汰的人，进步后有可能再进来，但进来了仍然有可能被再次淘汰。通过从后备库不断地培养后备人才、不断地筛选后备人才，大浪淘沙，周而复始，从而保证人员的活力。

人力资源部会对长时间未上任的继任者做阶段性盘点，进行动态管理。首先，如前文所述，领导力测评结果为 B 者，聘任时取近一年的年度绩效，若绩效低于 A，则不能聘任；其次，尚未被聘任的后备人员需每年参加笔试，笔试未通过者退出后备。

综上所述，“业务主任后备”人才储备是以“能力模型”为核心，以“能力评价”为牵引，以“能力培养”为重点，以“人才库管理”为支撑，实现“评估—培养—储备”的人才策略。奔腾事业本部坚持选拔培养符合组织目标要求的业务主任，他们要具备进取不止、极致创新的精神，具备系统思维、问题解决、团队建设以及人才培养的能力，将本部战略落地执行，助力企业转型与发展！

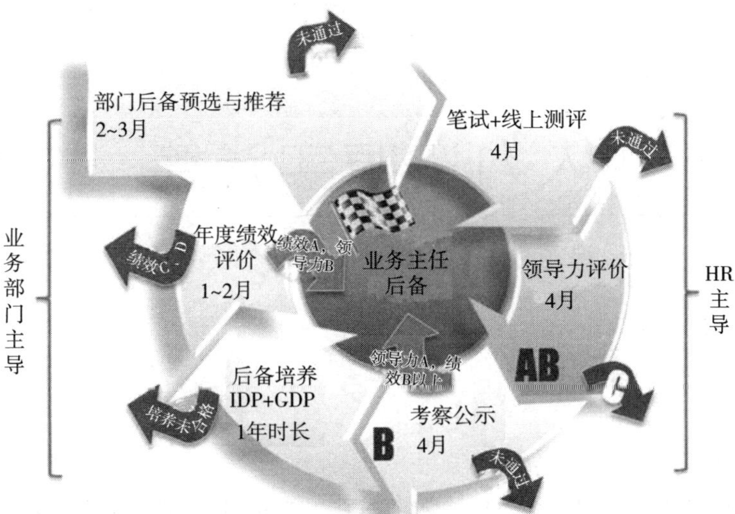

图 12　“业务主任后备”选拔与培养方案

参考文献

叶茂林、杜瀛：《胜任特征研究方法综述》，《湖南师范大学教育科学学报》2006 年第 4 期。

McClelland, D. C., “Testing For Competence Rather Than For Intelligence”, *American Psychologist* 28 (1973), pp. 1 – 14.

George P. Hollenbeck, Morgan W. McCall Jr, Robert F. Silzer, “Leadership Competency Models”, *The Leadership Quarterly* 4 (2006), pp. 398 – 413.

人力资源实践篇

R.22
OKR在企业人力资源管理中运用的思考

郑州日产汽车有限公司*

摘　要： 本报告概述了对KPI管理体系的认知及郑州日产汽车有限公司在运用中存在的问题，并针对企业发展阶段，分别从考核指标与公司发展战略支撑、管理重点由考评向员工能力提升转变、在评价中融入企业文化要素、信息技术在绩效管理中的运用、对面向市场的部门进行事业部制改革、对新车研发团队试点导入OKR管理体系等，提出了六条改善建议。

关键词： 绩效管理　KP　OKR

作为一家有国资背景、以年轻人为主体、具有全价值链的传统汽车制造企业，郑州日产汽车有限公司（简称“郑州日产”）长期以来形成了流程化、模

---

* 执笔人：程红彬，郑州日产汽车有限公司经营管理部部长。

块化管理体系。而以 KPI 为核心的绩效管理体系，在一定时期内是郑州日产的主导管理模式。在当前互联网经济时代，面对瞬息万变的市场需求，一切以市场为导向、以客户为中心的商业形态，也正在深刻地影响和改变着企业的管理方式、思维理念、组织架构，这些变化正在撼动着郑州日产原有的管理逻辑。诞生于知识经济时代的 OKR，其对目标的强化，对员工主观积极性的发挥，很好地融入了面对未来的不确定性、不可预测性，及创新与创造成为核心的新的经济模式中。因此，顺势而变，将 OKR 管理的先进理念融入 KPI 中，弥补 KPI 的短板，是郑州日产要重点考虑的工作。

一　对 KPI 管理体系的认知

2003 年，在中国人民大学教授的帮助下，郑州日产全面导入绩效管理体系，同年发布了《绩效管理与绩效考核管理制度》。该体系是郑州日产历史上第一次系统性地将 KPI 管理体系，全面导入郑州日产。其后，在使用过程中，根据企业不同的发展阶段、企业管理的现实需要，及其他企业的管理经验借鉴，先后经历过三次变革，现体系和制度为 2014 年初发布，覆盖了全员的绩效管理。该套体系曾在增强员工竞争意识、提升业绩、有效激励等方面起到了良好的促进作用。但从大趋势看，KPI 管理体系受到越来越多管理者的质疑，甚至被“妖魔化”地判定为“考核死企业”。如索尼公司前常务董事天外伺郎沉痛地宣称“是绩效主义毁了索尼”，他在自己的相关书籍中力述 KPI 的弊端以及它是如何一点一点毁掉索尼的；前诺基亚 CEO 约玛奥利拉在宣布百年诺基亚并入微软时，含泪痛诉“我们并没有做错什么，但不知为什么，我们输了”。那么，20 世纪让许多著名的大企业取得成功的 KPI 绩效评价体系，为什么会出现这些问题，其到底怎么了。

究其原因，主要是原有的以 KPI 为核心的绩效管理体系存在的外部环境和思维基础发生了巨大的变化。以 KPI 为核心的绩效管理体系是基于工业时代、在工业经济基础上的一种思维方式。而工业时代最大的特点是外部环境相对稳定，对效率和质量的要求高过对解决复杂性问题和创新的要求，因此，用流程来管理业务，把员工镶嵌在流程之上成为可能，而流程上的每一个节点都可以用一定的指标进行量化反馈，每个人的价值产出也都是可衡量的。可以说，以

KPI 为核心的绩效管理体系，是建立在一种可控的、可测量的、可量化的经济秩序之上，其本质是“量化”，因此可以借由量化的指标、细化的流程，来核定一个人的工作成果，并在一定周期内对员工的工作成果进行排序，通过强制比例激励先进、辅导或淘汰后进，最终结果与薪酬直接相关。KPI 指标主要来源于两个方面，一是企业的战略目标，二是部门和岗位职责。KPI 的主要目的是明确引导任职者将主要精力集中在对职位贡献最有成效的职责上去，并通过努力及时采取提高绩效水平的改进措施，因此它是最能影响企业价值创造的关键驱动因素。可以说，以 KPI 为核心的绩效管理体系，使 20 世纪许多著名的大企业取得了成功，也创造了许多经典的案例。如当年 GE 通过这种管理工具，起死回生，重振士气。

知识经济以及马上要到来的“智能经济”时代，“创新”和“创造”成为核心，企业比以往任何时候都更依赖于个人才能的自由发挥；同时，外部商业环境也正发生着急剧的变化，未来变得越来越不可预测、不可确定。首先是企业战略愈发难以适应高不确定性的未来；其次是旧有的相对稳定的 KPI 管理体系愈发难以适应商业巨变时代的动荡；再次是新技术也催生了企业组织和企业流程的变化；最后是新生代员工对组织的依附与个性的彰显，也使企业无法再按以往简单粗暴方式进行强制排序。

二　当前 KPI 管理体系在郑州日产存在的问题

KPI 在郑州日产的运用中，也出现了各种各样的问题，受到质疑。

一是在管理过程中越来越被误解和抵触。很多管理者认为，KPI 评价是人事部门的事，其只是按人事部门的要求完成而已，或变成管理者惩治表现不佳员工的手段；不少员工也认为 KPI 是评价过去，是找员工的错，是变相扣员工薪酬的工具；员工和管理者的不理解，使该管理体系在企业执行中越来越走样。

二是每名员工都在关注个人的 KPI 指标，没人对团队、项目整体目标负责；每个人的 KPI 指标都完成得很好，但团队的最终目标达不成。

三是过度强调指标的可量化、可测量；在无法量化时，不惜舍弃该指标；职能管理部门指标无法分解，无法有效发挥这些参谋部门的职能，无法有效支撑公司整体战略目标的达成。

四是一套制度、一张表的评价模式，使整个组织趋于僵化。现代企业中，职能管理部门、制造部门、销售部门、市场部门都采用统一的制度、统一的评价周期、统一的评价方式，造成企业离市场越来越远，对用户的响应越来越慢，以客户为中心成为一句空洞的口号，企业效率越来越低。

五是过度强调结果导向，固化了员工的创造性、降低了员工的积极性。“公司考核什么就去做什么”成为普遍现象，员工做的所有工作，仅是为了完成直接领导下达的 KPI 指标。

六是自上而下的目标分解和过程管控，对管理者专业性的要求极高，从而极大地制约了干部的轮岗和交流，使专业性干部多了，综合性干部少了，干部的知识面越来越窄，发展空间也受到了极大的限制。

三　对 OKR 的认识及其与 KPI 的差异分析

OKR，即目标与关键成果法（Objectives 和 Key Results）。其最初由 Intel 提出，强调“既不让目标迷失，也能实现团队协作”的管理方法。1999 年，Intel 的 VP John Doerr 将 OKR 引入谷歌，并一直沿用至今。现在，包括 Google、LinkedIn 在内的许多硅谷公司，甚至一些基金公司，都采纳了这一管理工具。OKR 主要的目的是更有效率地完成目标任务，并且依据项目进展来考核的一种方法。它的主要流程是这样一个循：第一，明确项目目标；第二，对关键性成果进行可量化的定义，并且明确达成目标的/未完成目标的措施；第三，共同努力达成目标；第四，根据项目进展进行评估。从字面上不难理解，OKR 是一种目标管理体系，通过关键成果的设定和达成，来实现既定目标。目标管理不是一个新的管理理念，从 MBO 目标管理法提出来后，KPI、平衡计分卡、项目管理、任务管理等，其基本逻辑都与目标管理法是一致的，OKR 也是如此。

（一）OKR 的特点

OKR 与绩效考核分离，不直接与薪酬、晋升关联，强调 KR（关键成果）的量化而非 O（目标）的量化，并且 KR（关键成果）必须服从 O（目标），可以将 KR（关键成果）看作达成 O（目标）的一系列手段。员工、团队、公司可以在执行过程中更改 KR（关键成果），甚至鼓励这样的思考，以确保 KR

（关键成果）始终服务于 O（目标）。这样就有效避免了执行过程与目标愿景的背离，也解决了 KPI 目标无法制定和测量的问题。

一是直观思考，目标突出。强调目标，所有结果、过程都是为最终目标服务的。保证每个人都朝同样的目标行进。二是目标要有野心，KR 必须可以量化，目标要精炼、要以季度为单位回顾评价。三是激发自我，鼓励创新。分离与绩效考核的关系，不直接与薪酬、晋升关联；充分发挥员工的主观积极性，以挑战自我和更高的目标；使 OKR 的激励属于内在的激励，有利于创新。四是高效沟通，完全透明。OKR 在个人、团队公开透明，保证大家为同一目标而努力。五是凝聚资源，上下一致。KR 制定自下而上，团队成员共同协商确定之后，充分调动所有资源，来保证目标的达成。为了提出自己的 KR，员工必须学会思考，学会沟通，学会向领导、同事、朋友，甚至家人去学习和请教。

（二）OKR 与 KPI 的差异点对比

表 1　OKR 与 KPI 的差异点对比

要素	OKR	KPI
管理目的	致力于如何更有效率地完成一个有野心的项目，是“监控我要做的事情”	强调如何保质保量地完成预定目标，是“要我做的事情”
管理逻辑	紧盯目标，并针对过程管理； 是沟通和员工自我管理工具	只看结果，不问过程； 是管理控制工具
操作要点	思路是先制定目标，然后明确目标的成果，再对成果进行量化，最后考核完成情况	思路是先确定组织目标，然后对组织目标进行分解直到个人目标，再对个人目标进行量化
优缺点	优点： ①考虑了 KPI 的优点，对关键成果进行考核； ②以目标为导向，而非“预订”的结果为导向； ③加强日常管理者和员工就工作目标和标准的积极交流； ④不过分强调 OKR 结果，而强调目标实现；薪酬激励与综合评估有关，OKR 只起参考作用； 缺点： ①需要高度有责任心和重视贡献的员工； ②需要更加勤勉的管理者	优点： ①极大刺激员工的工作积极性； ②考核什么，你就会得到什么； 缺点： ①为了绩效薪酬，过于关注 KPI 的数值，而忘记了任务的初始目标； ②有许多目标无法或不适合指标化； ③过程中的管理者和员工缺乏有效沟通，只讨论 KPI，而不讨论目标和环境情况

续表

要素	OKR	KPI
理论基础	源自德鲁克的目标管理； 核心思想是放弃命令驱动的管理，拥抱目标驱动的管理	源自传统的控制和激励理念； 人都是需要明确的工作结果导向的，这样会有一个明确的刻度来检验自己工作的好坏

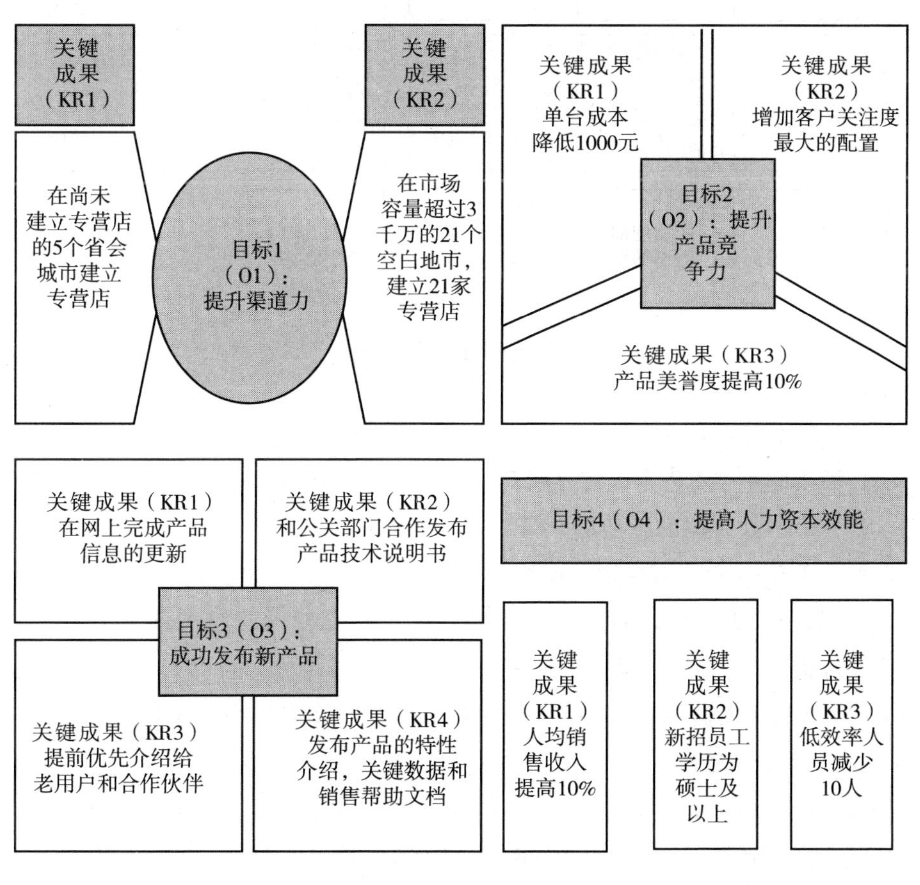

图 1　常见 OKR 类型

（三）常见的 OKR 类型及特点

1. KPI 型的 OKR

目标 1 的两个 KR 都是统计型的量化单位。

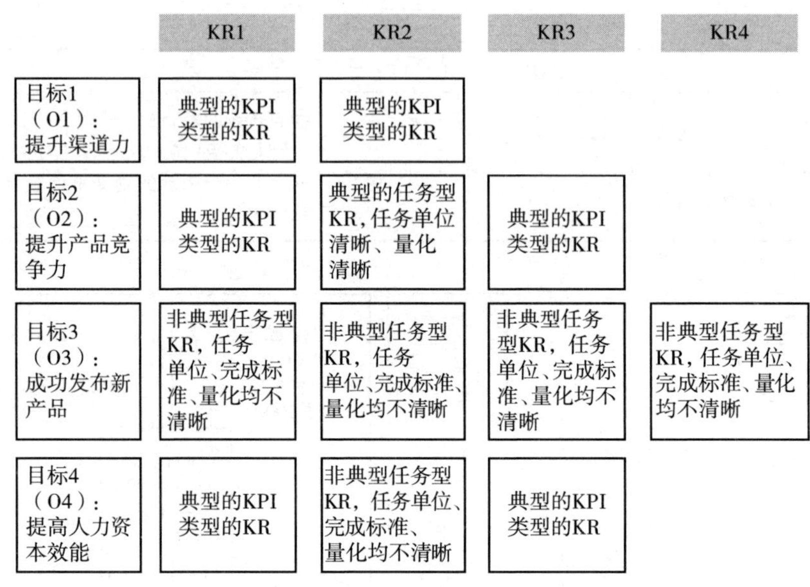

图 2　常见 OKR 类型特点

2. 任务型 OKR

目标 3 的 4 个 KR 全部都是任务，而且任务内容的边界、完成标准都很含糊，是一个不太到位的任务型 OKR。

3. "任务 +KPI" 混合型 OKR

目标 2 的 KR"增加客户关注度最大的配置"，这是典型的任务 KR；"单台成本降低 1000 元"则是典型的 KPI 类型的 KR；目标 4 的"人均销售收入提高 10%/低效率人员减少 10 人"都是 KPI 型 KR，"新招员工学历为硕士及以上"则是任务型 KR。

可以看到，OKR 与 KPI 的关系并非泾渭分明、截然不同，KPI 型的 OKR 就是 KPI，实际上两者是可以融合的。OKR 有任务型的，有 KPI 型的，也有两者混合的。

（四）OKR 与 KPI 的相同点

深入对比 OKR 与 KPI 的特点，会发现两者存在非常多的相同点，两者之间并非对立的。每个企业的管理水平不一样，KPI 的落地也不一样，在很多绩效管理实施到位的企业，OKR 的这些特点，在这些基于 KPI 的绩效管理的企业也都具备。

OKR的特点，KPI几乎也具备	
OKR的特点	KPI的特点
1、首先是沟通工具，任何员工都可以看到每个人在这个季度最重要的目标是什么，团队这个季度的目标是什么	1、基于KPI的绩效管理也可以是沟通工具，企业制定了公司、SBU、部门、岗位各级的KPI，如有必要，只要将其在全公司公开即可
2、是努力的方向和目标：ORK代表你到底要去哪里，而不是你要去的地方具体在哪里	2、只是努力的方向和目标而已，也仅仅指出了方向，而没有告诉你具体如何可以做到
3、必须可量化（时间&数量）	3、必须量化无须多言，实际上KPI量化得过头了，对很多无关紧要的事情也搞量化指标
4、目标必须一致：制定者和执行者一致、团队和个人一致。首先，制定公司、团队、个人的OKR。各自独立完成，然后对照协调。	4、KPI也强调目标一致，按照KPI科班教程，KPI应该从企业战略开始，逐层进行分解落地，其一致性要求不言而喻
5、的目标是自下而上，由员工自行制定，与上级沟通达成一致	5、KPI的分解，是自上而下层层分解，自下而上层层支撑，由员工先根据上层的目标和岗位职责、重点工作提出，双方沟通一致确定。
6、目标是要有野心的，有一些挑战的，有些让你不舒服的	6、KPI也是有野心的，甚至太有野心。
7、通过月度/季度会议Review，时时跟进	7、在那些数据采集与统计分析跟得上的企业，是按照月度来跟进KPI的达成，并且通过月度会议分析、改进
8、通过季度会议Review，及时调整：变化非常快的行业，每季度可以有一次调整，原则是目标不变，只允许调整关键成果	8、可以按照一定的周期，根据内外部因素的变化进行调整

图 3　OKR 与 KPI 的相同点

四　运用 OKR 管理精髓，弥补郑州日产 KPI 管理中存在的问题

通过对 OKR 管理逻辑分析，可以看出，OKR 理念在许多方面可以有效解决郑州日产在 KPI 管理中存在的问题，之后笔者拟从六个方面对郑州日产存在的问题进行改善。

（一）定量考核指标一定要符合公司发展战略导向

首先，关键业绩指标一定要来自公司战略经营目标的层层分解，能够反映公司关键重点经营活动情况，同时也反映被考核人最重要的工作成果；其次，考核指标项目及数值，要根据公司当前的经营重点、难点及战略目标等，进行动态调整，对不符合企业发展要求、不贴近以市场为导向的指标项，要及时予以清除；再次，在战略目标确定后，在KPI分解过程中，不要仅自上而下，还要围绕团队最终目标，与员工一起商讨过程管理项目及管控指标；鼓励员工提出新的指标，并自我提出更新的指标值；指标值设定挑战值及必达值，完成必达值，即评价为100%，对完成挑战值的，给出更高的评价结果；最后，根据不同工作性质人群设定不同的考评周期，如对制造一线的操作工人，因其任务固化、指标明确、标杆数据齐全、评价项目清晰简单，可采取以月为单位进行评价；而对职能管理人员，则可采取以半年度为单位进行评价，同时，在目标设定上，可结合KPI加GS（重点事件）来设定。

如对人力资源部的考核指标中有一个“关键人才流失率”，而且这个指标定义非常清楚，对于什么是“关键人才”，如何鉴别“流失”都有明确规定。用这样一个指标考核人力资源部门是有问题的，关键岗位人员流失的原因是多方面的，下定决心要走的“人才”留下来对公司也不会有什么重大贡献。考核关键岗位人员“流失率”不如考核关键岗位人员“满足率”更适合。

（二）绩效管理重心从考核评价，向提升员工能力转变

首先，重视绩效沟通，还要贯穿KPI实施的全过程，这包括在制订绩效计划阶段的共同商讨、绩效实施过程中的辅导沟通、绩效评价阶段指标完成的上下级确认、最终绩效结果的反馈面谈等；其次，重新定位绩效沟通的作用，这是对KPI指标对战略目标、岗位职责支撑的再确认，是评价人与被评价人绩效合同关系的建立，是指标实施过程中资源需求及配给的确认，是员工能力不足、方向不明时的辅导；最后，绩效结果反馈时，更重要的是建立面向未来的绩效目标，把重点放在解决问题上，与员工共同分析不良绩效的原因，并制定解决办法，从而达到提升员工能力、激发员工动力和责任心的目标。

（三）试点放弃绩效等级强制分布，评价中融入企业文化要素

目前来讲，绩效管理和有效激励所遇到的最大挑战应该来自已经活跃于职场的以“90 后”为主的新生代员工。对于他们，旧有的绩效评价办法及激励往往失效。要在绩效评价中，抛弃以往完全依赖 KPI 指标完成排序的方法，要从人性的需求分析上去对症，导入企业文化及价值观的评价要求，试点导入 GE 人才管理九宫格模型，根据绩效结果，对不同员工采取差异化发展策略（见图 4）。

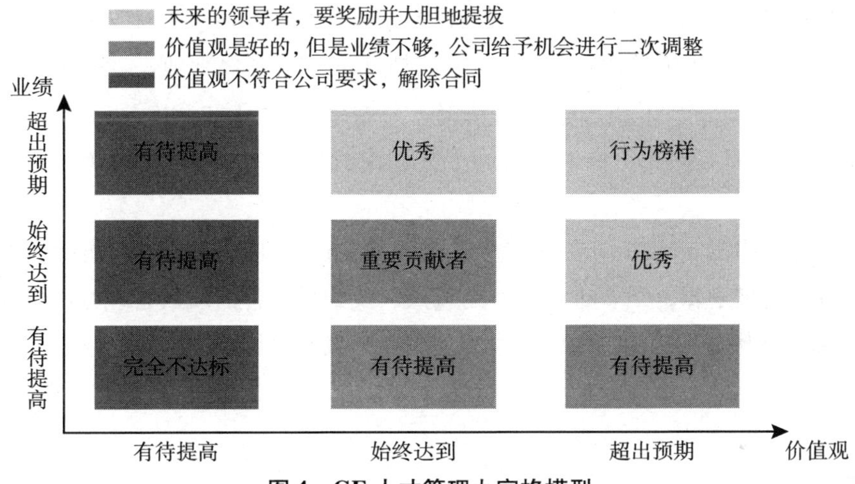

图 4　GE 人才管理九宫格模型

（四）应用信息技术为绩效管理带来新活力

现在公司的新人都喜欢用手机和社交媒体，他们在工作当中也希望更多地得到及时的反馈。试点在企业中构建一个移动的绩效管理应用平台，平台以 APP 的形式出现，经理和员工一起使用，进行绩效的目标设定与沟通，通过持续的沟通来提升员工的绩效和能力。同时，也让过程管控项目、进度透明化，使团队所有成员都知道大家的工作任务是什么，进展到什么程度，从而为达成团队的目标，能够在工作中相互协同。

（五）重新构建组织机构，对以创新为主的部门，试点事业部制改革

对部分直接面对市场的、以客户为导向的部门，取消多层级的直线管理架

构，进行事业部制改革，构建扁平化的组织架构；在此基础上，根据 OKR 理念，重新梳理 KR 指标，以快速应对市场反馈，满足用户多元化、个性化的需求。

（六）以一个新车型研发团队为单元，导入 OKR 管理体系的试点

首先明确车型发展的最终目标（如以 25～30 岁、男性、个人日常上下班使用、无购房压力、高学历、崇尚个性化独立生活的中产阶级后代为目标对象，基于东风车型平台的乘用型 SUV 研发项目，以 36 个月为开发周期），以一个车型研发周期为一个考核周期进行管理；其间团队以三个月为周期，形成共同的可量化的 KR 指标，并对 KR 完成情况进行透明化管理，过程中及时对指标进行修正；同时，KR 的完成情况，与薪酬考核脱钩，以正向评价为主；通过 OKR 试点，激发研发人员的创造性和主观积极性，确保车型项目最终目标的达成。

总之，OKR 和 KPI 两者各有所长，谁都无法真正替代对方。围绕两个管理工具的管理逻辑，结合企业自身的特点，找到最适合的绩效管理方法，才能更有效地提升企业和员工的绩效，实现企业的战略目标。

参考文献

天外伺郎：《绩效主义毁了索尼》，《文艺春秋》2007 年 1 月。

刘东畅：《商业新常态下 KPI 的存续与改进方向》，《首席人才官商业与管理评论》（第四辑）2016 年第 11 期。

于欣炜：《绩效考核之 KPI 与 OKR.》，《科技与企业》2015 年第 20 期。

蒋昕：《放弃 KPI 谷歌用什么管理员工》，《北大纵横》2014 年 4 月 19 日。

李政权：《后 GE 时代绩效管理的存与废》，《首席人才官商业与管理评论》（第四辑）2016 年第 11 期。

斯蒂芬·P·罗宾斯、蒂莫西·A·贾奇：《组织行为学》（第 14 版），人民大学出版社，2012。

王萌：《扔掉 KPI 跟 GOOGLE 学习 OKR 管理方法》，《知乎文摘》2014 年 4 月 8 日。

钟志超：《绩效考核之“KPI 和 OKR 的区别”》，HR 钟志超微信公众账号，2016 年 11 月 4 日。

R.23

电气企业人力资源发展实践

石家庄科林电气股份有限公司*

摘　要：本报告论述了石家庄科林电气股份有限公司不断完善人力资源管理体系，通过人力资源的合理配置、培训与开发、薪酬福利和制度建设，打造人才团队；通过对知识的有效管理与利用，推动产、学、研合作、绩效的改进，激励员工成长的创新与实践。

关键词：知识有效管理与利用　绩效改进　员工成长与激励

石家庄科林电气股份有限公司（简称“科林电气”）是一家集研发、生产、销售、服务于一体的国内一流电气设备供应商和服务商，高度重视科研人才团队建设及创新工作，科研实力在行业内处于领先水平。公司不断优化人才结构，引进高端人才和大学生，逐渐形成了含技术骨干、后备干部及中高层干部的人才梯队。

一　人才管理体系

科林电气人力资源管理体系包括四个部分，一是人力资源的合理配置，二是培训与开发，三是薪酬福利，四是制度建设。科林公司通过不断完善制度建设，每年定期调薪，提高员工福利待遇，先后制定了薪酬管理制度、绩效管理制度、员工培训管理办法、管理干部选拔测评制度等，以充分发挥和调动员工的潜能，营造良好环境，提高员工满意度。

---

* 执笔人：丁魁静，石家庄科林电气股份有限公司人力资源部主任。

（一）健全科学化组织结构，打造高效治理机制

科林电气内部组织结构分为股东大会、董事会、监事会、经营层等。公司实行董事长领导下的总裁负责制，董事长为公司最高领导，主持评审公司的管理业绩，履行各方面的社会责任。公司通过董事会集体决策确定发展方向以及对管理绩效进行民主评议。监事会向全体股东履行监督义务。

依据战略发展目标，公司搭建了科学合理的组织结构，研究院根据科研方向分为6个研究中心及产品测试部，科研实力稳步提升；生产事业部根据产品类别进行科学划分，针对性强，生产效率、产品质量具有可靠保障；营销网络遍布国内外，市场稳步推进；职能部室各司其职，有效提升了企业整体经营质量。各个系统职责明确，各部门根据岗位设置，以岗位说明书为标准进行职位管理，以实施工作计划。

对于重大项目，科林电气设立了跨部门的委员会和项目小组，来加强各部门之间的协调配合，促进信息和知识的快速传递和共享，提高运作效率，促进组织内部的合作。加强内部基础管理，系统之间团结协作，形成了拼搏奋进的良好局面。

（二）夯实文化基础，成就员工理想

科林电气始终坚持“发展高新技术造就优秀人才服务中国电力”的企业使命，高度重视人力资源的创新发展工作，夯实企业文化根基，搭建文化宣传平台，建设了完善的文化导航、文化落地以及文化传播系统，拓展了企业文化丛书、远航企业内刊、微信公众宣传平台等多样化文化宣传阵地，坚实的文化根基、先进的文化理念为企业可持续发展及整体战略的实施提供了强大的内在驱动力。

科林电气倡导为员工成就理想。公司倡导激情工作与快乐生活。致力于打造团结协作、充满活力的员工团队，尊重员工个性的合理表现，为员工提供个人发展机会、有挑战性的薪金和奖励、有意义的学习培训与组织活动。

（三）校企合作推动科技转化

科林电气在自主研发的同时，积极寻求与科研院所及国内高校的合作，同

中国电力科学研究院、清华大学、华北电力大学、上海交通大学等院校进行经常性技术交流及产品转化工作。拥有智能变电站通信技术、配电网开关的智能化技术、智能用电信息采集技术等二十多项核心技术，涵盖设计、生产、检测等各个环节。

2012~2017年，科林电气共研发近百种高新技术产品，其中90%投放市场，具有显著的经济效益和社会效益，多项产品获得河北省科技成果证书，达到国内领先水平。通过开发新产品和工艺优化设计，为企业增强了市场竞争力，带来了很好的经济效益。几十项新产品、新技术相继投产，新产品贡献率达到81%。

（四）不断优化的绩效改进系统

科林电气建设初期，就设立绩效改进制度，鼓励各部门各员工在制度上、流程上、产品上持续改进。建立公司关键绩效指标，促进改进绩效、实现目标。每年董事会制定经营目标，建立责任制。董事会分解目标。各事业部、销售中心签订经营责任状。

为确保公司战略规划、战略目标、各职能层次管理目标的实现，公司建立《绩效考核管理办法》，定期评价关键绩效指标和绩效结果，并且在可能获取标杆和竞争对手信息的条件下，与标杆和竞争对手的绩效进行比较，将评价和比较结果纳入改进范围。

科林电气聚焦战略目标，借助国内顶级咨询机构，在战略、品牌、人力、精益等方面，均取得卓越的成绩。在外部机构的协助下，科林电气积极进行内部人才培养，建设各种团队，学习、消化、吸收、应用先进经验；在绩效评价、标杆学习、流程优化、标准化建设、质量攻关、精益生产等方面均取得一定成绩；在日常管理中着重开展人员能力验证、QC小组活动、品质提升、标准梳理、自主改善、全员合理化建议等举措，以持续改进公司绩效。

开展年中工作会、务虚会、周例会、经营分析会、专项会议、层次会议、质量分析会等，将经验、教训、知识等给分享科林电气的每个人。建立了统一的信息化管理平台ERP系统（用友NC系统）、FTP、致信等信息平台，将信息、知识快速准确地分享给每个人。

科技领先、林立百年，“在奔跑中调整姿态”，不断修正路径，持续改善，提升绩效，逐步实现创造智慧生活的梦想。

（五）完善人才培养体系，打造阳光正直、积极向上、勇于创新的人才团队

1. 完整的培训体系

科林电气建立了一套完整的培训体系，每年初根据公司战略需求、部门需求调查、员工培训需求、绩效结果等制订年度培训计划，并按计划实施。

2. 多形式的学习方式

学习方式主要有委托培养（中高层管理干部参加清华大学一年的在职教育）、短期授课、网络学习、参观考察、拓展训练、设定目标自学、小组讨论、轮岗、研讨会等多种形式。同时，结合绩效结果，人力资源部会根据绩效对不同岗位有针对性地进行技能或理论培训，使教育与培训适应组织发展方向和员工职业发展的要求。

针对不同的岗位和职位，实施分层次培训，分为员工（细分岗位）、基层干部管理、中高层干部管理培训。鼓励员工参加职称评定、技能大赛、论文发表、申请专利等，并给予一定的奖励，支持员工以多种方式实现与工作需要和职业发展、技能提高相关的学习目标；人力资源部根据培训计划，建立了全员培训档案。

3. 员工的职业发展

高层领导的职业发展，侧重于素养的提升和视野的开拓，科林电气为高层领导提供参与各种高端会议的机会，接触不同层次人员，以实现高层的卓越领导。

根据科林电气干部管理制度，每年选拔年轻的骨干进入后备干部人选。这些后备干部人选通过公司远航学院学习培养，作为后备人选，形成人才梯队，以提高组织的持续经营能力。

科林电气将所有职位划分为 3 个方向、16 级、9 个序列，搭建起员工职业发展通道。建立专业技术人员任职资格体系、管理干部人才梯队，及销售工程师专业化，为员工提供不同的发展跑道。根据员工个人的职业规划，科林电气通过科林讲坛、网络课程、专家讲座等方式帮助员工实现目标。并分为三个阶

段实施继任计划：选拔测评、培养提升（培训学习、压担子）、试用转正（选出优秀进行试用）。

二　人力资源发展中的创新实践

（一）组织治理与非公党建结合，董事长任党委书记

科林电气深度挖掘发展内涵，不断提升党建水平，逐渐形成了“三有三培养”独具特色党建文化培养体系，将“文化促党建、党建促发展”真正地落到实地。将公司治理与非公党建结合，坚持党组织的领导。科林电气于2016年6月成立党委，下设6个支部，共有136名党员。按照党的要求约束和管理企业，做一个有道德的企业。

党委班子结合实际，将科林电气的党建理念提炼总结，形成独特的“三有三培养”概念。“三有”即“支部心中有党员，党员心中有员工，员工心中有企业”；“三培养”即“把党员培养成业务骨干，把业务骨干培养成党员，把党员业务骨干培养成企业管理人员”。这生动体现了科林电气人才为本、党建经营互融互促的繁荣景象。

在“三有三培养”理念的指导下，党委班子成功将科林电气打造成为河北省级非公企业党建试点单位。党委成立以来，切实加强党组织和党员队伍建设，实行党委委员和班子成员“双向进入，交叉任职”机制，党委书记由公司董事长张成锁同志担任，党委成员在董事会、监事会和中高层等管理岗位任职，凸显了党组织在决策层的话语权，保证了企业的健康有序发展。

公司党委结合“两学一做”学习教育，组织开展了争做科林优秀党员、“科林文化大讲堂”“做合格的科林人”系列党课以及“党员先锋岗”“党员示范岗”等特色活动，为展现党员良好形象、发挥党员在生产经营中的示范带动作用提供了动力和平台。

2017年以来，科林电气评选各条战线党员标兵6名，党员先锋岗8个，党员示范岗27个。特别是在配网、电能表等重大产品项目研发中，成立以党委委员陈贺为队长的“党员先锋突击队”，攻坚克难，勇于开拓，高质量完成从研发到试制到生产等多个环节任务。

2017 年，时任中央党的建设工作领导小组副组长、中央政治局委员张春贤莅临公司考察非公党建情况，考察期间，张春贤高度赞扬了公司的党建成绩，认为是“党建促发展”的典型案例。

（二）知识的有效管理与利用

按知识类别及来源，各部门收集汇总来自公司内、外部信息，通过专业识别与转换，形成知识。不断积累，更新维护，并进行有效的传递与分享、应用和保护，从而改进和提升公司研发、品控、营销、生产、采购等方面的水平，达到最佳过程效率，驱动企业竞争力不断增强（见表 1）。

表 1　知识识别、传递路径、共享

<table>
<tr><th>收集方向</th><th>信息内容</th><th>传递共享方式</th></tr>
<tr><td rowspan="9">内部</td><td>合理化建议、标准、技术秘密、商业秘密等</td><td>公共文档、FTP 服务器</td></tr>
<tr><td>科研攻关成果、技术改造成果、研发经验、操作方法与经验</td><td>远航报、培训教材、作业指导书、WCP 知识平台、日常培训</td></tr>
<tr><td>管理创新成果</td><td>远航报</td></tr>
<tr><td>管理文件、行政公文、科技创新、知识产权</td><td rowspan="2">FTP 服务器、网站公示、文件管理软件</td></tr>
<tr><td>专利、商标、软件著作权、论文</td></tr>
<tr><td>技术图纸、基建档案、设备档案、科研档案、产品档案</td><td>借阅</td></tr>
<tr><td>各类报刊、专业杂志、参考书</td><td>订阅</td></tr>
<tr><td>先进操作经验、操作方法</td><td>局域网、作业指导书</td></tr>
<tr><td>行业标杆和竞争对手的最佳实践等文件</td><td>交流会、专家咨询</td></tr>
<tr><td rowspan="4">外部</td><td>供方和顾客信誉、技术水平</td><td>内部会议、文件传递</td></tr>
<tr><td>国家有关政策、市场信息、行业信息、竞争对手等相关信息和知识</td><td>互联网、报刊、政府机构、行业协会、展会、对标活动</td></tr>
<tr><td>同行业重大技术课题、设备改造、工艺优化、产品开发等科技信息</td><td>互联网收集、科技期刊</td></tr>
<tr><td>同行业先进经验</td><td>外出学习培训、外部专家指导</td></tr>
</table>

科林电气内部不定期组织跨职位、跨部门的交流会，或针对项目的沟通会，从技能、信息、市场前沿、客户需求等各方面实现有效的沟通和技能共享。

科林研究院每两周举行一次科林技术讲坛，由技术骨干、专家分享产品开发经验，进行技术交流，探讨技术问题。通过该论坛，科林电气积累了大量实战经验，促使产品研发质量和效率大幅提升。

相关部门通过改善发布会、项目成果报告会、技术交流会等一系列的专题会议，将改进过程中的经验和成果进行分享，开展经验交流；组织每年两次“创新奖”评选活动推动创新成果的借鉴和运用；在公司刊物《远航》、学习看板、知识管理平台中对相关改善成果进行整合管理、固化并分享最优工作方法。

借助实践验证和技术积淀，对公司研发、工艺技术、质量控制、营销技巧、管理创新等过程获得的最佳实践进行识别，形成工作手册和培训教材，实现隐性知识显性化，形成规章制度、标准手册、工艺文件等。通过日常培训和专项学习座谈等方式分享推广，提高新员工学习效率，降低人才培养成本，积累有益知识财富。

（三）积极推动产学研合作，促进公司技术提升

科林电气积极与专家合作，2015 年河北省委组织部、省科技厅和省科协联合发文，批准科林电气设立企业院士工作站。这是继公司成为国家工信部“互联网 + 与工业融合试点单位”之后，企业科技创新能力建设又一标志性成果。同年，与河北工业大学合建“河北省分布式光伏发电监控系统工程实验室”，并于 2017 年落成验收。项目建成后，提高完善了公司现有实验室研发试验的能力和条件，整体提升公司的自主创新能力，研发能力达到国内领先水平。公司与多家科研院所、高校建立了广泛的联系与合作，大大缩短了产品研发周期，加快了新产品投入市场的速度，提高了产品的技术水平，增加了人才培养的方式，加强了研发中心技术创新能力。科林电气现已通过国家企业技术中心认证。

此外，通过技术评估体系，科林电气广泛吸收行业技术研发和技术评估的经验，不断优化综合技术，持续保持对新技术的敏感性，促进产品不断优化、紧跟市场步伐。

另外，科林电气与河北省电力公司、中国移动通信集团公司、华为技术有限公司建立了技术交流平台，开展多次技术交流活动，参加人员达 2000 余人

次。就目前国家智能电网建设及产品发展趋势等多个热点问题进行了深入的探讨和交流，对科林电气的快速发展、产品性能质量以及系统解决能力给予了高度评价，并为科林电气未来的发展提出了更好的建议。

通过以上方式，科林电气不断提升技术先进性和创新性，保证了公司良好的业绩和发展。

（四）基于绩效提升的改进与创新

科林电气在选择、收集和整理绩效测量数据的基础上，定期组织各种绩效分析会，对已实现的绩效数据从市场变化、资源配置、工作质量和管理效率等方面进行因果分析，并进行内部数据纵向对比及行业数据横向对比，找出绩效差距原因，提出绩效改进方案，确定今后资源配置重点，并对未来市场、行业、技术等做出预测。

科林电气近几年着力改进工作系统，先后引进多家咨询公司对薪酬绩效、公司战略、品牌推广、精益管理等多方面进行提升。经过几年的改进和运行，简化了管理层级，由原来的 5 个层级简化为现在的 3 个层级，精简了部分岗位，形成现在的 9 个职位序列、234 个岗位。充分发挥自身的技术优势，鼓励员工进行技术创新，对提高产品质量、降低劳动强度、扩大产能等方面提出合理化建议。设立“创新奖”，对在设备、工装使用创新方面做出贡献的员工进行奖励，每年针对产品项目申报发明专利，并对技术创新者和专利申请人给予一定的奖励，并作为评定职称的重要资本。这些都充分调动了全体员工参与创新和技术改造的积极性。

经过多年的不懈努力，2015 年成立石家庄市苏彦斌创新工作室。工作室致力于科技创新活动，集技术创新、科研创新和培训于一体，以推进生产、工艺、维修骨干技术技能人才创新工作为核心，以设备技改维修实践为主。充分发挥工作室的示范、引领、辐射和带动作用，传授新知识、推行新工艺、推广新操作法，以创新提效益。

科林电气重点奖励在创新工作中做出突出贡献的部门和个人，极大地提升了广大员工进行创新的积极性。2012 ~ 2018 年，提交项目 800 余项，经测评委员会评选公布的获奖项目总计 475 项，为公司各层面提升起到了很大的促进作用。

2018 年，苏彦斌创新工作室被中华全国总工会授予 2018 年“全国工人先锋号”荣誉。同年科林电气被河北省科学技术厅认定为“科小蓝众创空间”，通过不断创新服务模式、提升服务水平、发挥引领示范作用，为“大众创业、万众创新”工作做出更大的贡献。

2018 年成立科林智控子公司，主要业务是智能装配的研发和生产。推进公司智能制造工作的开展，助力“国家 2025 智能制造战略”。

科林电气在各个层次、运用多种方法和工具进行改进活动如表 2 所示。

表 2 改进活动一览

改进活动	应用层次			周期
	公司层	部门层	员工层	
年度工作会	★			年度
管理评审	★			年度
经营分析会	★			季度
战略评估	★			适时
对标管理	★			适时
卓越绩效诊断	★			适时
聘请咨询公司	★			适时
流程优化	★	★		适时
标杆分析	★			适时
精益项目改善		★		适时
层次会议		★		年度
QC 小组活动		★	☆	季度
创新奖评定		★	☆	年度
零缺陷改进		★	☆	每周
层次会议		★	☆	年度
质量分析会		★	★	适时
提案改善			★	适时
合理化建议			★	适时

注：“★”表示主要应用层次，“☆”表示次要应用层次。

（五）员工成长与激励

科林电气根据用人需求，制订招聘计划。员工进入公司后，进行公司级和部门级培训，不定期同员工进行访谈及沟通，了解员工的需求，并指定辅导老师，使员工快速融入团队。

科林电气积极创建学习型组织，营造良好的学习氛围，每年安排管理人员到外部专业机构学习，成立远航学院，选拔优秀干部到清华学习管理，安排到标杆企业参观学习。设立培训专职负责整体培训的策划和实施。

科林电气重视从企业内部培养人才，不断优化培训课程体系，加大人才培养开发力度。大力实施针对各级管理人员的领导力培训和开发，提升管理者领导力、执行力。根据业务发展、产品开发、技术创新的需要，通过创新机制、创新载体、创新成果，加大各类专业技术人才和一线员工的培训，为广大员工提供轮岗交流、职级提升等多种发展机会。

通过系统的培训学习，制订个人发展规划并提供个人发展空间，并不断改善福利待遇等留住员工。

科林电气有完善的薪酬激励体系，每年根据绩效评价、岗位异动、任职资格、社会工资水平进行薪酬调整。根据职级和职位，采取宽带薪酬，按岗位采取五种薪酬模式发放。除薪酬激励之外，采取公司股权激励、员工福利、团队荣誉、个人荣誉等方式进行员工激励。

通过设立各种固定会议，促进建立和实施双向沟通机制，借助沟通会议，发现企业经营中的问题，提出合理化建议，激发员工的积极性，引导各层次优秀人员不断涌现。

丰富激励活动，制定优秀员工激励政策，如技术比武大赛、创新奖、合理化建议奖、科林之星奖、管理状元奖、技术标兵奖、销售状元奖、优秀党员奖、安全生产奖以及各种小组和团队的奖励，鼓励员工各级参与多种形式的管理和改进活动，并为员工参与提供必要的资源，以提高员工的参与程度与效果。

科林电气建立管理、技术、营销三条跑道，对表现优秀的人才，委以重任。通过轮岗、设立事业部、独立核算等活动促进优秀人员的成长。积极培养公司未来的领导者，保证基业长青，采用激励现有领导和培养未来领导同步进行。

每年评选管理标兵、管理状元，让有管理才能的优秀人员逐渐走出来，通过更大的平台、轮岗等，让优秀管理者得到更多的关注和培养。

其他激励还有：每季度评选出3%的优秀员工，进行物质奖励（或旅游奖励)，每年评选出2%的优秀员工，奖励外出旅游，每年选拔后备干部10～20名，重点培养。公司投入200万元，增加餐补并改善餐厅菜品，北区更换餐厅桌椅，改善就餐环境。建设室内羽毛球/乒乓球馆、室外篮球场馆，保障员工业余时间的活动场所，给员工更好的生活保障。2017年投入890万元，新建宿舍楼，减少单间居住人数，安装空调等生活配套设施，给员工提供更好的居住环境。通过以上各种措施，员工诉求得到及时处理，员工满意程度不断提高，员工离职率逐年下降。

在人力资源管理过程中有扎实取得的成绩，也必须承认还有很多需要改进和变革的工作。比如人均劳效的进一步提升、绩效管理的持续优化、高端人才的大力引进等方面还需要不断的反思和切实的行动。明确方向，持续努力，以人为本，发挥人力的最大价值和效能，为企业的战略达成保驾护航。

ℝ.24

战略新兴产业的绩效管理

——以北汽新能源为例

北汽新能源*

摘　要： 新能源汽车作为我国七大战略性新兴产业之一，近年来高速发展。市场快速变化、竞争日趋激烈，在此种形势下，如何通过有效的绩效管理支撑企业发展是人力资源工作的一大挑战。本报告以北汽新能源为例，简述了在企业发展的不同阶段，如何根据业务特点，变革绩效管理体系，以支撑业务发展、战略目标达成，并总结了绩效管理的经验与启示。

关键词： 新能源汽车　绩效管理　人力资源

一　新能源汽车产业的特点

新能源汽车是当今世界最热的行业之一，我国更是将新能源汽车作为七大战略性新兴产业之一，习近平总书记曾提出：发展新能源汽车是我国从汽车大国走向汽车强国的必由之路。可见，新能源汽车产业在中国七大战略性新兴产业中的地位尤为突出，那么新能源汽车产业有什么特点，可以简单概括为以下四点。

（一）政府大力支持，但购车补贴力度大幅退坡

从 2014 年至今，从中央到地方政府，先后出台了购车补贴、车辆购置税

---

* 执笔人：陈君，北汽新能源人才激励高级经理、COE。

减免、扶持充电桩建设、无限行等诸多优惠政策，其中购车补贴政策对车企的直接影响最大。但是随着新能源汽车销量的增长，一方面，这种大幅的政府直接补贴，会给政府造成巨大的财政压力；另一方面，从行业的长远发展来看，这种政府扶持的模式也对行业的健康成长造成不利影响，不利于新能源车企竞争力的提升，于是我国政府适时地从 2017 年开始加速减少对新能源汽车的补贴，每年补贴的退坡比例达 50% 以上。举个例子，如果在 2016 年，销售一辆新能源汽车，车企可以获得国家与地方的补贴是 5 万元，那么 2017 年时这个数字则降低到了 2.5 万元以下，到 2018 年则可能只有 1 万元甚至更少。

（二）得益于政府的大力扶持，新能源汽车市场销量爆发式增长

尽管政府对新能源车企销售车辆的直接补贴力度在大幅退坡，但对新能源汽车产业的支持大势未变。近五年来，新能源汽车行业的年均复合增长率达到 100% 以上，从 2014 年行业总销售 7.4 万辆，到 2018 年的 125 万辆，销量增长了 16 倍以上。

（三）各大传统车企、互联网企业先后涉足新能源汽车行业

各大传统车企、互联网企业先后涉足新能源汽车行业，特别是在 2017 年政府补贴大幅退坡之前，对新能源汽车的投资可以用狂热来形容。据不完全统计，仅 2016 年国内新能源汽车就上马 80 余个项目，进入新能源汽车领域的造车新势力超过 40 家。此外，各大传统车企也纷纷布局新能源汽车。虽然行业销量在不断攀升，但由于众多企业的入场，整体的竞争态势由蓝海迅速进入红海，竞争异常激烈。

（四）激烈的市场竞争，带来的是人才争夺战愈演愈烈

汽车行业的员工离职率在百分之十几，新能源汽车行业的离职率则在 20% 以上，特别是电控、电池、智能网联等新能源汽车行业特有的专业人才，人才争夺异常激烈、离职率高。2017 年，我们曾访谈了一批公司的技术人员，其中 80% 以上的人员至少接到过 2 ~3 个猎头公司推荐的岗位、核心技术岗位几乎 100% 都被猎头挖过脚，且给出的待遇颇具诱惑，薪酬涨幅少则 30%，多则 50% 甚至翻番。

二　北汽新能源的绩效管理实践的三次变革

在此种行业背景下，北汽新能源从2014年上半年完成第一台新能源汽车销售起，以连续5年蝉联国内纯电动乘用车产销量第一，2014年销售5510辆，仅仅用了5年的时间销量就达到了2018年的15.8万辆，翻了近30倍，相应的人员规模从2014年不到1000人增长到2018年底的6000人。可以说近5年来，北汽新能源处于飞速发展阶段（见图1）。

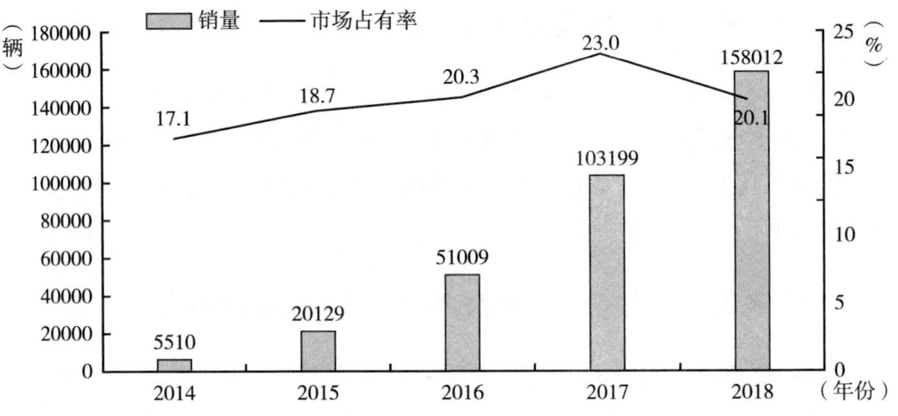

图1　2014～2018年北汽新能源销量及市场占有率

北汽新能源的绩效管理也是在这种内外部环境下开展的，既面临来自外部市场环境的压力，更是基于业务发展的需要，同时为业务发展做出了贡献。具体来说：北汽新能源的绩效管理实践有三次变革，到现在已经历了两次变革、正在开展第三次变革。

（一）第一次变革：适应创业期发展需要

从外部环境来看，2016年前市场对新能源汽车的投资可以用狂热来形容，各地的新能源汽车项目火速上马，出现了一批新势力造车，例如乐视、车和家等，传统车企也纷纷布局新能源汽车。同时，在此期间，政府对新能源汽车销售的补贴力度大，各车企为享受政策红利，快速上马项目、推出新产品、抢占市场，可以说外部环境快速变化，新的竞争者、搅局者快速更迭。对于北汽新能源来说，尽管在2016年产销量达到了5万辆、连续3年产销量第一，但对于一个车企来说，5万辆的产销量仅仅是一个起步，如不考虑政府补贴因素，还远未达到盈亏平衡，北汽新能源还处于创业阶段，同时面临快速发展与变化的市场环境，需要做出快速的反应。

为适应业务的发展需求，此阶段绩效管理变革的重点是从无到有建立了强制排名机制，并逐步拉开了绩优与绩差人员的收入差距。绩效管理的特点是短平快，其实质就是以季度为周期、以业绩为唯一衡量标准，进行全员绩效的强制排名、末位管理，从而将经营压力快速、有效传递至各层级的员工，及时激励，快速响应市场；与此同时，为形成以业绩为导向的企业文化，逐步拉大了绩优与绩差人员的收入差距，并将核心资源大幅向绩优人员倾斜，以鼓励业务带头人、攻坚克难骨干的涌现，并强化对末位员工的管理、淘汰，以鞭策后进。

（二）第二次绩效变革：满足快速发展期的业务需要

这个时期国内外资本对新能源汽车行业的投资渐趋冷静，随着政府购车补贴力度的大幅下降、市场竞争的加剧，众多中小车企与经营质量不高的车企退出竞争；从企业发展角度，北汽新能源的人员规模从2000人扩展到6000人，年产销量从2016年的5万辆攀升至2018年的15.8万辆，同时北汽新能源于2018年8月成功在A股上市，成为中国新能源汽车第一股。可以说，北汽新能源已渡过了创业期、进入快速发展期。相应地，北汽新能源鼓励对市场的快速响应，但更强调体系能力的建设，不反对业务带头人的涌现，但更鼓励团队作战、提升组织能力、提升管理的规范化，因此2017年开展了第二次绩效变革。变革的重点首先是更加强调组织与个人绩效相衔接，引导大家实现组织目标并将组织能力的提升作为重点；其次是由于招募了民企、外企、国企等不同背景的人才，引进了韩国、美国、德国等外籍员工，人员规模的迅速扩大对企业文化冲击巨大，于是引入了价值观考核，以引导大家朝着同一方向前进，提升企业凝聚力、向心力；再次是根据不同业务的特点设计差异化的绩效考核方式，例如对于营销人员更多的是短平快的及时激励与考核、研发人员的考核则是以项目结果为考核激励依据的长短周期相结合的绩效评估；最后是将绩效管理与员工的职业发展深度融合，例如员工盘点、末位调岗、继任者计划等。

（三）第三次绩效变革是即将开展的绩效管理的精细化

在前面向大家介绍过，从 2017 年起，政府补贴大幅退坡，可以说对任何一家新能源车企的盈利能力都提出了巨大的挑战，因此我们认为在此阶段企业管理应步入精细化管理阶段，相应的绩效管理也应在体系建设的基础上进入精细化管控阶段。因此提出了以合伙人激励体系的建设为载体的价值创造分享制，就是以现有的绩效管理体系为基础，建设成本节约与超额价值分享的合伙人激励体系，同时引入绩效分析工具，更加精准地找出高绩效员工与团队的显著特点及成因，以此指导人才的选、育、用、留等各环节。

三　绩效管理的经验与启示

（一）高管层的支持是绩效变革成功实施的关键

变革意味着触动现有利益分配格局，同时人总是有很强的路径依赖性。在做第一次绩效变革前，曾经访谈了 30 余名部门负责人，结果很有趣，其中大约 20 人同意强制排名、有 3 人不反对也不支持，另外 7 人反对强制排名，而同意强制排名的 20 人中，原单位也都是进行绩效强制排名的，而反对的 6 ~ 7 人中无一例外地在其从业经历中无强制排名经历。但同意的人不会站起来说同意，反对的人却肯定要喊出来。当这些反对的声音出现时，北汽新能源的高管特别是总经理给予人力以莫大的支持，使绩效变革顺利贯彻下去。

高管层的支持来自其在项目中的深度参与。从项目的启动、调研、方案设计等各阶段，人力都与高管层保持着密切的沟通，并对可能出现的风险进行及时的汇报、制定应对预案。可以说在反对的声音出现前，已与高管层特别是总经理形成了很好的默契与共识。这是获得高管层支持的原因，也是绩效变革成功的基石。

（二）以人为本更要以人性为本，合理运用资源推动绩效变革

当企业的规模是几百人甚至上千人的时候，管理对象是人，可以以领导者的魅力凝心聚力、引领员工开拓进取，达成企业经营目标，因为企业规模小，

领导者可以通过自己的身体力行或者领导魅力去影响团队。但当企业的规模扩大到两千人、五千人甚至上万人的时候，管理对象不仅是人、一个个员工，更是这些员工所共有的——人性。人性是什么，如果仅从绩效管理与变革中来说，感受最深的莫过于以下几点。

1. 趋利避害

每个人都会趋利避害，只是每个人对“利”与“害”的定义不同，比如有的管理者认为严管就是厚爱，所以绩效管理上非常严格、员工的压力较大；而有的管理者以情感管理为主，团队成员非常团结、友爱，不会给员工施加过大的压力。

2. 高估自我（乌比冈湖效应）

在绩效管理中，总会有管理者诉苦或抱怨：“我部门的员工都很优秀，为什么不能多给 S 或 A，少出 C 啊？绩效制度还需完善啊。”这是一个非常普遍的现象，甚至每位绩效管理人员都会碰到。对这个问题，分享一个调研：哈佛大学曾做过一个研究，调研了华尔街 1000 余名金融从业者，问题很简单，就是如果把绩效结果分为优秀、良好、合格、不合格四等，你认为自己属于哪一个绩效等级，结果 50% 以上的认为自己是优秀，80% 以上的人认为自己至少是良好，只有 2% 左右的人认为自己是不合格。在心理学上，把这种高估自我的现象叫作乌比冈湖效应。

3. 路径依赖

深受过往经历所形成的习惯思维、定势思维的影响，但如果今天推行强制排名，那么当今天成为过往，也将根植于那些反对者的经历中。因此万事开头难，强制排名一定会越推行越简单。

作为一名变革的推动者，必须深谙人性，深刻理解自己所可能面临的困难与风险点，并合理运用资源制订应对方案，同时要事先争得利益相关者的支持，才能推动变革的成功落地。

（三）绩效管理与变革是一个循序渐进的过程，应同步并略超前

绩效管理是支撑企业战略目标达成的工具，但企业的发展是循序渐进的，例如北汽新能源第一次绩效变革发生在 2015～2016 年，这时面对快速变化的市场环境及新能源所处的创业期，绩效管理侧重短平快并鼓励英雄式人物的出

现，以适应市场的快速变化与创业期的业务特点。到 2017～2018 年，企业逐步进入快速发展期，需要的是体系能力的提升、鼓励的是价值观的一致性与管理的规范化，所以变革了组织绩效与员工绩效的挂钩方式，更强调组织绩效与组织能力提升的重要性，并引入了价值观考核。所以绩效管理要服务于业务，而业务发展是循序渐进的，因此绩效管理也是循序渐进的。另外，领导力的发展也是一个循序渐进的过程，如果把一个好的工具，给一个不会使用的人，这个工具也不会发挥好的效果。综上，绩效管理应推动业务发展并适应领导力的发展，应同步并略超前。

（四）绩效管理是企业人力体系中的一个基础模块，应有相应的配套措施

绩效管理是人力体系的重要组成部分，绩效管理的本质目的是把企业的经营目标与压力层层传导下去，如果这个体系不完整，就起不到压力传导的效果。例如：部门负责人通过奖金分配来搞平衡，反而是破坏了绩效的强制排名与压力传导，使之没有达到应有的效果。因此，绩效管理作为人力体系的一个基础模块，必须要与奖金分配、职业晋升、干部盘点、继任者计划、评先评优、培训培养等其他手段配合起来使用，才能发挥作用，最终达到“发展员工、成就企业、劳资共赢”的目标。

ℝ.25

近者悦，远者来

——天俱时特色人力资源管理报告

天俱时工程科技集团*

摘　要：　本文记述了天俱时工程科技集团在选材输入、学习型组织建设、不拘一格用人、全方位留人、企业文化建设等方面进行人力资源管理实践，同时通过打造健康的生态体系、持续关注“核合级人才”、保证核心价值观的坚守和传承的实践做法。

关键词：　人力资源管理　选材　学习型组织

天俱时工程科技集团（以下简称集团）为民营股份制企业集团，是国内知名的大型医药、环保、冶金项目建设总承包服务商，主营业务包括环保装备与工程技术、工程设计、自动化、工程施工、净化工程、调试与维保六大板块。公司从创业之初就以“自主创新、重点突破、跨越发展、引领未来”为宗旨，在自主知识产权的制药行业环保技术研发中心建设中，注重培养高端研发、设计、运营、经营管理人才，实行整体协调、资源集成、平等协作、联合推进的机制，以项目带动人才、基地建设。努力打造各专业特色团队，发挥团队领军人才的作用，使人才培养、团队建设为集团的不断发展和进步发挥重要的支撑作用。

一　天俱时人才基本状况

作为现代企业的战略性资源，人才是企业发展中至关重要的生产要素之

* 执笔人：朱江曼，天俱时工程科技集团人力资源部部长。

一，天俱时集团有 450 余名员工，80% 具有大学本科及以上学历，其中双一流院校如天津大学、华东理工大学、大连理工大学等的毕业生占总人数的 1/5，拥有行业领军专家及勘察设计大师几十名，拥有百余名行业技术骨干及管理人才，培养了一批具有推进行业发展的领衔技术专家团队；公司人力资源结构分为高层管理人员、中层管理人员、职能管理人员、研发技术人员和项目管理人员五大类，其中研发技术人员占总人数的 39%，项目管理人员占总人数的 29%，人员配置方面符合公司战略定位，符合相应管理需求对人员的要求。

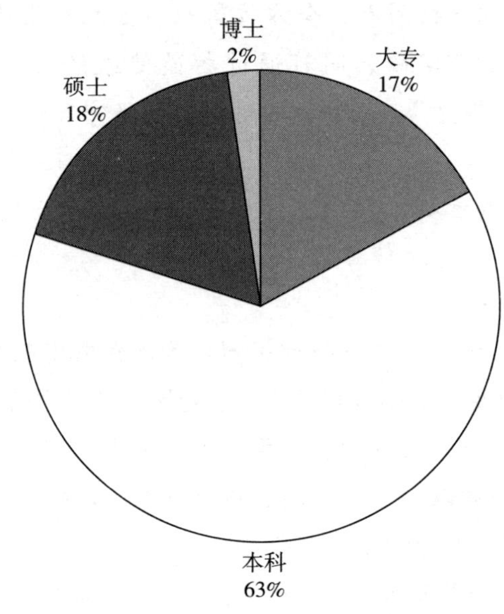

图 1　天俱时集团员工学历分布情况

集团员工平均年龄 32 岁，40 岁以下人员占总员工的 86%，整体人员结构年轻化；员工工作主动性、积极性较高，公司整体为健康、向上的管理氛围，各层级的后备人员充足，各层次人员储备呈现合理的金字塔形。公司人才梯队建设较合理，后续发展人才未出现断层。

13% 人员拥有高级工程师职称，22% 人员具有中级工程师职称，另有近百名人员拥有各类注册类证书和专业技能证书，管理和技术水平过关，也有强大的后备动力。

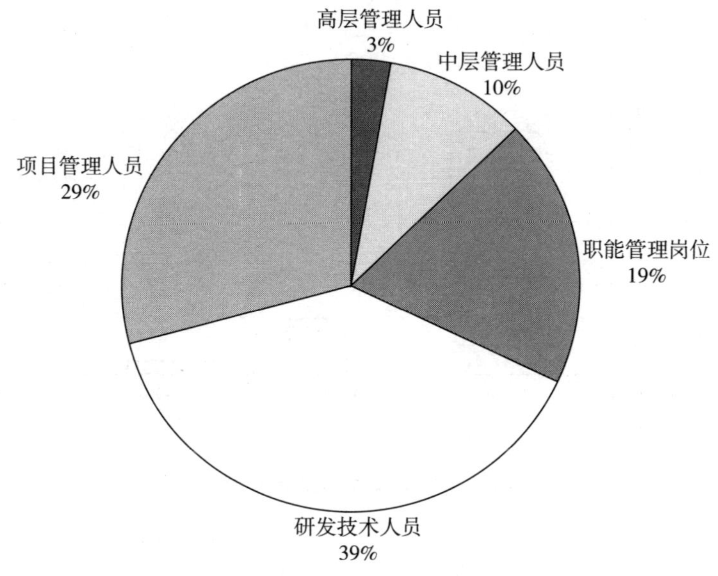

图 2　天俱时集团人力资源结构

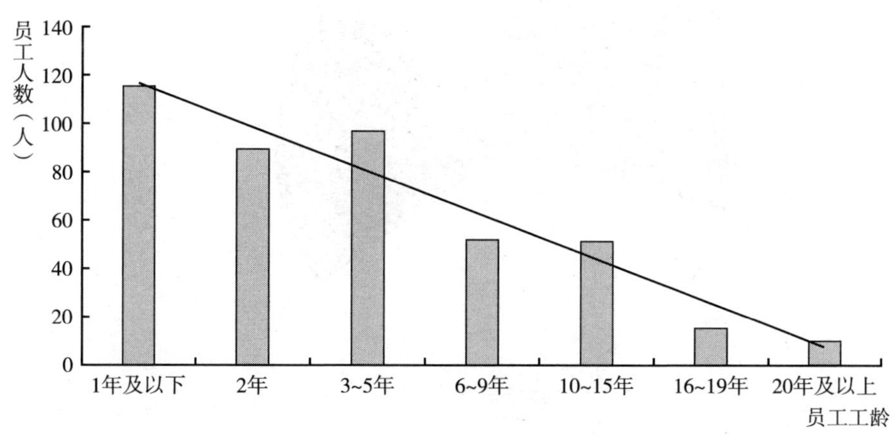

图 3　天俱时集团员工在司工龄情况

从天俱时集团的人力资源结构、工龄结构、年龄结构可以看出，集团员工具有年轻化、技术研发人员多的特点，这一特点决定了挖掘、吸引、培养和留住高素质人才，激发他们的潜能，在团队协作中发挥最大作用是人力资源工作的重中之重；集团管理四项基本原则——坚持价值观选人、精英治

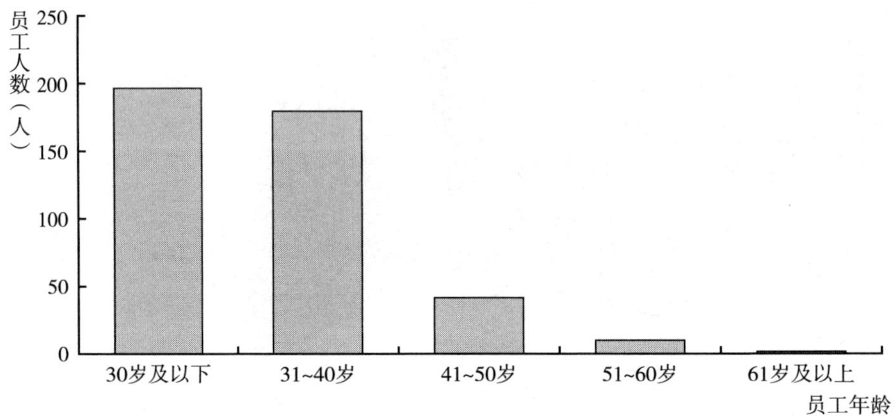

图 4　天俱时集团员工年龄情况

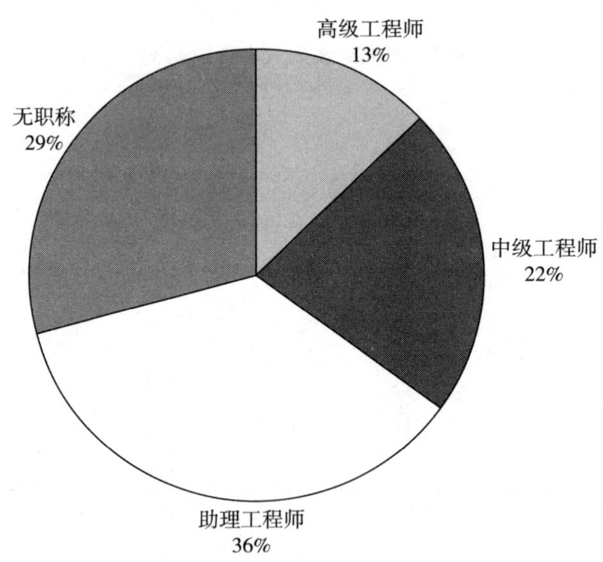

图 5　天俱时集团员工职称情况

企、创新驱动、结果导向，其中前两条都是围绕集团人力展开的，充分说明了天俱时集团对人力资源的重视程度，始终将人力作为公司持续增长和发展的源泉。

二　天俱时人力资源管理实践

人力资源部核心工作使命是提供专业的人力资源领导与支持，推动天俱时持续发展的核心力量，在人才的选、育、用、留方面持续创新，确保集团在组织、人才、文化建设方面持续领先。综合来看天俱时集团的人力资源管理主要有以下几个方面的实践经验。

（一）多渠道选材，高标准输入

集团依靠科技引领业务，连续多年快速发展，对高素质人才需求大。为保障快速引入高素质人才，集团先后实施了多项引才项目。

1. 百人计划项目

2018 年 10 月，天俱时为打开高端人才渠道，推出百人计划，计划五年内引进 100 名行业精英，其中 20 名国内外知名行业领军人才，80 名行业内中高层骨干人才等，这 100 名行业精英既包括技术类专家，也包括管理及营销类专家等。集团要求每名高管都要根据公司发展情况，随时获取符合百人计划目标人选，通过定期拜访，举办沙龙聚会和技术交流会、天俱时大讲堂等不同形式进行接触，观察与公司文化及业务的匹配程度，吸引人才加盟。计划自实施到现在，已有 32 名行业精英通过百人计划加盟天俱时。

2. 专业人才招录项目

天俱时设立英才计划，每年面向全国双一流高校，引进环保、化工、建筑、设备等 30 多个专业应届大学生，充实专业技术力量。在刚刚结束的 2019 届校园招聘项目中，有 70 多名大学生选择天俱时作为职场首发站，全部为本科及以上学历，其中双一流院校学生的占比高达 32%。

3. 雇主品牌建设项目

天俱时非常注重和高校的合作，每年通过高校开放日、冠名大学俱乐部，组织学术竞赛等多种校企合作活动，加强高校与企业间的合作交流，建立良好的互动学习关系。如一年一度的高校开放日活动，集团每年邀请全国知名高校师生参加，通过一系列校企交流活动，展现天俱时魅力，让高校师生们走进更加多元、创新、智慧的天俱时，进一步推动了校园与企业、学生与职场的融合。

4. 柔性才智导入项目

天俱时每年组织高规格的科技论坛。天俱时科技论坛以交流思想、融合智慧、促进合作、推动创新为主旨，迄今已成功举办了 10 年，吸引了中国科学院、中国环境保护部、大中型制药企业、环保企业、食品企业、相关科研院所、高等院校、产业协会、行业专家、经济学家、企业家、知名媒体等的广泛关注，致力于搭建产学研交流合作平台，加速科学技术和生产实践深度融合，助推企业转型升级和产业可持续发展，在业界具有极高的影响力。通过高端论坛，天俱时建立了专家库，使之作为外部智囊团，导入多项柔性才智合作项目。

天俱时先后聘请新威尔士大学、清华大学、中科院等国内外高校科研院所 8 位资深教授来集团合作开展项目，举办技术讲座，开展实地技术指导。

（二）学习型组织激发人才潜能，阶梯式培养覆盖职业生涯

1. 天俱时大学，让学习和分享成为一种习惯

天俱时大学创办于 2009 年 5 月，是专为培养高素质的中层管理者而面向内部员工开设的企业大学，下设管理学院和技术学院。经过几年的发展，天俱时大学的课程设置已覆盖全员，内容涉及大学生成长系列课程、技能培训系列课程、企业文化系列课程、通识课程等，已成为集团的运营支持中心和企业文化学习中心。在项目一线，常态化开展技术交流培训，坚持实行“指导人”制度，为员工提供全方位、多层次的培训，促进员工成长进步。通过案例教学，让每位员工有机会随时提出问题，随时总结经验，随时进行课程分享，让学习和分享真正成为一种习惯，从而获得培训价值的最大化。

天俱时大学金牌讲师由省管优秀专家、天俱时科技委员会技术专家团队成员、公司高管、全国和省级优秀项目经理等担任，向全体员工传播前沿管理理论和技术创新成果，推广最实用的项目管理实践经验和实际操作技能技巧，现已阶梯式培养了多名适应时代快速发展的管理骨干和专业技术人才，为企业发展提供了有力的人才支撑。

自天俱时大学创办以来，从这里结业的一大批学员在各自的岗位上取得了令人瞩目的成绩。多名学员成长为集团副总裁或者分公司总经理，多名学员荣获“天俱时杰出贡献奖”、“天俱时杰出青年奖”、“天俱时金牌管理者”和

“石家庄市青年岗位能手”等荣誉。

2. 阶梯式培养，针对性培训

天俱时集团发展迅猛，对人才的渴求与日俱增，希望建立稳定和谐、员工与企业共同提升的团队，对不同层次的员工展开阶梯式培养、针对性培训，让学习与成长覆盖整个员工职业发展生涯。

对高管人员采用专题性、封闭型、互动式的培训，自2006年开始，每逢国庆节放假期间，集团核心管理层都要集中七天时间到外地进行封闭集体学习，一直坚持至今。每年参加集体学习周的人员，既有集团董事、总裁班子成员，也有集团职能部门负责人、子分公司班子成员及基层生产经营骨干。其中，相当比例的成员来自一线项目部，并且每年都有新面孔在集体学习中亮相。每一次集体学习，对于集团核心管理层成员找准方向、掌握规律、勇于实践、大胆创新都有极大的促进作用。通过深入地沟通交流、激烈地思想碰撞和坦诚地批评与自我批评，集团核心管理层成员的思想观念、工作作风和工作方式等都会发生转变与统一，有效地推动了集团的快速发展。正如天俱时集团董事长刘秀忠所强调的那样，有一种内在的驱动力驱动着每一位天俱时的管理者去学习，这种内在的驱动力就是使天俱时基业长青、成长为知名企业品牌的强烈信念和远大目标。

对中层管理人员采取“送出去、请进来”的方式，加强专业知识和管理理念的创新，每年都从中高层管理者中选送1～2名管理和技术骨干到一流高等院校深造攻读DBA、EMBA、EPD，为企业未来发展积聚力量和智慧。截止到2018年，已有50多名员工攻读中欧国际工商学院、香港城市大学、清华大学、北京大学、复旦大学、上海交通大学、中国人民大学等知名院校的DBA、EMBA。已有130余名中高级管理者接受了EPD培训。员工通过系统学习，全面掌握现代企业管理理论和决策方法。

对新入职员工、基层人员建立导师制，每位员工在一入司就被分配指导老师，导师周期性地对员工进行指导，使其快速融入企业，在知识、技能、工作经验、工作方法、思想素养等各方面得以提升。集团根据成长情况调整指导老师，确保每个人都能迅速融入公司，从新人平稳过渡到专业人士。

3. 专业学会深钻研，学会交流促融合

为了加深各部门技术人员之间的互动交流，吸收现代化科技前沿技术信息，促进 EPC 各业务板块融合，服务 EPC 战略发展，集团于 2017 年成立天俱时集团专业学会，下设医药工艺学会、土木学会、电气学会、暖通学会、自控学会、给排水学会六个专业学会，由各专业优秀技术骨干任会长，使专业技术工作者在组织中能互通有无，学有所长、学有所专。自成立至今，学会多次邀请有知识、有技术、有追求、肯学习、爱分享的人才交流分享座谈，彼此互通有无，吸纳新思想，提升自身技术水平，领先行业发展。

学会交流不仅是加深纵向的，也是扩宽横向的，不仅是公司内部的，也拓展外部的，走得出去，引得进来，充分发挥 EPC 模式优势；对于跨专业、跨领域问题，负责追究到底，协助解决；用创新发展的眼光看问题，敢于质疑一切，为设计、工程、采购、自动化等各板块牵桥搭线，统筹协调，促进共同发展。

（三）不拘一格降人才，“任人唯亲”树典范

1. 高潜力员工“拔苗助长”，高职位干部能上能下

在天俱时，很多关键职位不乏 85 后、90 后青年骨干，集团敢于提拔年轻人，支持年轻人迅速发展。对于刚加入工作的大学生，人力资源部为每位员工建立长期发展档案，跟踪其职业生涯成长。例如，每年 5 月组织新晋大学生员工开展一对一恳谈、员工座谈、特色五四文娱活动，评选优秀大学生，获得奖励的员工会被列为潜在管理人才，人力资源部对其进行重点关注。每年对于入职满三、五、十周年的员工召开入职周年座谈会，绘制员工职业发展路线图，让员工清晰了解自己的位置及未来发展。

在天俱时，很多管理干部的职业生涯随着组织架构和业务发展需求而变化，职位有升有降，呈波浪式成长。让合适的人上车，让最合适的人坐在前排，让比较合适的人坐在后排，让想干事的人有机会，让能干事的人有舞台，让干成事的人有地位，营造能者上、庸者下、平者让的岗位竞争机制。这样的机制和体制的建设，能够给广大员工一个正确的价值观的导向，也能够以选拔任用考核机制的公平、公开和透明，引导员工形成正确的职场工作理念，并且形成公平竞争的良性关系，激励员工履职担当。

2. 设立终身职员，优化绩差员工

集团设有终身职员制度，公司单方面做出终身聘用的承诺。目前终身职员

已有 64 人，并且集团在每年底增设终身职员。天俱时的终身职员，是集团优秀基因、灵魂的传承者，是天俱时的根、魂和未来。同时集团倡导以奋斗者为本的理念，每年底优化绩效表现不佳的员工，保持组织高效作战能力。通过每年的激励与优化，打破人才死水效应，实现优秀人才健康循环。

3. 树“四杰”典范

自 2015 年起，集团开始评选天俱时年度“四杰”。即“杰出贡献奖”、“青年科学家奖”、“杰出青年奖” 和“10 + 学生会杰出人物奖”。天俱时杰出贡献奖获得者是天俱时不断跨越的奠基人，他们作为中高层管理者在集团发展进程中缔造了卓越功绩，是天俱时名副其实的飒爽先锋；天俱时青年科学家奖获得者是天俱时科技工作的带头人，他们为集团科技发展工作做出重要贡献，是天俱时科技工作的先锋力量；天俱时杰出青年奖获得者是从毕业两三年的一线大学生员工中涌现出的青年典型，他们在本职岗位上取得突出业绩，做出重要贡献，是集团青年的精神楷模和业务标兵；10 + 学生会杰出人物奖获得者是一毕业就加入天俱时、司龄 10 年以上的员工模范，他们在传承企业文化理念和核心价值观方面以身作则，坚守职业精神，释放人生价值，在岗位上发挥重要作用。“四杰” 员工不仅可享受每月几千元不等的额外津贴，还会被聘为天俱时终身职员，是天俱时的最高荣誉。

（四）从“薪”到“心”，全方位留人

1. 建立激励机制，完善福利机制

建立清晰、稳定、相对公平的薪酬福利政策，所有岗位提供有竞争力的基本月薪，适时重奖先进人才，例如，给发放高额年终奖，配备专车专房，组织出国游学等。集团积极为员工提供全方位福利，无论吃穿住行还是休假娱乐，都积极从员工角度出发，配备 360°全方位福利，让员工无后顾之忧：住宿免费，热水器、饮水机、洗衣机等常用电器一应俱全，水费、电费、网费全部由公司承担；免费提供一日三餐，每周更新餐单。所有厨师都经过公司精挑细选，厨艺水平高超；集团定期组织丰富多彩的活动，三八妇女节组织女员工进行茶艺培训，六一儿童节组织家属开房日，五一组织员工健步走，定期组织读书会，进行知识分享等等；月月有活动，天天有惊喜：这些活动不仅活跃员工身心，而且增加了员工之间的感情，整个组织亲如一家。

2. 搭建技术精英交流平台，创新出台西湖论剑工作坊

以技术进步为基础的生产经营运作体系，以技术进步为基础的安全质量保证和采购体系是天俱时人在长期的创业史中经过艰苦探索、逐渐清晰规范而逐步形成的。天俱时人始终坚守这一理念，珍惜这些成果。从 2019 年起，天俱时开始组织西湖论剑工作坊，工作坊邀请天俱时各个业务板块的技术精英参加，围绕公司当下及未来的发展与产业转型交流互动，围绕企业未来人才梯队的建设与培养交流互动，各位技术精英也在会上结合自身发展及认知革新交流互动。

3. 尊重科技工作者，以专家名字命名多个会议室

科学技术是社会发展的第一生产力，技术精英是企业进步的第一竞争力。为了更好地弘扬天俱时精神，传承天俱时文化，让全体天俱时人铭记组织辉煌发展史中里程碑式的英雄人物及其事迹，集团以技术精英的员工名字命名会议室，无论天俱时将来的办公场所在哪里，都会保留这些会议室。例如，姚振永是集团青年科学家、莫兰斯公司首席技术官，长期以来在工艺技术、管理、重大技术革新等方面做出突出贡献，为铭记姚振永带来的技术变革，集团以其名字来冠名会议室——姚振永会议室，目前天俱时在 7000 余平方米的办公场所内，已有王京会客厅、姚莉会议室、姚振永会议室、武亚锋会议室等四位技术精英名字命名的场所。

4. 化才为亲，化亲为才

集团牢固树立以人为本的思想，把经营活动看作有感情、有思想的人的活动，想方设法为员工个人和家庭解决困难办实事，激发员工的积极性和创造性。女职工段朋立结婚前夕，为自己的婚礼一筹莫展，董事长出面安排，并联系 6 部高档轿车，实现了该同志结婚“要喜庆排场”的夙愿；集团电仪实验室主任周海峰的妻子因下楼不慎将脚骨摔裂，公司得知消息后，出人出车达一个月，陪护其到医院打针、换药，病好后，其妻子表示一定要表示谢意，被公司婉言谢绝……表面看，企业在正常薪酬之外，为员工家庭或个人支付了一些成本，但这种感情投资既激发了受益者更大的工作激情，更重要的是在员工中树立了公司关心员工的形象，激励全员关心企业的长远发展。

5. 持续关注，离职员工年会开辟后续人才引进渠道

对于离职员工，集团也非常重视，不仅在离职前进行详细的员工访谈，在

员工离职后建立详细的动态的员工档案，了解员工离职后动向、职业发展情况。每年组织离职员工年会，员工即使离开也能感受到公司的文化。不少离职员工在离开几年后再次入职天俱时，经历过分离，对集团的感情更加深刻。

（五）企业文化夯实天俱时基础

1. 平等、尊重、信任、合作、分享

天俱时长期践行“平等、尊重、信任、合作、分享”的企业文化，这5个词中每个词都是相互的，相互的平等、相互的尊重、相互的信任、相互的合作和相互的分享，而且每两个词之间是递进关系，平等递进为尊重，尊重才能信任，信任导致合作，合作了才能分享，是一个良性循环的过程。集团各项制度规范完善，推行人性化管理。天俱时实行弹性工作制，员工上班不用打卡，可根据工作情况酌情安排上下班时间，对于家有小孩的员工，公司准予可提前一小时下班方便接孩子放学。集团不论资排辈，不唯绩效是举，对员工进行科学评价。所有职位不设绩效考核，所有项目不进行利润考核，让所有员工简单做人，勤奋做事，轻松生活，与公司共创辉煌。

2. 四项基本原则

如果把天俱时比作一个大厦的话，“平等、尊重、信任、合作、分享”这十个字的组织文化就是天俱时大厦的基础。这十个字是最核心的部分，也是最隐性的部分。我们组织文化还有显性的部分，即四项基本原则，这是天俱时核心价值观念中可操作的部分。

价值观选人。奋进中的天俱时集团重视人才的选用和培养，一直秉承任人唯亲、化才为亲、化亲为才、量才而用的用人理念。这里的“亲”，凡其思想、理念、信仰、价值观能够与天俱时集团相融相亲的，集团就不拘一格，大胆聘用，否则，即使能力再大，业务再好甚至有一定社会背景或关系的，也不会成为天俱时的员工。只要是能基本认可组织中的价值观，每个人都有提高的空间和认知的空间，都有要在价值观上加强建设、加强理论指导、加强共性的空间。凡是认同和亲和天俱时文化、具备天俱时倡导的职业道德的具有专业优势的人才，集团将根据专业所长，安排能发挥其优势的工作，为员工设计好职业生涯的第一步，使其既善于“干”，又乐于“干”。

精英治企。选完人以后，我们要让精英治企。只要适合组织文化的人，我们按能力排队。要让最有才能的人站在组织发展的最前排，大胆提拔年轻人，不埋没一个人才。正如董事长刘秀忠刘总所言："在天俱时不能让任何一个人有怀才不遇的感觉。"

创新驱动。天俱时在组织文化、管理技术、商业活动的各个方面大胆创新，我们处在一个变革的年代。互联网上有一句话说得非常好："当你被这个时代抛弃的时候，时代连个招呼都不跟你打。"我们必须坚持组织创新。天俱时集团组织发展20年，从一个纯工程施工公司成功转型为一个工程技术公司，也是创新成功的一个典范。天俱时会把创新精神持续发扬下去，要做创新的典范，一切都可以变。没有持续的创新，天俱时就没有未来，路就越走越窄。我们要和一切保守的事物做斗争。在创新路上，说干就干，小步快跑，迅速纠错，容忍失败，迈向成功。

结果导向。用科学的组织文化的价值观来评价工作结果，以成败论英雄。在天俱时集团没有绩效考核制度，所有子公司、项目不考核利润，所有员工围绕集团总目标达成而不懈努力，持续创新。

三　共创美好未来

人才资源是企业发展的第一资源，拥有高素质、复合型、创新型的人才，是企业实现持续、快速、健康、科学发展的关键。展望未来，天俱时将从以下几点持续做行业的领跑者。

（一）打造天俱时健康的生态体系

建设生态体系和培养一个人是一样的。打造一个健康的生态体系，这种健康是由内而外的。孔子有一句话，什么是好地方？近者悦，远者来，这就是好地方。坚定不移地持续打造对内的生态体系，如四杰联谊会、EMBA学生会、内部的专业理事会、科技委员会、10+学生会、家属联谊会、家属开放日等。外部的生态体系持续打造天俱时科技论坛、天俱时科技委员会专家年会、年度供应商大会、年度合作商大会等。有一个好的生态体系，天俱时会持续地建设和发展，这一点非常重要。打造生态体系最根本的就是要创造价值，为员工创造价值，为客户创造价值，为社会创造价值，为股东创造价值。

（二）持续关注“核合级”人才的引进和培养

第一个“核”是核心，第二个“合”是复合，指的是核心的、发动机式的、复合的、有综合能力的人才，这两个核（合）是不可分割的。天俱时人力资本的发展速度一定要远远高于财务资本的增值和发展速度，如果倒过来，天俱时就没有未来。在天俱时的语境下，引进高层次人才、“核合级”人才是每一个管理者天然的责任和第一责任，特别是中高管。在天俱时的语境下，培养、引导和鼓励年轻人发展，培养我们天俱时的“核合级”人才也是每一个管理者天然的责任和第一责任。进一步深化EMBA、DBA教育体系，进一步深化轮岗制，进一步打造这种“核合级”人才的成长平台。

（三）全力以赴保证核心价值观的坚守和传承

做企业经营最根本的不是普通的经营问题，而是哲学问题、人性的问题。“看似寻常最奇崛，成如容易却艰辛”，寻常和容易背后最最难的奇崛和艰辛是组织文化和价值观的坚守和传承，这是最难的。企业文化是天俱时发展的“金钥匙”，集团将全力以赴地保证核心价值观的坚守和传承。

天俱时将长期践行“平等、尊重、信任、合作、分享”的企业文化，为认同天俱时文化的员工提供施展才华的平台、有竞争力的薪酬福利及愉快并富有成就感的工作环境，为员工规划职业生涯发展，为员工创造价值。天俱时坚持以人为本，发展为了员工，发展依靠员工，发展成果与员工共享，为建设组织强盛、个人幸福的天俱时而不断努力！

ℝ.26

结构转型背景下的银行绩效管理

廊坊银行*

摘　要： 近年来，在国内经济增速放缓、利率市场化不断推进和金融监管力度加大的市场环境下，负债成本明显提升，对公业务收益率普遍下滑，同业资产面临压降，息差管理压力加大，积极布局零售领域成为各家商业银行业务转型的重点。本文通过廊坊银行的年度绩效考核思路，就商业银行如何实施结构转型给出实操性建议。

关键词： 绩效管理　银行　结构转型

一　当前银行绩效考核管理中存在的问题

我国商业银行绩效管理常用的方法有关键绩效指标、平衡积分卡等，相对而言，这些方法的理论已经较为成熟，但是如何将各种方法有机地结合在一起还没有真正地达到。整体来说，我国商业银行绩效管理的运用只是浮于表面，并没有达到更深的层次。

（1）绩效目标与银行战略目标脱节，不能有效落实和反映银行整体经营战略与中长期经营发展目标。在很多国有银行中，无论是部门的绩效目标，还是员工个体的绩效目标，往往源于往年的习惯和静态的职能界定，未考虑今后经济发展以及银行战略目标，具有一定的盲目性。

（2）绩效考核中考核指标过于单一，突出业务发展，弱化风险防控。有

* 执笔人：高鹏云，廊坊银行高级薪酬绩效经理。

些银行虽然在绩效考核中加入了风险管理指标，但该指标考核比重不超过10%，对风险考核主要措施放在发生风险后处理。考核指标仍然侧重效益与发展指标，弱化了风险指标，为追求效益最大化，盲目决策和过分追求规模，这会给银行带来虚假繁荣，积聚大量的经营风险。

(3）绩效考核结果运用上较为片面，片面地通过员工短期利益的最大化来体现绩效的激励作用。绩效考核结果仅局限于帮助做出一些薪酬方面的决策，如奖金的分配和岗位系数工资的调整等，激励手段变成单纯的收入奖励，缺乏与职级晋升、福利养老体系、潜能评价体系、教育培训体系的有机结合，没有作为员工长期福利、个人职业计划和培训的依据。这种单一的激励手段使员工缺乏不断开拓创新的动力，不利于提升商业银行可持续的竞争力。

(4）绩效管理的全过程中缺少绩效沟通。第一，制订绩效计划时，上下级的沟通只是单向的任务交代，员工被动接受，致使绩效目标的制定流于形式；第二，绩效实施过程中，银行管理人员大多实施监控沟通管理模式，较少介入员工执行绩效的整体过程；第三，绩效反馈中不做沟通计划，缺乏沟通技巧，致使员工无法知道自己客观而真实的绩效。

二　大零售背景下的绩效考核原则

大零售是商业银行零售转型的一种理念，核心要义在于坚持以客户需求为导向，以消费类信贷为抓手，以小微金融为突破口，在传统个人银行业务基础上，全面推进个人客户、小微企业的立体式营销和一体化经营。因此，大零售是一个综合金融服务的概念，包括组织架构、营销手段、产品设计、网点布局等。从信贷角度看，商业银行向大零售转型有其必然的内外部市场环境。使用绩效考核推进结构转型时，可参考以下管理实践。

（一）等级行制度

等级行管理办法是一种以责权利相结合为特点，以提高经济效益为中心，以实施分类指导为基础的营运管理机制。等级行管理以分类指标为基础，对不同经济基础、经营环境和经营状况下的分支行划分等级，采取区别对待的政策，解决部分分支机构发展受到制约而另一部分分支机构发展潜力不足等问题，从而积极调动各机构的积极性。

在绩效考核推进时，某零售银行通过过去三年的分支机构经营数据，重新划分各境内分行的规模经营等级。如果某个等级行内分行规模差异过大，在横向比较时可以根据实际情况考虑分组。等级行划分结果主要继续用于核定分行人均目标考核工资标准和分行领导班子成员薪酬的行级系数。

（二）基于平衡计分卡，构建科学合理的绩效考核体系

商业银行绩效管理中的考评应建立在管理会计基础上的转移价格基础上，构建均衡、完整的绩效考核指标体系。平衡计分卡和关键绩效指标，是构建指标体系和选择核心指标的基本方法。银行转型过程中的绩效考核管理必须在追求利润最大化的基础上，思考结构转型过程中过程性指标和非财务指标，合理分析零售银行与传统银行在经营模式、资产负债结构、资产质量等维度上的差异，设置有效的考核目标。考核目标过多、过细、过于重视短期利益、忽视长期发展，是很多银行在绩效体系中存在的问题。

在绩效指标体系的建立过程中，某零售银行采用了综合绩效考核指标体系、战略绩效考核指标体系两套体系。其中，综合绩效考核指标体系由平衡计分卡（权重75%）、风险管理与内控合规指标（权重25%）、扣分项构成，主要用于分支机构绩效等级评定，继续挂钩机构目标考核工资和一把手浮动薪酬；战略绩效考核指标体系主要围绕轻型银行战略重点业务设置，挂钩战略绩效工资。

（三）平衡传统银行业务与零售银行业务的发展，大力支持零售业务转型

随着2015年10月央行取消存款利率上浮限制，利率市场化改革取得了突破性进展。尽管目前存款利率仍要受到央行窗口指导和利率自律定价机制的软性约束，但市场主体议价能力明显提升，存贷利差面临收窄压力。2018年以来，央行连续采取定向降准政策，引导存贷款利率下行和降低实体经济融资成本的意图较为明确，贷款利率已逐步见顶。商业银行净息差难有明显增长空间，对稳定高收益率贷款需求增强，发展高收益零售业务的意愿较强，个人经营性贷款、消费贷款、住房按揭贷款以及信用卡贷款等领域信贷资源投放有望

加大，业务转移需求迫切。

为鼓励业务转移，某零售银行建立了零售、公司两大条线绩效考核指标体系。在继续保持与综合绩效指标体系紧密衔接的前提下，可结合各自业务发展重点对总体考核指标进一步拓展延伸，细化调整，主要用于条线绩效等级评定，并挂钩分管行领导浮动薪酬。

三　综合绩效考核指标体系框架

平衡计分卡是从财务、客户、内部运营、学习与成长四个角度，将组织的战略落实为可操作的衡量指标和目标值的一种新型绩效管理体系。某零售银行使用平衡计分卡设置财务、客户、流程、学习与成长四个维度，共 16 项指标，最高 100 分封顶。

（一）财务维度

大多数银行 2010 年之前主要考核指标为存贷款规模、发卡量和客户发展规模，2010 年之后的考核指标多元化，以收入和效益为主，兼顾业务发展规模，财务维度的考核更加复杂。在零售转型过程中，财务维度的绩效考核内容从业务规模考核为主转向以经济效益考核为主，对整体经济效益考核转向以零售业务、创新业务、中间业务为主。

盈利资产率又称盈利基础，反映商业银行总资产中用于直接盈利资产的比重。盈利资产所占比重越大，营业收入就越高。在盈利资产中以贷款为主，所以在实际工作中，就用贷款对总资产比率来分析。贷款占的比例越大，非生息资产就越少，利息收入就越多，长、短期贷款对总资产的比率调整变化，可以体现商业银行对流动性与盈利性的侧重。

贷款收息率指标是贷款利息收入与贷款平均占用额的比例关系，贷款利息收入是商业银行的主营业务收入，收息率越高，收入额越多。但不能用此单独说明贷款效益的好坏，理由之一，贷款利息收入的高低，不能完全说明贷款投向和周转的正常和合理，如逾期贷款罚息可增加利息收入，但不能说明信贷效益好，必须结合贷款风险指标一起分析；理由之二，这里的贷款利息收入是按照权责发生制要求计算的应收利息，是否能按期收回，应结合贷款利息收回率指标以考核分析实收利息和应收利息的关系。

存款成本率指标包括存款利息支出、手续费支出和业务宣传费支出。以上存款成本与所吸收的存款相比较，比率越低，盈利的可能性越大。在非自由利率条件下，降低存款成本率的主要途径之一是优化存款结构，加大活期存款的比重。途径之二是节约手续费、业务宣传费的开支。由于存款成本、贷款利息收入是商业银行的主要成本项目和收入项目，因此，把贷款收息率与存款成本率相比较，可揭示出商业银行主营业务的盈利状况。

成本率指标是指商业银行的总营业成本与营业收入的比率，在营业成本中除了存款成本外，还包括营业费用，即使存贷款利差大，如果不节约营业费用，商业银行还有亏损的可能，因此降低成本率是商业银行提高盈利的重要途径。

人均利润指标反映商业银行职工人均创造利润的绝对量，尽管不同地区、不同规模的商业银行难以有可比性，但这一指标比较直观地表现商业银行的盈利水平。

资产收益率指标是衡量银行盈利状况的重要指标，它是营业收入营业成本指标相比较，以及资产利用效果的综合反映，表现出商业银行每百元资产可获得的利润。

某零售银行不建议过度重视财务指标，建议将其权重控制在40%～60%。引导本行在确保风险可控的前提下努力完成利润目标，持续优化利润结构，进一步加大盈利、资本、风险的考核力度，不断提升经营效率，加强信用风险管控，加快战略转型步伐。具体设置经济利润（18%）、RAROC（4%）、成本收入比（2%）、轻型导向非利息净收入（6%）和不良资产额（10%）5项指标。其中，经济利润指标内设零售经济利润目标，权重3%；轻型导向非利息净收入设置1年过渡期，引导本行发展非资本占用型及轻资本占用型业务，对于总行认定的非资本占用型和轻资本占用型非利息净收入按照100%计入，其他非利息净收入按照50%计入。

（二）客户维度（权重38%）

银行应以目标顾客和目标市场为导向，应当专注于是否满足核心顾客需求，而不是企图满足所有客户的偏好。客户方面指标衡量的主要内容包括市场份额、老客户挽留率、新客户获得率、顾客满意度、从客户处获得的利润率。

在国内经济增速放缓、利率市场化不断推进和金融监管力度加大的市场环境下，负债成本明显提升，对公业务收益率普遍下滑，同业资产面临压降，息差管理压力加大，积极布局零售领域成为各家商业银行业务转型的重点。银行转型的核心是客户管理，而客户管理的核心是通过提高客户的产品交叉销售率和客户的联络频度，对不同的客户进行分类、分层、分群、分级挖潜，进而通过调整客户结构，实现网点产能持续化。

某零售银行的做法是加大客户指标权重（将其设置为30%～40%）。使用客户指标引导本行大力拓展有效客户，改进服务质量，提升客户体验，凸显“以客户为中心”的战略导向。具体设置净增对公有效客户、净增零售有效客户、净增零售AUM、对公资产客户行业结构调整、服务质量与客户满意度和人民币一般性存款增量6项指标。其中，“净增对公有效客户”指标包括“净增公司有效客户”和“净增综合收益达标同业客户”两项子指标。

（三）流程维度

对于流程维度的考核重点，应建立在对银行业务整体思考，银行向大零售业务转型的基础上进行。从外部市场环境看，大零售是商业银行面对经济增长和宏观调控政策转变的必然选择。近年来，国内经济增长逐渐由投资“单轮”驱动转向消费、投资“双轮”驱动。统计数据显示，截至2018年第三季度末，消费对GDP增长的贡献率高达78%，较2014年提升近30个百分点。与之相对应的是，投资对GDP增长的贡献率由48%降至目前的32%，净出口的贡献率年初以来持续位于负向区间。在此形势下，国内大众消费和理财需求迅猛增长，商业银行纷纷聚焦大零售战略，不断深化金融高科技在零售业务中的应用，零售业务实现快速发展，收入贡献持续提高。

某零售银行的流程维度指标的主要目标是，引导本行大力开展交叉销售，深入实施零售高端客户资产配置策略，增强客户黏性，同时狠抓对公客户结算，努力吸收低成本资金。具体设置单个客户平均使用产品数增量、零售高端客户资产配置实施率和对公有资本占用结算达标客户占比增量3项指标。其中，单个客户平均使用产品数增量指标分解为“单个对公客户平均使用产品数增量”“单个零售客户平均使用产品数增量”“单个同业客户平均使用产品数增量”三项子指标。流程维度的权重为10%～15%。

（四）学习与成长维度

零售银行的学习与成长来自三个方面——人、系统、组织程序，银行可借学习与成长维度以达到缩小落差的目的，有效解决人员素质、能力水平不足以应对零售转型的问题，通过组织执行线和员工发展线两个方向进行指标的设计，所得指标能够达到激励相容，形成银行和员工发展“双赢”的结果。

引导本行合理调配人员结构，向核心岗位倾斜配置，留住核心岗位人员。具体设置高价值岗位员工流失率和核心岗位员工后备率2项指标。学习与成长维度指标权重控制在10%左右。

四　建立科学的考核指标计分方式

（一）完全采用目标考核方式的指标（10项）

经济利润、RAROC、成本收入比、对公资产客户行业结构调整、人民币一般性存款增量、单个客户平均使用产品数增量、零售高端客户资产配置实施率、对公有资本占用结算达标客户占比增量、高价值岗位员工流失率、核心岗位员工后备率。

（二）采用目标考核与非目标考核方式相结合的指标（5项）

轻型导向非利息净收入、不良资产额、净增对公有效客户中的净增公司有效户、净增零售有效客户、净增零售AUM。目标考核内部权重占80%，非目标考核内部权重占20%。具体计分规则如下。

轻型导向非利息净收入、净增对公有效客户中的净增公司有效户、净增零售有效客户、净增零售AUM四项指标在横向比较时综合考虑增量、增速两方面，内部权重各占50%，计分公式为：

得分=（本行当年实际增量/同等级行当年平均增量×50%+本行当年实际增速/同等级行当年平均增速×50%）×85

100分封顶，0分保底。

不良资产额按照不良贷款和不良资产预算目标完成率及不良贷款增量计

分，不良贷款增量计分公式为：本行得分 = 100 - （本行不良贷款比上年末增量 - 3） × 20，单位为亿元，100 分封顶，0 分保底。

（三）采用其他考核方式的指标（1项）

服务质量与客户满意度。

此类指标使用内、外部客户打分的方式进行评价。

五　加大战略指标体系的建设与完善

当前，商业银行受资本、流动性以及定价等方面的约束，面临较大的结构转移压力。首先，存贷款增速剪刀差推升存贷比，信贷资源稀缺性增强。2018 年以来，商业银行存贷板块资金来源与运用不匹配现象较为明显，部分商业银行新发放贷款已超过年初制订的投放计划，存贷比压力进一步加剧。其次，商业银行资本补充压力依然较大。在央行推动宽货币向宽信用传导的政策导向下，商业银行信贷投放力度明显加大，叠加债转股和资管回表推进，商业银行资本补充压力不断加大。因此，某零售银行设置战略绩效指标体系，与战略绩效工资挂钩，专门用于激励分行发展战略转型重点业务，引导分行彻底改变原有的粗放式经营模式，深化战略转型，打造轻型银行。

（1）战略绩效工资实际分配额度要与转型成效直接挂钩。

总行将提出全行 RORWA、零售条线 RORWA、公司条线 RORWA 三个总体转型指标的目标值。战略绩效工资按照权重在两大条线间进行切分，如果两大条线未完成各自 RORWA 目标，则条线战略工资总额要直接扣减。

（2）分支行战略绩效考核指标体系按照零售、公司两大业务条线分类设计，根据贡献度方式计分核算，通过强化过程管理，引导分行聚焦战略，加大投入，加快转型，提升成效。

（3）分别设置零售金融与对公业务的结构转型指标，引导分支机构进行模式优化与调整。

零售银行方面，设置“净增零售 AUM”“价值客户拓展”“客户重点产品配置”“代发积分”“一网通支付用户”5 项指标，引导分行创新获客方式，强化渠道建设，培育客户支付习惯。

公司金融方面，设置“交易银行业务转型积分”“净增重点转型客户”“投资银行业务转型积分”“金融市场重点中间业务收入”4项指标，引导分行加快转型步伐，进一步拓展客户基础。

六 加强转型过程中的风险管理与内控合规体系建设

（一）风险管理指标

在积极布局零售领域的同时，应高度关注消费贷、信用卡等业务的风险。随着消费在国民经济中的比重不断提升以及国务院促进居民消费增长的相关政策逐步落地，深耕零售市场是商业银行特别是中小银行实现业务转型的必由之路。近两年来，商业银行在消费贷、信用卡等业务领域明显发力，月均增量保持在1700亿元以上，2018年三季度月均增量高达2500亿元。然而，消费贷、信用卡在实现“井喷式”增长的同时，也面临不良率高企、资金流向难以监控等问题。鉴于此，商业银行在积极布局零售领域的同时，应高度关注消费贷、信用卡等业务的潜在风险，加强对信用卡相关联的本行借记卡资金流向的监控，充分运用大数据分析，动态监控持卡人的用卡行为，对套现行为及早进行识别与管控。

风险管理是银行内部管理的重中之重。风险管理应实行“统一领导、垂直管理、业务独立、工作有效”的风险管理组织体系。在内部管理上，应该设置总－分结构，明确总行风险管理部、授信审批部与分支行风险部门的职责分工。

在考核方式上，设置“不良资产生成额”“现金清收额”“风险客户退出计划完成率”“零售贷款早期逾期下迁率”“操作风险损失率”“加权风险资产限额”6项指标，内部权重分别为30%、30%、15%、10%、5%、10%。其中，“不良资产生成额”指标80%按目标考核，20%按照不良生成率进行横向比较，计分公式为：本行得分＝（2－本行当年不良资产生成率/全行不良资产生成率平均值）×100，100分封顶，0分保底；“现金清收额”内设“受托资产收回额”指标，内部权重20%。

（二）内控合规指标

银行合规管理是指一个独立的机制，负责识别、评估、提供咨询、监控和报告银行的合规风险。合规风险包括因未遵循各项相关法律、条例、行为准则和良好的执业标准（合称“法律、准则和标准”），受到法律和监管条例制裁、财务或声誉损失的风险。相关的法律、准则和标准主要是指与银行的商业运作有关的规定，包括防止洗钱和恐怖分子资金融通、商业操守（如避免或减少利益冲突）、保障（顾客）隐私和数据安全、消费者信用（若银行从事消费者信贷业务）等，也可涉及银行商业活动之外的其他领域，如员工聘用和依法纳税等，具体视监管机构或银行自身所采信的范围而定。上述规定有多种渊源，包括各种基本法律、监管机构制定的条例和标准、市场惯例、行业协会倡导的执业规则、银行员工应遵守的内部行为规范等，而不仅仅限于具有法律约束力的规定，而是包含更广泛的涉及诚信和公平交易的规范。

合规管理模块的考核是指管理者随时监督、了解组织各要素合规方面的集体协作行为，确保组织各个机构和人员的各项业务行为符合外部法律法规及其他强制性规范以及内部各项规章制度，以有效满足组织合规性目标的过程。

银行的合规指标可以设置“本行制度覆盖率”“检查发现问题及整改计划完成率”“数据质量”等指标，内部权重建议分别为20%、60%、20%。

（三）扣分项

共设置“重大案件”“重大违规违纪行为”“重大风险事件”“监管及行政处罚”“存款偏离度”5个扣分项，单项最高扣分分别为6分、5分、4分、3分、2分，合计最高扣20分。其中，重大风险事件包括声誉风险、责任事故和IT事故等。

（四）预算亏损行差异化绩效考核政策

预算亏损行综合绩效考核指标体系由三部分组成：平衡计分卡、风险管理与内控合规指标和扣分项（最高扣20分）。其中，平衡计分卡指标及权重在全行统一指标体系基础上，结合银行实际情况进行适当差异化设置，风险管理与内控合规指标按全行统一评价体系进行考核。

对于因不良资产集中爆发，深陷经营困境的预算亏损分行，为督促分支行加大存量风险的处置，遏制新生不良发生，加快发展零售业务，提升零售利润占比，分支行在预算亏损行绩效考核指标体系的基础上，可“一行一策”差异化编制此类行的绩效考核指标体系。

七　绩效考核结果的应用

（一）挂钩全行绩效工资总额

根据“全行综合绩效考核得分”，对分支行绩效工资中的目标考核工资进行系数调节，促进分支行努力完成各项指标任务。总行可根据 2019 年分支行实际得分情况对系数调节中的门槛进行适当调整。根据战略绩效工资挂钩指标计算的分配比例，进行战略绩效工资分配。

此外，为鼓励分支行加大现金清收力度，将不良贷款现金清收作为 2019 年利润增长的重要来源，总行将在工资总额中体现对现金清收的激励，具体方案另行下达。

（二）挂钩分支行班子成员薪酬分配

根据规模经营等级行划分结果设置行级系数，与分支行班子成员的地区工资和奖金基数挂钩。分支机构综合绩效考核得分作为本行行长双维度考评中业绩维度的主要依据，与本行行长浮动薪酬挂钩；本行条线绩效考核得分作为本行班子副职助理双维度考评中业绩维度的重要依据，与行班子副职助理浮动薪酬挂钩。

参考文献

张立哲：《商业银行绩效考核问题研究——以 A 银行绩效考核体系为例》，中国海洋大学硕士学位论文，2014。

朱佳：《我国国有商业银行绩效考核指标体系构建》，东华理工大学硕士学位论文，2013。

乔娉：《我国商业银行绩效考核体系的研究——以民生银行北京管理部为例》，中央民族大学硕士学位论文，2013。

陈文静：《商业银行绩效考核研究》，山东财经大学硕士学位论文，2016。

于博：《基于平衡计分卡的 H 银行绩效评价体系研究》，中国海洋大学硕士学位论文，2014。

刘芸：《浅谈商业银行绩效管理存在的问题与对策》，《全国流通经济》2019 年第 22 期。

张清水、戴小峰、顾敏强：《基于 EVA 的国有商业银行绩效考核策略研究》，《金融纵横》2019 年第 7 期。

王昌建：《商业银行绩效考核机制改革研究》，《商场现代化》2019 年第 13 期。

彭玉玺：《商业银行绩效评价的现状问题与对策研究》，《环渤海经济瞭望》2019 年第 7 期。

章安辰：《新时代我国商业银行绩效评估体系的问题与对策》，《经营与管理》2019 年第 7 期。

沈治强：《城市商业银行绩效考核问题及对策研究》，《财经界（学术版）》2019 年第 11 期。

陈蕊：《浅谈商业银行绩效管理存在的问题及对策》，《商讯》2019 年第 16 期。

R.27
微学习的常见误区、典型场景和应用策略

江苏云学堂网络科技有限公司*

摘　要：　微学习是一个非常有效的学习策略，能够在企业培训中发挥很大的价值。本文从微学习的特点入手，分析了微学习的六大误区以及其适用的场景和局限，论述了如何去设计和开发相应的微学习内容，如何因地制宜地选择恰当的表现形式，并制定恰当的应用策略。

关键词：　微学习　典型场景　应用策略

越来越多的企业在利用微课开展培训，广受员工欢迎。但是，大部分企业对微课的设计、开发和应用的认识存在误区，导致无法达到预期的效果。要解决这个问题，不能单纯地从微课来看微课，要站在更高的维度去看微课设计、开发和应用这件事，这个更高的维度就是微学习。

一　为什么人人都爱微学习

微学习其实是一种将学习组织成多个小模块的学习方式。微学习不仅仅是一时的流行，对于员工来说，它是一种新的学习方式和学习偏好。对于培训管理者来说，它代表着企业学习的一种新模式和新理念。

微学习有很多表现形式，例如视频、信息图表、音频、小测验、文章、游戏等。短视频是最常见的形式，它可能是一段手机的录像、一段精美的动画，

---

* 执笔人：尹锴，云学堂商业学习研究院执行院长。

可能是一段软件操作的录屏，还可能是对同事或者专家的访谈。信息图表是一种非常高效的信息传递方式，它围绕特定的主题，把大量的信息进行汇总，用图示化的方式来呈现。音频、小测验也是非常受欢迎的微学习形式。从喜马拉雅和直播答题的火爆，就可以看出大家对这两种形式的喜爱。网络上的文章，比如微信公众号里的文章、今日头条里的资讯都是我们每天必不可少的信息来源。游戏，尤其是那种很轻的学习类游戏，也是微学习的重要表现形式。

（一）微学习的特点

为什么人们喜欢微学习？最主要的原因是微学习迎合了这个时代的需求。在移动互联网时代，人们的注意力模式呈现四个鲜明的特点：第一，焦点在多个任务间不停跳转；第二，偏好多重的信息流动；第三，追求强刺激水平；第四，对于单调沉闷的忍耐性极低。所以微学习的产生是科学技术、媒体以及认知体验升级所带来的必然结果，它并不是简单地将原本枯燥的内容设计得简短就可以，而是迎合这个时代变化的产物。

微学习更容易满足用户的需求，而且带来了更加便捷和高效的学习体验，这就是模块化和微小化如此有用的原因，它利用小身材创造了大影响。虽然微学习能带来很大的价值，但是发挥这种价值是有前提条件的。第一个前提条件是微学习的内容是学习者需要的，第二个前提是采用了正确的微学习策略，并且在正确的场景下应用。

（二）微学习与其他学习方式的关系

微学习是企业可利用的众多学习方式当中的一种，微学习不只是微课或者是微内容，它还包含了很多相应的学习支撑手段。微课是微学习可利用的元素之一。微课是将大块的知识经过碎片化处理之后的表现形式，学习者利用微课作为学习的材料，再搭配在线测试、个人阅读、作业或者是小组讨论等一系列其他的学习活动，形成一个完整的学习过程，这个学习过程就可以叫作微学习。由于现在的微课可以很方便地以移动设备为载体，借助移动互联网和社交媒体进行传播，也可以被称为移动学习或者社交化学习。在高校和一些企业当中流行的慕课，是体系化的在线学习，其中的基本构成元素就是简短的微课。这也是微学习的一种表现形式。

今天，混合式学习已经成为企业学习的标准配置，许多学习都是基于混合式学习的理念和模式设计的。其中的线上学习部分大多变成微课。因此，按照特定的教学目标，将这些设计好的微课组合起来，再加上相应的线下互动、学习者激励等因素，就构成了混合式学习项目。如果我们在运营这些混合式学习项目的过程中，应用一些游戏化的思想、方法和机制，或者将其中的一些内容开发成有游戏色彩的严肃游戏，用来激活或者保持学习者的学习动力，这就变成游戏化学习。

所以总的来看，现在流行的很多学习方式也都是相互包含或者环环相扣的，是从不同的侧面、维度去支持学习这件事。

二　微学习的六大误区

人们对微学习有很多的误解，一些人认为它只是一个噱头，还有一些人认为它是解决所有问题的灵丹妙药。如果你对微学习的理解本身就是错误的，那么微学习没有达到预期，甚至产生负面效果就是自然而然的事情。

第一个误区：微学习是一个新概念。

显而易见，将自主学习划分成多个小模块的想法并不是什么新想法。荀子曾经说过，“不积跬步，无以至千里；不积小流，无以成江海”。[①] 古人很早就意识到微学习和持续学习的必要性和重要性，只是以前微学习的应用并不像今天这么方便。由于移动互联技术的发展，微学习变得比以往更加实用和便捷，它发挥价值的场景和应用的可能性都大大增加了。

毫无疑问，微学习正在受到越来越多的关注，但是微学习并不是一个新概念。微学习只是一种基本的学习方式，只是我们以前并没有用这个名词去定义它。

第二个误区：微学习之所以有效，是因为如今人们的注意力持续时间变得更短了。

这也是很多微课培训供应商经常宣传的卖点。但是事实上并没有明确的证据表明人类的注意力持续时间比之前变得更短。如果你想要测试这一点，你可以问问自己，一口气能坚持多长时间来看一部美剧、看一场电影或者读一本小

① 荀子《劝学篇》。

说。也许你会说微学习和这些不一样，你说的这些都是在讲故事，当然能坚持下去了。我们换一个视角，如果一个人彻底被某个挑战或者某个需要解决的问题所吸引，他会花大量时间沉迷其中，甚至忘记时间，不分昼夜。无论是大人还是孩子，人们沉迷于游戏就是一个很好的例子。无论是 80 后、90 后，还是 60 后、70 后，人们都喜欢信息以微小的模块化的方式来呈现，特别是新接触某一个主题或者从零基础开始学习某个知识的时候。

微学习之所以有效，因为从小块的信息开始，我们不至于出现认知过载，① 这是符合认知心理学基本原理的。微学习有没有效，和人们的注意力长短无关。

第三个误区：微学习能自动解决知识保留和学习迁移的问题。

换句话说，如果我们使用微学习就可以记住更多，并且可以留存和应用的更多，目前并没有证据能够支撑这一说法。正如前文所述，我们都喜欢在学习新信息的时候，用微小的模块化方式呈现，因为这有助于更好地理解和记忆。但是经过一段时间之后，你学的东西留存了多少，应用在工作当中解决问题的能力如何，这还取决于你如何设计整个微学习的过程，以及学完之后有没有支持学习效果转化的活动。

真正有效的微学习不是一遍又一遍地观看或者阅读同样的东西，如果你真想要学习者学到一些东西，还需要让他们利用这些信息进行一些实践。比如说设计一些练习活动或者周期性的重复测验。因此，微学习虽然有助于解决留存率和转化率的问题，但是微学习本身并不会自动做到这一点。

第四个误区：微学习可以用于解决任何学习问题。

在这里，我们必须面对现实，没有能够解决所有问题的灵丹妙药。那么，微学习在什么情况下才是真正有用的呢？正如我们所看到的，那就是提供新的信息，或者在某人需要解决问题的时候，按需提供信息，并且提供重复练习的机会，它在这些方面是非常有效的。然而也有很多学习活动并不适合微学习。比如为了深入研究某个领域或者解决某个问题，我们需要自己全身心地投入去梳理知识体系，探索不同的想法，与其他人讨论等。我们需要几个小时、几天，甚至几个月的时间。所以微学习并不是所有问题的答案。但是，微学习可

---

① 〔美〕R·M·加涅：《学习的条件与教育论》，皮连生、王映学、郑葳等译，华东师范大学出版社，1999。

以作为大部分学习解决方案的一个组成部分。

所以结构化的长学时的正式课程仍然不可或缺。如果你要清晰的、连续的逻辑来引导学习者的思路，营造出沉浸式的学习体验，而不是刚学五分钟就被打断，那么结构化的正式课程才是首选。

第五个误区：微学习本身就能够激励人们学习。

换句话说，因为小或者碎片化，人们就会更主动、更积极地学习吗？这句话有一定的合理之处。人们在学习之前总会问两个问题，“它对我有什么好处？”“学习需要我付出多大的代价？是难还是简单？”因为微小且易于获取，消化吸收的压力也不大，微学习降低了学习的门槛，使人们更易于接受，从这个意义上讲，微学习确实有一定的激励作用。但是这种激励作用有一个前提，就是微学习只是对你有好处的时候才有用。

第六个误区：微学习只适用于移动设备。

人们有时候把微学习等同于移动学习，虽然两者密不可分，但是这种说法并不一定正确。毫无疑问，移动设备能够提供非常好的微学习体验，但是用什么设备其实并不重要，手机、平板电脑课堂，任何终端、任何方式都可以作为微学习交互的载体。虽然微学习在在线学习当中应用比较多，但是它并不局限于在线这一种学习方式，线下的微学习也很常见，通常以主题聚焦而且短小的沙龙分享、经验切磋、午餐会等形式呈现。例如，在很多企业，每周都会举办“快闪”演讲的活动，每次聚焦一个明确的主题，并且邀请相关领域的专家或者同事。演讲加提问互动时间不超过半小时，这种短平快的线下分享非常受员工欢迎。

三　微学习的四个典型场景

如果把微学习比作衣服，虽然它可能只有一个尺码——超小码，但是它可以有很多款式，这些款式就是微学习的应用场景。微学习在企业当中有四种典型的应用场景，分别是间隔练习、即时的绩效支持、支持一个大的学习活动或者嵌入一个混合式的学习解决方案。

（一）微学习用于间隔练习

当我们学习某种技能的时候，基于周期性的简短练习，而不是一口气地集中练习，会带来更好的学习效果。认知心理学的研究也证实了这点。如果学习者短时间内集中做完所有关于新技能的练习，虽然感觉自己一下子学了很多，但是，由于遗忘曲线的作用，学习者会很快忘记大部分东西。[①] 微学习可以对抗遗忘曲线，如果你随着时间的推移，不断地练习和巩固这些技能，虽然时间久了一些，但是会掌握得更加牢固。

间隔练习有效的一个关键是反馈，而且是有用的反馈，不是简单地告诉学习者对错，而是告诉学习者可以如何改进。

（二）微学习用于绩效支持

绩效支持本质上是在员工需要的时候，为他们提供信息。比如，当员工执行某项工作任务，解决某个问题，以及正在迫切寻找某个信息的时候，他们会非常积极地去获取这些信息。这里，我们不是向员工推送这些信息，而是我们提前准备好这些信息，等待他们在最需要的时候主动地去获取。在这种场景下，我们谈论的其实不是学习，而是如何帮助员工更加高效地获取信息。

对于绩效支持，首先要记住的是，任何人在需要的时候寻求帮助，都有一个想法，那就是尽快找到需要的信息，然后把它应用在工作当中。他们的目标是尽快解决这个问题，“快进，快出，有收获”。

哪些形式可以实现“快进，快出，有收获”？

在线的、实时接入的、无须下载的形式能够带来更好的学习体验。按照这个标准，word 就不太合适，它既要下载，还要终端支持打开 word 的软件。PDF 稍好一些，因为大部分手机都内置有 PDF 查看功能。最好的形式是嵌入式帮助，就像 office 软件的帮助功能。另外，视频、网页和移动 APP 也是非常好的用于绩效支持的微学习形式。

（三）微学习支持一个大的学习活动

在很多学习场景中，我们都需要学员去完成一个学习任务或者参加一个学

---

① Trahan, Donald E., Larrabee, Glenn J., “Effect of Normal Aging on Rate of Forgetting”, *Neuropsychology* 2 (1995): 115 – 122.

习活动，它可能是案例分析、情景模拟或者游戏，或者任何一个需要个人或者群体花一定时间完成的学习活动。如果你想让他们沉浸在活动中，而不是在参加活动之前花费大量的时间来提前做准备，那就需要允许学员在有需要的时候去查阅和学习相关的知识点。

学员在参加学习活动的过程中，会遇到各种各样的障碍，比如某个概念不理解，某个技能没掌握，这时候他们就有强烈的动机来访问相关信息，快速学习，然后去完成这个练习。

（四）微学习嵌入一个混合式解决方案

混合式学习解决方案通常有四个关键阶段，分别是准备、输入、应用和跟进。

准备阶段需要达到的目标是确保学习者彻底准备好他们即将开始的项目。

微学习在这个阶段可以采取课前预习、需求调研和摸底测验的形式。

输入阶段，我们要为学员提供新的知识、技能和学习体验，微学习在这个阶段通常是阅读材料或者视频课程。

应用阶段，可以用情景模拟、案例分析、游戏或者测验等微学习手段，帮助学习者解决真实场景中的问题，实现学以致用。

最后是跟进阶段，我们提供持续的学习干预，确保学习效果的强化和迁移。在这个阶段，绩效支持、后续的测试和音频讲解，都是经常使用的微学习形式。

四　微学习的设计和开发策略

微学习是一种学习方式，它所使用的材料就是我们所说的微课。当你了解了微学习的应用场景之后，就应该意识到微课不可盲目追求精美有趣，“适合的”才是最好的。不同的场景，不同的终端，学员对微课的内容和形式需求完全不同。所以，在设计和开发一门微课之前，你首先要思考的问题是，“它用于什么场景?”

在大部分场景下，“低成本、操作简单、易上手、有可参考的模板”是我们设计和开发微课需要遵循的基本原则。

对于大多数非专业课程开发人员而言，人人都有的手机、系统自带的免费音视频处理软件 MovieMaker（Windows）或 iMovie（MacOS）、高普及率的PowPoint、免费易用的绚星微课，都是设计和开发微课的最佳选择。[①]

五　微学习的应用策略

为了更好地应用微学习，在设计和开发任何一个微课之前，建议你填写一下这个模板（以微学习用于绩效支持为例，见图1）。

微学习的应用策略模板

目标群体：

姓名：

目标群体

你在为这个群体提供恰当的学习、发展和绩效支持机会时面临什么样的困难？

这个群体倾向于在什么样的舒适环境下才会经常访问数字化学习内容？

IT 基础设施

这个群体可以访问什么设备来支持微学习的交付？

有什么平台可以支持向这个群体交付微学习内容？

微学习用于绩效支持

这个群体有哪些机会使用微学习进行绩效支持？

为什么微学习是正确的选择？

什么形式的微学习内容最适合这个任务（视频、测验等）？

内容从哪儿来？如果需要从头创建内容，谁来做？将使用什么工具？

学习者如何获取这些微学习内容？

图 1　微学习的应用策略模板

基于不同的应用场景，在填写模板的时候，你会发现，有些内容并不适用于微学习。虽然少数精品微课需要深入的教学设计和引人入胜的多媒体效果，但是盲目追求所谓的教学设计和趣味性，是舍本逐末的行为，在绩效支持的场景下，把关键信息梳理清楚，高效传递给学习者就可以了。对应用于绩效支持的微学习而言，你的目标不是尽量长地把学员留在学习平台上，而是尽量少地浪费学习者的时间，让学员尽快回到工作中去创造价值。

① 《2018 中国企业数字化学习现状和趋势调查报告》，云学堂，2018。

六　结语

微学习是一个非常有效的学习策略，能够在企业培训中发挥很大的作用，但是，微学习也有其适用的场景和局限。为了最大化地发挥微学习的价值，你应该基于不同的学习场景去设计和开发相应的微学习内容，因地制宜地选择表现形式，并制定恰当的应用策略。“谋定而后动”“形式为目标服务”，这是在企业应用微学习时要遵循的基本原则。

ℝ.28

银行业校招的动向与人才评价

诺姆四达研究院*

摘　要： 本文尝试从近年银行业所面临的外部环境变化与内部经营应对的角度，对银行业的校园招聘诉求进行分析，结合诺姆四达的人才测评理念与方法，以及与银行合作的大量经验与各种数据，着重从人才测评的基本面，即基本理论及其推演对银行业当前校园招聘的主要岗位的评价标准做出研究。

关键词： 银行业　校招　人才评价

一　人才评价的演进与问题的提出

随着中国经济步入新常态，企业人力资源管理也随着时代环境的变迁表现出一些不同的新态势，如人力资源的多样性特点愈发清晰，知识性员工比重加大，90 后、00 后新生代员工进入职场，国际化员工管理凸显，人才流动性提高，企业越来越关注潜力的评价与开发等都对人力资源从业者提出了问题与挑战。

面对人力资源管理出现的新态势，诺姆四达作为中国本土人才测评行业的开拓者与领导者风闻其动，基于 20 余年行业与专业积淀提出了全面人才评价的理念与方法，将人才测评推向了 3.0 时代，所谓人才评价 3.0 是相对于传统的人才评价方法而言的。

人才评价 1.0 时代，主要解决测评工具和技术有没有、适合不适合的问题。主要工作集中在以下方面：心理测验工具、测评题库建设、评价中心

* 执笔人：陈雷，诺姆四达上海公司咨询部总监；尹一如，诺姆四达上海公司咨询顾问。

（AC）技术、360 度评估系统。测评的应用则主要是公务员考试、大型企业（特别是外资企业/合资企业）的人才招聘。人才评价 2.0 时代的主要目标是建立人才标准与评价工具的适配性。人才标准有三种主要表达方式，即任职资格、素质模型和胜任力模型。任职资格主要用技术职称评审的方式进行，素质模型主要用心理测验工具进行评价，而胜任力模型则主要用评价中心（AC）技术和行为化 360 度评估技术进行评价。而人才评价 3.0 时代，全面人才评价是全面人才管理的核心，它是全面人才激励体系的基础和前提、全面人才发展体系的依据和标准，最终促进全面人才战略落地。其内涵是对人才一贯表现和全部工作的评价，它的评价对象是全部人才，并且融入人才管理的全流程，它强调建立对人才全职业周期的评价。

随着互联网技术的发展，各大金融机构逐步将“数字化经营”作为战略发展的重要方向，这也从一定程度上加大了企业对技术类人才的需求。而校园招聘作为引进人才的重要方式之一，逐步呈现复杂化和战略化的态势。尽管许多银行开始重视校园招聘，但在选拔过程中仍会遇到一些技术问题，导致人岗不匹配、新员工离职率较高等。这不仅使高潜人才流失，也增加了企业的招聘成本。

教育部预计，2019 届全国普通高校毕业生为 834 万人，如何从庞大的求职群体中引进适合企业的人才，成为每个企业面临的重要问题。成功的校园招聘，不仅能迅速达成考评结果，满足企业大规模的岗位需求，而且能了解应聘者的职业倾向和发展潜力，为新员工入职培训提供参考依据，甚至可以借此提升雇主品牌吸引力。对个人而言，能帮助其找到适合自身的企业和岗位，最大限度地发挥个人潜能，实现自我价值。

二　银行行业趋势视角下的校招需求

（一）银行业的外部环境分析

近些年，宏观环境对银行业提出了数字化经营的发展方向，本文借助 PEST 模型浅析银行业的外部环境与发展趋势，并以此解读银行业相应的人才需求变化。

PEST 分析是帮助企业检阅其外部宏观环境的一种方法，宏观环境又称一般环境，是指影响一切行业和企业的各种宏观力量。对宏观环境因素做分析，不同行业和企业根据自身特点和经营需要，分析的具体内容会有差异，但一般都应对政治（Political）、经济（Economic）、社会（Social）和技术（Technological）这四大类影响企业的主要外部环境因素进行分析。简单而言，称为 PEST 分析法。

政治方面（Politics）：本文所述政治因素是指社会政策、法令或规划等为银行数字化经营提供的发展空间，银行业关系国计民生，政府的管制必要且重要，企业需考虑政府政策以制定自身发展战略。在此方面，银行业所面临的主要有如下两个问题。

一是响应国家“互联网 +”的发展诉求，开始探索传统金融业的转型升级，自 2015 年李克强总理提出“互联网 +”发展计划开始至今，银行也可谓发出了积极的响应。

央行等十部门发布《关于促进互联网金融健康发展的指导意见》，鼓励银行等金融机构依托互联网技术，实现传统金融业务与服务转型升级；同时，指导意见重视消费者权益，强调网络与信息安全，要求加强互联网金融行业自律，未来银行业对信息科技类人才、风险控制类人才提出了更多需求。

二是监管加强，风险防范这一银行业主题更加受政府重视，尤其是随着“互联网 +”而兴起的第三方支付尤其得到关注，多手段多层次监管将成为常态。

银监会组织开展“三三四十”系列专项治理行动，银行业突飞猛进的同业业务、投资业务和理财业务成为本次专项治理的重点。可见风险管控一直都是银行业需要重视的课题。

数据表明，仅 2017 年来，央行及其他监管部门出台的关于第三方支付监管的文件已达 10 余份。2017 年内央行共计开出 113 单罚单，较 2016 年同期（34 单）增加 3 倍；同时当年罚单总金额 2500 万元，单笔最高被罚 533 万元。

经济方面（Economy）：本文所述经济因素指宏观经济发展状况对银行数字化转型产生的推动作用。其主要特点为数字经济蓬勃发展，企业数字化是大势所趋，银行业面临着如何转型的问题。

《中国“互联网 +”指数报告（2018）》显示，2017 年中国数字经济体量为 26.7 万亿元，同比增长 17.24%。同时，数字经济占 GDP 的比重上升到 32.28%，处于持续快速增长阶段。中国信息通信研究院发布的数据显示，中国数字经济规模持续高增长，传统行业纷纷“触网”转型升级，企业数字化是大势所趋。2017 年，中国数字经济规模达 27.2 万亿元，占 GDP 比重达到 32.9%，同比名义增长超过 20.3%。

IDC 预计数字经济的爆发已是全球趋势，预计到 2021 年，全球数字经济规模将达 45 万亿美元，占经济比重将超过 50%。

中国已成为全球数字经济的引领者之一，2021 年中国数字经济规模将达到 8.5 万亿美元（约合人民币 58 万亿元），比重将超过 55%。

社会方面（Society）：本文中社会因素是指人们的生活条件、居住环境、生活习惯等对银行数字化经营提出的发展要求。其主要体现为社会环境变化而引起的人们行为习惯的改变。

“2018 年中国品牌相关性指数调研”指出，中国消费者崇尚自由便捷的生活，期望平台提供丰富便捷且一步到位的生活服务。互联网金融以其简单便捷的操作流程，低成本运作，差异化、多样化的产品类型，优质、高效的服务水平满足了客户尤其是年轻客户群体对体验服务的需求，使商业银行传统的金融服务面临巨大的压力。

传统商业银行对物理网点的依赖性较强，一些金融业务只能通过营业网点来实现。在没有营业网点的地区，消费者便无法完成相关的金融业务，这对银行业的线上服务提出了新的要求。互联网金融直接依托技术平台终端，客户足不出户即可轻松完成金融交易业务，大大降低了客户对物理网点的依赖性，也在一定程度上降低企业运营成本。

因此，对于商业银行来说，有必要创新经营模式，坚持数字化创新理念。

技术方面（Technology）：本文中技术因素是指用来设计、生产、销售产品和服务的技术发生变革后，为银行数字化经营提供的发展条件。

其一，“大数据”这一概念日渐兴起，人们对大数据技术的应用也不再局限于传媒和零售等传统行业，而是开始向金融领域扩张，银行将面临跨界竞争者。

第三方支付的崛起，阿里巴巴、京东、腾讯等公司相继进入金融领域，试图在金融领域构建新的商业模式。2003 年，淘宝推出支付宝服务，而后，腾讯推出财付通、微信支付等，成为重要的第三方支付方式，在根本上与传统商业银行展开激烈的竞争。

网络借贷平台信息匹配速度快，操作快捷，商业银行贷款业务面临巨大的竞争压力。互联网金融的发展打破了以银行代销为主的基金、信托、保险等销售格局，商业银行投资业务面临挑战。例如，第三方支付（如支付宝、财付通）、理财产品（如基金、信托、保险）在线销售使商业银行的一部分中间业务被挤占甚至被取代，导致银行从中间业务中获取的手续费及佣金收入减少。

其二，大数据的应用，对银行在风险管理、产品与服务改进方面提出了更高的要求。

对商业银行来说，风险管理是决定其能否健康、平稳发展的关键。而大数据技术的兴起为商业银行风险管理模式的转型与升级带来了新机遇，通过数据分析可以帮助银行降低成本，提高风险管理能力。

理财产品的流动性较强，能够实现资金的随时赎回，进入门槛较低，而收益相对较高。以余额宝为例，投资者所持有的货币能够结合自身的需要，随时进行资金的赎回。在这种情况下，大额资金投向网络金融市场，商业银行存款规模大幅降低。

因此，商业银行应积极推出线上理财产品，并在传统经营模式上进行创新，坚持数字化理念，提升信息化程度。

（二）传统金融机构的应对措施与人才需求分析

在政策鼓励和互联网金融蓬勃发展的背景下，一些商业银行开始制定互联网金融生态战略，也有部分银行积极开展与互联网公司的合作，借助外力促进商业银行互联网金融生态化的发展。其中比较有代表性的是四大国有大型银行与互联网巨头牵手合作。

工商银行+京东：合作内容有个人征信、消费金融、供应链金融等全品类的金融服务。

建设银行+阿里蚂蚁金服：在信用卡线上开卡、线上线下渠道业务、电子支付业务以及信用体系互通等方面开展合作。

农业银行+百度：合作包括客户信用评价、风险监控、智能投顾等方向。

中国银行+腾讯：初步在云计算和大数据平台以及人工智能应用方面取得突破，并将在客户需求洞察、风险管理体系建设、金融效率提升等方面进行深度合作。

普华永道的一项调研（2018 年中国金融科技调查报告）分析显示：随着

金融科技的蓬勃发展，传统金融机构开始反思金融科技部门的定位。约三分之一的金融机构仍沿用与中后台部门相同的职级体系和岗位管理方式，将金融科技部门定位为职能部门，为主体金融业务提供支持。除此之外，四成的金融机构采用业务导向型的职级体系，该部分受访者中有一半为金融科技业务单元设置了差异化的发展通道，表明他们已经意识到了金融科技业务与传统业务的区别，给予金融科技一定的自主发展空间。如工商银行设立与核心业务部门并列的一级部门——网络金融部，以此促进金融科技的自主发展；招商银行在其核心业务体系（零售金融总部）下设零售网络银行部，利用金融科技进一步稳固零售银行业务的地位。另有相当一部分的传统金融机构对金融科技部门的定位和内部管理方式表示出一定的困惑，未能对金融科技部门的定位做出判断。

综合如上分析与资料显示，在现有的环境与趋势下，银行业对于信息科技人才与风险控制类人才的需求凸显出来。

信息科技类人才：通过技术平台的建设，应对“互联网 +”带来的转型升级的问题，应用大数据进行产品和服务升级，建设类似互联网企业的技术中台，以支持前端营销与服务的各种诉求。

风险控制类人才：随着监管加强，第三方支付等跨界竞争者的进入，更快的业务节奏，更多变的营销场景，银行业需加强在风险控制方面的人员投入。

此种人才趋势，在近年各大银行的校园招聘工作中得到了证实。

农行：2018 年校招聘启事包括软件研发岗 600 人，从事包括区块链、人工智能（AI）、云计算等技术在内的研究与金融创新工作。

建行：校招计划中，金融科技部、数据管理部招聘人数最多，上海大数据智慧中心和运营数据中心技术人才占四成。

中行：未来 3 ~5 年内，集团科技背景人才占比要达到 10%，重点加强数据分析师、互联网安全专家等技术人才储备，同时中国银行软件中心的从业人员从 2012 年的 2300 人增长到 2018 年的 3600 人，增幅达到 50%。

可以说现在的银行更像是科技公司，不断地减少业务部门的人员，增加风控和科技部门的人员数量。智慧银行、无人银行的快速发展，不仅促使银行员工学历知识结构在不断优化，也减少了对一线柜员和一线营销人员的需求，而对技术开发人员、维护人员、产品开发人员的需求则快速增加。

三　校园招聘需要评价什么？

不可否认，校园招聘是作为企业人力资源管理的重要环节，因为招聘不仅是“选用育留”整个流程的开始，更是重视人才培养的企业，尤其是大型企业的管培生制度的源头，建立自己的嫡系部队，培养富有业务能力、领导能力和企业一致价值观的核心骨干，校园招聘的对象无疑是不二之选，同时，似乎是所有 HR 的共识，选到靠谱合适的人比培养一个靠谱的人似乎更靠谱。曾被喻为“中国职业经理人黄埔军校”的宝洁公司尤其重视校招环节，“从某种程度上说，其实宝洁招进来的都是‘同一种人’。每个人进来前都要通过性格测试，从 9 个维度进行评估的结果都得达到及格线，才有资格加入宝洁”，“紧接着宝洁又把这些具有相似性格的人往同一个方向培养”。可以说宝洁正是重视挑选毕业生，才培养出一批成就感强、执行效率高同时符合宝洁商业模式特点与企业文化的经理人队伍。

对于应届生校招，多数企业均会采用人才测评手段，无论线上测评，测个性特质或测全面素质，还是线下测评，传统的结构面试、压力面试、行为事件访谈、无领导小组讨论，或新鲜一些的思维激荡，情景时间演讲，抑或线上线下结合的方式；同时，随着技术的发展，大数据和 AI 技术应用也日益被关注，任仕达曾表示：应用机器学习恢复自动筛选候选人的软件或对工作描述进行情绪分析以识别潜在偏倚语言的软件。在不同的投入和产出发生的任何招募领域，如筛选、采购和评估，都将基本实现自动化。

然而，无论是大数据还是 AI，人才测评的基本面仍然没有改变，所谓的基本面，即心理测评的对象——素质与行为——没有改变，比如 cut - e 测评依然基于性格、胜任力、价值观和跨文化适应力等测评的常见维度作为长，外表虽然新鲜，但是仍可视为新瓶装旧酒，毕竟心理学的基础理论的突破尚待时日，同时打破测评的心理学基础的其他理论方法也未见端倪。所以，校招是否准确，是否能够帮助企业选对人、选准人仍建立在标准设计和方法匹配这两个核心问题上，尤其是标准设计问题，结合诺姆四达多年的从业经验和业界研究来看，多数企业在校招阶段关注的是毕业生未来的可塑性，所谓可塑性不单单是能力，还涵盖了个性与动机等，具体而言有以下三个问题值得关注：

测评哪些能力：能力分为基本潜能、基础工作能力、专业能力和领导力；对于校园招聘，应该考察哪种能力及哪些能力指标来证明对岗位未来的胜任程度。

关注哪些个性特征：虽然类型论还是特质论对个性的划分，但哪些性格是与目标岗位及未来的职业发展相符合的，所谓相符合主要是有潜力，适合做。

是否与企业文化相符合：虽然个人动机可以在环境中被改造，但是改造的成本却值得考量，找到工作价值观念更加符合的，不仅更容易增加组织认同，而且也减少了成长期离职、为他人作嫁衣的风险。

以上三点，分别对应能力、个性与动机，其中，能力是可观察的，个性与动机则不易观察，需要通过心理测评进行衡量，从而通过观察来进一步验证。三者合一，既符合人才测评中的基础理论——冰山模型，能力是冰山以上的，个性与动机在冰山以下，无论是麦克利兰的经典冰山模型，还是斯班塞强调鉴别性素质的冰山模型，均不例外。对此，诺姆四达提出 APM 理论，将人的能力素质分为三大类，即能力类（Ability，A），简称“能不能”；个性类（Personality，P），简称“合不合”；动力类（Motivation，M），简称“愿不愿”。从三个角度综合考察被测评人的全面素质。

就能力而言，校园招聘应在基本潜能和基础工作能力方面进行考察，走出校园的毕业生，虽然也有过工作实践经验，但大多数尚不具备具体的专业能力，且考察专业能力对于校招有失公平，毕竟工作经验的差异可以带来具体专业能力的差异，比如具备相应的知识技能，但无法证明后续的发展潜力，因此能力对于应届生而言，就是基本潜能与基础工作能力，对于社招对象而言，就是胜任力，体现为行为模式或行为模式与个性特质的综合。

所谓基本潜能，指的是认知能力，如语言能力、数字能力、逻辑能力、机械推理等，所谓基础工作能力指的是沟通能力、合作能力、学习能力、创新能力、信息处理、分析思维等。测准能力，就是要找准胜任目标岗位的基本潜能与基础工作能力，但基本潜能在求学阶段实际上已经经历过较好的测试，尤其是高考对于基本潜能有非常高的区分度，因此，在校招的能力测试方面更多考察基础工作能力的相关项。

就个性而言，每一种工作所需的胜任力（行为模式）对于个性是有偏好的，好比日常经验所知的，开放性好、主动性强的可能适合做营销工作，细致谨慎的则偏向财务；因此重要的是评价应届生要知道他们的个性组合对于发展哪些能力更具可塑性。

诺姆四达基于30年的测评数据分析与理论研究发现，胜任力的成长与发展受到内外因的影响，内因主要指个性特征及与此相关的社会适应、自我控制要求、自我成长要求、自我韧性等，外因主要是个体所处的环境与发展方式，如工作特性、工作环境、自我学习、组织培训等。具体如图1所示。

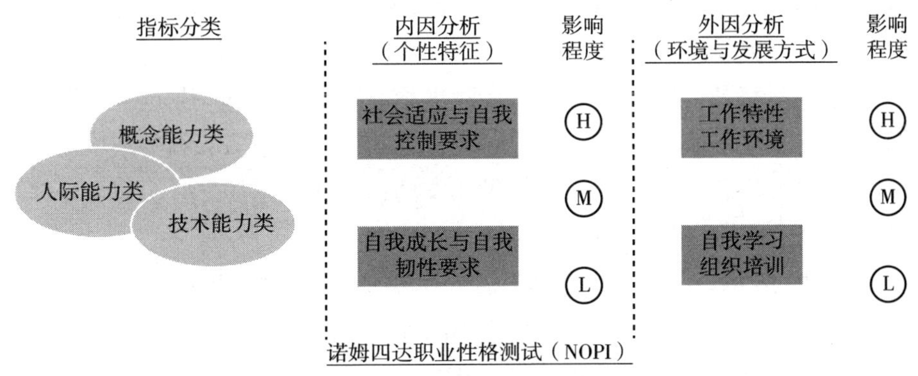

图1 胜任力可塑性分析模型

资料来源：诺姆四达研究院。

不同的胜任力指标受内外因的影响程度不同，按照其数据分析的相关度水平具体分为高度影响（H）、中度影响（M）和低度影响（L），以内因为例，所谓高度影响即拥有某些个性特质组合的人员在某项能力上，其可塑性较高，易于获得，如图2所示。

待发展指标	可塑性因素	影响强度	效果/改进预判
创新求变	幻想性/★创新性/★抗压性/▼主动性/进取性	H	受个性特质影响，改进难度较大
领导团队	▼灵活性/▼关心人/主动性/▼同理心/★细致性	L	如增强实践，应有明显改进
	★ 高分值 ▼ 低分值	H：高相关 M：一般相关 L：低相关	

图2 影响胜任力的指标分析

因此，在招聘过程中可以从目标岗位所需的胜任力出发去分析个性特征对能力可塑性，从而提高选拔高潜质人才的准确度，尤其是提高选拔管培生人群的准确度。

对于是否与企业文化相符合，即动机的测量，则与能力和个性不一样，前者注重的是选对的，而后者则关注不符合的，毕竟，企业的文化与员工的行为是一表一里互相影响，企业选拔和培养应届毕业生，题中应有之义就包含了塑造符合组织价值观和文化要求的人员，从银行业招聘的情况来看，往往看重职业稳定性因素，但从全行业的校园招聘的视角而言，代际特征及其相关的动机特点则越来越被关注。

所谓代际特征，源自社会学的代际理论（IntergenerationTheory），强调的是不同代的人之间思想和行为方式上的差异和冲突，尤其是在社会环境变化剧烈的年代更为凸显。在如何与 90 后做朋友的话题还未退场之时，如何管理和领导 00 后已渐渐引起关注。

近年校招的主力人群为 95 后，用美国学者的话说是“Z 世代”（HelenaBoschi），然后美国的 95 后特点不能等于中国的 95 后，那么中国的 95 后具备哪些代际特征呢？百度《95 后生活形态调研分析报告》（2015）显示，其代际特征在自我意识、生活状态、信息获取渠道方面有如下关键词（见图 3）。

图 3　95 后生活形态关键词

经过资料研究结合近年来校招面试的经验，诺姆四达也总结了 95 后代际特征在职场中呈现的一些特色：①在乎兴趣、讨厌无聊、择业中兴趣的比重增大；②短平快的学习节奏，能够迅速处理问题，却牺牲了长时间专注的能力；③渴望被认可与被理解，对科层化有骨子里的不认同；④看重自我体验与幸福感，而非成就感、工作奖励，自我意识中对社会程序性的要求偏低。

以上4点，第2点属于行为层面，可以通过后续的工作加以改变，但第1、3、4点的特征如果偏高的话，则稳定性与工作中的效能发挥堪忧，尤其是第3、4两点，深埋于自我意识中，较难改变，然后在校招的实践过程中，求职者因为处在特定的应聘环境，往往会隐藏自我真实的一面，除了要使用心理测评了解其动机类型，还要通过情景面试、行为访谈去快速发现证据链来推测其动机水平。

四　银行校招常见岗位的评价模型

关于人才选拔的标准，需要思考能力、个性和动机三个方面。其中，能力是可观察的，个性与动机则不易观察，需要通过心理测评进行衡量，再通过观察进一步验证。基于APM理论，建议银行业相关岗位校招选拔时从能力、个性和动机三个方面全面考察应届生的综合素质，为银行引进优秀且适合的人才。

当然对于不同的岗位，其在能力、个性和动机三个层面的考察重点自然有所不同，基于诺姆四达多年的校招数据分析，对信息科技、风险控制两个热门岗位，及营销和管理培训生两个传统的主力岗位的评价要点进行模型化，以供参考（见表1、表2、表3、表4）。

表1　信息科技岗的评价要点模型

信息科技岗		
A	P	M
高效执行	主动性、自律性、责任性、计划性	尊重认可 学习成长 独立自主
细节把控	自律性、规范性、严谨性、责任性	
协同合作	合作精神、助人精神、信任他人、协调性	
结果导向	目标导向、规范性、责任性、品质意识	
分析判断		

表 2　风险控制岗的评价要点模型

风险控制岗		
A	P	M
主动学习	坚韧性、主动性、自律性、精力水平	人际关系 学习成长 尊重认可
高效执行	主动性、自律性、责任性、计划性	
团队合作	合作精神、助人精神、信任他人	
风险意识	前瞻性思维、严谨性、规范性、责任性	
分析判断		

表 3　营销岗的评价要点模型

营销岗		
A	P	M
思考分析		条件待遇 风险偏好 独立自主
团队合作	合作精神、助人精神、信任他人	
沟通影响	灵活应变、人际敏感、亲和力、同理心	
客户导向	同理心、主动性、服务意识、关系建立	
自信抗压	自信、稳定性、坚韧性、抗压性	

表 4　管理培训生的评价要点模型

管理培训生		
A	P	M
结果导向	目标导向、规范性、责任性、品质意识	独立自主 尊重认可 学习成长
组织能力	支配性、说服引导、计划性	
适应变化	坚韧性、灵活应变、自信、积极主动	
团队合作	合作精神、助人精神、信任他人	
沟通协调	灵活应变、人际敏感、亲和力、同理心、协调性	
高效执行	主动性、自律性、责任性、计划性	

参考文献

李麟：《“科技+”时代的银行业》，《中国金融》2017 年第 1 期。

梁春丽：《第三方支付进入强监管时代：速度与质量难兼容》，《金融科技时代》

2018 年第 10 期，第 93 页。

黄子辰：《浅谈互联网经济对商业银行的影响》，《现代营销（经营版）》，2018。

张玲：《互联网金融对我国商业银行的影响研究》，安徽农业大学，2016。

王嘉申：《对商业银行风险管理及其效率的研究》，南京审计大学，2018。

普华永道：《2018 年中国金融科技调查报告》，2018。

梁丽雯：《第三方支付进入强监管时代：速度与质量难兼容》，《金融科技时代》2018 年第 10 期，第 93 页。

李家喻：《论冰山模型在校园招聘中的应用》，《中山大学研究生学刊》（自然科学．医学版）2014 年第 35 期，第 15～24 页。

黄蕾、胡蓓：《基于雇主品牌构建的企业校园招聘管理研究》，《中国高新技术企业》2008 年第 19 期，第 43～44 页。

郭苏妍：《宝洁系对中国商业社会意味着什么?》，《第一财经周刊》2018 年第 27 期。

胡永青：《职业适应期大学生就业稳定性研究》，《理论前沿》2014 年第 22 期。

黄先勇：《2018 年银行人才发展趋势：国际银行持续裁员、招聘难度加剧》，2018 年 11 月 23 日，http：//m. sohu. com/a/277454897 _ 99901684？from = singlemessage&isappinstalled = 018。

《百度：2015 年 95 后生活形态调研分析报告》：https：//wenku. baidu. com/view/93c96b47284ac850ad0242f1. html20。

ℝ.29

破解国企绩效考核之难的几点思考

上海浦东开发（集团）公司*

摘　要：　本文首先概括了在绩效考核过程中常见的问题，其次分析了绩效考核难在何处，最后提出绩效考核之难由来已久，用简单的方法去破解显然是不太现实的，众多企业的实践表明，要解决这些问题，不仅需要应用多学科的理论和方法。如管理学、心理学、测量学、统计学、博弈论、人力资源管理等。还需要从方案和流程上进行总体设计、统筹兼顾，一般可从六个方面来推进实施。

关键词：　国有企业　人力资源管理　绩效考核

一场足球比赛分出胜负，22 名球员的表现总是会有差异的。胜方一队 11 名球员有的表现优异，也有的令人不满意；同样，负方球员也并不都是一无是处，个别队员也可能发挥出色。如果对 22 名球员进行打分排名，不同的人可能打出不同分数，可谓仁者见仁智者见智。我们在企业绩效考核中也经常遇到类似的问题，各方对考核结果议论纷纷、莫衷一是，虽然总在不断学习借鉴先进的理念、方法、工具，但最终效果还是难以得到广泛认可，于是，不少 HR 人士常常发出“绩效考核是天下第一难事”的感慨。

一　绩效考核中常见的问题

绩效考核是 HR 的常规工作，但又是极其重要的工作，同时也是技术含量

* 执笔人：周向阳，上海浦东开发集团公司党委副书记。

很高的工作。绩效考核是“指挥棒”“方向盘”，引导着员工的行为发展方向，绩效考核的实施事关企业发展战略和目标的达成，事关企业文化建设的成败，事关员工士气的激励、个体价值的实现，但很少有企业对自己的考核体系感到完全满意。概括起来，在绩效考核过程中常见的问题主要有以下几个方面。

1. 绩效考核机制失灵，存在走过场的问题

因为绩效考核工具选择不准，指标体系设置不够科学，考核程序不够严密，考核目标难以量化，绩效考核结果和激励机制挂钩不够紧密，导致绩效考核走过场，形式重于内容，实际上是为了考核而考核。

2. 考核指标评价失真，存在考不准的问题

为了给本部门、本条线员工争取最大利益，分管的领导、各部门负责人在给部属评价时，都倾向于打高分，充当好人；而且因为不同评价主体宽严尺度不一，不同部门的打分无法进行横向比较。

3. 绩效考核结果失实，存在考不服的问题

评价结果出来，领导和员工一肚子意见，都觉得结果不公正，个人的努力和付出得不到准确反映，于是群起攻击考核评价方式和 HR 部门，部门负责人也不敢向员工反馈评价结果。

4. 考核结果分布失常，存在不敢用的问题

考核结果缺乏必要的区分度，起不到奖勤罚懒的作用。因为考不准、考不服，导致考评结果不敢用，激励功能丧失，绩效考核成了员工不重视、领导不满意的鸡肋。

二　绩效考核难在何处

绩效考核一般是对员工在一个阶段（季度、半年、一年）业绩的综合评价，既包括可量化的业务硬性指标，也包括协调沟通、服务态度、团队意识等方面的软性指标。硬性指标相对容易量化，软性指标往往是对个体行为的评价，用不同的价值观去评价得出的结论自然会不同。

1. 难在多维度考核

不同维度考核的标准和要求不同，不同维度的评价方式也不完全相同，不同维度的评价分数意义也不尽相同，不能简单相加以总分来评判绩效，这样可

能因为某些维度的优秀而掩盖了其他维度的不足。

2. 难在多元评价主体

评价主体多元是无法克服的问题，主体不同，所立角度和评判价值存在较大差异，对其欣赏的行为给予过度评分而对其他不足视而不见的现象也是经常发生的，此外如何对不同评价主体设置不同的权重也是令人头痛的问题。

3. 难在管理指标量化

管理指标量化的本质是对员工日常管理行为的评价，对行为的评价难以设定统一的标准，如同对于跳水、体操项目的评分一样，不同裁判评出的分数会有一定的差异，这和个人的宽严尺度、价值取向以及偏爱喜好有很大的关系。

4. 难在考核工具选择

不同性质的企业、同一企业的不同发展阶段、同一企业的不同部门使用同一种绩效考核工具很容易引起内部的争论，因此不存在一个普遍适用的考核工具。所有的考核方式和考核工具都是兼顾各方的需要而形成的，因此往往是中庸的、妥协的，也是容易引起争议的。

5. 难在主体认知偏差

任何一个评价主体都不可能对评价对象有全面准确客观的了解，因此在评价时无可避免地会受到个人以往经验、内在动机、情感因素、人际关系、部门偏见的影响，对熟悉的部门和个人评价偏高，反之偏低；对自己的评价偏高，对他人的评价偏低。

三　如何破解绩效考核之难

绩效考核之难由来已久，用简单的方法去破解显然是不太现实的，众多企业的实践表明，要解决这个问题，需要应用多学科的理论和方法，如管理学、心理学、测量学、统计学、博弈论、人力资源管理等。绩效考核还需要从方案和流程上进行总体设计、统筹兼顾，确保逻辑严密，前后呼应。一般可从以下六个方面来推进实施。

1. 统筹设计绩效考核方案

HR 人士在设计绩效考核方案时，首先要贯彻企业的核心价值。在方案中考虑如何贯彻企业发展理念，体现企业核心文化，特别是要把企业经营团队的管理理念、价值导向体现到考核要求中去。其次要把握重点，体现科学性。绩效考核指标不可能做到面面俱到，包罗万象，要准确把握核心指标和关键指标，区别对待辅助指标和参考指标，对不同的指标也不能等量齐观，对各自的权重要做深入考量并进行赋值。最后是要把握好全面性、系统性。通过研究论证形成完整的绩效考核方案，方案中应明确考核原则、考核对象、考核逻辑、考核方法、实施主体、实施步骤、结果应用和特殊情况处理等要素。

2. 合理设定绩效考核目标

绩效考核是以目标实现为导向的，企业的目标是分阶段的，设定绩效考核目标既要立足当下，又要放眼长远；既要考虑阶段性、时间性因素，又要考虑过渡性、衔接性因素。绩效考核部门在牵头制定绩效考核目标时，对于不同的部门或岗位，要结合部门职责、岗位分工和企业业绩目标的分解，讨论确定相应的绩效考核指标。在设定绩效考核目标时，通常会出现考核对象与考核部门谈判，争取获得较低较容易实现的考核目标，以便在考核时得到高分的问题，这个问题需要引起足够的重视，一方面，要统一尺度，统一口径，坚持目标设置的原则不动摇，另一方面，对于无法达成的意见，需要上升到考核委员会层面研究确定，确保企业总体目标的分解落实。在确定绩效考核目标和指标时要做到定性和定量的平衡，坚持具体化、可测量、可实现、可靠的、时限的原则。

3. 选择合适的绩效考核工具

绩效考核工具使用的结果应能吻合大多数人的判断，体现公平性和准确性。现代测量技术对于硬性指标的考核有成熟的解决办法，而对于软性指标的评价则需要借助于统计学、心理测量学、计算科学、管理学等理论和工具，以解决问题为导向，结合本企业实际对考核工具进行创新的、个性化的设计和安排。比如，对于绩效考核中常见的评分尺度无法统一问题，采取等值换算的方法进行解决；对于评分不够客观，偏袒本部门本条线的问题，采用打分法和选优法、对比法相结合的方法解决；对于绩效差异不明显又难以量化的问题，采取直接排序或成对比较（二选一）的方法解决；对于部门人数不一、人数多的部门占便宜、人数少的部门吃亏的问题，采取对票数进行技术处理的方法解决；对于评分人数少、判断依据不足的问题，采取全员参与、分配权重的方法进行解决；对于评分集中，区分度不大的问题，采取转化标准差的方式，拉大差距进行处理；对于担心泄露本人打分情况、不敢说真话的问题，采用匿名评价、设置查看权限的方式进行解决。

运用软件开发技术对绩效考核要素和方法进行系统集成，开发绩效考核信息管理系统，通过网上进行考评，既简便易行、提高效率，又能保密。

4. 开展绩效考核模拟培训

绩效考核的目的只有在广泛知晓的情况下才可能有效实现，HR 部门制定的绩效考核方案和操作办法要得到顺利推进，需要做好以下几方面的工作：第一是征求意见。要把绩效考核的价值取向、设计逻辑、操作程序和方法手段向全体员工宣传推介，征求意见，力争取得共识，这个过程本质上就是统一价值取向、求同存异、减少阻力的过程。第二是修订完善。通过广泛听取民意、汲取民智、充分论证，修订完善绩效考核制度和办法，形成相对稳定的绩效考核体系。第三是模拟实施。选择几个部门或是全体参与，对绩效考核系统进行运行测试，一方面是让全体评价主体熟悉操作界面和功能，另一方面是检验系统的稳定性，同时对模拟测评结果进行验证，以保证在正式实施时取得成功。

5. 组织实施绩效考核评价

绩效考核评价是管理者的工作职责之一，也是其工作能力的一部分，同时也是其本身的工作绩效之一。HR 部门在考核周期完成时，按照既定的考核方案组织实施绩效考核，第一，由考核对象对照目标和指标开展自查总结，提交述职报告。第二，HR 部门汇总述职报告，在内部平台上一定范围内进行公示，供各评价主体评价时参考。第三，HR 部门安排统一的时间段，部门和个人在考核方案规定的范围内述职，进行答辩，接受问询。第四，考核系统向各考核主体开放，考核主体在系统上进行评价，HR 部门在规定的时间内关闭系统，后台自动生成绩效考核反馈报告，内容包括部门分数和排名、员工的分数和优缺点，以便帮助部门和员工改进和提升。

6. 开展绩效考核效果评估

绩效考核的结果经常会受到质疑，绩效考核的结果是否真实可信，是否具有应用价值需要建立相关的配套机制。一是建立激励约束机制。通常的做法是将绩效考核结果与员工浮动收入、职级升档、评先评优、培训培养、职务晋升、调动调整、降级停职相结合，体现到员工的收入待遇和成长发展中去，形成正向激励作用和反向鞭策作用。二是建立信息反馈机制。建立信息反馈机制的目的是推进绩效改进，通过个体的、团队的绩效改进进而实现企业的绩效改进。通过主管领导对部门的反馈，使部门知晓在内部管理和业绩完成上的差距，和可以提升的空间；通过直接主管对员工的绩效面谈反馈，提出绩效改进建议，使员工充分认知自己取得的成绩和存在的不足，明确努力的方向，激发员工努力工作和学习提升的积极性。三是建立效果评估机制。HR 部门在绩效考核完成后应组织专人对整个考核工作进行回顾总结，通过问卷调查、访谈座谈、在线评价及时掌握考核设计及操作过程中的成功之处和不足方面，提出改进措施，为下一步改进完善提供参考。

总之，HR 部门开展绩效考核工作需要树立权变的观念，不存在放之四海而皆准的考核方法，也不存在一成不变普遍适用的考核手段，绩效考核需要结合本企业实际，因应时势，抓住主要矛盾，解决突出问题。通过考核，如果能考出员工士气，考出效率效能，考出生产力，那么这个考核机制和考核方法就是成功的。

参考文献

苏永华：《全面人才评价》，经济日报出版社，2017。

史为建：《四招理顺绩效管理体系》，中国人力资源开发网，2015。

詹姆斯 · W · 沃克：《人力资源战略》，中国人民大学出版社，2001。

ℝ.30

基于大师工作室的高技能人才转型培养体系建设研究

——G集团高技能人才转型技术人才的探索与实践

浙江吉利控股集团有限公司*

摘　要： 本文论述了浙江吉利控股集团有限公司依托技能大师工作室，探索高技能人才转型培养途径，构建“学历提升、职业技能等级和职称证书”三位一体培养体系，贯通高技能人才与技术人才职业发展通道的实践做法。

关键词： 高技能人才　技术人才　技能大师工作室　转型培养

响应人力资源社会保障部2018年发布的《关于在工程技术领域实现高技能人才与工程技术人才职业发展贯通的意见》国家在高技能人才与技术人才职业发展贯通的政策，基于G集团高技能人才现状分析，本文将以G集团高技能人才培养体系建设作为研究对象，以国家级大师工作室建设为基础，提出智能制造、数字化时代下适应公司发展的高技能人才转型技术人才的培养体系，期望通过研究为集团高技能人才、技术人才的培养和储备，为公司战略实施提供可持续发展的技能人才动力，同时也为其他制造业企业的高技能人才培养提供借鉴。

一　研究意义

通过对高技能人才转型培养的研究，消除技能人才成长“天花板”，拓宽

* 执笔人：孙金方，吉利汽车集团人才经营中心总经理。

技能人才成长上升通道，构建技能人才培养顶层设计，为高技能人才提供向上发展机会，进而激发技能人才创新活力，增强优秀技能人才对企业的认同感、归属感和稳定性，实现激励手段的多样化；贯通高技能人才与技术人才职业发展通道，促进复合型人才成长，激励其对自身发展的需求，为制造企业进行高技能人才宏观政策制定提供借鉴经验。

二　国内外研究现状

发达国家高技能人才培养主要有德国“双元制”、英国学徒制、法国学校本位、日本企业本位、美国社区学院等培养模式。在吸收和借鉴国外先进的理论和经验基础之上，结合我国的具体情况，逐渐形成了一批相对成熟的高技能型人才培养模式。左国才、马占梅等分别实践探索了“校企深度融合、工学有机结合”“分层递进式工学交替”等工学结合技能人才培养途径。徐炳文、潘荣江分别提出了基于“双需求”对学生进行“双训练”“基地+联盟”办学模式，探索产学研结合技能人才培养途径。艾于兰分析了企业办学的定位、必备条件、运营管理模式，雷鹏飞等提出发挥企业办学的行业优势、教师资源优势、设备资源优势、实训基地优势和企业文化优势，形成“企业办学”高技能人才培养模式。胡晓东、邱建忠、刘炜亚等提出依托“技能大师工作室”培养复合型和工匠型高技能型人才。

三　关于核心概念的界定

（一）人才分类

人才是指具有一定的专业知识或专门技能，进行创造性劳动并对社会做出贡献的人，是人力资源中能力和素质较高的劳动者。就人才类型而言，我国在相当长一段时间里把人才分为学术型、工程型、技术型和技能型四类。本文沿用此人才分类。

（二）高技能人才

高技能人才工作在生产一线，熟练掌握专门知识和技术，具备精湛的专业技能、丰富的实践经验，并在工作实践中能够解决关键技术和工艺的操作难题。而基层一线工作常是协同工作的群体活动，高技能人才是其中的一员，又可能是其中的领导者，应能很好地组织、协调生产活动中个人与生产、个人与他人、个人与群组之间的关系，这对于高技能人才有效地将自己的专业知识和技能应用到生产中去是非常重要的。高技能人才特征，概括如下。

①具备高超技艺、精湛技能，在技能掌握的程度上达到了“高”水准。

②具备在实践中发现前人没有发现的问题并创造性解决问题的能力。

③具有较强的自学能力和钻研精神，加强自身知识储备。

④具有超强的意志品质和心理素质、高尚的职业道德和职业精神，通过重复的练习具备高超技能。

（三）技术人才

技术人才处于生产或服务的第一线，接触面广，环境复杂，情况多变，处处遇到的都是实际问题，事事离不开集体的合作，同时始终面临着技术更新和市场变化等外部因素的挑战。其特点概括如下。

（1）与工程型人才相比，技术型人才需具备更宽泛而不是更专深的专门知识面；与技能型人才相比，则要具备更好的理论基础和高新技术应用能力。

（2）具备较强的综合应用能力和解决实际问题能力，运用各种知识解决实际问题。

（3）由于技术型人才所从事的生产现场的劳动常常是协同工作的群体活动，因而对其在人际关系能力、组织能力、交流沟通能力等关键能力方面也有很高的要求。

（4）高新技术的应用推动产业技术不断升级和经济全球化进程的加快，要求技术型人才懂得更多的国际运行规则，具备更强的国际交流能力。

四　G 集团技能人才现状分析

G 集团秉持业绩与技能并重，能上能下，实现人员动态管理，公开、公平、公正的原则，搭建了技能人才星级发展通道——七星员工发展通道，基于岗位胜任力模型，界定了实习生到技能大师的岗位要求及培养模式，从基础的合格上岗到自工序的保障，从多能工培养到自主改善的推进，以及荣誉级的大国工匠均明确了其发展路线，以此打通了普通技能人员通往顶级工匠的路线，大大提高了员工积极性及创新性，最终服务于整个组织的能力提升。

G 集团高技能人才分布在各个专业生产厂的直、准类生产岗位上，承担着各个工序的生产任务。G 集团高技能人才培养由各级人力资源部门承担，常用培训方式有基于岗位胜任力的人才地图、新技术/能力培养、吕义聪工匠集训营等培养方式。

G 集团高技能人才队伍存在的问题如下。

①大多数高技能人才学历和文化水平偏低。G 集团生产制造单位高技能人才的学历总体偏低，只有少量本专科毕业生，大部分为高中、职高和初中毕业生，其学历结构很不合理，总体文化素质不高，技术水平偏低。技能人才受正规教育的程度低于企业人员平均受教育的程度。

②高技能人才发展通道缺少与技术人才的贯通。相对技术人员、工程人员来说，G 集团技能人才发展通道缺少专门的顶层设计，对于技艺精湛、经验丰富的技能人员，职业提升较缓慢，知识储备和学历成为技能人才进一步发展的限制，但对高技能人才达到七星后的进一步发展则尚没有明确的发展通道。

③缺乏系统的高技能人才转型技术人才培养机制。G 集团对技能人才培养工作予以一定重视，但培养内容主要是对各阶段的技能人才进行培养，提升其技能水平，而对于技艺精湛的高技能人才进一步培养为技术人才则缺少长远、系统的培养机制。

五　基于大师工作室的高技能人才转型培养体系建设

结合传统专业的人才培养特点和技能大师工作室高技能领军人才在高技能人才培养和技术攻关创新等方面的优势，依靠科学人才战略，改革高技能人才培养模式，优化教学结构，努力提高教学效率和质量，基于大师工作室构建“学历提升、职业技能等级和职称证书”三位一体的高技能人才转型培养体系。其内容如下。

一个目标——以高技能人才转型培养为技术人才。

两个层次——实现校企合作承认本科层次、企业内部硕士研究生层次培养相结合。

三个机制——建立企业办学、工学结合和校企合作机制。

三个保障——提供整合高校、企业、行业知名专家与教授、兼具专业与国际化的师资队伍，实施“以能力提升为本位”的严谨教学体系，完善配置大师工作室人才培养使用机制。

四个能力平台——搭建专业知识能力、高新技术应用能力、创新解决问题能力、组织领导和沟通协调能力等四个能力提升平台。

（一）高技能人才转型培养目标

G集团高技能人才转型培养目标是：围绕集团2020目标，实施人才强企战略，消除技能人才成长“天花板”，拓宽技能人才成长上升通道，将高技能人才培养成为能将工程技术原理转化为现实生产力的技术人才，即培养熟悉企业生产技术，掌握必备的基础理论知识，具有良好的组织管理能力、人际交往能力、创新解决问题能力，适应高新技术发展，达到研究生层次知识能力要求的第一线技术人才。该培养目标体现了三层含义。

一是学生是G集团各生产制造单位的优秀高技能人才，接受非全日制高等学历教育。

二是学生除应获得相应必备的理论知识外，把组织管理能力、人际交往能力、创新解决问题能力和高新技术应用能力培养放在与获得相关理论知识同等重要的位置。

三是毕业生实行多证书制，除反映技术知识的本专科和硕士研究生毕业证书外，还要获得技师及以上职业技术技能证书和助理工程师及以上职称证书。

（二）高技能人才转型培养层次

采取函授本/专科、硕士相互衔接的教育培养体系，培养应用型技术人才。

1. 校企合作函授本/专科层次

充分发挥学校、企业等各方面的优势，G集团与高校继续教育学院合作，根据高校成人高等教育的教学大纲及乙方企业需求制订符合企业人才培养的教学计划，教学计划由企业与高校共同承担，采取集中面授为主、网络授课为辅的教学方式，经考核合格，学生获得车辆工程、机电一体化等专业成人高等教育本/专科毕业证书。

2. 企业内部硕士研究生层次

在高技能转型培养方面，G 集团参照国家和高校研究生教育要求，结合企业对技术人才知识能力的要求，构建员工专业知识能力、高新技术应用能力、创新解决问题能力、组织领导和沟通协调能力的提升平台，将高技能人才转型培养成为具有创新能力、综合素养和专业技能的应用型技术人才。经考核合格，颁发 G 集团认可的硕士研究生毕业证书，在 G 集团享受研究生同等待遇。

（三）高技能人才转型培养机制

以“技能大师工作室”为载体，融合企业办学、工学结合与校企合作，将课堂与生产实践融为一体，将传统的学校封闭式教学变为面向生产实际的开放式教学，以课程知识为基础，以专业技术的应用为核心，以承接企业技术项目为手段，将生产与教学紧密结合，实现教、学、做一体化。

1. 企业办学

G 集团秉承教育产业与汽车产业协调发展的理念，致力于培养汽车制造业中的高层次应用型人才，于 2007 年投资创建了中国第一所民办研究生院——浙江汽车工程学院，以培养车辆工程、企业管理、汽车营销专业的硕士、博士为目标，是吉利集团为加强企业核心竞争力、培养汽车应用人才而构筑的学术平台。该学院由 G 集团全资投资，企业是人才培养的组织者和管理者，全方位参与人才培养，包括制订培养目标、专业设置、课程体系和教学方法，提供专业师资等，学院学生即为 G 集团企业员工，具有企业员工和学院研究生的双重身份。浙江汽车工程学院整个教育过程置身于企业研发、制造、管理的大环境中，形成了真正的产、学、研一体化的培养模式。

2. 工学结合

以培养学生综合素质、专业知识、职业能力和岗位竞争力为核心，利用学校、企业两种紧密联系的教育环境和教育资源，将课堂教学为主的知识传授和直接获取实际经验的企业工作有机结合，并贯穿学生的培养过程中，培养适应生产制造一线需要的技术人才。其表现为三个方面：一是“做学合一”，“工”与“学”同时成为教学计划的规定内容；二是学生、员工身份合一；三是岗位、课堂合一，将“工”与“学”真正融为一体，使学生在职业岗位上学习，在学习环境中工作。

3. 校企合作

人才培养是理论与实践互相作用的过程，人才的成长是学习—实践、再学习—再实践的过程。校企合作通过资源共享、教学相长，使学生的理论知识与实践紧密结合，奠定了工学结合的基础。在合作中，企业全程参与高校教学目标的确立、教学大纲的制订、课程体系的开发、教材的选用和编写、师资队伍的培养选拔、教学计划和实训计划的制订与实施、教学成果的评审和检验等教学活动。高校通过教学的实施为企业“量身定做”高技能人才培养方案，提供定制服务，形成高校、浙江汽车工程学院、各生产制造单位合作网络。

（四）高技能人才转型培养体系保障措施

1. 师资队伍

浙江汽车工程学院整合了一支由知名院校教授、业内著名专家和企业专家组成的师资队伍，荟萃了国内外知名汽车学院的著名教授，汽车产业顶级实战专家，吉利集团内部专家、科研带头人以及来自欧洲、美国、澳大利亚、韩国、日本等国家的大学及科研机构的学者，兼具专业与国际化的师资队伍。目前学院特聘教授队伍共有 213 人，其中院士 17 人、教授 121 人、副教授 7 人、专家 105 人（与教授职称有重合人员）。邀请特聘教授来吉利授课，定期开展知识分享讲座，逐步建立梯队式人才培养模式，包括技术骨干培养方案、基层管理人员培养方案、中层管理人员培养方案以及高层管理人员培养方案，通过邀请知名专家讲学、知名企业技术交流学习、派遣人员参加学术交流会议等多样化形式，多渠道提升人才智力储备，为高技能人才转型培养提供了有力的支撑。

2. 教学体系

基于本/专科和硕士研究生毕业要求，技师、高级技师职业等级评价标准，工程师职称评价标准，以能力导向优化课程内容和结构，形成融前沿技术、前沿管理于一体的高技能人才转型培养模块化教学体系，包括如下方面。

①匠心培育模块教学，是指对自己的产品精雕细琢、追求完美和极致的精神理念，涵盖了坚韧不拔、一丝不苟、严谨专注等优秀品质。产品的质量和品

质是最大的竞争力，未来产品取胜的关键就在于注重细节、注重品质。该模块教学内容包含两个方面：一是，零缺陷质量管理知识和制造质量管理实践，提升学生质量管理水平；二是，树立工匠榜样，以G集团国家级技能大师工作室大师、五四青年奖章获得者吕义聪为标杆和典范，形成身边的模范墙，形成良性竞争，促使高技能人才不断提升自己的能力成为技术人才。

②匠艺萃取模块教学，将严谨和结构化的方法引入课程开发全过程，由开发专家来组织和策划、控制开发程序，由高技能人才共同开发出课程，把隐性知识显性化、显性知识标准化、标准知识传承化，形成标准化的课程，包括教师手册、学员手册、课程教学进度计划表、行动改善计划等可复制、可传承的知识智库，使学生在个人成长、工匠孵化方面具备务实的内容和专业技巧，成为专业领域的领军人才。

③匠才铸成模块教学，工具软件、语言技能提升、卓越绩效团队建设和管理、汽车先进制造技术、现代汽车技术、创新工作坊等内容，通过“学科交叉、知识融合和技术集成”提升学生知识储备、技术技能水平、创新能力等。

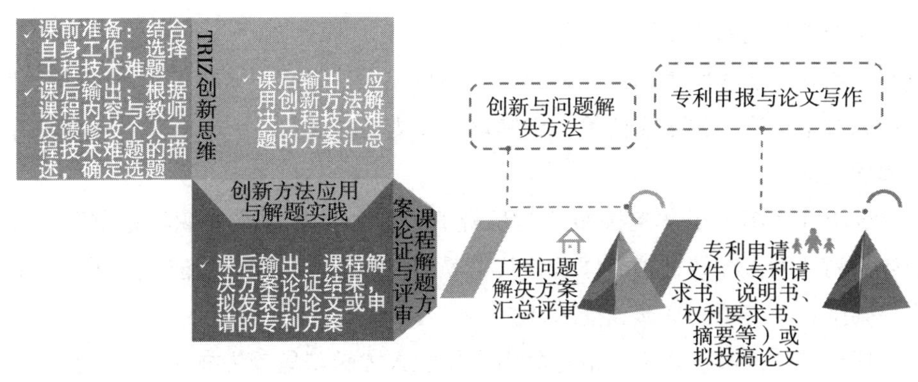

图1　创新工作坊培养流程

④匠绩缔造模块教学，通过技能人才梯队建设和团队管理与培训等内容，用智慧驾驭匠艺，攀登新高峰。

在教学方法上，采用多样化的教学方法，如项目教学、案例教学、工作过程导向教学等，推行“教、学、做、工”融合的一体化教学理念。

3. 技能大师工作室人才培养保障机制

技能大师工作室是一个由具备互补知识与技能组成的团队，技能大师工作室的成员，拥有不同的专业背景，来自企业中不同部门，承担不同任务，需要成员精诚合作，共同完成预定的目标。工作室设 1 名首席导师和多名各模块导师，其中首席导师由 G 集团已由技能人才成功转型为技术人才——总工程师吕义聪担任，各模块导师由浙江汽车工程学院由高技能人才转型培养的其他技术人才担任，人才培养模式采用融合“研究生导师制”的学、带一体育人模式。

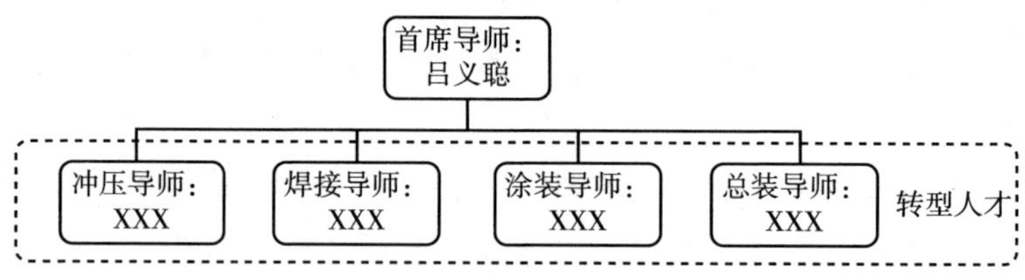

图 2　技能大师工作室工作机制

①技能大师工作室以各导师为负责人，从 G 集团各生产制造单位一线技能人员中选拔优秀人才进入工作室。

②依托技能大师工作室，各导师指导技能人员实施技术攻关与革新、技术总结和成果推广、技术交流等，将其培养成为高技能人才，推荐进入浙江汽车工程学院深造。

③浙江汽车工程学院按照“学历提升、职业技能等级和职称证书”三位一体的高技能人才转型培养体系将其培养为技术人才，担任技能大师工作室各模块导师，培养下一梯队技能人才。

依托技能大师工作室，搭建集团高技能人才转型培养为技术人才的循环机制，为 G 集团战略实施提供可持续发展的技能与技术人才动力。

（五）高技能人才转型培养能力平台

随着作业机械化、自动化程度的大幅提高，G 集团瞄准智能制造，不断提升生产制造体系能力，通过制造自动化的概念更新，扩展到柔性化、智能化和高度集成化，打造企业未来核心竞争力。智能化时代的应用技术人才应当具备宽泛的专业知识基础，能够应用高新技术进行协同工作，以及一定的创新意识和素养。

1. 专业知识能力提升平台

专业基础知识、工具类知识等是技术人才从事专业活动必备的基础知识，对于技术人才的专业素能以及岗位胜任能力起着重要的基础性作用。在以创新为特征的知识经济时代，对于知识密集型产业，高新技术中知识的含量越来越高，一线技术人才应具有更全面、更宽阔的知识背景，其工作岗位需要具有自动化、信息技术、机械专业等多学科背景知识，只有具备更加扎实的专业基础，才能做到知识的迁移，以不变应万变。

2. 高新技术应用能力提升平台

在掌握专业知识的同时，技术人才还需要了解如物联网、大数据等行业交叉新兴技术，人工智能、汽车自动驾驶等现代汽车技术，柔性制造、尺寸工程等汽车先进制造技术，并将之应用到生产实践当中。在培养过程中，通过G集团相关高新技术知名专家技术传授、应用指导，参照G集团研究院等已开发并成熟应用该技术的单位研发制造经验，将该技术推广应用到各生产制造单位。

3. 创新解决问题能力提升平台

智能制造要求技能人才能够创造性地工作，做到产品的设计创新和工艺创新，也体现在生产、管理和服务流程的每一个环节。技术人才从事一线的生产、管理工作，既有丰富的专业知识储备，又对技术和产品有实践经验。生产制造环节中出现的复杂问题的解决、高新技术下的工艺和质量改进，是关键的一环，这就要求技术人才需要具备认知过程解决现实中跨学科性质问题的能力。通过寻找和提炼生产制造中的工程难题，以创新解题方法寻求解决方案，并对比验证各方案的可行性、应用推广价值，解决生产中的复杂问题。通过解决生产制造、工艺中的实际问题，以项目为载体来提升学生创新解决问题能力。

4. 组织领导和沟通协调能力提升平台

组织领导和沟通协调能力是技术人才与其他同事进行交往和协同工作的能力，包括规划、组织和协调活动的能力，为开展活动收集相关信息的能力，与同事合作的能力，灵活处理事务的能力，自我约束的能力，对结果进行评价的能力，以及形成和使用反馈信息的能力等。通过识人用人、4D 认知、高效沟通、结构化思维等知识传授和实践，提升学生组织领导和沟通协调能力。

六　G 集团高技能人才转型培养实践

G 集团浙江汽车工程学院从 2016 年开始探索基于大师工作室的高技能人才转型培养，2016 级学员吕义聪顺利毕业成为 G 集团认可的研究生，获得高级技师技能等级，并于 2018 年转型升职为分厂总工程师，完成转型发展。以吕义聪大师工作室为点，2018 年 G 集团启动规模成班化开展高技能人才转型培养，以陆续实现 G 集团技能人才转技术人才，为未来更多高技能人才的转型培养提供支持，拓展技能人才发展路径，同时培育新经济、新技术下的新型技术人才。

参考文献

段忠贤、吴艳秋：《发达国家高技能人才培养模式比较及启示》，《吉林省教育学院学报》2018 年第 4 期。

左国才、刘群、符开耀：《校企深度融合　工学有机结合——高职院校软件技术专业人才培养模式的研究与实践》，《河北软件职业技术学院学报》2014 年第 2 期。

马占梅、王青歌：《分层递进式工学交替　人才培养模式的实践》，《科技创新导报》2015 年第 3 期。

徐炳文：《基于“双需求”的高职技术技能型人才培养的实践研究——以广东岭南职业技术学院为例》，《天津职业大学学报》2013 年第 2 期。

潘荣江：《“基地 + 联盟”高技能人才培养模式的研究与探索》，《中国高教研究》2014 年第 3 期。

艾于兰：《企业自主办学培养高技能人才运作模式研究》，《中国电力教育（下）》2012 年第 11 期。

胡晓东：《“专业 + 大师工作室”高技能人才培养的初探》，《科技创新导报》2015 年第 2 期。

邱建忠、陈海鑫：《基于技能大师工作室对复合型及工匠型高技能人才的培养架构及实施模式》，《职业》2018 年第 3 期。

刘炜亚、董博、孟韬：《基于“技能大师工作室”的精英技术人才培养模式探讨》，

《山西青年》2018 年第 24 期。

董鸣燕:《人才分类与高层次应用技术型人才界定》,《世界教育信息》2015 年第 24 期。

刘立红:《高技能人才的概念和特征》,《科教文汇》(中旬刊)2018 年第 9 期。

杨金土、孟广平、严雪怡等:《对技术、技术型人才和技术教育的再认识》,《职业技术教育》2002 年第 22 期。

ℝ.31

高技能人才培养体系

——以北京奔驰汽车有限公司为例

北京奔驰汽车有限公司*

摘　要：　本文以北京奔驰汽车有限公司为例，论述了融汽车研发、制造、销售和售后服务为一体的现代化企业对高技能人才的需求，提出了企业“以三个特别机制为基础”的技能人才培养理念，进而提出企业要围绕优化人才成长环境、注重人才培育方式、完善人才激励机制、打造高级技能人才队伍等几个方面建立高技能人才培养体系，并要创新培训模式，储备技能人才，制定并实施高技能人才培养规划。

关键词：　高技能人才　培养体系

一　建立蓝领员工培养体系背景

（一）“一流人才造一流车”的现实挑战

北京奔驰是北京汽车集团有限公司与德国戴姆勒股份公司、戴姆勒东北亚投资有限公司组建的合资企业，是一家具有世界领先技术与制造水平，融汽车研发、制造、销售和售后服务为一体的现代化企业。在企业经营、管理体制、发展模式上，正在形成和不断完善一套符合国际化标准且具有自身特色的管理体系，全面提升中国汽车工业在品牌、质量、服务、制造能力等方面的形象。

---

* 执笔人：程忠跃，北京奔驰汽车有限公司人力资源管理部培训主管。

现生产梅赛德斯－奔驰 E、C、GLC、GLA、EQC 等系列国际知名品牌的轿车、电动车。梅赛德斯－奔驰是世界上最成功的质量上乘的高档汽车品牌。这一品牌预示着非凡的技术实力、上乘的质量标准和大胆的创新能力以及一系列的汽车传奇。这一传奇是通过历经百年的不懈创新和技术领先的成就不断积累而成的。从一开始，梅赛德斯－奔驰汽车就在技术和质量方面设定标准。

伴随2006 年北京奔驰汽车公司的成立和迁址亦庄，新厂区、新员工、新产品、新战略、新机构和同一品牌、同一品质的要求，给所有员工带来了巨大挑战。新的工艺、设备和更高的质量要求给企业高技能人员带来许多创新机遇。

（二）加快产业优化升级、提高企业竞争力的需要

北京奔驰公司强调“技能人才是公司人才队伍的重要组成部分，是技术工人队伍的核心骨干，在加快产业优化升级、提高企业竞争力、推动技术创新和科技成果转化等方面具有不可替代的重要作用”。技能人才是在生产一线，熟练掌握专门知识和技术，具备精湛的操作技能，并在工作实践中能够解决关键技术和工艺操作性难题的人员。在加强技能人才队伍建设、培养技能人才的工作中，既突出职业技能、现代新技术、新知识的培训，以提高职工的职业技术技能水平和科学文化素质，同时更需不断总结推广先进操作方法，挖掘职工中的绝招、绝技、绝活，通过总结推广，实施传、帮、带，才能为企业快速发展培养更多的具有竞争力的技术骨干，并使一线职工不断增强创新意识，提高创新能力，立足本职，建功成材。

（三）人力资源管理与开发的重要组成部分

以人为本，培训先行。员工技能培训，是企业人和关键职能。它是企业通过教学或实验等方法，促使员工的行为方式在知识、技术、品行、道德等方面有所改进或提高，保证员工能够按照预期的标准或水平完成所承担或将要承担的工作与任务。培训是企业人力资源增值的重要途径，是企业组织效益提高的重要途径。

技能型人才分为传统技能型、复合技能型、知识技能型人才三类。技能又分为言语技能、肢体技能、心智技能三种。北京奔驰技术工人培训的使命在于

树立大教育、大培训的观念，重点培养员工的学习能力、实践能力、创新能力，将他们的技能优势转变为企业的竞争力。

二　技能人才培养理念

以加强对高技能人才[①]培养与管理，作为对蓝领员工培养的突破口。

高技能人才是具有特殊技能的一线的操作能手，与一般技能人才相比，高技能人才的学习能力更强，而且大都是来自生产实践中的学习。高技能人才分为知识技能型人才、复合技能型人才和技术技能型人才。

知识技能型人才既具备较高的专业理论知识水平，又具备较高的操作技能水平的人员，能够将所掌握的理论知识用于指导生产实践，创造性地开展工作，独立承担项目，培养年轻员工。复合技能型人才是在企业生产加工一线中掌握一门以上操作技能，能够在生产中从事多工种、多岗位的复杂劳动，解决生产操作难题的人员。技术技能型人才是在企业生产加工一线中从事技术操作，具有较高技能水平，能够解决操作性难题的人员。

随着北京奔驰的飞速发展，高技能人才培养问题进一步受到各方面重视。高技能人才是技术工人队伍的核心骨干、优秀代表，是人才队伍的重要组成部分，在提高企业竞争力、推动企业技术创新和实现科技成果转化等方面发挥着不可替代的重要作用。人才高端化是产品与产业高端化的基本前提，北京奔驰致力于拥有一支专业、敬业的高技能人才队伍，保证同一品牌、同一质量标准。

（一）以特别薪酬机制激励高技能人才

建立以技能为基础的高技能人才薪酬体系，完善培训、考核、使用与收入挂钩的激励机制，高技能人才薪酬标准向以工程师为代表的技术人才薪酬标准看齐。完善高技能人才的评选表彰制度，提高高技能人才的政治待遇，增强其社会荣誉感。2007 年 7 月 17 日，公司人力资源管理部和工会就正式下发“北京奔驰首席技师”管理办法。目的是表彰在技术创新、难题攻克等方面有突

---

① 高技能人才：北京奔驰对高技能人才定位为具有技师以上职业资格的员工。

出贡献的在聘技师或高级技师，激励和保护高技能人才敢于创新、勇于攻坚、努力为北京奔驰的发展做出实质性贡献。首席技师选拔主要条件为：技师课题评估为优秀；对公司投产新车型或关键核心技术做出突出贡献；在所从事的领域，具有扎实的理论基础、过硬的实操本领，精通岗位要求的技术和工艺，具有创新精神，具有锐意进取的学习精神和学习能力。被聘为首席技师的人员将被颁予“北京奔驰首席技师”荣誉证书；享受首席技师薪酬福利待遇；同时被纳入公司核心人才库，公司帮助其规划职业生涯。首席技师在工作中首先要完成岗位的职责要求，负责所在领域的技改技革课题；首席技师还应在两年内完成至少三名技能人才的培养任务，积极传播知识和技能；首席技师应协助公司相关技能大赛的组织、命题和考核等工作，列席技师考、聘、评专家组，并参与部分具体工作。

北京奔驰技师薪酬实行“组合薪酬”制度，即技师薪酬增幅部分分为岗位津贴和项目津贴两部分。在册技师不论立项课题通过与否，均有机会获得最高为薪酬增幅 30% 的岗位津贴。岗位津贴分为 30%、20%、10% 和 0 四档，各档比例按照本部门蓝领技师总数的 40%、30%、20%、10%，由高到低采取四舍五入方式确定。技师所在行政隶属部门严格按照上述比例规定，负责确定本部门技师岗位津贴等级。

部门依据技师日常工作表现、所在关键岗位性质、技师自身素质和修养、组织能力、技术能力水平、所承担课题水平、是否积极参加各种培训提高自身能力及承担各项培训任务等方面为依据，评定技师岗位津贴等级。岗位津贴以半年为周期实行动态管理，部门每半年可根据技师总体表现及课题实施情况调整一次技师岗位津贴享受比例。若技师承担课题立项经审核流程审核通过，自通过次月起，该技师还可获得项目津贴，金额为对应薪酬增幅的70%。

（二）以特别培养机制稳固高技能人才队伍

合理调整教育结构，优化资源配置，着力发展职业教育，充分发挥企业在高技能人才培养方面的主体优势，建立和完善高技能人才培训制度。发挥行业在特定高技能人才培养中的主渠道作用，构建技能人才教育培训的多渠道投入机制。加强针对高技能人才培养的监督检查和效果评估工作，探索建立科学的培养效果评估体系。北京奔驰在人员发展职业通道的建设上进行了多方位的努力，把培养人才放在重要位置，形成了全体员工尊重知识、尊重人才、尊重创造的文化。坚持人才能上能下、能进能出的通道建设，依托较为扎实的基础管理，在夯实基础工作机制的同时加强体系能力建设，借助对外合作、研修、培训平台，培养高层技术、管理专业人才。依托强大的一线员工资源，培育高技能制造、质量、物流等岗位多功能和专业化岗位人才。

（三）以特别考评机制拓宽高技能人才成长之路

完善职业资格认证制度和技能鉴定制度，加强技师考评认证制度。推进职业技能鉴定的社会化，拓宽职业资格认定的渠道。加大职业资格认证的宣传力度，调动企业参与技术等级评定的积极性。引导职业院校根据国家职业标准和企业需求改进技能型人才培养思路和方式。根据北京奔驰人力资源管理规划，高技能人才战略目标是技师以上级别人数占蓝领工人总数的5%，高级技师占技师总数的10%。目前这一目标已实现。

北京奔驰公司实行的技能人才管理基本原则是技师资格评聘分开。即北京奔驰的在职员工通过国家职业资格考试或技术比赛，取得技师、高级技师证书并在公司注册后，只是获得申请被聘为北京奔驰技师、高级技师的任职资格，不代表取得证书后即可享受相关待遇。而是采取竞聘方式。技师、高级技师每年要针对公司生产中遇到的亟须解决的技术难题，向所在部门提出解决方案与设想，由部门初审后，向公司提出立项课题申请，而且规定：技师、高级技师要选择、承接能为企业创造显著经济效益、社会效益的课题立项，并经立项审核流程审核通过后，才享受相关待遇。以达到“既会干，也能干，愿意干，能干好”的最终目的。

立项审批成功后，技师要提交规范的课题执行计划（包括预期经济效益），经本部门高级经理认可后转到专家组进行技术鉴定，再经财务部核实其预期经济效益后转人力资源统一备案，该技师获得课题后相应薪酬将同步得到体现。年中人力资源管理部将组织各部门及内外专家进行课题审核，年末组织各部门及专家组进行课题终审，经财务部确认实际经济效益后，本年度体现个人经济效益。技师队伍建设考虑经济价值的同时也要考虑其社会价值。公司每年挑选优秀技师课题进入知识管理中心优秀案例库。

三　建立高技能人才培养体系

“建设一支高素质的知识型技能人才队伍，为提高企业竞争力做出新贡献”，这是北京奔驰职业技能开发与鉴定工作的目标。公司高技能人才队伍建设不断研究和探索符合公司新时期、新形势、新任务要求的高级技能人才培养模式，并得到行业内的高度肯定。

（一）优化人才成长环境

北京奔驰坚持在优化人才环境上进行了多年多方位的努力，目前已经形成了“三个良好”的人才成长环境。第一，坚持和发扬了良好的传统。在北京奔驰发展的历程中，形成了各级领导注重人才，把培养人才放在重要位置的氛围，先后涌现出全国劳动模范、国家技能大师、中华技能大奖获得者赵郁等30多位国家级和行业劳模人物代表。第二，有一个良好的成长文化环境。在北京奔驰里，形成了全体技能员工尊重知识、尊重人才、尊重创造的文化。在人才的培养实践中，公司给项目、给责任、给权力，鼓励创造、创新和探索，引导员工更好地进行创造性劳动。各展所长，各尽所能，充分发挥人才的带动和示范作用。第三，有一个良好的平台。坚持正确的用人导向，按照组织配置与市场价值配置相结合的方法，完善人才“选、育、用、留、引”机制，规范人才识别与选拔流程，为技能人才成长提供“工作有条件、创造有机遇、发展有空间、利益有保障”的“四有”平台。

（二）注重人才培育方式

北京奔驰在人才培育方面形成了“三个依托”。第一，依托较为扎实的基础管理。在夯实基础工作机制的同时加强体系能力建设，借助对外合作、研修、培训平台，培养各层技术、管理人才。第二，依托产品技术研发平台，锤炼出一大批各专业领域的人才资源，形成了以专业齐全、业务素质较高的专家为主体的技术团队。第三，依托强大的一线员工资源，培育高技能制造、质量、物流等岗位多功能和专业化岗位人才。广泛深入地开展“立足岗位创新、学知练技、技能竞赛、拓展培训、精益化岗位升级、班组精益化建设”等活动，形成在平凡岗位要做出优异业绩、岗位高素质匹配世界高端品牌的观念。

（三）完善人才激励机制

北京奔驰鼓励员工岗位成才，在人才激励方面形成了“三个机制”。第一，深化人事制度改革，建立市场化竞争机制。通过精简机构、合简编制定员，上至高级经理，下至普通员工，实行公开招聘、竞争上岗、双向选择、择优录取。在“公开、平等、竞争、择优”的原则指导下，做到“能上、能下”，实现由“要我干”到“我要干”的观念传导。营造公开透明、竞争有序的制度环境，形成人才辈出的良好局面。第二，完善激励与约束机制。实施特殊贡献奖励，鼓励人人做贡献；实施项目奖励，鼓励项目创新。第三，完善岗位政策吸引机制。开展人才“绿区”建设，改善非领导职务高层次人才工作生活环境，变“独木桥”为“多通道”。

（四）打造高技能人才队伍

知识技能型人才既具备较高的知识水平，又具备较高的操作技能水平，主要分布在高新和新兴技术岗位。复合技能型人才在生产加工一线中掌握一门以上操作技能，能够从事多工种、多岗位的复杂劳动，如机电一体化人才，新兴的创意和操作一体化的人才。技术技能型人才在生产加工一线中从事技术操作，具有较高技能水平，能够解决操作性难题，分布在加工、制造等职业领域。公司人力资源管理部和工会围绕企业市场竞争力这一目标，经过“四项具体措施”，推进实施素质工程，打造高技能人才队伍。

一是立足专业岗位培训。公司开展了多层次、多类型、全员范围的培训工作。针对复杂技术工种，开展晋升技师和高级技师培训考评工作。对企业重点工种系统性地开展高技能人才培养。目前，公司已拥有 17 个工种，580 余人的高技能人才队伍，他们在公司各个岗位上对北京奔驰相关领域起着关键骨干带头人的作用，为提升产品质量、改进工艺、产品试验、保障生产、降低经营成本发挥着至关重要的作用。

二是注重岗位技能竞赛。这已经在北京奔驰形成了规范的制度。

三是搭建创新平台。鼓励一线员工岗位实践创新，鼓励基层单位将技能竞赛、技改技革、合理化建议、经济技术创新结合起来，创新思路，拓宽领域，营造持续改进的工作氛围，充分调动高技能人才的激情和潜能。

四是传承。深入开展“导师制”活动，能工巧匠和青工结对子，在量化的“导师制”程序中，使点扩展到面，使局部带动全局。“导师制”对工作中的产品质量的迅速提升起到了积极的促进作用，使人为因素的质量考核失分达到了奔驰国内同步工序间质量水平。目前，公司人力资源管理部、培训部、工会和制造系统共同努力，使“导师制”这个人才培养的快速有序途径又扩大、延伸到更广的员工和岗位中间。通过传承活动，把高超的岗位技能有效地在职工中传播，普遍提高了员工的岗位素质。

北京奔驰汽车有限公司生产制造的高级轿车，体现了中国汽车制造业的顶尖水平，得益于拥有一支职业技能素质较高的蓝领技能人才队伍，归益于企业多年来生产经营实践中对高技能人才队伍的培养。

四　创新培训模式，储备技能人才

（一）充分发挥技能鉴定站作用

“北京奔驰技能鉴定站”是汽车行业特有的技能鉴定资源。从 2005 年开始，陆续开办汽车涂装工、冲压工、发动机装调工、汽车检测工、焊装工、汽车装调工等多个高级工班，以及汽车装调工、汽车涂装工、汽车焊装工、汽车冲压工技师班和汽车装调工高级技师班。所有鉴定等级班统一进行理论与实操考试并组织专家评审鉴定。随着企业的不断发展，展望未来的技师聘任形式，人力资源管理部、培训部正在策划新举措来挖掘技能人才潜能，包括研究如何将课题经济效益与个人利益进一步挂钩，设立技师课题标准等。培养、评选更多的“首席技师”和“高级技师”，让其享受相关的薪酬待遇。公司现有国家级技师大师 1 人、北京市首席技师 3 人、区县首席技师 7 人，目前，公司已初步形成了基础雄厚的人才梯队。

目前，公司高级以上技术员工共有 4200 余人，其中，技师 520 人、高级技师 70 人，高技能人才总数达到 4790 人，这一比例远远高于国家劳动和社会保障部制定的高技能人才培养和选拔的规划目标。

公司确定了“成为国内高端轿车的标杆企业”的经营发展战略目标，为此，公司人力资源、培训部门将建立一支具有强烈归属感、高素质的员工队伍作为人才战略目标。培养高技能人才队伍是企业稳定、持续、健康发展的需要。公司通过社会化的职业技能鉴定模式评价员工技能水平，通过胜任力素质模型评价员工行为和品格修养，为技能人才的培养、考核铺路搭桥。

随着企业的发展和良好学习氛围的形成，相信会有更多的公司员工取得自身职业生涯的新跨越，成为推进企业进步的高素质、高技能人才。

（二）引入德国“双元制”教育模式

企校合作是培养高技能人才的一个有效途径和方法。目前，世界上的企校合作形式多种多样，但以德国“双元制”教育模式最为有效和成功。北京奔驰与原北京市汽车工业学校强强联合，充分利用企业与学校各自资源优势，积极引进德国“双元制”教育培训模式，实施“客户化”定制职业教育，又针对实际国情做适应性调整，为北京奔驰定向培养高技能人才后备力量。并且大大缩短高素质蓝领工人进入企业的适应期，实现职业教育直接为企业提供培训服务功能的合作目的。

1. 学生选拔

首届学生挑选非常严格，选择范围扩大到当年已被汽车学校录取的千余名学生，先通过多学科综合笔试筛选出 200 名学生，再通过动手能力测试筛选出 100 名学生，最后通过综合面试并结合学生本人意愿确定 48 名学生进入奔驰班。实操考试通过让学生拼装汽车模型，重点考查学生使用工具能力、识图能力、创新能力和保持工位整洁能力。综合面试时四名考官分别来自项目合作各方，重点考察学生的中英文表达能力、基本素质和综合品德。所有测试数据归档管理，以备将来统计分析使用。

2. 教学

奔驰生产制造和售后服务两个班的学制为三年。三年中分阶段在学校、工厂或 4S 店学习，第一学年大部分时间在学校学习文化基础知识、专业理论知识和基本操作技能，第二学年部分时间、第三学年相当比重时间在工厂或 4S 店实践。新生入校即进入钳工操作环节，学习过程中不仅注重综合职业能力的培养，还特别强调关键能力的培养，突出独立学习、独立计划、独立实施、独立控制与评价分析。理论课按项目综合化，关注培养学生的综合分析、解决问题的能力和团队精神。所有课程又按基础培训、专业培训、专长培训三个层次呈阶梯式上升。实操教学坚守目标导向原则，突出以职业活动为中心，生产班第一学期即引入奔驰公司 Gaggenau 制造厂的“Unimog”车模项目教学法，职业技能训练是通过完成百余个有序的工件（部分任务）制作来实现，而不同工件之间又互相干涉，14 个月之后形成每个人的最终产品。两个实验班分别聘用一名奔驰总部的外专进行全程教学指导，课程改革采用典型职业工作分析法与实践专家研讨会的方式，并逐步归纳出自主教案。理论教学和实操教学全过程体现了以学生为主体，教师只起到辅导者的功能。

在正常教学过程之外，北京奔驰公司为学生提供了企业工装及奖学金，并分批次组织学生进行工厂和 4S 店实践，针对学生讲解工艺标准以及工厂制造流程等相关内容。

3. 毕业与工作

北京奔驰班的目的就是利用各自资源优势教育出精通专业知识、动手能力强并能快速融入企业文化的高技能蓝领人才，实现学生和企校多赢的人才培养模式。项目还可进一步提升北京市汽车工业学校的教育与培训能力，将双方合作拓展到学校为企业培训在岗技术工人、技师和客户服务人员，成为为企业培养相关人才的基地。奔驰班的合格毕业生将获国家统一中专证书，并由北京奔驰公司优先录取。

到 2019 年 5 月，已有十一批试验班学生毕业，他们将按新的模式为北京奔驰注入新鲜血液，将为企业技能人才队伍提供新鲜血液。目前企校正在合作开发新学期高职班的教学计划。

五　高技能人才培养规划

面对新的产品、新的工艺和设备，宣传并激励“以人为本、岗位成材”的北京奔驰培训理念，营造有利于人才的成长环境，制定促进人才成长的激励机制，建立推动人才成长的交流平台，形成并固化北京奔驰的人才培养实施战略，是企业人力资源增值和组织效益提高的重要途径。各部门均应重视高技能人才培养平台的建设，加大对技师课题立项实施的支持力度，有针对性地策划好项目，积极开展技术创新攻关活动，全面提升一线工人技能水平，为北京奔驰的发展再立新功。

（一）培养一支能够理论联系实际的人才队伍

通过培训全过程，培养人才，发现人才，使学员能够把学到的理论运用到实际工作中，发现、解决企业生产中的技术疑难问题，真正发挥高技能人才在企业中不可替代的作用，为企业取得更大的经济效益。加强技能鉴定站的软硬件管理，完善考核试题库，扩大开班规模与影响力。相关工作涉及依据行业标准选择教材，筛选并沟通内外授课教师建立大纲和讲义，组织理论培训，组织实操培训，参加鉴定中心开设的鉴定培训认证班，协助实施理论、实操、论文答辩等考核环节。

（二）加强技师管理

北京奔驰一贯重视对技师、高级技师等高技能人才的培养和使用。“建设一支高素质的知识型技能人才队伍，为提高企业竞争力做出新贡献。”公司高技能人才队伍建设不断研究和探索符合公司新时期、新形势、新任务要求的高级技能人才培养模式，其中，技师聘任制度的改革就是一项重要的举措。公司从摒弃按比例聘任技师，实行评聘分离开始，到技师聘任必须有通过审核的课题立项，再到所立课题经济效益与个人及其所属部门利益直接挂钩，最终实现技师个人利益与公司利益双赢的结果，技师聘任实现了三次质的飞跃。这种管理制度的创新，极大地调动了广大技师、高级技师的积极性。公司以人为本，立足于人的成长和潜能的发挥，彻底克服、改变以往重学历、重职称、重资历、重身份，轻能力、轻业绩的现象，把品德、知识、能力和业绩作为衡量人才的主要标准，鼓励员工岗位成材。为高技能人才营造了一个干事业、干成事业、干好事业的良好氛围。

工人技师是技能型人才的重要组成部分。工人技师管理是人力资源开发管理的重要基础工作。通过加强工人技师管理，一方面可以通过直接生产活动创造价值；另一方面可以通过技师考评，明确蓝领工人努力发展的方向，引导青年工人积极学习业务知识，影响和带动职工队伍整体素质的全面提高。我们倡导技师、高级技师应该在生产过程中做到“四当好、一做到”。①当好车间经理和工段长的技术参谋；②在技术革新、技术改造方面，在解决生产技术难题和重大攻关项目方面当好技术骨干；③在节能降耗和环境保护方面当好先锋；④在培养中、高级技术工人方面当好老师和师傅。⑤技师、高级技师在生产和工作中要做到谦虚谨慎，戒骄戒躁，充分发挥自己的专业特长，积极主动地承担生产和技术上的各种项目，热心地、毫无保留地向职工传授技艺和诀窍。

（三）提高技师综合素质

为不断更新知识结构，加强对技师、高级技师的继续教育工作，不断提高技术素质十分必要。目的是使技师不断提高思想政治觉悟和主人翁责任感，符合高技能人才素质模型的要求。培训的重点是不断拓宽和提高技师、高级技师的知识面和专业理论水平，以进一步提高他们的综合技艺。培训的内容主要是技师、高级技师本人所从事的专业技术在国内外的发展动态，随着科学技术进步而产生的新技术、新工艺、新材料、新设备和他们在实际生产中所需要的有关知识。培训的形式可以多种多样，如指定本人自学与个别辅导相结合，通过典型工作实例进行现场教学，举办各种专题讲座和培训班等。参与公司技术革新、技术改造、技术攻关和高难度的生产工艺加工、复杂设备的调试维修以及排除事故隐患等方面的工作；在推广应用新技术、新工艺、新设备和新材料，节能降耗，环境保护等方面应起骨干带头作用；在传授操作技艺绝招、培养技术工人方面当好指导教师；积极组织与高校教师共建技师课题。

近几年，公司培训部陆续组织开展了针对公司高技能人才的多项专项培训。主要有内容有机器人、PLC 自动化、网络编程、计算机应用、IE、钳工基础、创新知识、CAD 等多种软件应用科目等。取得了非常好的效果。部分高技能人才，已经可以胜任和替代专业技术人员的工作。如：喷漆车间一名高技能人才，通过所学知识独立完成了奔驰产品的车身喷涂仿行机器人的软件升级项目，为公司节约资金 60 万元。

（四）拓宽开发高技能人才成长通道

为深化创新对高技能人才使用积累经验。北京奔驰自成立以来，开展或参加了大量包括国内外培训、社会工业技能大赛、专业专项技术技能培训、行业工种调研等卓有成效的活动，参加培训或竞赛的员工，特别是一线从事操作的技能型员工普遍感到收获很大。为贯彻落实科学发展观，体现“以人为本，创新改革”的培训理念，检验、交流各工种、各部门的培训收获和成果，探索、创新培训改革模式与方向，培养员工良好的工作作风，提高员工专业专项技术能力，同时更是为高技能人才展示能力、体现自身价值提供机会与平台，使其得以更好地为公司服务，同时为进一步提高公司各工种员工的技术技能水平，推动培训成果尽快融入生产实践，通过以点带面的方式给予普及，加快培训对生产一线的指导作用，检验对高技能人才的培养成果，公司培训部拟联合公司工会，今后定期举办“北京奔驰员工技术技能竞赛”。竞赛将严格依照“客观、公正、公平”的原则，选拔公司优秀高技术技能员工予以表彰，并进行人才储备和后期重点培养。

广大高技能人员是生产线上的脊梁，北京奔驰重视对技能平台的建设，加大对高技能人才培养支持力度，积极开展技术创新攻关活动，加强高技能人才专业培训和交流沟通，全面提升一线工人技能水平。公司的高技能人才培养体系也将不断完善与创新，与时俱进，以满足和服务公司发展的需要，为公司发展保驾护航。

参考文献

中共中央办公厅、国务院办公厅：《关于进一步加强高技能人才工作的意见》，2006。

北京奔驰汽车有限公司人力资源管理部：《北京奔驰首席技师管理办法》，2006。

北京奔驰汽车有限公司人力资源管理部：《北京奔驰技师管理制度（试行）》，2009。

北京奔驰汽车有限公司人力资源管理部：《北京奔驰人力资源管理规划》，2007。

R.32

传统精密铸造企业用工效率提升方法探索与实践

——基于东风精密铸造有限公司的探索与实践

东风精密铸造有限公司*

摘　要： 本文针对传统精密铸造企业用工效率提升的实际需求，论述了东风精密铸造有限公司对企业用工效率提升方法的探索与实践。在详细介绍了在企业提高用工效率方面的主要做法的同时，还论述了东风精铸从自身管理实际出发，吸收其他行业/企业先进的管理方法，逐步建立起来一套适合企业用工效率提升管控的体系，并总结管理实践的效果，并提出了进一步的思考。

关键词： 传统精密铸造企业　用工效率提升

一　传统精密铸造企业用工效率提升的实际需求

东风精密铸造有限公司隶属于东风汽车零部件（集团）有限公司，其前身为二汽东风精密铸造厂。公司主要产品有悬置类、支架类、底盘类及动力总成类，主要市场包括商用车市场、乘用车市场、非汽车市场（军工、船舶、农业机械等）和海外市场。

传统精密铸造工艺是先将铸件形状制成蜡型，在蜡型外涂复合石英粉＋粘接剂（水玻璃、硅溶胶等），加温使蜡型融化流出，形成型腔并在型腔内浇注钢水，再经过脱胎、热处理校正等工艺形成成品铸件。

---

* 执笔人：谢勤杰，东风精密铸造有限公司人力资源部部长。

（一）传统精铸工艺“快反”问题凸显

传统精铸工艺起源于商周时期，是一种几无余量的精密成形工艺，在悠悠历史长河中长期保持着其他成形工艺无法替代的优势，“后母戊鼎、四羊方尊”皆是传统精密铸造工艺史上的巅峰之作。但在汽车零部件领域，随着全球知识经济的共享，各种新技术、新工艺、新材料、新产品不断涌现，整车企业不断加快研发周期，传统精密铸造的“快反”问题被无限放大。

1. 传统精密铸造工艺周期长

从蜡料制备到产品入库，主体作业工序达到 14 个，边缘工序根据产品不同为 4 ~ 8 个，产品制造周期为 7 ~ 14 天。多工序必然导致管理点的增多，过程控制复杂；制造周期长必然导致在制品多、库存多，这与现代企业期望的零库存、同步生产和短流程的需求格格不入。

2. 传统精密铸造工艺自动化率低

目前精铸行业还未有如焊接、装配等行业的成套、成线设备，设备多为自主研发非标设备，设备本身的单机化强，单台设备自动化率低下，且设备运转过程稳定性较差。精铸工艺制作工序多而分散，工艺布局的断点多，导致成作业线、成作业群的工艺布局较为困难，目前全国 3000 余家传统精铸企业人均年销售收入多在 30 万 ~ 50 万元，与其他行业差距较大。

（二）传统精密铸造行业竞业人员面临“断流”风险

在一线操作人员层面，传统精铸行业多属于劳动密集型企业，在国家经济大发展与劳动合同法等相关法律法规政策的背景下，“人口红利”不再，人工成本的逐年上涨不断挤压传统精铸行业的生存空间。再者由于设备自动化率低，单体劳动强度偏大，主体作业中 4 级以上劳动强度岗位占比 70%，传统精铸行业对未来从业人员的吸引力下降。在研发人才方面，一是由于自身工艺控制点偏多，需要储备和培养的研发人才类别多，二是社会资源的匮乏和利用率不足，导致“借力”效果不佳，三是研究条件简陋，基础研究耗费时间长，短期内无法见到收益，从行业、企业内部来看，新材料、新技术发展相较于其他行业较为滞后，导致专技人才的稳定性不够，流失率偏高。

（三）低成本“跨界”竞争严重

1. 商用车产品低成本砂铸工艺的竞争加剧

随着近年来砂铸工艺在基础材料研究上取得的突破，砂铸工艺本身设备自动化率高，产品重量大的优势得以充分发挥，从制造周期、用工效率和现场环境等方面都实现了对传统精密铸造行业的赶超。

2. 乘用车轻合金的材料的全面替代

轻合金材料一直以来就是产品的“颜值担当”，在国家轻量化、环保、节能政策的驱动下，轻合金材料在汽车零部件应用上全面提速，轻合金以其优秀的力学性能和超高的颜值，正全面挤占传统精密铸造行业的市场。

基于上述背景，传统精密铸造行业要想在现代企业竞争中保留一席之地，就必须在做好基础研究的前提下，同时做好企业自身的“提质增效”“苦练内功”两项基本技能。这无疑是摆在传统精铸企业面前一个迫在眉睫的工作和任务。

二　在企业用工效率提升方面的主要做法

要想跟上时代发展快车，让传统精密铸造工艺焕发活力，传统精密铸造企业必须借鉴和导入现代企业管理中先进的工具、方法，制定出一套系统的适合自身工艺特点的管控体系。公司自改制以来始终坚持走技术精铸路线与轻量化开发路线。努力提高用工效率，提升公司产品核心竞争力是公司一直努力的方向。

（一）直接用工配置与管理

1. 直接人员预算

随着人工成本上升以及工资水平不断提升，人工成本的刚性增长支出是摆在传统精密铸造企业面前的重点问题，不计较作业时间的“人海战术”已经行不通，人事费用率指标成为衡量一个企业经营能力、竞争能力的重要指标。面对市场需求的复杂多变，对于传统精密铸造企业人员测算既要满足生产制造的刚性需求，也要体现生产效率的向上性，而总的人工成本又必须控制在人事费用率目标之内。所以，首先要设定年度生产效率目标（包含效率提升改善的贡献），根据年度生产计划以及制度工作时间测算用工人数，再根据计划用工人数的总的人工成本与公司人事费用率进行对比，如果人工成本不能满足人事费用率指标的达成，那么我们设定的年度效率指标支撑性不足，需要进一步挖掘课题提升效率目标，满足人事费用率向好发展的趋势，年度人员目标基本确定，具体流程如图 1 所示。

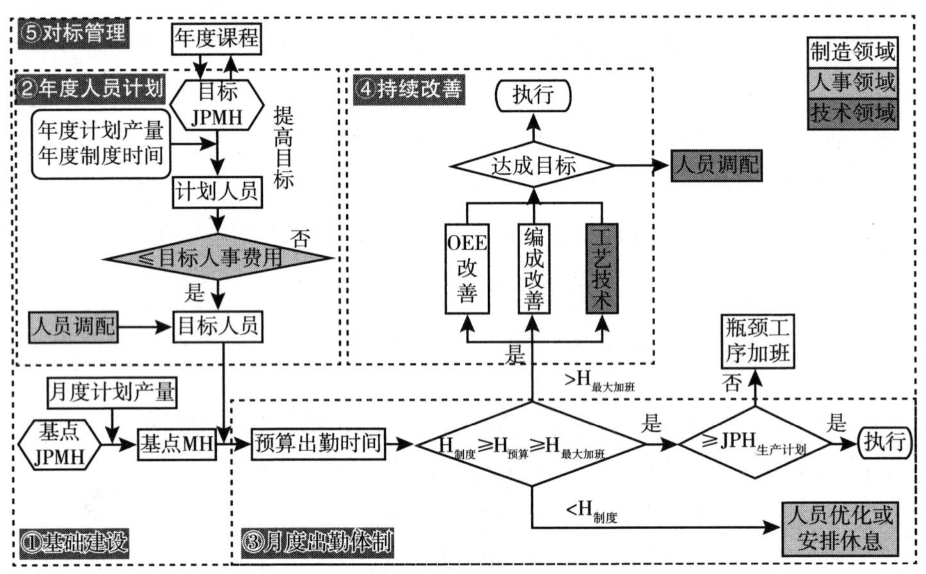

图 1　年度直接人员预算流程

2. 年度用工的分解与应对

年度用工人数确定，再根据月度效率指标分解与月度计划产量测算月度用工人数，由于产量的不均衡，月度用工人数偏差较大，这里优先考虑内部调配，包括工序间调配、车间之间调配甚至工厂之间的人员调配。具体如图 2 所示。

3. 人员配置计划评审

根据月度人员计划优先进行调配，调配之后若依然不能满足，可考虑安排加班或进行新员工招聘，如果调配之后人员仍有富余，根据三月滚动的产量变化趋势做出判定，安排人员轮休或直接减员，具体如图 3 所示。

项目	指标	单位	2014年	1月	2月	3月	4月	5月	6月	7月	8月	9月
项目	计划产量	件/月	10000	8000	9000	10000	10000	9000	10000	12000	8000	10000
	体制时间	天/月	8	20	15	21	21	20	20	23	16	22
	工作时间	小时/天	21	8	8	8	8	8	8	8	8	8
	勤务体质	小时/月	168	160	120	168	168	160	160	184	128	176
	计划JPMH	件/（人·时间）	1.384	1.426	1.426	1.426	1.467	1.467	1.467	1.509	1.509	1.509
	所需人员	人/月	43	35	53	42	41	38	43	43	41	38
	富余人员	人/月	0	8	-10	1	2	5	0	0	2	5
应对方案1 JPMH提高	计划产量	件/月	10000		9000							
	体制时间	天/月	8		17	加班两天						
	工作时间	小时/天	21		8							
	勤务体质	小时/月	168		136			增加加班费+JPMH事前提				
	计划JPMH	件/（人·时间）	1.384		1.523	目标提高10%						
	所需人员	人/月	43		43							
	调整人员	人/月			0							
	富余人员	人/月	0		0							
应对方案2 增加出勤时间	计划产量	件/月	10000		9000							
	体制时间	天/月	8		19	加班四天						
	工作时间	小时/天	21		8							
	勤务体质	小时/月	168		152		加班费用大					
	计划JPMH	件/（人·时间）	1.384		1.426							
	所需人员	人/月	43		42							
	调整人员	人/月			0							
	富余人员	人/月	0		1							
应对方案3 劳务工应对	计划产量	件/月	10000		9000							
	体制时间	天/月	8		15	加班四天						
	工作时间	小时/天	21		8							
	勤务体质	小时/月	168		120		人工成本增加+品质恶化					
	计划JPMH	件/（人·时间）	1.384		1.426							
	所需人员	人/月	43		53							
	调整人员	人/月			10							
	富余人员	人/月	0		0							
班组剩余人员				8	0	1	2	5	0	0	2	5
车间内			车间主任+人力资源科科长									
工厂内			制造副总经理+人力资源科科长									
工厂间			总经理（副总经+人力资源科科长）									

图2　东风精铸月度人员配置应对措施

（二）生产性管理工具在提高作业效率中的实践

生产管理永恒的研究主题就是利用有限的资源满足客户无限的需求，如何利用最少的人、物及设备等资源满足客户的需求是我们工作的核心，其中直接人员效率低下是当前公司的主要矛盾。如何用“最少人员及时间（MH）进行生产”是我们重点研究课题。

在人员配置规则明确的情况下利用现代企业生产管理先进工具不断进行内部改善的PDCA循环，不断提升员工作业效率。经过分析发现在日常生产实际中影响作业效率的因素主要有以下三点：一是计划停工损失，二是设备综合效率低

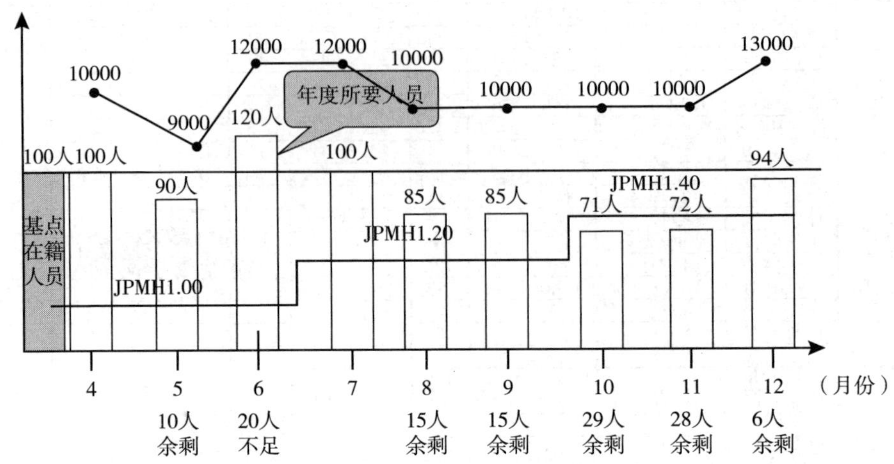

图3　东风精铸月度人员配置处置方案

下损失（OEE 时间损失），三是作业编成时间损失（OOE）。提升员工生产效率的终极目标就是提升员工实际作业过程中有价值的产品加工时间，即净工作时间尽可能让员工出勤的时间都用于有价值的生产作业。净工作时间如图 4 所示。

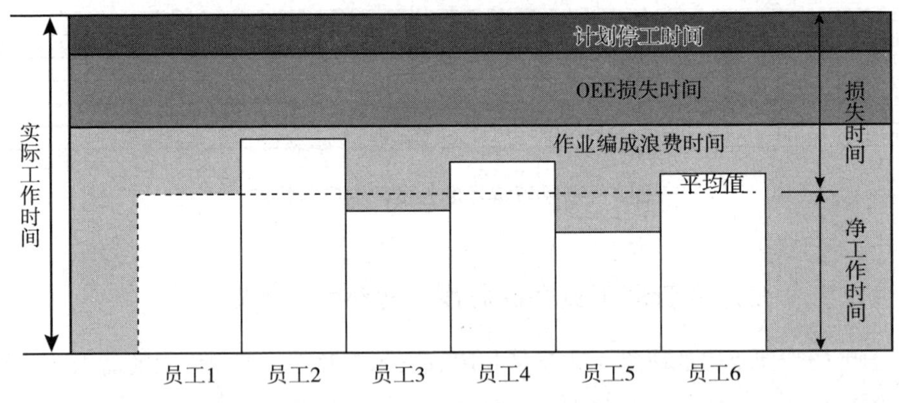

图4　员工净工作时间示例

1. OEE 时间损失削减

OEE 作为衡量设备综合效率的指标，主要影响 OEE 的因素有：设备开动率、性能开动率和良品率。设备开动率提升主要从设备故障停工及待料停工等导致设备停止时间的削减进行课题挖掘；性能开动率确保设备开启状态下都满负荷地进行生产，拒绝设备低效作业；最后一个因素良品率，要求我们尽可能确保每生产一件产品都是合格的，为了提升良品率，我们实施启动作业标准化及精细化改善两个措施。

（1）启动作业即正式生产开始前所做的一系列准备工作。包括设备点检、岗位3S活动、作业工具准备、生产条件确认等。产品质量的好坏除了生产主体作业的标准（这部分各生产型企业都已纳入重点）以外，这些看似准备性的工作也对产品质量起着关键性作用，为了保证开工生产的产品100%合格，有必要对启动作业进行标准化，例如设备点检应按怎样的顺序开展，遵循什么样的标准，确认量检具是否与即将生产的产品匹配、设备如何启动等，确保即使没有操作经验的员工按着标准也可以操作，且能确保在安全的前提下不会生产出废品。具体如图5所示。

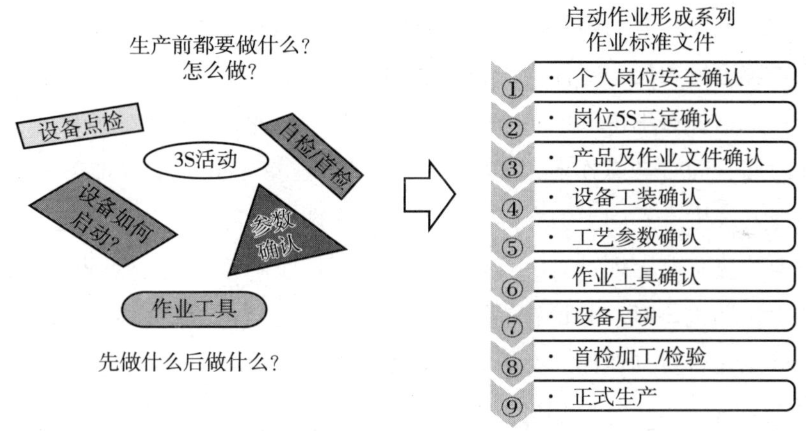

图5　启动作业标准化图谱

（2）作业精细化改善消除人为质量控制风险。通过去手工作业、半自动化作业消除人为风险控制，防错防呆改善以及非定型作业标准化等措施进行课题挖掘与改善。具体如图6所示。

2. 作业编成浪费时间削减

（1）作业编成的目的。适用于流水线作业，在节拍时间内已均衡员工作业量为目的，通过作业编成卡量化作业时间并且达到目视化效果，提高作业量均衡分配效率和生产管理能力，为生产能力及人员配置提供有效依据。

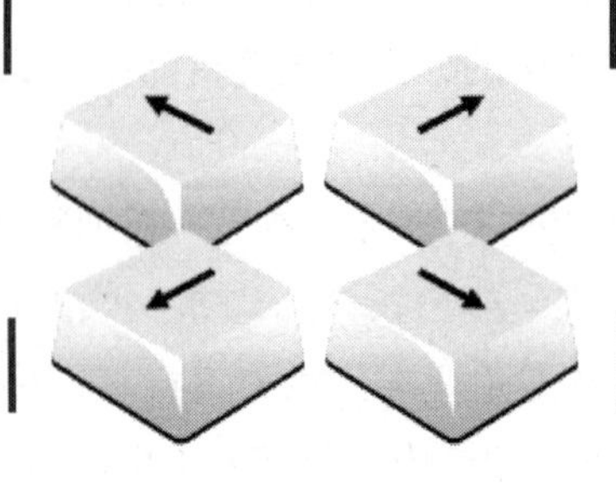

图 6　作业精细化改善控制图

（2）作业编成的原则。遵守工艺布局原则，先里后外，先上后下，前工序不影响后工序作业内容，后工序作业内容不影响前工序作业质量。依据现场对作业内容进行布局，对任何工位都可进行作业内容，最后再分配作业工位，并进行标记；如有不得不把一个工序进行分割的情况，应再度实测修正分开后的作业时间；同时考虑作业工具平台化，尽可能集中同一工具能够完成的作业；考虑共线生产不同类型产品之间的作业平衡以及部件摆放位置应保证作业人员方便快速拿取。评审对不合理的排布进行作业调整，将不合理的工序部分向其他工位调整，对“无论在哪都能进行的作业”首先进行移动，调整过的作业应确认是否对其他作业有影响。具体如图 7 所示。

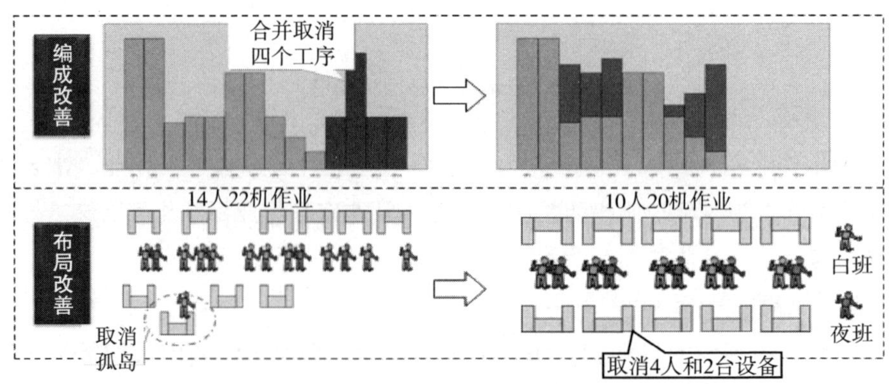

图 7　作业编成手法应用示例

3. 净工作时间的提高

从某种意义上讲，只要能确保作业品质，作业工时越短越好。但是，每个人的作业能力不尽相同，老员工要快一些，而新员工则要慢一些，到底哪个作业工时才是标准的呢？当评价员工的作业效率时，既不能“以快制慢”（以最快的一个作为标准），也不能“以慢拖快”（以最慢的一个作为标准），只有先确定目标工时后，才能进行评价，否则评价就没有依据。

（1）目标工时设定原则。员工工作时间包含基准时间（设计纯附加价值时间）、人员执行环节必要的损失时间（如搬运、检查等作业内容），还有待料、故障、调整等产生的浪费时间。目标时间既不能以基准时间（基准时间是由产品生产工艺设计决定，完全理论化的数据）作为标准，也不能以实际生产时间作为标准。计算公式为：目标工时 = 基准工时（基准时间 + 必要的损失时间）×宽放系数。具体如图 8 所示。

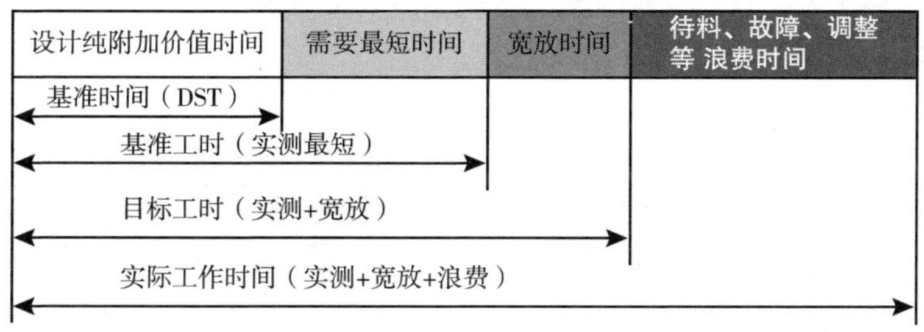

图 8　目标工时设定示意

（2）OOE 设定原则。目标工时确定后，为了把握员工的作业效率设定 OOE 指标。OOE 计算公式 = 基准工时/实际工时，这个指标理论上应始终小于 1，且不断趋近，才表示人员作业效率的不断提升，然而 OOE 为什么必然小于 1 呢，因为实际生产作业环节搬运、等待、调整等一系列时间损失不可能完全避免。

（3）OOE 提升的方法实践。减少浪费成为效率提升最显现的措施，基准工时是由产品及工艺设计决定的，但并不是一成不变的，随着生产技术日益提升以及生产环境的不断变化，原有的产品工艺设计已不能满足需求，或者有更快、更经济的办法实现产品生产，这里基准工时就会发生变化。而作为生产管理人员，我们思考的是生产过程如何降低基准工时，如困难作业的改善、工艺路线变更、作业人员动作改善（动作经济四原则）等都是解决问题的途径。

以校正作业为例，校正是为了将变形的产品通过外力作业使其达到尺寸标准满足装配需求。然而每一件产品的变形位置或者变形量不同，这导致校正作业没有标准的操作方法，员工只能凭借多年经验进行作业，同一个员工校正同品种不同件的产品时操作时间也是千差万别，且校正工序由于作业低效成为生产瓶颈，如何提升这种非定型作业的生产效率成为关键主题。受到精益生产思维导向影响，不能简单地增加设备/用工来满足交付需求，而是从现有生产模式寻求突破。所以提出首先将非定型作业标准化，再来考虑节拍及效率改善。为了使校正作业标准化经过多轮研究设计出校正仿形辅具，对于产品结构简单的可一次校正成型，结构复杂的产品在辅具中液压机施压下一次也可以满足80%以上的尺寸标准，剩下的20%员工根据具体情况进行点位校正即可，作业效率提升70%左右。具体如9所示。

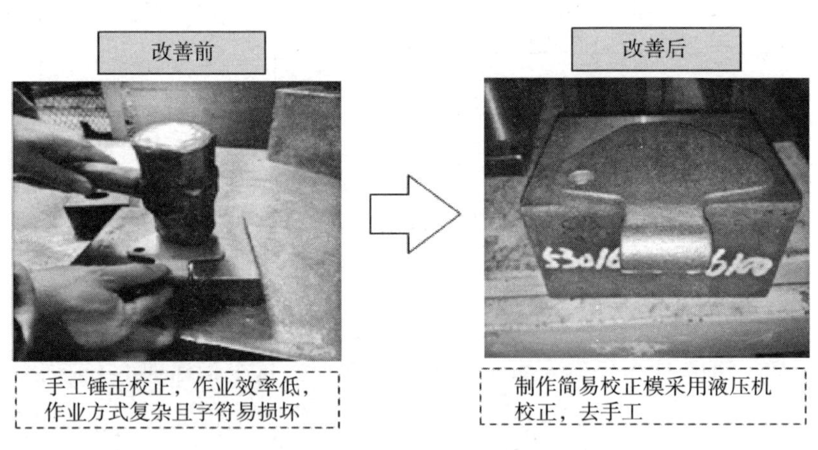

图9　校正去手工作业改善对比

（三）东风精铸课题管理体系的实践

生产管理工具方法在员工作业效率提升上提供了强大的理论和方法的支撑，能够让企业快速查找到作业效率低下的原因，也能根据现状做出快速的响应。为了促进改善课题能按照节点完成，公司也应该制定出一套与之配套的推进管理体系，从制度流程上保证所有的课题能保质保量完成，不至于规划很多，执行很少。

近年来，东风精铸从自身管理实际出发，吸收其他行业/企业先进的管理方法，逐步建立起一套适合企业用工效率提升管控的体系，概括为“1 + 3”用工管控模型。

1. 强化用工效率目标体系建设

（1）建立目标责任落实制度。人力资源部负总责，公司高管牵头负责装备升级、流程再造、工艺改进、间接效率提升四个业务领域，相关职能部门、生产主体单位具体负责，全面推进（见图 10）。

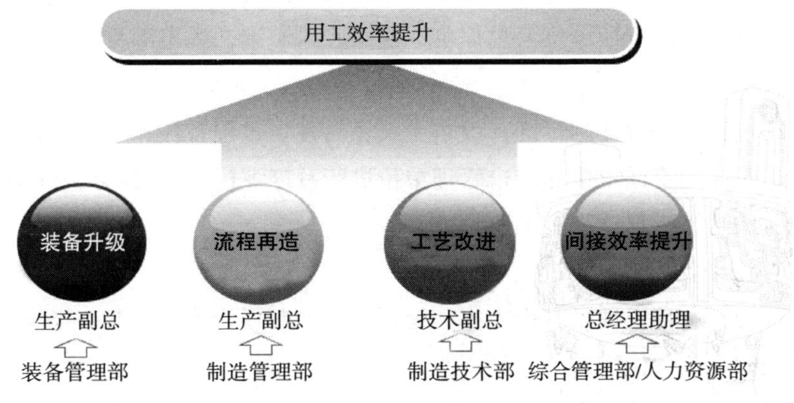

图 10　目标责任落实制度示意

（2）用工效率提升课题滚动挖掘。公司级课题按业务领域挖掘，各业务领域单位负责本业务领域的目标制定、课题的挖掘与推进；部门级和分厂级课题按管理职能挖掘，各职能部门、生产主体单位按照管理职能，负责本单位的目标制定、课题的挖掘与推进。公司、部门、分厂三级课题交叉推进，优化用工目标分工负责互不交叉。

（3）用工效率目标分解，由总到分，层层分解。公司给人力资源部下达总目标，人力资源部分解到各单位与子公司，人力资源部为了确保用工效率目标达成，分解各单位内控数时小于公司下达的目标数。

2. 搭建“1+3”用工管理模型，突出过程管控

（1）一项管理方式与评价标准

目视化管理的优点：目视化管理是一种以公开化和视觉显示为特征的管理方式，也是一种公司导入的方针管理工具与方法。一是以视觉信号显示为基本手段，大家都能够看得见。二是要以公开化、透明化的基本原则，尽可能地将管理者的要求和意图让大家看得见，借以推动自主管理或叫自主控制。三是可以通过目视的方式将问题点、方策展示出来，可进行跨部门相互交流。所以说，目视管理被称为看得见的管理或一目了然的管理。这种管理方式可以贯穿各种管理的领域当中。

目视化管理具体做法：一是每月明确各责任单位月度用工控制目标，在目视板上展示；二是责任单位每周五下午在目视板上完成周进度填报与异常点分析；三是月度召集责任单位汇总评价，输出改善对策，提出下月目标，确认月度考评。

目视过程管控责任制标准：设定更新及时性、过程管控和实施效果三个评价维度，对课题责任单位和归口管理单位进行月度评价，并与部门月度 KPI 结算实施关联结算。具体如表 1 所示。

（2）三项保障措施

为课题顺利推进提供有力支撑，公司建立诊断评价体系、服务指导制度和考核激励制度三项保措施。

一是建立二级诊断评价体系。诊断评价是课题推进的重要措施，公司在用工效率提升上形成了独具特色的“二级诊断评价体系”：人力资源部诊断评价+公司诊断评价。人力资源部诊断评价，一是对课题可行性与计划达成情况进行诊断评价；二是利用周例会通报周目标达成情况，并提出指摘，协调课题推进工作；三是利用月度例会各单位报告课题推进情况与推进过程中问题与困难，领导进行课题问题指摘，解决课题推进的难点与重点，给予资源支持。公司诊断评价用工目标与课题的支撑度，在半年和年度工作会上进行专题诊断评价，每月分别在公司运营分析会和行政例会上向公司二级管理团队和员工代表报告。

二是建立二级服务指导机制，及时解决推进过程中问题点和难点。为了确保课题目标达到，建立公司高管指导服务和人力资源部二级服务指导制度。第

表 1　东风精铸目视管理月度评价考核标准

适用范围	序号	评价项目	评价要点	权重	计分规则			评价单位	考评标准
					100 分	扣分	否决		
课题责任单位	1	及时性（20%）	①月度业务计划上报及时性	10%	本月 30 日	催报 1 次扣 10 分	催报 3 次以上	归口管理单位	按评分进行排序，前两位各奖励 300 元，后两位各考核 300 元，考评对象为部门第一责任人
	2		②周进度完成情况上报及时性	10%	本周五 17:00				
	3	过程管控（30%）	①未达成项是否有对应原因解析及对策输出	30%	100%	原因解析及对策输出缺失扣 10 分/项			
	4	实施效果（50%）	①月度目标是否达成	20%	按目标达成率计算得分				
	5		②月度业务计划对月度目标支撑性	30%	目标达成且方策达成率 > 80%	目标未达成，方策达成率 ≤ 80%，扣 10 分/10 个百分点	目标未达成，方策达成率 > 80%		
小计 1				100%	—	—	—		
归口管理单位	1	及时性（20%）	①月度业务计划更新及时性	10%	次月 3 日	催报 1 次扣 10 分	催报 3 次以上	综合管理部	按评分进行排序，前两位各奖励 200 元，考评对象为课题推进员
	2		②周进度完成情况更新及时性	10%	次周一上午				
	3	过程管控（50%）	①目视板是否存在漏项	20%	100%	漏项扣 10 分/项			
	4		②未达成项是否有对应原因解析及对策输出	30%	100%	原因解析及对策输出缺失扣 10 分/项			
	5	实施效果（30%）	①归口管理课题节点达成率	15%	按节点达成率计算得分				
	6		②月度业务计划对月度目标支撑性	15%	节点与方策达成率 > 70%	节点与方策达成率 ≤ 70%，扣 10 分/10 个百分点	节点达成率 ≤ 70%，方策达成率 > 70%		
小计 2				100%	—	—	—		

一层级公司高管服务指导，每月带领职能部门到基层单位了解服务推进过程中的问题点与难点，共同研究课题推进的思路、方法和对策；第二层级人力资源部服务指导，服务诊断课题推进工作情况，协调课题推进中跨部门合作。

三是建立三项考核激励机制，提高员工工作积极性。为了提高员工课题推进的及时性，公司制定即期激励 + 薪酬挂钩 + 项目（成果）奖励的考核激励机制。

四是建立即期激励机制，提高激励与考核的及时性。对课题节点进度推进较好，达成课题目标的个人及项目团队进行即期奖励，奖励机制如表 2 所示。

表 2　奖励机制

<table>
<tr><th rowspan="2">类别</th><th rowspan="2" colspan="2">用工控制目标达成情况</th><th rowspan="2">责任单位加扣分</th><th colspan="2">考核与奖励</th><th>说明</th></tr>
<tr><th>单位责任人（元）</th><th>管理团队（元）</th><td rowspan="10">1. 本次用工控制激励管控机制考核期为 4 月至 12 月底
2. 管理团队成员含当月其他部门课题承担责任人
3. 单位加扣分累计分值将纳入本单位年度考核中
4. 对用工单位未达成年度用工目标的，除按上述考核外，另按 500 元/人标准考核责任人和管理团队</td></tr>
<tr><td rowspan="4">激励</td><td colspan="2">1. 完成月度用工控制目标</td><td>1</td><td>500</td><td>1000</td></tr>
<tr><td colspan="2">2. 提前完成下月度用工控制目标</td><td>2</td><td>1000</td><td>2000</td></tr>
<tr><td colspan="2">3. 提前完成下季度用工控制目标</td><td>3</td><td>2000</td><td>3000</td></tr>
<tr><td colspan="2">4. 提前完成年度用工控制目标</td><td>5</td><td>3000</td><td>5000</td></tr>
<tr><td rowspan="5">考核</td><td rowspan="4">1. 主体单位月度用工控制目标完成率和职能部门当月课题用工目标完成率</td><td>0</td><td>-4</td><td>-3000</td><td>-4000</td></tr>
<tr><td>0% ~30%（含）</td><td>-3</td><td>-2000</td><td>-3000</td></tr>
<tr><td>30% ~80%（含）</td><td>-2</td><td>-1000</td><td>-2000</td></tr>
<tr><td>80% ~100%（不含）</td><td>-1</td><td>-500</td><td>-1000</td></tr>
<tr><td colspan="2">2. 未达成年度用工目标</td><td>-5</td><td>-3000</td><td>-5000</td></tr>
</table>

五是建立与薪酬机制挂钩机制，激励项目整体推进效果。将提升课题目标完成情况与生产单位管理团队岗位薪资结算和用工效率提升指标挂钩，质量目标达成率、成本目标达成率、劳动效率达成率分别占 40%、30%、30%，个人岗位薪资 = 岗薪基额 ×（质量目标达成率 ×40% + 成本目标达成率 ×30% + 劳动效率达成率 ×30%）。另外，用工效率提升课题目标完成情况与部门 KPI 评价挂钩，作为部门年终 KPI 评价加扣项。

六是建立课题项目成果激励机制。强化改善的固化与标准化用工效率提升课题中所用到的工具方法和经验，由员工个人实施编制，公司组织评审，对可借鉴和推广的工具方法和经验在入选公司知识库案例的同时可作为公司创新改善成果申报，对评选上项目奖励或成果奖励的，另外享受项目奖励或成果奖励。

三 实施效果

（一）公司劳动效率逐年提升

通过上述作业和管理改善，东风精铸人均销售收入从 20 万元/（人·年）提升到 80 万元/（人·年），行业对标从低于行业 25 分位值提升到接近行业 75 分位值。

（二）公司人工成本逐年下降

人工成本占销售收入比重逐年递减，从 25.3% 下降至 15%，行业对标从低于行业 25 分位值提升到接近行业 75 分位值。人工成本的下降促进公司市场竞争力的逐步提升。

（三）公司软实力建设显著加强

连续三年被评为中国铸造行业百强企业、中国精铸行业排头兵企业。在公司所有客户中被评价为 A 的占比达到 75%；客户端竞争力、口碑进一步显现化。用工效率提升管控模型也获得东风公司 2017 年管理改善优秀论文，并入选改善课题集。

四 进一步的思考

（一）传统精密铸造企业转型

从劳动密集型企业转型为技术服务型、价值创造型企业，彻底摆脱生产力的束缚，从“红海博弈”走向“蓝海遨游”。

（二）如何进一步激发员工活力

利用员工持股的平台，进一步深化股权结构改革与股权激励改革，解决高端人才“引、育、留、用”的困境，进一步加大知识/专利转化，提升市场美誉度。

R.33

智能制造创新破局，人员转型主动应变

——上汽通用汽车有限公司东岳南厂车身车间人员技能转型案例

上汽通用汽车有限公司*

摘　要： 本文以上汽通用汽车有限公司东岳南厂车身车间人员技能转型的实践做法为例，从人员转型的背景出发，分析了从“人员时代”走向“设备时代”阶段的发展方向，进而论述了面对设备时代对智能制造的高度需求，企业积极以创新破局、人员转型来主动应变的实践做法。

关键词： 智能制造　创新破局　人员转型

一　人员转型背景

随着“中国制造2025”战略部署的实施落地，中国制造业正在全面升级，汽车行业也不例外：自动化率显著提升，生产效率明显提高，对设备的管理幅度和员工能力的要求也越来越高。

与此同时，国家也提出了要推动先进制造业和现代服务业深度融合，坚定不移建设制造强国的要求。国家和各地方政府发布了一系列相关政策，如《新时期产业工人队伍建设改革方案》《关于进一步深化劳模和工匠人才创新工作室创建工作的意见》《关于推进新时期上海产业工人队伍建设改革的实施意见》《山东省重点人才政策清单之“齐鲁”系列人才工程》《关于深化产教融合的若干意见》《关于全面推行企业新型学徒制的意见》等，进一步要求我

* 执笔人：孙铁成，上汽通用汽车有限公司车身车间高级经理。

们重视制造业，重视产业工人，重视技能人才培养。上汽通用东岳汽车有限公司南厂车身车间主动应变，实施车间人员技能转型项目。

二　人员转型分析

（一）两个阶段：从“人员时代”走向“设备时代”

第一阶段（2002 年公司成立至 2018 年）。这个阶段设备自动化率相对较低，操作工的操作以加工为主；管理者主要是对人的管理，人员管理幅度为 1∶8；人与机器人数量的比为 1∶0.9，设备管理相对简单。从工艺上来看，白车身工艺种类为 9 种，相对较少。问题解决更偏重事后，发生了问题后才去查找原因来解决问题，我们称这个阶段为“人员时代”。

第二个阶段（2019 年 9BY 车型量产后）。这个阶段车间焊接自动化率已经提升至 100%；人员操作相对简单，以搬运物料为主；对于管理者来说，设备管理的幅度增长明显，且设备种类多，更新换代快，人与机器人数量比为 1∶3.5，设备管理相对复杂。白车身工艺种类也增加到 17 种，对于问题的解决要求转变为事前，即提前规划和预防，这个阶段我们称为“设备时代”。

车间激光切孔、自动冲孔、鱼嘴孔、自动定扭、SmallPallet 和凿检系统等新技术、新工艺的应用有效提升了产品质量、效率和稳定性，降低制造成本。同时，从本质上改变了人员的操作模式和能力需求。车间已经从以人员操作能力为主的第一阶段向以人员设备能力为主第二阶段转型过渡。

（二）“设备时代”发展方向

在设备时代，随着智能制造系统的不断升级，高科技应用的不断深入，车间将实现全业务数字化，“打造智能制造标杆”作为车间的目标。

对制造业务做全生命周期的分析，主要包括如下几点。

①产品同步工程分析，即产品 Styling 评估和产品可制造性。

②制造工艺开发，包含冲压、焊接、油漆、装配四种工艺。

③工装设备设计分析，即模具设计、工装设计和电气设计。

④设备制造调试分析，即设备制造、设备集成、设备调试和工艺调试。

⑤生产制造运营分析，即生产运行、质量提升、提升效率和成本优化。

⑥维护更新升级，即工艺升级更新、设备生命周期管理和设备更新升级。

⑦停产资产处置分析，即资产报废和资产回用。

在整车制造的智能开发和智能生产两大领域，实现五化。

①数字化：工艺设备开发数字化、生产制造过程数字化和业务运营管理数字化。

②智能化：智能化工艺评估及开发、智能化设备控制及诊断、智能化业务运营及优化。

③网联化：设备与设备互联、现实和虚拟互联、数据系统互联。

④柔性化：多平台产品共线生产、可靠完善的防错功能、高效精益的柔性制造。

⑤绿色化：绿色环保领先工艺、节能高效先进设备、透明高效能源管理。

车间依靠四大技术的支撑，即数字开发技术、网络化信息技术、大数据处理技术和自动化控制技术。全面应用于整车制造十大业务模块，即数字化工艺评估开发和验证、数字化设备设计仿真和调试、数字化工厂资源建设完善、数字化业务运作和管理、MES 系统优化改进、MES 数据互通共享提升、工业大数据分析、设备远程及智能诊断、工艺过程/质量监控分析、设备自动化智能化提升。将 ERP、PMC、ANDON、AVI、EPS、GEPICS、PR&T、GSIP、VITAS、PMS、EAM、UD&C、ZDT 等系统串联起来形成了整车制造信息系统总线与模块。完成智能制造的基础部署，建设数字化环境，打造数字化系统（IT 硬件、软件、网络等基础架构）、数字化资源（数字化模型库、资源库、专家库、经验知识库）、数字化能力（专业化的数字化制造规划实施团队）。

（三）“设备时代”下的人员转型

基于设备时代对智能制造的高度需求，车间积极以创新破局、人员转型来主动应变。从 2016 年开始，车间着眼未来，梳理核心业务能力并做了一个五年规划，建立 4 大能力、16 个方向、105 个具体要求，指引车间业务发展，对未来能力发展进行清晰规划。其中 4 大能力和 16 个方向如下。

①项目运作能力：包含工艺规划能力、设备规划能力、工装模具规划能

力、产品质量启动能力和项目管理能力 5 个方向。

②设备保障能力：包含设备 FMEA 制定能力、预防性维修体系搭建、维修工作模式规划能力、备件库存管理和设备寿命评价能力 5 个方向。

③制造质量能力：包含高精度白车身、高清洁度白车身、完善过程质量保障和 GMS 体系建设 4 个方向。

④智慧制造能力：包含智能制造体系搭建和节能减排工作开展能力 2 个方向。四大能力层层推进，计划在五年内完成 105 个具体要求。

经过了近三年发展，未来形势进一步清晰，人员能力与需求出现明显 GAP，能力需求出现拐点，人员转型刻不容缓。在这 105 个具体要求中，2016 年开始阶段就有 21 个具体要求处于零基础状态，经过 2017 年的核心能力基础夯实，4 大能力全面铺开，105 个具体要求全部落地了 103 个，47 个要求按节点完成。到 2018 年核心能力基础发展，105 个具体要求全面铺开，有 77 个要求按节点完成。2019 年车间焊接设备自动化率达到 100%，设备管理工作增长，面临着能力需求出现拐点的新困局。

基于这样的背景需求，车间积极应对，通过业务模式改变、新技术应用、智能制造不断升级、人员能力转型主动应变。人员转型的意义在于：实现员工能力质的变化，各工种/层级间的能力融合与跃升，助力员工提高核心竞争力，打造高效团队，提升组织效率。通过不同工种/岗级之间的能力探界、跨界、破界和无界，实现整个组织效率的提升；通过业务五年规划、五支队伍建设、规划转型路径等方式，所有员工“统一思想”确保公司战略落地。员工思想由过去的不可替代性，到现在设备高自动化率产生职业危机意识；从“担心被淘汰”到智能制造和自动化率提升的“参与者”；让员工，尤其是一线员工感受到公司对其职业生涯规划的关爱，助力员工提高核心竞争力。

三　人员转型策划

在当前智能制造加快布局的背景下，迫切要求车间进行人员的转型来进行创新破局。车间具体从生产、维修、工程、项目四个方向来考虑转型，根据四个方向所面临的问题，结合四个方向的不同要求。

①生产聚焦工艺标准和多技能，提升设备能力和响应速度。

②维修聚焦标准和预防性工作，提升系统效率和稳定性。

③工程聚焦尺寸链和工艺，由事后分析向事前预防转变。

④项目聚焦技术拔高和短板弥补，提升规划能力和知识管理。车间从具体问题出发制定相对应的转型策略，人员转型层层推进。

（一）生产

当前面临三方面的困局：第一，随着自动化率越来越高，A 岗员工主要操作搬运、涂胶、凿检、调整四种工作方式，技术含量低，随时可以被机器人、新设备、新技术所取代；第二，返修 C 岗技能单一，缺乏多种技能人员；第三，D 岗管理对象越来越偏重设备，能力不相匹配。针对这种情况，车间制定了相应的转型策略：第一，A 岗通过参加车间学院和维修轮岗等培训方式以及维修工作迁移，逐步由操作型员工向设备操作工转变，同时要具备设备维护保养和故障响应能力，并以达到 C 岗人员的技能资质为目标，拓宽现有 A 岗员工的技能宽度；第二，C 岗通过不同技能人员轮岗和参加工匠培养计划，由单一技能向多技能、高技能发展；第三，D 岗通过到 MC 培养尺寸能力增加工程尺寸的知识。到维修轮岗具备当前维修 C 级别的部分能力，完成现场的设备故障诊断、排故、降飞溅工作。到项目轮岗，提升规划能力和知识管理。以上策略，使公司的员工从当前以物料运转加工为中心的操作型工人，向具备设备知识应用的技术型工人转变，并在未来达到以人机协同为中心的设备操作工人的目标。

（二）维修

当前存在业务和技能两方面的问题。第一，业务状态：跟线模式与灵活安排的需求不相匹配；设备预防型维修工作模式效率低；组织构架、运行模式相对固化。第二，技能状态：高技能人员比例较低与设备自动化率状态不相匹配；技能提升速度与工艺设备种类增加速度不相匹配；专业技能掌握与降本、创新业务不相匹配。针对这种情况，车间制定了相应的转型策略：第一，将跟线响应模式改为按需响应模式；第二，CM/IM 的比例提升；第三，维修工转型为智慧型维修工，以高技能人员和 R1/R2 为目标进行员工能级的提升；第四，维修班组长能力均衡发展；维修工程师做到专业领军、

MASTER、引领/赋能，使维修在专业技术、预防性维修和抢修能力得到全面的提升。

（三）工程

当前面临着四个问题：第一，工艺工程师的技能领域窄，只面向钣金、尺寸数据和外饰配合，对设备方面更是不了解，单一的技术领域限制了工程师问题解决过程中的想象力；第二，问题解决处于救火的阶段，问题暴露出来才去想解决办法，缺乏问题预防的工作方法；第三，精力多放在尺寸问题分析上，工作效率不高；第四，工艺方面的工作没有系统性推进，缺乏相应的项目规划知识。针对这种情况，车间制定了相应的转型策略：第一，将工程师职责拓宽，让工程师“走出去”“引进来”，扩大工程师的业务范围；第二，推行工艺 MASTER 模式，让工程师成为工艺的专家；第三，通过与维修、项目的轮岗提升，拓展工程师设备方面技能；第四，定向 ME 培训，向尺寸链能力延伸，达到能制定工装设备标准的水平，能指导零部件尺寸提升；第五，借助智能制造的各个模块，搭建尺寸大数据系统，由之前的事后型向事前预防转变。上述策略，使车间的工程师拓宽了眼界和业务能力范围，在尺寸链管理、工程能力、问题解决能力上都得到了全面的提升。

（四）项目

当前项目工程师过多聚焦项目管理，能力上有短板，存在两方面的问题：第一，车间的项目工程师多是维修工程师的背景，没有现场工作的经验，缺乏工装尺寸的技术积累，在方案的评估中有明显的找不到头绪的现象，从而影响问题的分析和最终的决策；第二，项目工程师更多聚焦在项目的管理，缺少对知识的输出，团队的知识没有沉淀下来。针对这两个问题，车间要达到项目工程师技术拔高和弥补短板的目的，而制定的转型策略是：第一，提升项目工程师的工程水平，与工装工程师轮岗，弥补技术方面的短板；第二，提升创新能力，安排参与创新攻关工作；第三，提升规划、策划的能力，到 ME 学习，定向培养；第四，定期回顾知识，做好知识管理，定期进行 L&L、标准、论文和一点课堂的复习，做到知识输出。通过上述策略，车间的项目工程师全面提升了规划能力、知识管理能力和项目管理能力。

四　人员转型落地推进

（一）推进阶段与目标

对于人员转型的落地推进，车间主要分四个阶段。

第一阶段：2018 年 1 ~ 12 月，辨识。这是一个辨识差距，识别当前能力与岗位发展需求差距的过程。

第二阶段：2019 年 1 ~ 12 月，尝试。这一阶段我们不断的试点，制定转型计划，深入进行人员转型的尝试。

第三阶段：2020 年 1 ~ 12 月，推广。这一阶段是全面铺开，总结试点经验，全面推广的过程。

第四阶段：2021 年 1 ~ 12 月，调整。最后一步是架构调整，基于新的运作模式，优化组织架构，不断推进人员的转型，以应对时代快速发展的需要。

通过这四步的落地推广实施，车间预期达到几个目标。

1. 能力的提升

生产 A/D 岗具备了当前部分 C1 的能力，转型为设备操作工，能处理部分设备故障和预防设备故障；维修跟线路维修的工作量 30% 迁移至生产，转型为智慧型维修工，将精力更多地放在更能发挥维修能力的工作上；培养高精尖、高技能人才、工匠和行业领军人物，专业 MASTER 成为工艺的专家。

2. 成本的降低

通过生产、维修、项目、工程的协同，我们的新车型减少了产品变更和工艺变更，费用下降了 30%；通过涂胶顶针、压盘、涂胶管、汽缸三联件、齿条等备品备件的国产化，备品备件成本节省了 20 万元；运营成本下降；通过自主返修伺服马达、气缸、电极杆等，备品备件成本下降 47 万元；对于危废的排放与 2018 年相比，总量不变，CPV 不变。

3. 效率的提升

通过 A/D 岗转型为设备操作工，零件调整、故障复位等操作类问题得到解决，3 ~5 分钟的停机下降了 50%；维修组员主导网络排查、程序优化、参数调整等问题的解决，使每月 20 ~60 分钟的停机小于 2 次，大大提高了生产效率。

（二）“四界”推进方向

经过前期的论证和试点，确立了人员转型落地以四界为推进方向，即探界、跨界、破解和无界。

1. 探界：人员的技能迁移

车间取得了三方面成果：第一，强化培养和试点，培养具备降飞溅资质10人，培养具备C1部分能力A/D岗12人；第二，TPM/PM/PMP迁移，维修迁移至生产执行的TPM项目30条，维修转化到生产执行的PM项目74项，维修移交生产的PMP项目5项；第三，多技能的培养，返修C岗轮岗学习，使C岗岗位柔性1人2岗完成率达到100%；工程C岗与生产C岗互轮1人；新能力的提升方面，UT测量2人，模修1人，测量1人，达到岗位资质要求。

2. 跨界：定向培养

车间取得了三方面成果：第一，到MC培养尺寸能力，已有5名班组长到MC进行尺寸培养，具备初步的尺寸能力；第二，工程师定向轮岗，机器人、电气、项目和工程分别完成一人的跨界轮岗，丰富了工程师的知识面，拓宽了工程师的业务范围；第三，项目工程师向ME工程师培养。

3. 破界：树立工匠标杆

车间取得了三方面成果：第一，培养工匠方面，在全国技能比武中多次取得好名次，其中一人获得全国二等奖，一人获得市级五一劳动奖章；第二，创新和攻关方面，工程师层级从当下痛点、业务聚焦、未来应变三方面切入展开工作，取得20项创新攻关，提升新技术的开发与应用能力转变创新思维；第三，技术引领，创建了2个高效的组织——机器人工作室和汽车行业焊接协会，并取得2016年市级创新能手、2016年市级五一劳动奖章、2017年上汽集团比武三等奖、2018年上汽通用创新先锋党员、2019年上汽技术创新二等奖等优异成绩。

4. 无界：MASTER负责机制

第一，工艺MASTER，负责建立全新工艺MASTER矩阵，工艺MASTER职责纵横拓展，一管到底；第二，设备MASTER，维修工作为设备MASTER，设备专精，负责设备的全生命周期管理，包括前期的目标与质量，参与设计、规划、选型，以及设备安装、调试；中期效率与成本，设备的应用、效率提升、设备的维护、优化改进；以及后期升级提寿与替代，负责制定设备升级改进和替代策略；第三，管理 MASTER，明确车间 57 项工作各 MASTER 负责的工作内容，以 MASTER 为牵头人，设立工作小组以车身学院为平台开展相关工作。通过培训、分享实现业务提升，实现车身团队专业化转型，形成知识管理，完成车身知识库。具体的开展方式：学院下设生产、维修、项目、工程四大系；“一周论坛”，每周四开展车身论坛；D 岗以上全员参与。通过课题组织和不断实践，取得了分享 124 个课题，参与 826 人，初步形成车身知识库的丰硕成果。形成 MASTER 管理矩阵，通过工作小组联合开展工作，车间各项事务纵向管理到底，横向无缝覆盖。

（三）遇到的问题与解决办法

任何工作都不可能一帆风顺，车间在推进过程中也遇到了一些问题。

首先就是如何增强转型期员工工作主动性。车间从三方面入手：一是思想统一，深入一线，管理层要和每位员工“讲明白”，要深入一线，不能简单地“上传下达”；二是树立标杆，营造氛围，通过建立“设备操作工示范岗”，对转型工作进行正向引导和宣传；三是政策支持，增强动力，对员工的绩效管理、技能评定要向转型员工适当倾斜，提升员工转型的动力。

其次是资质问题，生产员工操作设备不符合当前流程要求，且易造成变化点管理漏洞。车间用形成授权人和授权内容清单，制定单独流程支持转型阶段变化点管理来化解。

最后是操作工承担了新的 TPM 内容，导致开班点检工作量增大，需增加时间。车间通过持续优化、精简 TPM 内容，提升班前 TPM 效率，来减少员工开班点检的工作量和工作时间。

我国正在大步走向制造业强国，智能制造将是大势所趋，人员转型势在必行，上汽通用东岳南厂车身车间主动应变，创新破局，通过不断地尝试和大胆地探索，已然取得了阶段性的成果，证明了人员转型工作不仅势在必行，而且切实可行。接下来，我们将继续不断总结经验，推广成功转型模式，优化组织架构，落实“中国制造 2025”战略部署，为中国制造贡献我们的力量！

附　　录

ℝ.34
企业人力资源大事记（1978 ~2019年）

1978年

12月18日至22日　中国共产党第十一届三中全会召开。邓小平在全会前召开的中央工作会议闭幕会上作《解放思想，实事求是、团结一致向前看》的总结讲话，这篇讲话实际上是全会的主题报告。全会果断地停止使用“以阶级斗争为纲”的口号，作出把党和国家工作中心转移到经济建设上来、实行改革开放的历史性决策。会议公报中还提到，要认真解决党政企不分、以党代政、以政代企的现象，实行分级分工分人负责，加强管理机构和管理人员的权限和责任，认真实行考核、奖惩、升降等制度。同时提出，要让企业有更多的经营管理自主权。

1979年

1月17日　邓小平接见胡厥文、胡子昂、荣毅仁、古耕虞、周叔弢等工商界领导人，听取他们对搞好经济建设的意见建议。指出，现在搞建设，门路要多一点，可以利用外国的资金和技术，华侨、华裔也可以回来办工厂。要发挥原工商业者重点作用，有真才实学的人应该使用起来，能干的人就当干部，要落实对他们的政策。总之，钱要用起来，人要用起来。

5 月　国家经贸委等部门选择首钢等 8 家企业进行扩大自主权试点。中国最早实行承包制的首都钢铁公司，自承包后连续 12 年实现利润平均每年递增 19.1%。

7 月 1 日　第五届全国人民代表大会第二次会议通过了《中华人民共和国中外合资经营企业法》。该法成为中国第一部关于外资的法律，从此外商投资有了法律保障，外商和国内接触多了起来。

7 月 13 日至 7 月　国务院先后颁布了《关于扩大国营工业企业经营管理自主权的若干规定》《关于国营企业实行利润留成的规定》等五个文件。

1980年

1 月 21 日　国务院批转 1979 年 11 月全国人事局局长会议纪要，要求各地区各部门结合实际情况贯彻执行。会议确定新时期人事工作的根本任务是紧紧围绕“四化”建设这个中心，做好对干部的考核、调配、调整、录用、培训、奖惩和工资福利等工作；协助党委组织部门做好干部制度、干部队伍结构的改革工作，发现、选拔各行各业的优秀人才，充实到岗位上来。

1 月 22 日　国务院批转国家经委、财政部《国营工业企业利润留成试行办法》。

5 月 1 日　香港女企业家伍淑清在北京成立合资企业——北京航空食品公司，主营航空配餐业务，成为第一家中外合资企业。

9 月 2 日　国务院批转国家经委《关于扩大企业自主权试点工作情况和今后意见的报告》，要求从 1981 年起把扩大企业自主权的工作在国营工业企业中全面推开。

1981年

4 月　国务院召开的全国工业交通工作会议，明确提出了在国营工业中建立和实行经济责任制的要求。随后国务院批转了国家经委和国务院体制改革办公室《关于实行工业企业经济责任制若干问题的意见》。到 1981 年底，实行这种经济责任制形式的企业达到了 4.2 万家。

10 月 17 日　中共中央、国务院作出《关于广开门路，搞活经济，解决城镇就业问题的若干决定》。指出，在社会主义公有制经济占优势的根本前提下，实行多种经济形式和多种经营方式长期并存，是我党的一项战略决策。

1982年

1 月 2 日　中央作出《关于国营工业企业进行全面整顿的决定》。指出，要使企业的经济利益与企业生产经营成果好坏直接联系，把责、权、利三者统一起来。国务院决定：从 1982 年起，用两三年时间，有计划有步骤地，点面结合地、分期分批地对所有国营工业企业进行全面的整顿工作。

5 月 6 日　劳动人事部召开成立大会。万里副总理讲话指出，劳动人事部的任务是搞好三项改革，即人事制度改革、领导制度改革、工资制度改革，为实现“四化”服务。

9 月 29 日　劳动人事部印发《关于吸收录用干部问题的若干规定》。规定指出，在编制定员内补充干部，应先由人事部门或主管机关在本地区、本部门现有干部和国家统一分配的军队转业干部中调配，或从大中专毕业生中调配解决；解决不了的，可以从工人中吸收和从社会中录用，也可以从社会上招聘。

9 月 24 日至 11 月 8 日　国务院批转国家体改委、国家经委和财政部《关于当前完善工业经济责任制的几个问题报告》的文件，文件强调指出，实行经济责任制，首先要明确企业对国家的经济责任，在权、责，利三者中，责是第一位的；还规定，要把工作重点放在落实企业内部经济责任制方面，要求按照“权、责、利结合，责字当头的原则”，将技术经济指标逐项分解，层层落实到车间，科室、班组，直到职工个人，建立健全各项责任的岗位责任制。

1983年

4 月　国务院批转了财政部《关于全国利改税工作会议的报告》和《关于

国营企业利改税试行办法》，自6月1日起开始实施。为了有利于促进国营企业建立与健全经济责任制，进一步把经济搞活，正确处理国家、企业和职工三者利益，保证国家财政收入的稳定增长，中共中央和国务院作出决定，停止全面推行利润承包和加快“利改税”的改革，将国营企业原来给国家上缴利润的办法，改为按国家规定的税种和税率向国家缴纳税金，以便企业能够在更大程度上自负盈亏。

6月11日 劳动人事部和国家经济委员会下发《关于企业职工要求“停薪留职”问题的通知》（劳人计〔1983〕61号）。认为企业的固定职工要求“停薪留职”去从事政策上允许的个体经营，对于发挥富余职工的积极性，克服企业人浮于事的现象，有一定好处。规定凡是企业不需要的富余职工，可以允许“停薪留职”。“停薪留职”的时间一般不超过2年。

10月 实行第二步利改税，即全面地以税代利改革。其中设置了“调节税”。

1984年

3月24日 福建55位厂长的呼吁书《请给我们“松绑”》在《福建日报》全文刊发，发出国企改革的第一声呐喊。

5月10日 国务院发布《关于进一步扩大国营工业企业自主权的暂行规定》。在机构设置、人事劳动管理方面、工资奖金等方面都有了新的规定。

10月20日 中共十二届三中全会在京召开。会议通过了《中共中央关于经济体制改革的决定》，规定以城市为重点的经济体制改革的任务、性质和各项方针政策；提出要建立自觉运用价值规律的计划体制，社会主义经济是公有制基础上的有计划的商品经济，要发展社会主义商品经济。

1985年

7月9日 中央办公厅、国务院办公厅发出《关于党政机关干部不兼任任何经济实体职务的补充通知》，规定所有在职和退居二线的党政机关干部，一律不兼任全民所有制各类公司、企业等实体经济的职务。

7月12日 国务院发布《国营企业辞退违纪职工暂行规定》《国营企业实

行劳动合同制暂行规定》。

12 月 2 日 《中华人民共和国企业破产法（试行）》由中华人民共和国第六届全国人民代表大会常务委员会第十八次会议通过。

1986年

2 月 4 日 中共中央、国务院发出《关于进一步制止党政机关和党政干部经商办企业的规定》。规定指出，党政机关，包括各级党委机关和国家权力机关、行政机关、审判机关、检察机关以及隶属这些机关编制序列的事业单位，一律不准经商办企业。在职干部、职工一律不许停薪留职去经商办企业。

4 月 12 日 六届全国人大四次会议通过《中华人民共和国外资企业法》。

7 月 12 日 国务院发布《国营企业实行劳动合同制暂行规定》、《国营企业招用工人暂行规定》、《国营企业辞退违纪职工暂行规定》和《国营企业职工待业保险暂行规定》。这是新中国成立以来劳动制度的一次重大改革。

12 月 2 日 六届全国人大常委会第十八次会议通过《中华人民共和国企业破产法（试行）》。

12 月 5 日 国务院作出《关于深化企业改革增强企业活力的若干规定》。指出，全民所有制小型企业可积极试行租赁、承包经营，全民所有制大中型企业要实行多种形式的经营责任制，各地可以选择少数有条件的全民所有制大中型企业进行股份制试点。

12 月 19 日 邓小平在《企业改革和金融改革》的讲话中提到："企业改革，主要是解决搞活国营大中型企业的问题。""用多种形式把所有权和经营权分开，以调动企业积极性，这是改革的一个很重要的方面。""许多经营形式，都属于发展社会生产力的手段、方法，既可为资本主义所用，也可为社会主义所用，谁用得好，就为谁服务。"

1987年

8 月 25 日 石家庄造纸厂厂长马胜利成为改革典型，被称为"企业承包第一人"。

10月25日 党的十三大报告指出，“进行干部人事制度的改革，就是要对‘国家干部’进行合理分解，改变集中统一管理的现状，建立科学的分类管理体制；改变用党政干部的单一模式管理所有人员的现状，形成各具特色的人事管理制度”。

12月14日 化学工业部印发《直属企业、事业单位补充干部实行聘用制的暂行规定》。

1988年

2月 国务院更加明确了企业承包制在国有企业改革中的地位，规定了“包死基数，确保上交，超收多留，歉收自补”的承包原则。

3月23日 中组部、劳动人事部发出《关于政法、税务、工商行政部门和银行、保险系统招收干部实行统一考试的通知》。通知指出，在建立国家公务员制度之前，招收干部可采取公开招考、择优录用或聘用的办法。

4月13日 《中华人民共和国全民所有制工业企业法》由第七届全国人民代表大会第一次会议修订通过，自1988年8月1日起施行。

9月 国务院直属的国有资产管理局成立，行使国有资产所有者的代表权、监督管理权、投资和收益权、处置权。

12月1日 中组部、人事部发布《关于加强流动人员档案管理工作的通知》。通知指出，人事档案管理是人事管理工作的组成部分，应按人事管理权限，统一由党委组织部门、政府人事部门及所属的人才流动服务中心等机构负责。其他机构不得承担流动人员人事档案的管理工作；任何人不得私自保管他人或本人档案。

1989年

2月23日 国家建筑材料工业局印发《直属企业事业单位实行技师聘任制实施细则（试行）》。

1990年

2月26日 人事部印发《人事部门廉政建设暂行规定》，对干部录用、考核、任用、工资晋级、机构编制和增干增资指标的确定、干部调配、专业技术职务评聘、军官转业安置等工作提出了具体的廉政行为规范。

1991年

6 月 26 日 国务院作出《关于企业职工养老保险制度改革的决定》。

8 月 6 日 国家海洋局印发关于贯彻《企事业单位评聘专业技术职务若干问题暂行规定》的通知。

1991 年，国务院在总结部分地区“以退休费用社会统筹为主要内容的改革”基础上，提出“改变养老保险完全由国家、企业包下来的办法，实行国家、企业、个人三方共同负担”的发展方向。

1991 年，山东诸城市探索国企产权实验，通过股份制、股份合同制等形式将国营或集体企业出售给个人。

1992年

1 月 30 日 铁道部印发《关于贯彻人事部〈企事业单位评聘专业技术职务若干问题暂行规定〉的实施意见》。

4 月 4 日 机电部印发《关于贯彻人事部〈企事业单位评聘专业技术职务若干问题暂行规定〉的实施办法》。

5 月 15 日 国务院颁布了《股份制企业试点办法》《股份有限公司规范意见》《有限责任公司规范意见》《股份制试点企业财务管理若干问题的暂行规定》等 11 个法规。

7 月 23 日 国务院发布了《全民所有制工业企业转换经营机制条例》。指出企业转换经营机制的目标是：使企业适应市场的要求，成为依法自主经营、自负盈亏、自我发展、自我约束的商品生产和经营单位，成为独立享有民事权利和承担民事义务的企业法人。

1992 年，实施了“劳动人事、工资分配、社会保险”三项制度改革，标志“破三铁”的改革全面启动。

1993年

10月2日至5日 首届全国人才市场人才技术交流大会在北京展览馆举行，这是人事部门为适应市场经济体制的要求，建立双向选择的用人机制而进行的一次重要尝试。

10月6日 全国人才流动工作会议召开，会议集中研究今后人才流动工作的基本思路和总体规划，促进人才市场体系建设。

12月29日 第八届全国人民代表大会常务委员会第五次会议通过《中华人民共和国公司法》。

1994年

2月8日 劳动部、人事部颁发《〈国务院关于职工工作时间的规定〉的实施办法》。规定中国境内的国家机关、社会团体、企业事业单位以及其他组织的职工从1994年3月1日起，实行每日8小时、平均每周工作44小时的工时制度。

7月5日 第八届全国人民代表大会常务委员会第八次会议通过《中华人民共和国劳动法》。

10月25日 国务院发出《关于在若干城市试行国有企业破产有关问题的通知》。

11月2日～4日 国务院召开全国建立现代企业制度试点工作会议，确定在企业开展以"产权清晰、权责明确、政企分开、管理科学"为特征的现代企业制度试点工作。

11月3日 国家国有资产管理局、国家经济体制改革委员会关于印发《股份有限公司国有股权管理暂行办法》的通知（国资企发〔1994〕81号）。

1994年，国家经贸委、体改委会同有关部门，选择100户不同类的国有大中型企业，进行建立现代企业制度的试点。在进行现代企业制度的试点的同时，国家经贸委在18个城市进行"优化资本结构"的配套改革试点。

1995年

3月25日 国务院决定修改职工工作时间。自5月1日起，职工每周工作40小时。

9月25日至28日 中共十四届五中全会召开，明确指出：“要着眼于搞好整个国有经济，通过存量资产的流动和重组，对国有企业实施战略性改组。这种改组要以市场和产业政策为导向，搞好大的，放活小的，把优化国有资产分布结构、企业结构同优化投资结构有机结合起来，择优扶强、优胜劣汰”。

12月18日 全国人事厅局长会议召开。人事部部长宋德福在报告中强调，要建设好“三支队伍”，即把适应计划经济的人事管理体制调整到与市场经济相配套的人事管理体制上，把传统的人事管理转变到整体性人才资源开发上来，建设好公务员队伍、专业技术人员队伍和管理人员队伍。

1996年

4月8日至11日 国务院办公厅在镇江召开全国职工医疗保障制度改革扩大试点工作会议。会议提出建立职工社会医疗保险制度的十项原则。

4月16日至18日 中组部、人事部在苏州联合召开全国企业人事制度改革研讨会。深入研究推进企业人事制度改革的基本思路和重要任务，要求加快企业人事制度改革步伐，促进现代企业制度建立。

7月25日 原国家经贸委发布《关于试行国有企业兼并破产中若干问题的通知》。

10月29日 八届全国人大常委会第二十二次会议通过《中华人民共和国乡镇企业法》。

1996年，国家经贸委宣布“抓大放小”政策。

1997年

7月16日 国务院作出《关于建立统一的企业职工基本养老保险制度的

决定》。

8月18日　人事部发布《人事争议处理暂行规定》，并成立人事仲裁厅，全面推行人事争议仲裁制度，加强人事执法监督。

9月16日　国务院出台《国务院关于建立统一的企业职工基本养老保险制度的决定》（国发〔1997〕26号）。

1998年

6月9日　中共中央、国务院发出《关于切实做好国有企业下岗职工基本生活保障和再就业工作的通知》。

7月9日　经中央批准，中央大型企业工作委员会成立，并召开在京大型企业领导人参加的工委工作会议。

12月14日　国务院作出《关于建立城镇职工基本医疗保险制度的决定》。

12月15日　国务委员、国务院秘书长王忠禹在全国人事厅局长会议的讲话中强调，人事工作要从大局出发，紧紧围绕经济建设，突出重点，加强国有企业领导班子和稽查特派员队伍建设，积极稳妥地做好机构改革、人员定岗分流工作。人事部部长宋德福在报告中强调，推进分类管理，建设好“三支队伍”。

1998年，国企改革转入国有经济布局调整加速阶段。

1999年

8月10日　发布《国有大中型企业建立现代企业制度和加强管理的基本规范（试行）》。

8月12日　江泽民在东北和华北地区国有企业改革和发展座谈会上作了重要讲话。文中分三个部分进行阐述：坚定不移地推进国有企业改革和发展；进一步加快国有企业改革和发展的步伐；加强党对国有企业改革和发展工作的领导。文中指出：必须不失时机地推进国有企业改革和发展，使国有企业改革取得突破性进展，这是实现我国现代化建设跨世纪发展宏伟目标的必然要求，也是不断保持和促进我国改革发展稳定的大局的必然要求；必须从战略上调整国有经济布局和改组国有企业，坚持建立现代企业制度的改革方向，大力加强和改善企业管理，切实解决国有企业的突出困难和问题，加快推进技术进步和产业升级，建设高素质的经营管理者队伍。

9月党的十五届四中全会通过《中共中央关于国有企业改革和发展若干重大问题的决定》。指出，要从战略上调整国有经济布局，推进国有企业战略性改组，建立和完善现代企业制度，加强和改善企业管理，提高国有经济的控制力，使国有经济在关系国民经济命脉的重要行业和关键领域占支配地位。还提出，国有大中型企业尤其是优势企业，宜于实行股份制的，要通过规范上市、中外合资和企业互相参股等形式，改为股份制企业，发展混合所有制经济，重要的企业由国家控股。

10月31日至11月27日　中组部、人事部、国家经贸委联合举办国有企业领导人员培训班。

2000年

3月13日，原国家经贸委、原人事部、原劳动部联合发布《关于深化国有企业内部人事、劳动、分配制度改革的意见》，指出：深化企业三项制度改革是当前国有企业改革和发展的紧迫任务，要建立管理人员竞聘上岗、能上能下的人事制度；建立职工择优录用、能进能出的用工制度；建立收入能增能减、有效激励的分配制度等。

2000年，中国电信、中国联通、中国石油等央企先后在纽约或香港上市。

2001年

5月1日　中纪委和中组部发出《关于坚决防止和查处干部选拔任用工作中的不正之风和违纪违法行为的通知》。要求深化干部人事制度改革，严明组织人事纪律，加强对干部选拔任用工作的监督检查，严厉惩处干部选拔任用工作中的违纪违法行为。

2002年

3月10日　财政部印发《委托社会中介机构开展企业效绩评价业务暂行

办法》的通知（财统〔2002〕16号）。

6月29日 九届全国人大常委会第二十八次会议通过《中华人民共和国中小企业促进法》。该法规定了在资金支持、创业扶持、技术创新、市场开拓、社会服务几个方面对中小企业的扶持政策。

8月4日 财政部、国家经贸委、中央企业工委、劳动保障部、国家计委联合印发《企业效绩评价操作细则（修订）》（财统〔2002〕5号）。

9月30日 中共中央、国务院发出《关于进一步做好下岗失业人员再就业工作的通知》，提出实施积极的就业政策。

11月8日至14日 中共十六大举行，江泽民作《全面建设小康社会，开创中国特色社会主义事业新局面》的报告，提出深化国有资产管理体制改革的重大任务，明确要求国家要制定法律法规，建立中央政府和地方政府分别代表国家履行出资人职责，享有所有者权益、权利、义务和责任相统一，管资产和管人、管事相结合的国有资产管理体制。报告中提出了深化国有体制改革的重大任务，明确要求中央和省、直辖市、自治区，两级政府设立国有资产管理机构，成立专门的国有资产管理机构。十六大指出继续调整国有经济的布局和结构，改革国有资产管理体制，十届人大一次会议决定设立特设机构国务院国有资产监督管理委员会。

11月16日 国家经济贸易委员会、财政部、劳动和社会保障部、国土资源部、中国人民银行、国家税务总局、国家工商行政管理总局和中华全国总工会等八部委联合出台《关于国有大中型企业主辅分离辅业改制分流安置富余人员的实施办法》（国经贸企改〔2002〕859号）。

2003年

3月 中央和地方国有资产监督管理委员会分别成立。在国务院国资委成立之初，国务院国资委所管理的央企数量有196家。

5月13日 颁布实施《企业国有资产监督管理暂行条例》。

5月23日 中央政治局召开会议，研究部署进一步加强人才工作等问题。会议认为，党在新世纪新阶段人才工作的紧迫任务是，适应全面建设小康社会的需要，抓住培养、吸引、使用人才三个环节，着力建设党政人才、企业经营管理人才和专业技术人才三支队伍，重点培养一批适应社会主义现代化建设和改革开放要求的高层次人才，创新人才工作机制，努力创造人才辈出、人尽其才的良好局面，把各类优秀人才聚集到党和国家的各项事业中来。

10 月 14 日　中国共产党第十六届中央委员会第三次全体会议通过《中共中央关于完善社会主义市场经济体制若干问题的决定》。

11 月 24 日　中央政治局召开会议，讨论进一步加强人才工作，实施人才强国战略问题。会议强调，实施人才强国战略，要坚持党管人才原则，把促进经济社会发展作为人才工作的根本出发点，树立科学人才观，加强人才资源能力建设，推进人才结构调整，创新人才工作机制，优化人才成长环境，为全面建设小康社会提供坚强的人才保证。

12 月 20 日　中共中央、国务院召开全国人才工作会议。胡锦涛出席会议并作重要讲话强调，人才问题是关系党和国家事业发展的关键问题，要努力造就数以亿计的高素质劳动者、数以千万计的专门人才和大批拔尖创新人才，建设规模宏大、结构合理、素质较高的人才队伍，充分发挥各类人才的积极性、主动性和创造性，开创人才辈出、人尽其才的新局面。落实好人才强国战略，必须树立适应新形势、新任务要求的科学人才观，使我国由人口大国转化为人才资源强国。

12 月 26 日　中共中央、国务院发布《关于进一步加强人才工作的决定》。

2004年

3 月 29 日　胡锦涛主持召开政治局会议，审议通过《公开选拔党政领导干部暂行规定》《关于党政领导干部辞职从事经营活动有关问题的意见》等五个干部人事制度改革文件。

10 月 17 日始　国资委选择宝钢等 7 家国有独资的中央企业进行董事会试点工作。

2005年

2 月 19 日　国务院印发《关于鼓励支持和引导个体私营等非公有制经济

发展的若干意见》，从放宽非公有制经济市场准入、加大对非公有制经济的财税支持等方面提出36项政策措施。

2月24日 原劳动和社会保障部发布《关于切实做好国有企业下岗职工基本生活保障制度向失业保险制度并轨有关工作的通知》（劳社部发〔2005〕6号）。

12月3日 国务院作出《关于完善企业职工基本养老保险制度的决定》。

2006年

8月27日 十届全国人大常委会第二十三次会议通过《中华人民共和国企业破产法》。

12月16日至17日 全国杰出专业人才表彰大会暨全国人事厅局长会议召开。

2007年

3月16日 十届全国人大五次会议通过《中华人民共和国物权法》和《中华人民共和国企业所得税法》。

6月29日 中华人民共和国第十届全国人民代表大会常务委员会第二十八次会议审议通过《中华人民共和国劳动合同法》，自2008年1月1日起施行。

8月30日 第十届全国人民代表大会常务委员会第二十九次会议通过《中华人民共和国反垄断法》和《中华人民共和国就业促进法》。

2007年，国务院确定了中央企业按照企业合并报表净利润8%的综合比例上缴国有资本收益，央企开始上缴“红利”。

2008年

1月4日 国资委发布《关于中央企业履行社会责任的指导意见》。

5月1日 《中华人民共和国劳动争议调解仲裁法》开始实施，相关配套改革措施抓紧起草。

8月 中国企业联合会、中国企业家协会通过对2000余家入围企业2007

年度的营业收入等 8 项指标进行综合评比后产生了中国企业 500 强等。

8 月 29 日 十一届全国人大常委会第四次会议通过《中华人民共和国循环经济促进法》。

10 月 《中华人民共和国企业国有资产法》通过。

11 月 5 日 国务院常务会议决定，自 2009 年 1 月 1 日起，在全国所有地区、所有行业推行增值税转型改革。

12 月 23 日 中共中央办公厅转发《中央人才工作协调小组关于实施海外高层次人才引进计划的意见》。为进一步推进人才强国战略，充分发挥海外高层次人才在国家经济社会发展中的作用，现就实施海外高层次人才引进计划提出如下意见：引进海外高层次人才是一项重大而紧迫的战略任务；引进海外高层次人才是一项重大而紧迫的战略任务；坚持重在使用，切实为海外高层次人才充分发挥作用提供良好条件；加强领导，建立健全引进海外高层次人才工作的体制机制。

2009年

5 月 1 日 《中华人民共和国企业国有资产法》开始实施。

9 月 22 日 国务院印发《关于进一步促进中小企业发展的若干意见》。

10 月 16 日 国资委发布《关于进一步加强中央企业全员业绩考核工作的指导意见》。《意见》规定了全员业绩考核工作的要求：建立健全业绩考核组织体系，真正实现考核的全方位覆盖，努力完善全员业绩考核办法，健全激励约束机制，加强指导和监督，不断创新全员业绩考核方法。

12 月 3 日 中央办公厅印发《2010～2020 年深化干部人事制度改革规划纲要》的通知，积极探索创新，稳妥有序推进干部人事制度改革。

12 月 28 日 国资委发布《中央企业负责人经营业绩考核暂行办法》，自 2010 年 1 月 1 日起施行。

2010年

5 月 18 日 国资委印发《关于中央企业建设“四个一流”职工队伍的实

施意见》。

7 月 16 日 中办、国办印发《关于进一步推进国有企业贯彻落实“三重一大”决策制度的意见》。

8 月 9 日 国资委印发《中央企业全员业绩考核情况核查计分办法》。

8 月 28 日 国务院发布《国务院关于促进企业兼并重组的意见》。10 月 11 日，国资委印发《关于在部分中央企业开展分红权激励试点工作的通知》。

10 月 18 日 中共十七届五中全会通过《关于制定国民经济和社会发展第十二个五年规划的建议》。

2011年

7 月 24 日 国务院办公厅印发《关于分类推进事业单位改革中从事生产经营活动事业单位转制为企业的若干规定》等 9 个文件。

2012年

1 月 17 日 国资委印发《关于进一步加强中央企业负责人副职业绩考核工作的指导意见》。

4 月 26 日 国务院印发《关于进一步支持小型微型企业健康发展的意见》。

5 月 23 日 国资委印发《关于国有企业改制重组中积极引入民间投资的指导意见》。

7 月 30 日 国资委组织召开了中央企业人力资源管理提升专题视频会。

8 月 17 日 中共中央组织部等 11 个部门联合发出通知，启动国家高层次人才特殊支持计划（简称“国家特支计划”或“万人计划”）。

11 月 8 日～14 日 中共十八大召开。党的十八大报告《坚定不移沿着中国特色社会主义道路前进，为全面建成小康社会奋斗》指出，“要毫不动摇巩固和发展公有制经济，推行公有制多种实现形式，深化国有企业改革，完善各类国有资产管理体制，推动国有资本更多投向关系国家安全和国民经济命脉的重要行业和关键领域，不断增强国有经济活力、控制力、影响力”。

12 月 28 日 十一届全国人大常委会第三十次会议通过《关于修改〈中华人民共和国劳动合同法〉的决定》。

12 月 29 日 国资委发布《中央企业负责人经营业绩考核暂行办法》，自 2013 年 1 月 1 日起施行。

2013年

2 月 3 日 国务院批转发展改革委等部门《关于深化收入分配制度改革若干意见的通知》。

2 月 17 日 国资委党委印发《关于进一步加强和改进中央企业女职工工作的指导意见》。

9 月 28 日 中共中央印发《2013 ~2017 年全国干部教育培训规划》，着力培养造就高素质干部队伍。

10 月 30 日 中组部印发《关于进一步规范党政领导干部在企业兼职（任职）问题的意见》，进一步规范完善人事管理制度。

11 月 12 日 中共十八届三中全会通过《中共中央关于全面深化改革若干重大问题的决定》。

12 月 17 日 国资委印发《关于加强中央企业品牌建设的指导意见》。意见强调要提高精致管理水平，中央企业要把精致管理作为创建品牌的保障。

2014年

1 月 10 日 国资委印发《关于以经济增加值为核心加强中央企业价值管理的指导意见》。

1 月 26 日 中组部印发《关于加强干部选拔任用工作监督的意见》，这既是规范干部选拔任用工作的总章程，也是加强干部选拔任用工作监督的重要依据。

7 月 15 日 国资委宣布 6 家央企启动国有资本投资公司试点、混合所有制经济试点、董事会授权试点、向央企派驻纪检组试点的“四项改革”试点。

8 月 18 日 中央全面深化改革领导小组第四次会议审议了《中央管理企

业主要负责人薪酬制度改革方案》、《关于合理确定并严格规范中央企业负责人履职待遇、业务支出的意见》。

2014 年，国有企业改革领导小组成立。

2015年

4 月 8 日　《中共中央、国务院关于构建和谐劳动关系的意见》（中发〔2015〕10 号）发布。

4 月 24 日　国资委发布《关于强化监督执纪问责深入纠正“四风”问题的通知》。

5 月 8 日　国务院印发《中国制造 2025》，提出通过“三步走”实现制造强国的战略目标。

5 月 13 日　国务院印发《关于推进国际产能和装备制造合作的指导意见》。《意见》指出，要充分发挥企业市场主体作用，坚持以市场为导向，按照商业原则和国际惯例，积极开展国际产能和装备制造合作。

6 月 11 日　国务院印发《关于大力推进大众创业万众创新若干政策措施的意见》。2016 年、2017 年，国务院办公厅确定了两批共 120 个双创示范基地。

7 月 5 日　中央深改小组第十三次会议审议通过了《关于在深化国有企业改革中坚持党的领导加强党的建设的若干意见》，强调确保党的领导、党的建设在国有企业改革中得到体现和加强。要坚持党管干部原则，建立适应现代企业制度要求和市场竞争需要的选人用人机制。而《关于加强和改进企业国有资产监督防止国有资产流失的意见》，也对国企改革提出了更为明确的严格要求和规范。

7 月 28 日　中共中央办公厅印发《推进领导干部能上能下若干规定（试行)》，着力完善从严管理干部队伍制度体系。

7 月　习近平赴吉林考察指出，对国有企业要有制度自信。“深化国有企业改革，要沿着符合国情的道路去改，要遵循市场经济规律，也要避免市场的盲目性，推动国有企业不断提高效益和效率，提高竞争力和抗风险能力，完善企业治理结构，在激烈的市场竞争中游刃有余”。同时，对于推进国有企业改革，习近平提出三个“有利于”，即“推进国有企业改革，要有利于国有资本保值增值，有利于提高国有经济竞争力，有利于放大国有资本功能。”

8 月 24 日 中共中央、国务院印发《关于深化国有企业改革的指导意见》（中发〔2015〕22 号）。

9 月 20 日 中央办公厅印发《关于在深化国有企业改革中坚持党的领导加强党的建设的若干意见》，坚持从严教育管理国有企业领导人员，强化对国有企业领导人员特别是主要领导履职行权的监督。

9 月 23 日 国务院发布《关于国有企业发展混合所有制经济的意见》。意见指出，要分类、分层推进国有企业混合所有制改革，鼓励各类资本参与国有企业混合所有制改革，建立健全混合所有制企业治理机制。

10 月 31 日 国务院办公厅发布《关于加强和改进企业国有资产监督 防止国有资产流失的意见》。

11 月 4 日 国务院发布了《国务院关于改革和完善国有资产管理体制的若干意见》（国发〔2015〕63 号）。意见指出：实现政企分开、政资分开、所有权与经营权分离，依法理顺政府与国有企业的出资关系。切实转变政府职能，依法确立国有企业的市场主体地位，建立健全现代企业制度。坚持政府公共管理职能与国有资产出资人职能分开，确保国有企业依法自主经营，激发企业活力、创新力和内生动力。

12 月 29 日 国资委、财政部、发改委联合发布《关于国有企业功能界定与分类的指导意见》。

12 月 29 日 民政部、国资委印发《关于进一步做好国有企业接收安置符合政府安排工作条件退役士兵工作的意见》。

2016年

2 月 26 日，财政部、科技部、国资委联合印发了《国有科技型企业股权和分红激励暂行办法》（财资〔2016〕4 号），自 2016 年 3 月 1 日起在全国范围内实施。《办法》规定：企业可以通过向激励对象增发股份，向现有股东回购股份，现有股东依法向激励对象转让其持有的股权的方式解决激励标的股权来源；企业可以采取股权出售、股权奖励、股权期权等一种或多种方式对激励对象实施股权激励，但大、中型企业不得采取股权期权的激励方式。

3月22日 中共中央印发《关于深化人才发展体制机制改革的意见》，着眼于破除束缚人才发展的思想观念和体制机制障碍，解放和增强人才活力，形成具有国际竞争力的人才制度优势，聚天下英才而用之。

7月4日 全国国有企业改革座谈会在京召开。会上，习近平讲话指出："国有企业是壮大国家综合实力、保障人民共同利益的重要力量，必须理直气壮做强做优做大，不断增强活力、影响力、抗风险能力，实现国有资产保值增值。要坚定不移深化国有企业改革，着力创新体制机制，加快建立现代企业制度，发挥国有企业各类人才积极性、主动性、创造性，激发各类要素活力"。

7月17日 国务院办公厅发布《关于推动中央企业结构调整与重组的指导意见》。

8月2日 国务院国有资产监督管理委员会、财政部、中国证券监督管理委员会印发《关于国有控股混合所有制企业开展员工持股试点的意见》。

8月2日 国务院办公厅发布《关于建立国有企业违规经营投资责任追究制度的意见》。

8月24日 国资委、财政部联合印发《关于完善中央企业功能分类考核的实施方案》。《实施方案》明确了不同类型国有企业的经营责任，按照企业的功能和业务特点确定了差异化的考核导向和内容。

8月29日 中央办公厅印发《关于防止干部"带病提拔"的意见》，完善干部选拔任用工作机制，把好选人用人关。

9月3日 十二届全国人大常委会第二时二次会议通过《关于修改〈中华人民共和国外资企业法〉等4部法律的决定》，探索对外商投资舒实行准入前国民待遇加负面清单的管理模式，对部涉及国家规定准入特别管理措施的外商投资企业设立及变更的事项，由逐案审批制改为备案制管理。外资管理体制实现重大变革。

9月22日 经报国务院批准，宝钢集团有限公司与武汉钢铁（集团）公司实施联合重组。

10月10日至11日 全国国有企业党的建设工作会议在北京举行。中共中央总书记、国家主席、中央军委主席习近平出席会议并发表重要讲话"坚持党对国有企业的领导不动摇　开创国有企业党的建设新局面"。

11月7日 中央办公厅、国务院办公厅印发《关于实行以增加知识价值为导向分配政策的若干意见》。

11月22日 国资委发布了《关于做好中央科技型企业股权和分红激励工作的通知》。通知提出，中央企业应当按照深化收入分配制度改革的总体要求，从所属企业规模、功能定位、所处行业及发展阶段等实际出发，结合配套制度完善情况，合理选择激励方式，优化薪酬资源配置。应当从经营发展战略以及自身经济效益状况出发，分类分步推进股权和分红激励工作。要坚持效益导向和增量激励原则，根据企业人工成本承受能力和经营业绩状况，合理确定总体激励水平。

12月4日 中组部修订《党委（党组）讨论决定干部任免事项守则》，进一步规范党委（党组）讨论决定干部任免事项议事规则和决策程序。

12月5日 中央全面深化改革领导小组第三十次会议审议通过了《关于深化国有企业和国有资本审计监督的若干意见》《国务院国资委以管资本为主推进职能转变方案》。

12月15日 国资委发布《中央企业负责人经营业绩考核办法》。办法规定了突出发展质量，坚持创新发展，重视国际化经营，健全问责机制的考核导向；还规定了分类考核原则：准确界定企业功能，注重资本运营效率，根据国有资本的战略定位和发展目标，结合企业实际，对不同功能和类别的企业，突出不同考核重点，合理设置经营业绩考核指标及权重，确定差异化考核标准，实施分类考核；根据企业经营性质、发展阶段、管理短板和产业功能，设置有针对性的差异化考核指标。

2016年，31个省（区、市）国资委出台了分类的实施意见，并完成监管企业分类。

2016年，22个省（区、市）开展了经理层市场化选聘工作。23个省级国资委在所监管一级企业探索内部市场化薪酬分配机制，合理拉开收入分配差距。

2017年

1月7日 国务院国资委发布了《中央企业投资监督管理办法》（国资委

令第34号）和《中央企业境外投资监督管理办法》（国资委令第35号）。

2月27日 中央纪委驻国资委纪检组印发了《关于中央企业构建“不能腐”体制机制的指导意见》。《意见》指出，各中央企业党委（党组）、纪委（纪检组）要站在全面从严治党的高度，围绕实现“不敢腐、不能腐、不想腐”的总目标，加快构建“不能腐”的体制机制，为深化国企国资改革、做强做优做大中央企业提供有力保障。

4月24日 国务院办公厅发布《关于进一步完善国有企业法人治理结构的指导意见》。

6月10日 国务院发出《关于经济有效利用外资推动经济高质量发展若干措施的通知》。

6月28日 《外商投资产业指导目录（2017年修订）》经党中央、国务院同意，予以发布，自2017年7月28日起施行。此版《目录》将限制性措施由2015年版的93条减少到63条。围绕探索实行准入前国民待遇加负面清单管理制度，外商投资管理体制实现重大变革。

7月26日 国务院办公厅印发《关于印发中央企业公司制改制工作实施方案的通知》。方案规定2017年底前完成改制，明确了相关支持政策，并对规范推进改制工作提出要求。自此，涉及69家央企集团、8万亿元总部资产，以及3200家全民所有制子企业的改制大幕正式拉开。

8月8日 ，国务院发出《关于促进外资增长若干措施的通知》。

8月21日 经报国务院批准，中国轻工集团公司、中国工艺（集团）公司整体并入中国保利集团公司，成为其全资子企业。中国轻工集团公司与中国工艺（集团）公司不再作为国资委直接监管企业。9月1日，十二届全国人大常委会第二十九次会议通过修订后的《中华人民共和国中小企业促进法》。此次修改的法案规定了在财税支持、融资促进、创业扶持、创新支持、市场开拓、服务措施、权益保护、监督检查若干方面对中小企业的扶持政策。

9月8日 中共中央、国务院印发《关于营造企业家健康成长环境弘扬优秀企业家精神更好发挥企业家作用的意见》。《意见》指出：企业家是经济活动的重要主体。改革开放以来，一大批优秀企业家在市场竞争中迅速成长，一大批具有核心竞争力的企业不断涌现，为积累社会财富、创造就业岗位、促进经济社会发展、增强综合国力作出了重要贡献。营造企业家健康成长环境，弘扬优秀企业家精神，更好发挥企业家作用，对深化供给侧结构性改革、激发市场活力、实现经济社会持续健康发展具有重要意义。全面贯彻党的十八大和十八届三中、四中、五中、六中全会精神，深入贯彻习近平总书记系列重要讲话精神和治国理政新理念新思想新战略，着力营造依法保护企业家合法权益的法治环境、促进企业家公平竞争诚信经营的市场环境、尊重和激励企业家干事创业的社会氛围，引导企业家爱国敬业、遵纪守法、创业创新、服务社会，调动广大企业家积极性、主动性、创造性，发挥企业家作用，为促进经济持续健康发展和社会和谐稳定、实现全面建成小康社会奋斗目标和中华民族伟大复兴的中国梦作出更大贡献。

10 月 18 日 ~24 日　中共十九大召开。党的十九大报告《决胜全面建成小康社会，夺取新时代中国特色社会主义伟大胜利》提出，要坚持正确选人用人导向，建设高素质专业化干部队伍，注重培养专业能力，增强干部队伍适应新时代中国特色社会主义发展要求的能力。提出人才是实现民族振兴、赢得国际竞争主动战略资源的重要论断，要聚天下英才而用之，加快建设人才强国，实行更加积极、更加开放、更加有效的人才政策。习近平在报告中特别指出，激发和保护企业家精神，鼓励更多社会主体投身创新创业。建立知识型、技能型、创新型劳动者大军，弘扬劳模精神和工匠精神，营造劳动光荣的社会风尚和精益求精的敬业风气。

11 月 19 日　国务院作出《关于废止〈中华人民共和国营业税暂行条例〉和修改〈中华人民共和国增值税暂行条例〉的决定》。营业税改征增值税改革全面完成。

12 月 21 日　中央纪委驻国资委纪检组印发《关于加强中央企业境外廉洁风险防控的指导意见》。

2018年

2 月 26 日　中央办公厅、国务院办公厅发布《关于分类推进人才评价机制改革的指导意见》，分类推进人才评价机制改革。

6 月 13 日　国务院发出《关于建立企业职工基本养老保险金中央调剂制度的通知》。

7月3日　习近平在全国组织工作会议上强调，新时代党的组织路线是：全面贯彻新时代中国特色社会主义思想，以组织体系建设为重点，着力培养忠诚干净担当的高素质干部，着力集聚爱国奉献的各方面优秀人才，坚持德才兼备、以德为先、任人唯贤，为坚持和加强党的全面领导、坚持和发展中国特色社会主义提供加强组织保证。

7月13日　国资委印发《中央企业违规经营投资责任追究实施办法（试行）》自2018年8月30日起施行。《办法》指出，对中央企业经营管理有关人员违反国家法律法规、国有资产监管规章制度和企业内部管理规定等，未履行或未正确履行职责，在经营投资中造成国有资产损失或其他严重不良后果的，要依法依规严肃问责。同时，《办法》明确了中央企业违规经营投资责任追究的范围、标准、责任认定、追究处理、职责和工作程序等。

9月22日　国资委发布关于废止《中央企业经济责任审计管理暂行办法》的决定。

10月9日　全国国有企业改革座谈会在京召开。会议要求：要突出抓好中国特色现代国有企业制度建设，加快形成有效制衡的法人治理结构；突出抓好混合所有制改革，夯实基本经济制度的重要实现形式；突出抓好市场化经营机制，充分调动企业内部各层级干部职工积极性；突出抓好供给侧结构性改革，加快高质量发展步伐；突出抓好改革授权经营体制，推动国有资本投资、运营公司试点取得实效；突出抓好国有资产监管。

10月9日　国资委发布《国资委关于废止〈中央企业经济责任审计管理暂行办法〉的决定》。

10月　十三届全国人大常委会第六次会议审议了《国务院关于2017年度国有资产管理情况的综合报告》和《国务院关于2017年度金融企业国有资产的专项报告》这是国务院首次按照“全口径、全覆盖”标准向全国人大常委会报告国有资产管理情况。

11月1日　习近平在民营企业家座谈会上的讲话中指出：民营企业家要珍视自身的社会形象，热爱祖国、热爱人民、热爱中国共产党，践行社会主义核心价值观，弘扬企业家精神，做爱国敬业、守法经营、创业创新、回报社会的典范。民营企业家要讲正气、走正道，做到聚精会神办企业、遵纪守法搞经营，在合法合规中提高企业竞争能力。守法经营，这是任何企业都必须遵守的原则，也是长远发展之道。要练好企业内功，特别是要提高经营能力、管理水平，完善法人治理结构，鼓励有条件的民营企业建立现代企业制度。新一代民营企业家要继承和发扬老一辈人艰苦奋斗、敢闯敢干、聚焦实业、做精主业的精神，努力把企业做强做优。民营企业还要拓展国际视野，增强创新能力和核心竞争力，形成更多具有全球竞争力的世界一流企业。

12 月 27 日　国务院国资委印发《中央企业工资总额管理办法》，自 2019 年 1 月 1 日起施行。《办法》明确对中央企业工资总额实行分类管理，对中央企业工资总额实行分级管理。明确规定中央企业工资总额预算主要按照效益决定、效率调整、水平调控三个环节决定。

2019年

3 月 1 日　国务院国资委发布了《中央企业负责人经营业绩考核办法》（国资委令第 40 号），自 2019 年 4 月 1 日起施行。规定指出，企业负责人经营业绩考核遵循原则为：坚持质量第一效益优先，坚持市场化方向，坚持依法依规，坚持短期目标与长远发展有机统一，坚持国际对标行业对标，坚持业绩考核与激励约束紧密结合。

4 月 19 日　国务院印发《改革国有资本授权经营体制方案》。

6 月 3 日　国资委印发《国务院国资委授权放权清单（2019 年版）》。

图书在版编目(CIP)数据

中国企业人力资源发展报告. 2019 / 余兴安主编
. -- 北京：社会科学文献出版社，2019. 11
ISBN 978 - 7 - 5201 - 5740 - 7

Ⅰ. ①中… Ⅱ. ①余… Ⅲ. ①企业管理 - 人力资源管理 - 研究报告 - 中国 Ⅳ. ①F279. 23

中国版本图书馆 CIP 数据核字（2019）第 229645 号

中国企业人力资源发展报告（2019）

主　　编 / 余兴安
副 主 编 / 范　巍　佟亚丽

出 版 人 / 谢寿光
组稿编辑 / 宋　静
责任编辑 / 宋　静　吴云苓

出　　版 / 社会科学文献出版社 · 皮书出版分社（010）59367127
地址：北京市北三环中路甲 29 号院华龙大厦　邮编：100029
网址：www. ssap. com. cn
发　　行 / 市场营销中心（010）59367081　59367083
印　　装 / 三河市龙林印务有限公司

规　　格 / 开 本：787mm × 1092mm　1/16
印 张：27　字 数：453 千字
版　　次 / 2019 年 11 月第 1 版　2019 年 11 月第 1 次印刷
书　　号 / ISBN 978 - 7 - 5201 - 5740 - 7
定　　价 / 158. 00 元